MODELL MENSCH

Rainer Egloff, Priska Gisler, Beatrix Rubin (Hg.)

MODELL MENSCH
Konturierungen des Menschlichen in den Wissenschaften

Edition Collegium Helveticum 7

CHRONOS

Der Band beschliesst das von der Hirschmann-Stiftung unterstützte Forschungsprojekt «Tracking the Human»

Die Forschungsgruppe «Tracking the Human» am Collegium Helveticum ist von der Hirschmann-Stiftung für das über drei Jahre laufende gleichnamige Projekt (2008–2010) mit 1,05 Mio. CHF unterstützt worden. Das vorliegende Buch ist Ausfluss der Projektarbeit.

Impressum
Modell Mensch. Konturierungen des Menschlichen in den Wissenschaften
Herausgegeben von Rainer Egloff, Priska Gisler und Beatrix Rubin
Edition Collegium Helveticum 7
Zürich: Chronos 2011

Konzeption und Redaktion: Rainer Egloff, Priska Gisler und Beatrix Rubin
Redaktionelle Mitarbeit: Lou-Salomé Heer
Lektorat und Organisation: Martin Schmid
Übersetzung und Übersetzungsberatung: Ingrid Fichtner
Korrektorat: Walter Bossard
Gestaltung: Thea Sautter
Druck, Ausrüstung: freiburger grafische betriebe, Freiburg

© 2011 Chronos Verlag, Zürich und Collegium Helveticum,
Universität Zürich und ETH Zürich
ISBN 978-3-0340-1075-7

INHALT

9   Rainer Egloff, Priska Gisler und Beatrix Rubin
KONTURIERUNGEN DES MENSCHLICHEN – EINLEITUNG

11   Eva-Maria Knüsel
BILDER WISSEN

41   Andrew Abbott
KONZEPTIONEN DER MENSCHLICHEN NATUR IM PROZESSUALISMUS

57   Mike Michael
DER MENSCH ALS ASSEMBLAGE
Dinge, Objekte und «Disziplinen»

71   Rainer Egloff
MENSCHLICHE NATUR UND SOZIOKULTURELLE DIFFERENZ
Die US-amerikanischen *culture and personality*-Studien 1920–1960

122   Roland Hausheer
«... DER MENSCH VERSCHWINDET WIE AM MEERESUFER
EIN GESICHT IM SAND»

101   Emily Martin
SCHLAFLOS IN AMERIKA

123   Beatrix Rubin
DAS MENSCHLICHE GEHIRN IM WANDEL
Zur Entstehung des Forschungsfeldes der adulten Neurogenese

141   Priska Gisler
VOM GANZEN KÖRPER ZUM MOLEKULAREN OBJEKT
Das Serologische Museum an der Rutgers University 1948–1974

168   Capucine Matti
DIE MATERIE

| 181 | Martin Boyer
PAUL EHRLICHS CHEMOTHERAPIE
Die Anfänge des *rational drug design*

| 199 | Gerd Folkers
VON DER UMKEHRUNG DER PYRAMIDE
Menschenbilder in Medizin und Pharmazie

| 219 | Vivianne Otto
WENIGER «SCHLECHTES» UND MEHR «GUTES» CHOLESTERIN –
WENIGER HERZINFARKTE?
Vom Versuch, menschliche Krankheit auf einfache
molekulare Prozesse zu reduzieren

| 228 | Pierre Thomé
WIR SIND, WAS WIR SEHEN

| 243 | Forschungsgruppe «Tracking the Human»
INTER- UND TRANSDISZIPLINARITÄT IM KONTEXT:
ARBEITSWEISEN UND SCHLÜSSE

| 265 | AUTORINNEN UND AUTOREN

Rainer Egloff, Priska Gisler und Beatrix Rubin

VORWORT

Forschung basiert vielfach auf – expliziten oder impliziten – Vorstellungen vom Menschen. Diese werden immer wieder von neuem durch die Wissenschaft selbst und im Austausch mit anderen gesellschaftlichen Bereichen hervorgebracht. Besonders relevant sind Modellierungen des Menschlichen natürlich für jene Wissenschaften, die sich dem Menschen selbst als Forschungsobjekt widmen. Dazu zählen sozial- und geisteswissenschaftliche Fächer genauso wie Biologie, Neurowissenschaften oder Pharmazie.

Die Mitglieder des Forschungsprojekts «Tracking the Human»[1] setzen sich aus Vertreterinnen und Vertretern der genannten Disziplinen zusammen. Sie sind in ihren Untersuchungen der Entstehung und Entwicklung von wissenschaftlichen Darstellungen und Vorstellungen des Menschen in diesen Fächern und Forschungsfeldern nachgegangen. Prozesse der Generalisierung und Fragmentierung des Menschlichen standen ebenso im Zentrum wie damit verbundene Abgrenzungen von und Annäherungen an Nichtmenschliches. Die hoch differenzierten und einander nicht selten widersprechenden wissenschaftlichen Zugänge zum Menschen im 20. und 21. Jahrhundert wurden als vielfältige Versuche ebensolcher Menschen verstanden, mit Hilfe der Wissenschaft ihrer selbst habhaft zu werden. Zu zeigen, dass die Modellbildungen und Modellierungen wiederum transformativ auf das Selbstverständnis von Menschen inner- und ausserhalb der Forschung wirken, ist eines der wichtigsten Resultate der vorliegenden Publikation.

Der Band ist auf der Grundlage von Beiträgen zu einem Workshop entstanden, der im Sommer 2009 im Denklabor Villa Garbald im Bergell durchgeführt wurde. Eine Gruppe von Illustratorinnen und Illustratoren der Hochschule Luzern – Design & Kunst konnte für vier *visual essays* gewonnen werden. Diese Bildfolgen setzen sich einerseits mit dem Menschen und seinen Modellierungen, andererseits mit den Problematiken der Herstellung und Darstellung von Wissen im Bild auseinander. Sie nehmen damit auch Bezug auf die Textbeiträge.[2]

---

[1] Im Projekt «Tracking the Human» (2007–2010) machte sich eine interdisziplinäre Forschungsgruppe am Collegium Helveticum daran, darüber zu reflektieren, auf welche Weise der Mensch in verschiedenen wissenschaftlichen Feldern konzipiert, behandelt und verstanden wird, und zu untersuchen, in welchen sozialen und historischen Kontexten der Mensch für die Wissenschaft besonders bedeutsam gemacht wurde. Die Forschungsgruppe setzte sich aus Wissenschaftlerinnen und Wissenschaftlern der Geistes-, Sozial- und Naturwissenschaften zusammen. Ihr disziplinärer Hintergrund und ihre Zusammenarbeit wird im Beitrag «Inter- und Transdisziplinarität im Kontext: Arbeitsweisen und Schlüsse» in diesem Band reflektiert.

[2] Im Verständigungsprozess zwischen den Herausgebenden und den Illustratorinnen und Illustratoren leistete das wissenschaftstheoretische Werk Ludwik Flecks, das auch für einige der Textbeiträge eine zentrale Rolle spielt, gute Dienste. Ludwik Fleck, *Entstehung und Entwicklung einer wissenschaftlichen Tatsache. Einführung in die Lehre vom Denkstil und Denkkollektiv* [Erstausgabe 1935], Frankfurt a. M. 1980; Ludwik Fleck, *Erfahrung und Tatsache. Gesammelte Aufsätze*, Frankfurt a. M. 1983.

Dieses Buch hätte nicht realisiert werden können ohne die Unterstützung einer ganzen Reihe von Personen und Institutionen. Zuallererst gilt es, der Hirschmann-Stiftung zu danken, die das Wagnis eines transdisziplinären Denkprozesses mit einem grosszügigen finanziellen Beitrag unterstützt hat. Unser Dank gilt dabei im Besonderen Gret Haller, Mitglied des Stiftungsrats, die den Austausch zwischen der Stiftung und der Projektgruppe sicherstellte und immer wieder Zeit fand, an Sitzungen teilzunehmen und die Entwicklung des Projekts zu kommentieren. Das von Gerd Folkers geleitete Collegium Helveticum der Universität Zürich und der ETH Zürich hat den institutionellen Rahmen und gleichzeitig die Möglichkeit eines lebhaften und beständigen Austausches mit Fellows, Kolleginnen und Kollegen im Rahmen von Veranstaltungen, Workshops, Mittagessen geboten. Dies war für den Erfolg des Projekts entscheidend, auch hierfür möchten wir unseren Dank aussprechen. Namentlich nennen möchten wir hier Martin Schmid, der die Publikation bis zu ihrem Erscheinen begleitet hat, sowie Elvan Kut und Johannes Fehr, die uns moderierend bei Veranstaltungen zur Seite standen. Ein besonderer Dank gebührt Lou-Salomé Heer, die der Forschungsgruppe «Tracking the Human» als wissenschaftliche Assistentin zur Seite stand, sowie Ingrid Fichtner, die als Übersetzerin beim Übertragen dreier Beiträge aus dem Englischen ins Deutsche behilflich war. Eine Reihe von Personen war bereit, einzelne Projekte, Texte oder Vorträge zu kommentieren und mit kritischen und anregenden Bemerkungen zu befruchten. Zu Dank verpflichtet sind wir insbesondere Rainer Anselm, Silvio Bonaccio, Roland Fischer, Martina Merz, Martin Schwab, des Weiteren Michael Hampe, Sabine Maasen und Jakob Tanner. Paul Martin verdanken wir einen anregenden Kommentar an der EASST Conference in Rotterdam. Andrew Abbott, Emily Martin, Mike Michael, Vivianne Otto, die mit Beiträgen in diesem Band präsent sind, verbrachten mit uns drei intellektuell hoch spannende Tage im Denklabor Villa Garbald im Bergell und haben damit über ihre eigenen Kapitel hinaus dieses Projekt und das Buch mit vielen Rückmeldungen und Vorschlägen befruchtet. Ihnen allen und den vielen ungenannt bleibenden Kolleginnen und Kollegen, mit denen wir über die drei Jahre immer wieder anregende Gespräche über die Frage nach den Möglichkeiten und Unmöglichkeiten transdisziplinären Arbeitens geführt haben, möchten wir an dieser Stelle unseren wärmsten Dank aussprechen.

Rainer Egloff, Priska Gisler und Beatrix Rubin

KONTURIERUNGEN DES MENSCHLICHEN – EINLEITUNG

Ein «Muster der Modellverwendung, das gleichermassen auf alle Disziplinen und Methoden appliziert werden kann», habe sich in den Geisteswissenschaften ebenso wenig durchgesetzt wie in den Naturwissenschaften, schreibt Horst Bredekamp.[1] Mit dieser Einschätzung verweist Bredekamp gleichzeitig auf die zentrale Bedeutung von Modellverwendungen in den entsprechenden Forschungsfeldern wie auf die oftmals sehr unterschiedlichen Modellierungskulturen und Modellierungsbegriffe, die sich bislang jeglicher Vereinheitlichungsbemühung entzogen haben. Das wissenschaftliche Modell fungiert als analytische und damit auch interpretierende Repräsentation relevanter Attribute eines Forschungsobjekts. In Bezug auf die Modellierung des Menschlichen – das Modell Mensch – tritt die von Bredekamp angesprochene Vielfalt unmittelbar hervor. Als Subjekt und Adressat im Zentrum des Wissens und als gemeinsames Objekt vieler verschiedener Disziplinen und deren Forschungsansätze muss der Mensch in den «Humanwissenschaften» jeglichem Einheitsanspruch entsagen.

Im vorliegenden Band wird aus unterschiedlichen Richtungen der Frage nachgegangen, welche Rolle der Mensch in wissenschaftlichen Zusammenhängen und Denkrichtungen spielt, in welcher Weise Modelle entwickelt werden, die vorgeben, wie der (gesunde, intelligente) Mensch zu sein hat, beziehungsweise es interessiert, inwiefern (vereinfachende, generalisierende) Modelle kreiert werden, die abbilden sollen, wie er tatsächlich ist. Das heisst, der Mensch ist immer wieder Vorbild für neue Modelle, ebenso wie er durch diese hervorgebracht, abgebildet oder, anders gesagt, modelliert wird.

Die Auseinandersetzung um Konzeptionen des Menschen ist keineswegs neu. Vielmehr ist die neuzeitliche Wissenschaft seit ihren Anfängen durch ein Bemühen um anthropologische Modellierungen und um deren systematische Verbindung mit anderen Wissensbeständen gekennzeichnet. Paradigmatisch steht Thomas Hobbes für die frühneuzeitliche Verbindung zwischen

---

[1] Horst Bredekamp, «Modelle der Kunst und der Evolution», in: *Modelle des Denkens. Streitgespräch in der Wissenschaftlichen Sitzung der Versammlung der Berlin-Brandenburgischen Akademie der Wissenschaften am 12. Dezember 2003*, hg. vom Präsidenten der Berlin-Brandenburgischen Akademie der Wissenschaften, Berlin 2005, S. 13–20, hier S. 13. Vgl. dazu des Weiteren Reinhard Wendler, *Das Modell zwischen Kunst und Wissenschaft*, München 2011.

Naturforschung und Moralphilosophie, die sich durch eine anthropologische Ausrichtung auszeichnete. Wie Shapin und Schaffer gezeigt haben, repräsentieren Hobbes und sein Zeitkontext gleichzeitig aber bereits auch das historische Auseinanderdriften eines naturwissenschaftlich orientierten Denkens und eines wertorientierten Räsonnements politisch-sozialer Identitäten. Es bleibt festzuhalten, dass sich gerade die Naturwissenschaften einem genuin empirischen und experimentellen Ethos verpflichteten und in der Folge einen zunehmend exklusiven Status in der Herstellung von allgemein gültigem Wissen für sich beanspruchten.[2]

Im Zuge fortschreitender Differenzierung des Wissenschaftssystems und der zunehmenden Dichotomisierung der «zwei Kulturen» in der Moderne des 20. Jahrhunderts – und als Gegenstand verschärfter Problematisierung in der Postmoderne – tat sich bezüglich der Fassung des Menschen ebenso wie des Menschlichen im Kanon der Wissenschaften eine weitere Schere auf: die Naturwissenschaften beziehungsweise an naturwissenschaftlichen Idealen orientierte Wissenschaften liessen den Menschen durch Relativierung vormals angenommener spezifischer Eigenheiten zunehmend in den Ordnungen der Natur – der evolutionstheoretisch gefassten Biologie – aufgehen. Das Tier rückte dem Menschen näher. Es muss aber auch auf die Auflösung des Menschen durch die Wissenschaften hingewiesen werden, die sich seit den 1970er Jahren abzeichnete. Durch die zunehmend fragmentierte Behandlung, die Zunahme molekularbiologischer Sicht- und Untersuchungsweisen wurde der wissenschaftlich erforschte Mensch zu einer Art Modell seiner kleinsten Teile. Dieses Verständnis entwickelte sich jenseits der klassischen Trennlinie von Individuum und Gesellschaft, obwohl Raman und Tutton für Letztere «a more complex cluster of relationships between the molecular and the population» beobachteten.[3] Wurde der Mensch so von lebenswissenschaftlicher Seite mit physiologischen und molekularen Homologien konfrontiert, hetzten ihm zunehmend auch technische Entwicklung und Expertise die Maschine auf die Fersen, um seine Sonderstellung in Zweifel zu ziehen. Dabei ist an die «kybernetische Transformation des Menschlichen» zu denken, an die sich lange Diskussionen über die kognitiven Fähigkeiten von Robotern anschlossen. Denken wurde nicht mehr als dem Menschen vorbehalten verstanden. Nicht von ungefähr ist die Kybernetik auch als «vierte Kränkung der Menschheit nach Kopernikus, Darwin und Freud» bezeichnet worden.[4] Umgekehrt suchten die dezidiert einer eigenen, kulturwissenschaftlichen Vorgehensweise huldigenden Humanwissenschaften zunehmend die naturwissenschaftliche Deutungsmacht überhaupt, vor allem aber diejenige über den Menschen, zu konkurrenzieren und durch Dekonstruktion zu relativieren.[5]

Die Wissenschaften sehen sich bis heute mit einer Paradoxie konfrontiert: Das darwinistische Narrativ verortete den Menschen in einem Kontinuum zum Tier und letztlich zum primitivsten Organismus. Dieses Narrativ wird jedoch stets nur vom Menschen selbst erzählt und lediglich von ihm gehört. Als genuin menschlich wurde verstanden, was den Menschen und nur diesen aus-

---

2 Steven Shapin und Simon Schaffer, *Leviathan and the Air-Pump. Hobbes, Boyle, and the Experimental Life*, Princeton 1985.
3 Sujatha Raman und Richard Tutton, «Life, Science and Biopower», in: *Science, Technology and Human Values*, Vol. 35/5, September 2010, S. 711–734, Zitat aus dem Abstract.
4 Erich Hörl und Michael Hagner, «Überlegungen zur kybernetischen Transformation des Humanen», in: Michael Hagner und Erich Hörl (Hg.), *Die Transformation des Humanen. Beiträge zur Kulturgeschichte der Kybernetik*, Frankfurt a. M. 2008, S. 7–37, hier S. 10.
5 So haben etwa die historische Anthropologie und Ansätze der Wissenschaftsforschung, aber auch literarische und künstlerische Ansätze die Diskussion um die Bestimmung des Menschen geprägt. Für eine Sammlung jüngerer kulturanthropologischer Ansätze und Objekte siehe Aleida Assmann, Ulrich Gaier und Gisela Grommsdorff (Hg.), *Positionen der Kulturanthropologie*, Frankfurt a. M. 2004.

zeichnet. Literarisch subtil reflektierte Kafka dies etwa in seinem «Bericht für eine Akademie», wo ein gewesener Affe über seine Menschwerdung – im Sinne einer Adaption an menschliches Verhalten – berichtet:

«Ich kann natürlich das damals affenmässig Gefühlte heute nur mit Menschenworten nachzeichnen und verzeichne es infolgedessen, aber wenn ich auch die alte Affenwahrheit nicht mehr erreichen kann, wenigstens in der Richtung meiner Schilderung liegt sie, daran ist kein Zweifel.»[6]

Ähnlich lässt sich Ludwig Wittgensteins Aphorismus «Wenn ein Löwe sprechen könnte, wir könnten ihn nicht verstehen» aus den *Philosophischen Untersuchungen* als Rekonstituierung einer starken Tier-Mensch-Dichotomie aufgrund anthropozentrischer Verständigungsmöglichkeit auslegen.[7]

Das Verständnis der Funktionsweise und der Interaktion des menschlichen Organismus mit seiner Umwelt stellt ein bedeutendes Forschungsziel in den biologischen Wissenschaften, in der Pharmazie, der Medizin oder der Psychologie dar. Tatsächlich hat die Struktur des Verhältnisses zwischen Mensch und Tier, wie Stefan Rieger formulierte, eine grosse Bedeutung für deren Epistemologien: «Am Ort des Tieres entscheidet sich die Verortung des Menschen, am Wissen um das Tier entscheidet sich das Wissen des Menschen.»[8]

Wissenschaftliche Felder wie die genannten rangen seit der zweiten Hälfte des 20. Jahrhunderts vermehrt darum, die Sonderstellung des Menschen zu behaupten, während moderne und postmoderne Verständnisse diese zunehmend in Frage stellten. Diese Spannung wurde durch die Tatsache, dass «der Mensch» seit der konstruktivistischen Wende zunehmend hinterfragt wurde, nicht geringer. Der Mensch als «junge Erfindung» oder als ein von Macht- und Diskurstechniken zugerichtetes Subjekt (Foucault)[9] sind mögliche Referenzen für die Untersuchung, wie dieser durch die Wissenschaften immer wieder neu und auf unterschiedliche Weise hervorgebracht wird. Allerdings, so ist zu vermuten, erfinden auch die wissenschaftlichen Disziplinen nicht kontextunabhängig, sie greifen gesellschaftliche Narrative auf, verarbeiten, verändern sie und liefern neue Impulse.

Der Mensch, der in und durch die Wissenschaft entsteht, und die Bilder, die von ihm dadurch erzeugt werden, können als kulturelle Konstrukte begriffen werden. Als solche sind die Praktiken, die sich auf den Menschen richten, und die Objekte, die sich auf diesen beziehen, genauso wie die Repräsentationen des Menschen in den Wissenschaften historischen Veränderungen unterworfen.[10]

Deutlich wird, dass der Mensch in seiner Ganzheit und Komplexität ein schwer zu erfassendes Wesen ist – und diese Schwierigkeit wird auch dieser Band nicht auflösen, er wird sich ihr aber aussetzen. Der Mensch, die Bilder und Vorstellungen, die er von sich selbst, seinem Werden und seinem Leben hegt, finden ebenso wie die Praktiken, die Umgangsweisen mit dem Menschen auf ganz unterschiedliche Weise Eingang in die Wissenschaft. Der Mensch ist zugleich Subjekt und Objekt der Forschung. Aus diesem Grunde sind die über

---

6 Franz Kafka, «Ein Bericht für eine Akademie», in: *Sämtliche Erzählungen*, Frankfurt a. M. 1970, S. 147–155, hier S. 149 f.
7 Ludwig Wittgenstein, *Philosophische Untersuchungen* II xi, Werkausgabe I, Frankfurt a. M. 1984, S. 568.
8 Stefan Rieger, «Neues von Menschen und Tieren», in: *Leviathan* 34, 2006, S. 291–298, hier S. 297.
9 Für eine Einbettung siehe Florence Vienne und Christina Brandt, «Einleitung: Die Geschichte des Wissens vom Menschen – historiografische Anmerkungen», in: *Wissensobjekt Mensch. Humanwissenschaftliche Praktiken im 20. Jahrhundert*, Berlin 2009, S. 9–29.
10 Für eine Rückbindung von Menschenbildentwicklung und historischem Kontextwandel vgl. Achim Barsch und Peter M. Hejl (Hg.), *Menschenbilder. Zur Pluralisierung der Vorstellung von der menschlichen Natur (1850–1914)*, Frankfurt a. M. 2000.

ihn gewonnenen Erkenntnisse von unmittelbarer Bedeutung. Nicht zuletzt deshalb wird hier die Frage, wie der Mensch wissenschaftlich zu begreifen ist, nicht als *eine* Frage, sondern als ein vielstimmiges Suchen, Erörtern und Beschreiben des Menschlichen in den Wissenschaften verstanden. Aus der Sicht der Herausgeberinnen und des Herausgebers existiert nicht ein universell gültiges Modell des Menschen, ebenso wenig wie es eine einheitliche Sprache gibt, die der Vielfalt der wissenschaftlichen Annäherungen an den Menschen gerecht würde.[11] Nichtsdestotrotz oder gerade deswegen sollen in diesem Buch einige der Zugänge diskutiert werden, die den wissenschaftlich beschreibbaren und begreifbaren Menschen und die Vielfalt der wissenschaftlichen Konturierungen des Menschlichen im 20. und 21. Jahrhundert hervorbringen und formen. Diese resultieren zum einen aus Generalisierungen und Fragmentierungen, die für die beobachteten wissenschaftlichen Felder in der Wahl ihrer Methoden, Ansätze, Heuristiken oder der Eingrenzung ihrer Objekte eine Rolle spielen, des Weiteren aus Abgrenzungen und Annäherungen, die diese Objekte als das zu behandeln suchen oder als das zu definieren vermögen, was sie werden sollen, schliesslich aus Rekonfigurationen, die die Wechselwirkung zwischen Modell und Mensch evozieren und die mit der Transformation wissenschaftlicher Felder auf verschiedene Weisen einhergehen. Im Folgenden werden die in diesem Band versammelten Beiträge entlang diesen Schwerpunkten diskutiert.[12]

GENERALISIERUNGEN UND FRAGMENTIERUNGEN

Trotz disziplinär bedingter Unterschiede unterstehen wissenschaftliche Modellierungen des Menschen stets den Geboten grösstmöglicher Klarheit, Einfachheit und systematischer Anschlussfähigkeit. Durch die Entwicklung und Anwendung spezifischer, zugespitzter Heuristiken und Instrumentarien wird der Mensch wissenschaftlich bearbeitbar gemacht. Die jeweilige Reduktion auf «das Wesentliche» ermöglicht stabile Aussagensysteme, Reproduzierbarkeit wissenschaftlicher Resultate, im besten Fall Vorhersage, oft Anwendungen in Produkten, Technologien oder spezialisierten Praktiken. Aufgrund dieser formalen und inhaltlichen Unerlässlichkeit wird Wissenschaft möglich, stösst aber die Forschung immer wieder auch an ihre Grenzen: Obwohl oder gerade weil die verwendeten Modelle, Vorstellungen und Konzepte vom Menschen eine hohe systematische Genauigkeit und Gültigkeit haben, drohen sie häufig an der Vielfalt menschlicher Existenz und ihrer Widerspenstigkeit gegenüber den angewendeten Vereinfachungen zu scheitern.[13]

Ein Interesse dieses Bandes gilt der Frage, wie es gelingen kann, mit Hilfe von Vereinfachungen zentrale Eingrenzungen vorzunehmen, die bestimmten Forschungsvorhaben innerhalb eines Feldes einen theoretischen Rahmen verleihen und sie damit überhaupt erst ermöglichen, während sie andere Betrachtungsweisen und Zugänge marginalisieren oder gar ausschliessen.

---

[11] Vielleicht kann der Mensch als *boundary object* im genuinsten Sinne Leigh Stars verstanden werden, insofern als er einem Gegenstand interpretativer Flexibilität entspricht, die Struktur von Arbeitsprozessen und -arrangements involviert ist und seine Unschärfe durchaus der Dynamik zwischen schwer Fassbarem und doch möglichst passgenau zurechtgeschneiderten Verständnissen entspringt. Siehe dazu auch Susan Leigh Star, «This is Not a Boundary Object: Reflections on the Origin of a Concept», in: *Science, Technology and Human Values* Nr. 5, Sept. 2010, S. 601–617.

[12] Die Besprechung der Beiträge bewegt sich bewusst nicht entlang der Reihenfolge im Buch. Die synthetisierende Diskussion offeriert sich und ihre Linearität als *eine* mögliche Lesart, ohne andere ausschliessen zu wollen.

[13] Vgl. auch Lorraine J. Daston und Peter Galison, «The Image of Objectivity», in: *Representations* 40, 1992, S. 81–128; Steven Epstein, «Beyond the Standard Human?», in: Martha Lampland und Susan Leigh Star (Hg.), *How Quantifying, Classifying, and Formalizing Practices Shape Everyday Life*, Ithaca 2008, S. 35–53.

In diesem Zusammenhang sprechen wir von Konjunktionen der Reduktionismen. Wir verweisen darauf, dass die Entwicklung und Perpetuierung spezifischer Modelle des Menschen nicht nur einem disziplinären, sondern insbesondere auch einem inter- oder transdisziplinären Unterfangen eine entscheidende inhaltliche und formale Kohärenz zu verleihen vermögen. Diese entsteht dadurch, dass Fachleute unterschiedlicher Disziplinen, aber auch nicht wissenschaftliche Akteurinnen und Akteure zum Beispiel aus Wirtschaft und Politik unter Berücksichtigung ihrer jeweiligen Interessen Bezug nehmen auf ein ihnen scheinbar gemeinsames Modell des Menschen und an der Umsetzung desselben in Forschung und Entwicklung beteiligt sind. Anhand der hier vorgestellten Studien wird aber auch deutlich, dass diese Kohärenz nicht von Dauer sein kann: Immer wieder entsteht die Notwendigkeit, die spezifischen Zugänge und damit die reduktionistischen Repräsentationen zu hinterfragen. Dies ist besonders dann der Fall, wenn sie sich als zu limitiert erweisen, um einen produktiven Fortgang der Forschung und der mit ihr verknüpften technologischen Entwicklung zu gewährleisten. Auf welche Weise diese fragil und damit hinterfragbar werden und wie es gelingen kann, die hoch differenzierten und etablierten Zugänge zu erweitern wenn nicht gar durch neue zu ersetzen, ist aus Sicht der Herausgeberschaft eine wichtige Frage. Sie verweist auf die multiplen Zugriffe und deren Stabilisierungseffekte auf das Menschenbild in den Wissenschaften.

Ein prägnantes Beispiel hierfür bildet die pharmazeutische Forschung, die sich dem *rational drug design* verschrieben hat. Dieses Konzept impliziert, dass sich der menschliche Stoffwechsel auf seine molekularen Bestandteile zurückführen lässt. Durch eine molekulare Modellierung soll nicht nur der Normalzustand, sondern auch die krankhafte Veränderung desselben vollständig beschreibbar sein. Der Terminus «rational» evoziert dabei die Möglichkeit, systematisch, auf einer molekularen Beschreibung aufbauend, wirksame Substanzen mit Hilfe von Computermodellen zu identifizieren. Die Molekülentwürfe werden synthetisiert und in einem aufwändigen Prozedere zunächst in zellulären Testsystemen, in einem späteren Stadium an Versuchstieren und zuletzt im menschlichen Organismus auf ihre tatsächliche Wirksamkeit hin überprüft. Am Ende der Wirkstoffentwicklung, so der theoretische Entwurf, steht ein hochselektiver Wirkstoff, der die für die Genesung relevanten physiologischen Vorgänge in spezifischer Weise provoziert, ohne jedoch mit Stoffwechselwegen zu interferieren, die nicht ins Krankheitsgeschehen involviert sind. Der molekular charakterisierte Mensch – so die Vision – lässt sich detailliert beschreiben und erforschen und auf diese Weise ohne Unwägbarkeiten und kostspielige Umwege die Entwicklung neuer Medikamente gestalten. Eine besondere Stärke des *rational drug design* scheint darin zu liegen, dass die Kontrollierbarkeit des Entwicklungsprozesses behauptet und damit auch die ökonomische Machbarkeit impliziert wird, so dass nebst einem esoterischen Zugang multiple exoterische Rückbindungen möglich werden. Diese prägen wiederum den Forschungs- und Entwicklungsprozess in entscheidender Weise.

Aus analytischer Sicht ist es deshalb wichtig zu verstehen, auf welche Weise die Vorstellung des menschlichen Körpers als molekulares Ensemble, das sich über Medikamente selektiv und hochspezifisch steuern lässt, nicht nur die pharmakologische Forschung anleitet, sondern auch eine Vielfalt von wissenschaftsexternen Akteuren bindet.

Einige der zentralen Bestandteile des grob umrissenen Paradigmas der pharmazeutischen Forschung lassen sich bereits in der wissenschaftlichen Arbeit von Paul Ehrlich zu Beginn des 20. Jahrhunderts verorten. In der Untersuchung von Martin Boyer wird deutlich, wie sich aus Ehrlichs zunehmender Fokussierung auf die molekularen Ursachen von Krankheiten die Vorstellung einer gezielten Intervention in den menschlichen Stoffwechsel entwickelte. Der Begriff des «Rationalen» in der Medikamentenentwicklung findet seinen Widerhall nicht nur in der Vorstellung des menschlichen Körpers als molekulare Maschine, sondern auch im experimentellen Einsatz von Mikroorganismen und Versuchstieren, der der gezielten Wirkstoffsuche dient. Ehrlich, dem viele spezifische Funktionsweisen und Charakteristika des menschlichen Stoffwechsels, die aus heutiger Sicht zentral sind, unbekannt waren, gelang es erstaunlich gut, die Grundlagen für ein langlebiges reduktionistisches Modell zu schaffen. In dessen Zentrum stand und steht die Idee des durch das Medikament selektiv anzusteuernden Chemorezeptors. Indem der Schwerpunkt auf die molekularen Wechselwirkungen verlagert wird, treten der Mensch und die Komplexität seiner Lebensbedingungen als entscheidende Elemente im Krankheitsprozess in den Hintergrund. Die Beiträge von Vivianne Otto und Gerd Folkers machen deutlich, dass dieser Zugang bis heute Bestand hat und die von Ehrlich vorgenommene empirische und theoretische Eingrenzung zwar weiterentwickelt und differenziert werden konnte, aber in ihren Grundzügen bis heute unhinterfragt geblieben ist. Dies trotz der Tatsache, dass sich die Anwendung des molekularen Modells in der Forschung immer wieder als problematisch erwiesen hat. Ehrlichs Eingriff in das Krankheitsgeschehen der Syphilis, der auch einen Grundstein für die industrielle Produktion von Pharmaka bildete, folgten unzählige Versuche, sich die molekulare Maschine Mensch untertan zu machen und die neu entwickelten Therapeutika im industriellen Kontext zu vermarkten.

Der Beitrag von Gerd Folkers wirft einen komplementären Blick auf die historische Entwicklung der Pharmakologie und widmet sich der Akademisierung der Disziplin. Er zeichnet nach, wie deren molekularer Blick auf den Menschen sich mit jenem der Medizin, der das Individuum privilegierte, zunehmend verschränkte und diese durchdringen konnte. Mittels dieses Ansatzes, der auf den Beginn des 20. Jahrhunderts zurückgeht, suchen die zahlreichen an der pharmazeutischen Forschung der Gegenwart beteiligten Wissenschaftlerinnen und Wissenschaftler ihr Glück. Durch immer aufwändigere Modellierungen, die wiederum auf einer Vielzahl von biochemischen und biophysikalischen Annahmen und Annäherungen an die spezifischen Bedingungen des menschlichen Stoffwechsels beruhen, wird der Versuch unternommen, dessen

Komplexität so aufzuschliessen, dass hochselektive Medikamente entwickelt werden können. Der Autor zeigt auf, wie sich diese Modellierungen und die auf ihnen basierenden experimentellen Prozeduren im Einzelfall zu sehr effizienten heuristischen Instrumenten entwickelt haben. Dies gelingt vor allem deshalb, weil sie nur bestimmte Aspekte der molekularen Modellierung hervorheben. Folkers kritisiert jedoch, dass ihre Verwendung in einer spezifischen Abfolge innerhalb des gesamten Entwicklungsprozesses dazu führt, dass der menschliche Stoffwechsel in seiner Gänze und Komplexität und damit auch der Mensch als Untersuchungsobjekt im Entwicklungsprozess immer mehr an Relevanz verlieren. Die hoch differenzierten Modellierungen und die damit verknüpften empirischen Ansätze machen ihn praktisch unsichtbar. Der Mensch mutiert so zum nachzuführenden Störfaktor in der Medikamentenentwicklung. Die Komplexität seiner Existenz macht sich jedoch vor allem in der klinischen Phase in einer Weise bemerkbar, die die vorangegangenen Entwicklungsschritte grundlegend in Frage stellt. Das Scheitern diverser pharmakologischer Entwicklungsprozesse verweist auf die unbedingte Notwendigkeit, die epistemischen Einschränkungen zu überdenken und vielleicht auch rückgängig zu machen. Die Komplexität des menschlichen Stoffwechsels, die in den herrschenden Modellen allzu sehr reduziert und damit nur scheinbar vernachlässigbar wurde, muss in vermehrtem Masse auf theoretischer und empirischer Ebene reflektiert werden.

Ausgehend von der wachsenden Erkenntnis, dass es einen selektiven Eingriff in den menschlichen Stoffwechsel, wie ihn Ehrlich konzipiert und selber bereits hinterfragt hatte, wohl tatsächlich nicht geben kann, diskutiert der Autor mehrere innovative Ansätze. Folkers verweist darauf, dass jede scheinbar gezielte Manipulation multiple Anpassungsprozesse und Veränderungen im Stoffwechsel provoziert. Scheinbar selektiv bindende Wirkstoffe, so Folkers, entfalten ihre Effizienz genau deshalb, weil sie mit einer Vielzahl von Molekülen interagieren. Das Ziel bleibt, sich diese Komplexität zu eigen und damit im Entwicklungsprozess nutzbar zu machen. Diese und die anderen beiden Untersuchungen zur pharmazeutischen Forschung in diesem Band verweisen darauf, dass das wissenschaftliche Verständnis des Menschen den methodischen Zugang determiniert, aber in seiner spezifischen Ausformung auch der Entwicklung der Methode geschuldet ist.

Die Fallstudie von Vivianne Otto erweitert den Blick auf die heutige pharmazeutische Forschung, indem sie diskutiert, auf welche Weise sich diverse ausserwissenschaftliche Akteurinnen und Akteure, darunter insbesondere die Pharmaindustrie, die Klinik, aber auch die Medien, dem molekularen Verständnis des menschlichen Stoffwechsels zu verschreiben vermögen. Ihre Zugänge und Interpretationen stabilisieren die wissenschaftlichen Modellierungen des Menschen wiederum in eindrücklicher Art und Weise und machen sie offensichtlich auch wissenschaftsintern weniger angreifbar. Otto beschreibt die Erforschung des Cholesterinstoffwechsels und die Entwicklung, die dazu führte, dass deren Resultate sich im populären Gegensatz vom «schlechten und guten

Cholesterin» versinnbildlichen konnten. Sie diskutiert kritisch, dass es sich bei dieser Zuschreibung nicht nur um eine simplifizierende Popularisierung eines komplizierten Stoffwechselweges, sondern mittlerweile um eine die pharmazeutische Forschung durchdringende Überzeugung handelt. Ihr Beitrag kann dahin gehend verstanden werden, dass die molekularen Modelle sich in Marktmodelle übersetzen lassen. Diese Transformation scheint im vorliegenden Fall vor allem deshalb zu gelingen, weil im Verlauf der wissenschaftlichen Entwicklung die Korrelation zwischen zwei molekularen Markern, nämlich dem «guten und dem schlechten Cholesterin» und den Erkrankungen des Herz-Kreislauf-Systems, nicht als solche verbleibt. Sie mutiert aufgrund der multiplen esoterischen und exoterischen Rückgriffe zu einer Kausalität: Ein Zuviel an «schlechtem Cholesterin» im Körper wird als zentrale Ursache für Herz-Kreislauf-Erkrankungen verstanden. Die ungeheuren ökonomischen Erfolge, die diese das «schlechte Cholesterin» senkenden Medikamente der Firma Pfizer bescheren, machen das Modell vom menschlichen Stoffwechsel unverrückbar. Der Umkehrschluss, dass eine Erhöhung des «guten Cholesterins» ebenfalls der Behandlung von Herz-Kreislauf-Erkrankungen dienen kann, ist Ausgangspunkt für weitere gross angelegte Forschungsprojekte und klinische Studien. Otto schildert, wie diese in dem Moment scheitern, in dem sie mit der Vielfalt des menschlichen Stoffwechsels in der Schlussphase der klinischen Untersuchungen konfrontiert werden. Die Kombination der cholesterinsenkenden und -steigernden Medikamente, die den menschlichen Stoffwechsel umfassend hätte verbessern sollen, resultiert in den klinischen Studien sogar in einer Erhöhung von Herz-Kreislauf-Erkrankungen. Dieser im Entwicklungsprozess relativ späte Misserfolg verweist auf die interessante Frage, wie das reduktionistische Modell der menschlichen Herz-Kreislauf-Erkrankungen die Wahl der Versuchssysteme und Tiermodelle determinierte, so dass es so lange unbeeinträchtigt bleiben konnte, bis es auf den Menschen traf.

Interessant ist, dass dieses Scheitern zunächst weder vom Management der verantwortlichen Firma Pfizer noch im weiteren Verlauf von der Konkurrenz des Unternehmens bemerkt werden will. Letzteres erstaunt umso mehr, weil es sich nicht nur um ein wissenschaftliches Scheitern handelt, sondern vor allem auch, weil damit die beteiligten Unternehmen ein enormes ökonomisches Risiko eingehen. Das Verständnis des Menschen erweist sich hier nicht nur als wissenschaftlich determiniert, sondern ist auch ökonomischen Logiken unterworfen, die den Forschungsprozess auf eine ganz bestimmte Weise steuern. Die Kohäsion, die der Reduktionismus der pharmazeutischen Forschung und Entwicklung verleiht, macht diese offensichtlich refraktär gegenüber neueren wissenschaftlichen Ansätzen. Im vorliegenden Fall setzen die konkurrierenden Unternehmen ihre Entwicklungsbemühungen um Cholesterin erhöhende Medikamente fort. Dies geschieht trotz des ökonomisch gravierenden Scheiterns von Pfizer. Niemand innerhalb der beteiligten Unternehmen scheint so viele Kenntnisse über das pharmakologische Modell Mensch oder aber so viel ökonomische Handlungsfreiheit zu besitzen, dass er oder sie zu einer grundsätzlich anderen Bewertung des eingeschlagenen Weges gelangen kann. Die gross angelegten Entwicklungsprozesse werden fortgeführt. Die Frage, ob diese Bemühungen zum ökonomischen Grosserfolg führen oder aber ein für die Unternehmen folgenreiches Scheitern implizieren, bleibt vorerst unbeantwortet.

In einem vergleichbar grossen Spannungsverhältnis wie die Erforschung des Menschen in den pharmazeutischen Wissenschaften des 21. Jahrhunderts standen die Versuche, sich dem Menschen im Feld der *culture and personality studies* (CPS) in der ersten Hälfte des 20. Jahrhunderts wissenschaftlich zu nähern. Einerseits sollte es möglich sein, den Menschen in seiner einzigartigen Individualität wissenschaftlich darstellbar und begreifbar zu machen. Andererseits galt es auch hier immer wieder, die Vielfalt der menschlichen Existenz in wissenschaftlich erfassbaren und damit reproduzierbaren Kategorien abzubilden.

Steht in der Entwicklung neuer Medikamente der molekular determinierte und kontrollierbare menschliche Organismus im Vordergrund, so war, wie der Beitrag von Rainer Egloff darlegt, im Falle der sozialwissenschaftlichen CPS der Anspruch zentral, die Individualität des Menschen nicht als Resultat seiner Biologie, sondern als dasjenige seiner Lebensumstände zu begreifen. Unter dieser Voraussetzung wurde der Mensch als ein Ensemble entworfen, das in seiner je spezifischen und sozial erzeugten Besonderheit wissenschaftlich beschreibbar und damit erfassbar werden sollte. Einer ersten, wenig formalisierten und interpretativen Phase folgte eine zweite, die durch Versuche geprägt war, eine der naturwissenschaftlichen Methodik nahe Vorgehensweise zu erarbeiten. Die Fortentwicklung des Feldes resultierte in einer epistemischen Engführung. So wurde die menschliche Biografie nicht mehr insgesamt als wissenschaftlich relevant angesehen. Vielmehr erfolgte eine Fokussierung der frühkindlichen Phase. Die Prägung, die der Mensch in dieser Zeit erfährt, wurde als entscheidend für seine gesamte Entwicklung angenommen. Dies ist eine interessante Parallele zu den Neurowissenschaften, die den ersten beiden Lebensjahrzehnten eine entscheidende Rolle in der Entwicklung des Menschen zuordnen.

Ein erklärtes Ziel der CPS war es, Grundzüge des Individuums anhand weniger Kriterien möglichst vollständig und damit vergleichend zu erfassen. Der Rorschach-Test als probates diagnostisches Mittel ist hier als Beispiel anzuführen. Er beruht auf der Verwendung von lediglich zehn Bildtafeln, die je ein besonderes Arrangement von Tintenspuren aufweisen. Ihre Anwendung innerhalb eines bestimmten Frage- und Auswertungsschemas erlaubt Aussagen über die Persönlichkeit eines Patienten, die einer vergleichsbasierten Form folgten und sich so auch für statistische Quantifizierung anboten.

Die Entwicklung der CPS war nicht nur von Repräsentantinnen und Repräsentanten verschiedener wissenschaftlicher Disziplinen geprägt, sondern in entscheidender Weise auch von ausserwissenschaftlichen Akteurinnen und Akteuren. Der wissenschaftliche Erfolg einiger ihrer prominenten Forschenden fand Widerhall in einer Serie von populären Publikationen, die sie weit über die Grenzen ihres wissenschaftlichen Arbeitsgebietes hinaus bekannt machten. Die Tatsache, dass hier Wissen über den modernen Menschen verfügbar wurde, das zur erfolgreichen Entwicklung der amerikanischen Gesellschaft genutzt werden konnte, motivierte und formte während der Zeit des Zweiten Weltkrieges eine Reihe von wissenschaftlichen Aktivitäten der CPS in entscheidender Weise. Diese zielten einerseits darauf ab, die amerikanische Nation in ihrem Verteidigungswillen zu stärken, andererseits sollten sie den Feind wissenschaftlich fassbar und damit auch verwundbar machen.

Der politische Einfluss auf das Feld der CPS lässt sich in seiner Intensität und Relevanz mit dem ökonomischen Einfluss auf die Pharmaforschung vergleichen. Auch hier stabilisiert der Erwartungshorizont nicht wissenschaftlicher Akteurinnen und Akteure bestimmte wissenschaftliche Methoden und Modelle des Menschen in der Wissenschaft in entscheidender Weise. Dies sind gewiss besonders pointierte Beispiele, trotzdem kann man konstatieren, dass auch in den anderen hier vorgestellten Untersuchungen dem wissenschaftsexternen Einfluss eine entscheidende Rolle darin zukommt, wie der Mensch wissenschaftlich begriffen werden kann und wird.

ABGRENZUNGEN UND ANNÄHERUNGEN

Die oben beschriebenen Prozesse machen deutlich, dass die Einzigartigkeit des Menschen, sei es als Angehöriger seiner Spezies oder aufgrund seiner spezifischen Individualität, durch die Wissenschaft erzeugt, aber auch wieder aufgelöst werden kann. Die Definition des Menschen beziehungsweise des Menschlichen bedeutet immer eine Grenzarbeit (boundary-work), welche zugleich Zuordnungen ermöglicht und kategoriale Unterschiede schafft.[14] "Species are relationships between species – relationality is world-hood."[15] Die Bemühungen einerseits um Abgrenzung, andererseits um Annäherung von Mensch und Tier – in den letzten Jahren zunehmend auch zwischen Mensch und neuen Kategorien menschlichen Lebens (i. e. Embryo) – sind durch empirische Gegebenheiten, vor allem aber durch unterschiedliche gesellschaftliche Setzungen bezüglich der besonderen Position des Menschen geprägt.

Die Untersuchung von Emily Martin macht anschaulich, dass Grenzarbeit nicht nur zwischen verschiedenen Lebensformen geschieht, sondern auch in der Lebensführung moderner Individuen sichtbar wird. Sie zeichnet in ihrer Arbeit nach, wie der Schlaf im Laufe des 20. Jahrhunderts von einem alltäglichen Ereignis, das zusammen mit anderen Aktivitäten während des Tages und der Nacht ein Kontinuum bildete, zu einem wissenschaftlich beschreibbaren und auf diese Weise erst zu einem distinkten Seinszustand des Menschen geworden ist. Der von Martin diskutierte «natürliche Schlaf» entspricht gerade nicht dem, was die Wortschöpfung vermuten lässt. Er ist nicht natürlichen Ursprungs, sondern nimmt seinen Ausgang in den wissenschaftlichen Beschreibungen der zentralen Elemente, die den einzigartigen menschlichen Schlaf kennzeichnen sollen. Zen-

---

14 Der Begriff *boundary-work* wurde von Thomas Gieryn zur Bezeichnung der sozialen Praxis eingeführt, Wissenschaft – in ihren Institutionen, Methoden, Wissensbeständen, Werten usw. – durch spezifische Zuschreibungen von anderen geistigen Aktivitäten abzugrenzen. Thomas F. Gieryn, «Boundary-Work and the Demarcation of Science from Non-Science. Strains and Interests in Professional Ideologies of Scientists», in: *American Sociological Review*, 48, Nr. 6, Dezember 1983, S. 781–795.

15 Eva Hayward, «Lessons from a Starfish», in: Noreen Giffney und Mira J. Hird (Hg.), *Queering the Non/Human*, Aldershot 2008, S. 249–264, hier S. 254.

tral ist hier, dass sich diese wiederum zu Kriterien transformieren lassen, die dem modernen Individuum darüber Auskunft geben, ob es genügend und richtig geschlafen hat. Erst durch ihre Anwendung konnte der Mensch, der nicht schlafen kann, als solcher nicht nur erkannt, sondern auch erforscht und behandelt werden. Falls sich der Schlaf nicht in gewünschter Weise einstellt, kann sich das moderne Individuum bestimmter Technologien bedienen, um die Schlaflosigkeit zu überwinden. Martin betont jedoch, dass sich Schlaf nicht in die üblichen Optimierungsstrategien und das damit verknüpfte *self-management* einordnen lässt, da Schlaf nicht willentlich herbeigeführt werden kann, sondern sich umso mehr entzieht, je mehr er herbeigesehnt wird.

Diese Paradoxie scheint jedoch nicht eine Entwicklung behindert zu haben, die den Schlaf in das Zentrum zahlreicher gesellschaftlicher Bemühungen gerückt hat. Hier verbinden sich individuelle Anstrengungen mit politischen Bemühungen und bestärken die wissenschaftlichen Anstrengungen, die unternommen werden, um den schlafenden Menschen der Forschung zuzuführen. Noch entscheidender sind die ökonomischen Potentiale, die sich in der medikamentösen Behandlung der Schlaflosigkeit eröffnen. Sie sind als determinierend nicht nur dafür anzusehen, wie der Schlaf verstanden, sondern vor allem auch wie Schlaflosigkeit behandelt wird. Die von Martin untersuchten Internetforen und die zitierten Beiträge von Menschen, die ihre Schlaflosigkeit durch Medikamente auf pharmakologischem Weg zu behandeln versuchen, belegen auf eindrückliche Weise, wie die Bemühungen um den richtigen Schlaf zahlreichen Unwägbarkeiten unterliegen, viel Frustrationen und auch persönliches Leid erzeugen. Man kann an dieser Stelle konstatieren, dass die Versuche, den Schlaf durch Medikamente zu manipulieren, häufig scheitern. Die Auseinandersetzung der Menschen mit der Wirksamkeit und den Nebenwirkungen einzelner Medikamente macht deutlich, dass das Modell des natürlichen Schlafes und der darauf fussenden therapeutischen Massnahmen einmal mehr an der Wirklichkeit der menschlichen Vielfalt zu scheitern drohen. Hier ist es jedoch nicht das Pharmaunternehmen, dessen Existenz von finanziellen Verlusten beeinträchtigt ist. Es versucht, seine Forschungs- und Entwicklungsstrategie den neuesten Kenntnissen über den menschlichen Schlaf anzupassen, und entwickelt Medikamente, die nicht nur den «richtigen Schlaf», sondern auch die «richtigen Träume» garantieren sollen. Es ist vielmehr das Individuum, das sich darum bemühen muss, wieder ein angemessenes Mass an Autonomie und Unabhängigkeit von der reduktionistischen Sicht auf den Schlaf und der häufig nur scheinbaren Therapierbarkeit der Schlaflosigkeit zu erlangen.

In der Untersuchung von Beatrix Rubin zum Konzept der strukturellen Plastizität in der neurobiologischen Forschung stehen nicht die Bemühungen im Vordergrund, den Alltag des Menschen in Phasen zu unterteilen. Hier interessieren vielmehr die Lebensabschnitte, die in ihrer Ausprägung und menschlichen Besonderheit wissenschaftlich beschrieben und damit unumstösslich werden: die interaktive und plastische Entwicklungsphase der Kindheit und

Jugend, an die sich die Phase des Erwachsenendaseins anschliesst, während der das Gehirn strukturell dasjenige bleibt, das es zuvor geworden ist. Das neurowissenschaftliche Verständnis eines einzigartigen menschlichen Gehirns, dessen unvergleichlicher Grad an anatomischer und funktioneller Komplexität eine grosse Konstanz im adulten Zustand bedingt, erweist sich als zentral in der untersuchten Entwicklung. Komplexität und Konstanz machen das Gehirn aus neurobiologischer Sicht zu dem menschlichen Organ schlechthin. Das Bemühen, die neurobiologisch begründbare Sonderstellung des Menschen aufrechtzuerhalten und vor immer neuen Anfechtungen zu bewahren, prägt die Forschung über die Neubildung von Nervenzellen (die adulte Neurogenese) in entscheidender Weise. Aus Sicht der Neurowissenschaften scheint es vor allen Dingen das Gehirn zu sein, das den Menschen vor dem finalen Zugriff der Evolution rettet und als Mensch unter Tieren erkennbar macht. Die allseits propagierte und häufig auch forcierte Homologie zwischen menschlichem und tierischem Organismus, die in der neurobiologischen, aber auch in der pharmazeutischen Forschung eine zentrale Rolle spielt, wird im Fall der Forschung zur adulten Neurogenese wiederholt in Abrede gestellt. Dass dies gelingt, verweist darauf, dass in den Neurowissenschaften die Stellung des Menschen in der evolutionären Entwicklung immer noch ein Gegenstand wissenschaftlicher Auseinandersetzung ist. Der vorliegende Fall verdeutlicht aber auch die enge Verbindung, die zwischen menschlicher Selbstbeschreibung und neurobiologischem Erkenntnisstand besteht. Diese tritt nicht nur in den Neurowissenschaften selbst zutage, sondern findet ihr Echo auch im grossen Erfolg populärer Darstellungen der Neurowissenschaften. Allen Bemühungen zum Trotz, das menschliche Gehirn als einzigartig und unveränderlich zu beschreiben, gelingt es jedoch Ende des 20. Jahrhunderts, die adulte Neurogenese auch als eine Eigenschaft des menschlichen Gehirns darzustellen.

Auch hier lassen sich wieder die Einflüsse von wissenschaftsexternen Akteurinnen und Akteuren beziehungsweise Interessenlagen festmachen. Rubin arbeitet in ihrem Beitrag heraus, dass die Entdeckung der lebenslangen Neubildung von Nervenzellen im menschlichen Gehirn einen entscheidenden Schritt zu neuen Therapiemöglichkeiten impliziert. Über die Manipulation der Neurogenese, so die Vision einer sich etablierenden Biotechnologiebranche, sollen Depressionen, aber auch andere neurologische Erkrankungen sehr viel gezielter behandelt werden können. Aus der vergleichenden Perspektive kann bemerkt werden, dass hier wissenschaftsexterne Einflüsse eine grundlegende Transformation im Verständnis der Plastizität und damit des menschlichen Gehirns ermöglichten. Dies im Gegensatz zu den Untersuchungen im Bereich der pharmazeutischen Forschung, die auf eine Stabilisierung des etablierten wissenschaftlichen Verständnisses des menschlichen Stoffwechsels verweisen. Hier bewirken die bereits im Entwicklungsprozess getätigten Investitionen und Hoffnungen auf den ökonomischen Erfolg ein Festhalten an tradierten Modellvorstellungen, während sie im Fall der Neurowissenschaften neuen Erkenntnissen und einem veränderten Verständnis der Plastizität den Weg bahnen.

In beiden Fällen – ob es sich nun um das Bemühen handelt, die menschliche Einzigartigkeit mit wissenschaftlichen Beweisen zu belegen, oder den Versuch, Stoffwechselvorgänge des Menschen anhand von Computermodellen zu simulieren oder am Tier zu untersuchen – wird bestimmten Wissensbeständen und damit spezifischen Forschungsfeldern wissenschaftliche Relevanz zu- oder abgesprochen und können ökonomische Erwartungen genährt oder geschwächt werden.

REKONFIGURATIONEN UND TRANSFORMATIONEN

Die Unterschiedlichkeit der Zugriffe auf den Menschen wird im wissenschaftlichen Alltag in aller Regel wenig reflektiert. Hinzu kommt, dass die unterschiedlichen Vorstellungen geprägt sind von Differenzierungsleistungen, die zur Folge haben, dass wissenschaftlich hoch spezialisierte Felder, die sich mit dem Menschen befassen, wie etwa die Pharmakologie, die Neurowissenschaften, die CPS, kaum über ein umfassendes und verpflichtendes Konzept «Mensch» oder gar ein einheitliches «Menschenbild» verfügen. Im Gegenteil, genau genommen handelt es sich bei den Vorstellungen vom Menschen um eine Art Gebrauchsmodelle. Diese fungieren als Hilfsmittel, die das Vorgehen erst ermöglichen, auf das sich die jeweiligen wissenschaftlichen Gemeinschaften geeinigt haben – wie genau der Mensch dabei konturiert ist, ändert sich je nach Zeit und Ort. Innerhalb dieser Bearbeitungsmodi befindet sich der Mensch in stetigem Wandel: Einmal steht er im Zentrum wissenschaftlicher Bemühungen, dann verschwindet er teilweise oder wird gänzlich unsichtbar, während in neuen Zusammenhängen Modelle bestimmter Funktionsweisen oder Wirkmechanismen im Menschen in Erscheinung treten. Erst in der Inspektion der Vielfalt des Umgangs mit Materialien und der Vielstimmigkeit der Akteurinnen und Akteure beziehungsweise ihrer Arten der Grenzziehungen kann sich zeigen, wie der Mensch im Orchester der wissenschaftlichen Disziplinen nicht nur ein Untersuchungsgegenstand zu sein vermag, sondern auch wie er als Verhandlungsgegenstand fungiert.

Andrew Abbott setzt sich in seinem aus der persönlichen Warte eines Sozialtheoretikers formulierten Beitrag mit dem Menschen in einer ständig sich wandelnden Gesellschaft auseinander. Er macht eine Kritik von Konzepten der «menschlichen Natur» in den Sozialwissenschaften zum Ausgangspunkt für die Skizzierung von Grundlinien einer pragmatistisch-prozessorientierten Sozialtheorie. Sich selbst nicht auf einen festen Begriff menschlicher Natur verpflichtend konzipiert Abbott die menschliche Natur zunächst als eine Zusammenstellung von Annahmen über den Menschen, ohne die sich nicht über ihn nachdenken lässt. Der Autor diskutiert die konträre Handhabung dieser teils impliziten, teils expliziten Annahmen durch die verschiedenen Disziplinen. So versuchen etwa Ökonomie und Psychologie, die menschliche Natur als eine Zusammenstellung von universell gültigen und konstanten Charakteristika zu begreifen. Diese Herangehensweise steht im deutlichen Gegensatz zur Soziologie, die als Disziplin auf die Vielfalt der menschlichen Existenz und deren Wandel fokussiert ist. Positiv formuliert Abbott schliesslich als Basis für die menschliche Natur deren eminente Geschichtlichkeit, die Sequentialität von Erfahrung, den Dialog zwischen Gewöhnung und Neuheit sowie die alltagsleitende und die Sozialwelt prägende Orientierung an Idealen der Anteilnahme, der Gesolltheit und der Wahrheit. Der Beitrag fördert damit einerseits die Sensibilisierung für Annahmen über die menschliche Natur und deren Effekte, votiert andererseits sozialtheoretisch für eine genuin temporal verfasste Figur des Menschen.

Das Zustandekommen von Annahmen oder Wissensbestandteilen, die die menschliche Natur auszumachen behaupten und «in der Praxis» geltend machen, findet sich in den folgenden zwei Beiträgen dieses Bandes wieder. Dabei wird nun klar, dass die Praktiken wissenschaftsinterner und -externer Akteurinnen und Akteure, die wechselseitig Grenzen aushandeln, transformierenden Charakter in Bezug auf die Vorstellungen vom Menschen, um die gerungen wird, einnehmen. Wie von Priska Gisler und Mike Michael gezeigt wird, spielen das Verhältnis Feld – Sammlung – Labor oder aber Datenerhebung – Datenbearbeitung und der Übergang zwischen diesen Entitäten eine Rolle in Bezug auf die Formen und den Status des (menschlichen oder tierischen) Objekts. Zu beachten ist dabei, dass die Art und Weise, wie Daten erhoben werden, deren Informationsgehalt und damit den darauf folgenden Forschungsprozess entscheidend bestimmt. In diesem Zusammenhang fallen insbesondere die Transformationen des Gesammelten auf: Das gesammelte Objekt verändert durch dessen Einordnung in die Sammlung seinen Status.[16] Das Sammeln von Blutproteinen ebenso wie von Daten über embryonale Stammzellen stellt Bezüge zwischen menschlichen und nichtmenschlichen Objekten her. Dies trifft beispielsweise dann zu, wenn mit tierischen Seren Wissen über den Menschen gewonnen werden soll. Diese Transitionen sind konstitutiv und sie betreffen auch die Differenzen zwischen dem Natürlichen und dem Artifiziellen, zwischen den Entitäten, die in der Natur «gefunden» werden, und den Objekten, die im Labor hervorgebracht, «gemacht» werden.

Priska Gisler beschäftigt sich in ihrem Beitrag mit der Geschichte des Serologischen Museums von den 1940er bis Mitte der 1970er Jahre. Dabei thematisiert sie eine Sammlung von Blut, für die sich zeigen lässt, wie sich das wissenschaftliche Interesse an diesem Stoff ebenso wie an den Aktivitäten des Sammelns, Aufbewahrens und Mobilisierens in der zweiten Hälfte des 20. Jahrhunderts stetig verändert hat. Das Museum war in seinen Anfangsjahren vor allem der biologischen Systematik verpflichtet, was wiederum einige Legitimationsarbeit für das Sammeln von Blut und Blutbestandteilen erforderte. Im Laufe der Zeit erfolgte jedoch eine Umgewichtung hin zu einem zunehmenden Bedarf an bestimmten Seren, die in neuartigen biomedizinischen Untersuchungen Verwendung fanden.

Mit der Weiterentwicklung von Techniken des Aufbewahrens, aber auch der Analyse von Blutbestandteilen, zu dem der Zoologe Alan Boyden mit sei-

---

16 Diese entsprechen durchaus Identitätstransitionen von menschlichen Akteurinnen und Akteuren im Forschungsprozess, von denen Thomas Gieryn spricht. Vgl. Thomas F. Gieryn, «Two Faces on Science: Building Identities for Molecular Biology and Biotechnology», in: Peter Galison and Emily Thompson (Hg.), *The Architecture of Science*, Cambridge, London 1999, S. 424–449, hier S. 431.

ner Sammlung beigetragen hat, steigerte sich deren Potential, als Modell für bestimmte Eigenschaften unterschiedlichster Organismen zu dienen. Anhand der Sammlung von Blutbestandteilen des Serologischen Museums zeigt der Beitrag, wie dem zentral organisierten Sammeln eine neue Bedeutung zugewiesen werden konnte und wie die auf der ganzen Welt gesammelten Substanzen in der Folge umbewertet werden konnten. Im Beitrag wird dies am diskursiven Umgang mit der Schilderung einer *blood bank of the future* gezeigt, die die historische Entwicklung hin zu Biobanken zu antizipieren schien. Mit dem gesteigerten Bedürfnis, biologische Materialien unterschiedlicher Spezies und Individuen zusammenzutragen, drifteten auch die wissenschaftlichen Blickrichtungen auseinander. Der naturhistorische Blick auf die Organismen verlor an Gewicht und wich einer stärkeren Fokussierung molekularer Zusammenhänge, insbesondere der molekularen Grundlagen von Gesundheit und Krankheit.

Deutlich wird, dass der Blick vieler Bereiche der biologischen Wissenschaften ins Innerste, Kleinste führte. In diesen Bestrebungen wird ein Bild emergent, gemäss dem der Mensch einerseits mit den nun in gross angelegten Biobanken und Labors befindlichen humanen und nichthumanen biologischen Materialien wenig gemein hat, von diesen zunehmend distanziert ist, andererseits ebendiesem Menschen die Erkenntnisse, die daraus gezogen werden, irgendwann nicht nur modellhaft, sondern in Form einer konkreten Anwendung zur Verfügung stehen sollten. Das Messen, Testen und Bewerten der Unterschiede zwischen Lebewesen, wie es die Taxonomie versuchte, ging durch die neuen Verfahren allmählich in ein Experimentieren mit den Eigenschaften organischer Substanzen über, das von der Frage begleitet war, wie das Wissen über diese Materialien für den Menschen fruchtbar gemacht werden könnte. Während noch nachvollziehbar ist, dass nach Substanzen gesucht wurde, die an den Ursachen von Krankheiten ansetzen würden, wie dies im *rational drug design* der Fall ist, bleibt offen, inwiefern dies durch die Übertragung beziehungsweise Transformation nichtmenschlicher Materialien oder Wissensbestandteile beziehungsweise das Wissen über diese geschehen kann und inwiefern dieses den Menschen rekonfiguriert. Ein leichtes Unbehagen wurde allerdings, so zeigt Gisler, verschiedentlich selbst von Wissenschaftlerinnen und Wissenschaftlern formuliert, wenn es darum ging, vom Tier auf den Menschen zu extrapolieren. Wie auch andere Beiträge in diesem Band zeigen (zum Beispiel Rubin, Martin) ist diese Annäherung beziehungsweise Abgrenzung von Mensch und Tier in der Geschichte der Wissenschaften immer wieder zu beobachten.

Genau hier setzt der Beitrag von Mike Michael an, der diskutiert, welchen unterschiedlichen Modellierungen der Mensch in der wissenschaftlichen Entwicklung unterworfen ist. Vor dem Hintergrund einer «Soziologie der Erwartungen» diskutiert er die Frage, inwiefern die Behandlung bestimmter Forschungsthemen zur Genese beziehungsweise Auflösung oder Stabilisierung wissenschaftlicher Disziplinen beizutragen vermag. Am Beispiel der embryonalen Stammzellforschung zur Therapie von Diabetes widmet er sich den vielschichtigen Prozessen, die sich vollziehen, wenn unterschiedliche Forschungskulturen Wissen über den Menschen erwerben und dieses innerhalb von Kooperationen über verschiedene Felder hinweg transferieren. Im Fall der therapeutisch orientierten Stammzellforschung gilt es eine Übereinstimmung zwischen den divergenten Interessen der klinischen und der biologischen Forschung am Menschen zu finden und gleichzeitig den Unsicherheiten im Forschungsprozess und einer erst im Entstehen begriffenen therapeutischen Zukunft Rechnung zu tragen. Michael zeigt, wie die britischen Forscherinnen und Forscher zudem damit konfrontiert sind, dass sie vor dem Hintergrund der permissiven britischen Gesetzgebung ihren individuellen Umgang mit menschlichen Embryonen, die ihnen als Forschungsmaterial dienen, entwickeln müssen. Wie im Beitrag von Gisler wird bei Michael deutlich, dass sich eine Kluft zwischen den Modellen und den Menschen auftut, die nicht ohne Weiteres geschlossen werden kann. Michael verweist auf die Komplexität der Bewegungen zwischen dem Forschungsgegenstand Mensch und den wissenschaftlichen Feldern seiner Bearbeitung: Der Mensch erweist sich in der Stammzellforschung auf der einen Seite als prozessuales Objekt, das beständig herzustellen ist, als Objekt, das Stück für Stück assembliert wird. Darüber hinaus wird umgekehrt deutlich, dass dieser Mensch auch Medium und Ressource in den praktischen Ausführungen von wissenschaftlichen Disziplinen sein kann.

Das wissenschaftliche Verständnis des Menschen als Summe seiner (biologischen) Teile beziehungsweise Eigenschaften täuscht nicht darüber hinweg, dass dieser zunehmend der molekularen Ebene wissenschaftlicher Bearbeitung unterliegt. Werden Blutproben gesammelt oder Stammzellen isoliert, sind Vorstellungen vom Menschen als sich stetig veränderndes, sich in verschiedenen Kontexten bewegendes Lebewesen nicht zu realisieren, da sonst der Bezug zum eng umrissenen und konstanten Modell seiner Existenz nicht aufrechtzuerhalten ist. Das Bestreben, Bestandteile des Menschen (zum Beispiel embryonale Zellen) zu kultivieren und damit zu reproduzieren, um den Grad der Inspektion zu steigern, lässt den Menschen vorerst unwichtig erscheinen. In biomedizinischen Diskursen taucht er dafür um so deutlicher und prominenter wieder als derjenige auf, der ein Recht hat, von den Fortschritten der Forschung zu profitieren. Vielleicht haben die therapeutisch orientierten Diskurse auch deshalb an Gewicht gewonnen, weil der Mensch in der biomedizinischen Forschung immer mehr in die Ferne gerückt wird. Gleichzeitig wächst das Bedürfnis, sich seiner Existenz zu versichern, indem seine materialen Teile gesammelt, technisch aufbereitet, zugerüstet werden und ihm damit zu einer Art Weiterleben verholfen wird.

Die Fragmentierungen, die Auflösung und das Festlegen und Wiederziehen von Grenzen, das Rekonfigurieren des Menschen durch das oder für das Modell, das sich die Wissenschaft von ihm macht, werden neben den Artikeln durch eine Reihe von Illustrationsbeiträgen thematisiert beziehungsweise sichtbar gemacht. Inwiefern es visuell Gestaltenden besser gelingt, die Vorstellungen des Menschen, die nicht nur in den Köpfen der Forschenden präsent sind und mit denen sich die Artikel in diesem Band auseinandersetzen, sondern die die Schreibenden selber in ihren Gedanken und Narrativen prägen, sichtbar und damit kommunizierbar zu machen, bleibt der Beurteilung der Lesenden und Betrachtenden vorbehalten. Zweifellos treten die versammelten *visual essays* den Wissenschaften vom Menschen programmatisch und erfrischend selbstbewusst gegenüber, was durchaus dem im Zuge eines *visual turn* in der Wissenschaftsreflexion gestiegenen Status des Bildnerischen entspricht.

Die Illustrationsbeiträge spielen – teils mit formal und inhaltlich ähnlichem Repertoire und unterstützt durch Begleittexte – je unterschiedliche Rhetoriken des Visuellen durch. Dabei dienen Transformationen von Gestalten und Kontexten als Verfremdungen, die Ambivalenzen zutage treten lassen. Der Mensch und seine wissenschaftliche Modellierung werden auf unterschiedliche Distanz gespiegelt. So widmet sich Roland Hausheer mit viel Detailwissen visuellen und räumlichen Dimensionen in den Lebenswissenschaften, die sich dank moderner Technologien auch im Kleinstbereich auftun. Capucine Matti befasst sich mit quasi kosmologischen Verortungen des Menschlichen in der Auseinandersetzung mit Materie. Unter Verarbeitung auch bildwissenschaftlicher Positionen setzen sich Eva-Maria Knüsel und Pierre Thomé zudem explizit mit dem Sehen und Gestalten als Wissensformen und -prozessen auseinander. Wiederum rückt dabei der Mensch als Betrachteter und Betrachtender, als Vorbild und Abbild – als *visual animal* im Doppelsinn – ins Zentrum. Und schliesslich machen die *visual essays* insgesamt gerade im offensichtlich Künstlerischen, im Humoristischen und im Verstörenden auch klar, dass das Schöne und das Wahre eine äusserst vielschichtige Beziehung pflegen.

EINLEITUNG

BILDER WISSEN
Eva-Maria Knüsel

In meiner gestalterischen Auseinandersetzung mit der Darstellung des Menschen in der Wissenschaft habe ich mich neben der Bildrecherche auch mit aktuellen Positionen der Bildwissenschaft beschäftigt. Dabei habe ich beobachtet, wie meine Bilder sich immer wieder verändert haben, wie die Erweiterung meines Wissensstandes die schon bestehenden Zeichnungen in Frage gestellt und jedes Heranziehen neuer Quellen nach neuen Bildern verlangt hat. Umgekehrt hat es mir das Zeichnen ermöglicht, einen Gedanken zu formen, weiterzuführen und zu präzisieren. Die Hand wurde dabei zum Denkorgan und der Zeichenstift zum Mittler zwischen Wahrnehmung und Reflexion.

Darin gleicht der Prozess des Zeichnens wissenschaftlichen Prozessen des Erkenntnisgewinns. Die Suche nach einer den neuen Erkenntnissen entsprechenden Sprache, das damit verbundene Scheitern und die Etablierung neuer Darstellungsformen ist für mich zur eigentlichen – gestaltend produzierten – Auseinandersetzung geworden, welche sich mit der Funktion und der Macht wissenschaftlich-technischer Bilder befasst. In der Fülle von möglichen Auseinandersetzungen mit einem komplexen Gegenstand versuche ich aus meinem persönlichen Blickwinkel den Fragen nachzugehen, wie Unsichtbares verbildlicht werden kann, wie die Darstellung den Inhalt eines Bildes beeinflusst und wie Bilder komplexe Sachverhalte erst begreifbar werden lassen.

Entstanden ist eine Bildreihe, die diesen subjektiven Prozess des Erkenntnisgewinns widerspiegelt. Die Bilder lassen sich über die Seiten hinweg mit ähnlichen oder kontrastierenden Inhalten verbinden und ermöglichen so ein assoziatives Fortschreiten, ein Denken in Analogien. Sie generieren Ordnungen und evozieren vermeintlich wissenschaftliche Zusammenhänge, entziehen sich aber gleichzeitig einer abschliessenden Rezeption. Die Bilder bewegen sich stets an der Schnittstelle zwischen Sinnlichkeit und Verstand und transformieren technisch erscheinende Sachverhalte in Richtung Poesie.

Durch die Gegenüberstellung von Bildern und einzelnen Begriffen eröffnet sich zusätzlich ein Assoziationsfeld zwischen Text und Bild. Die Stichwörter stellen eine Auswahl von Begriffen dar, die aus meiner bildwissenschaftlichen Recherche hervorgegangen sind und auf gewisse Gesetzmässigkeiten in der Funktion und Verwendung von Bildern schliessen lassen. Darüber hinaus bieten sie Rezeptionsschlüssel für meine gestalterische und inhaltliche Intention bei der Bildherstellung. Sie sind im Anschluss an die Bildstrecke mit Definitionen versehen, welche sich über Verweispfeile nach den Prinzipien freier Kombinatorik untereinander und mit den Bildern verbinden lassen.

Mit diesen Verweisen auf Konventionen wissenschaftlicher Darstellung und Bezügen zu Seh- und Bildtraditionen möchte ich eine Reflexion über die technisch-mediale Bedingtheit unseres Wissens anregen und die Bedeutung des Bildes als Träger unserer Wahrnehmung und eigenständiges Instrument des Erkenntnisgewinns hervorheben.

TATSACHE

GESTALT

SICHTBARMACHEN

FOKUS

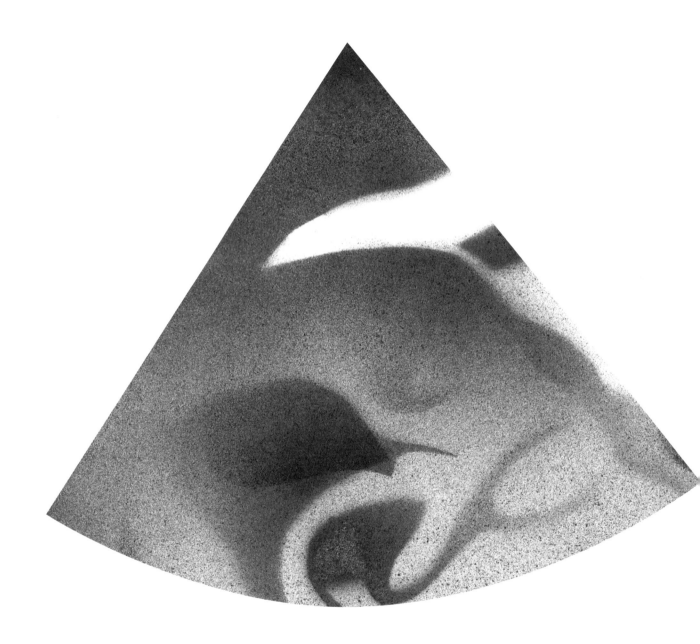

PROZESS

SYNTHESE

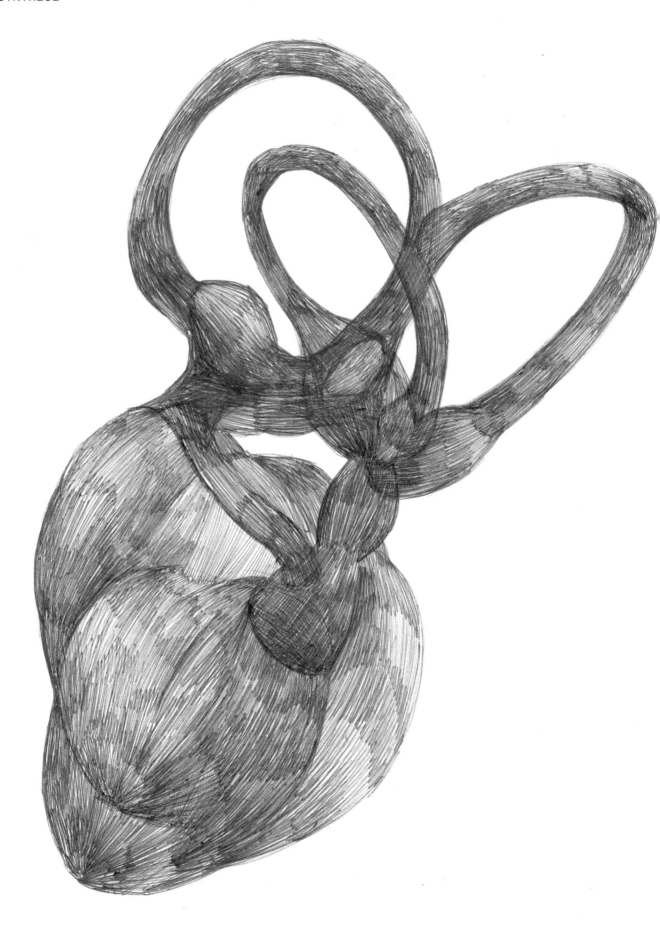

MANIPULATION

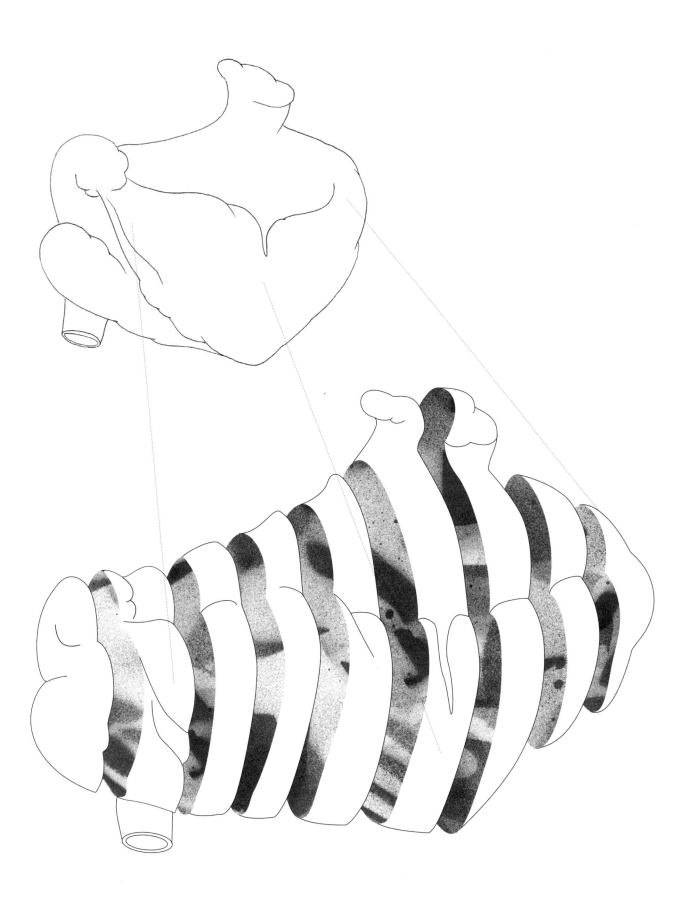

REPRÄSENTATION

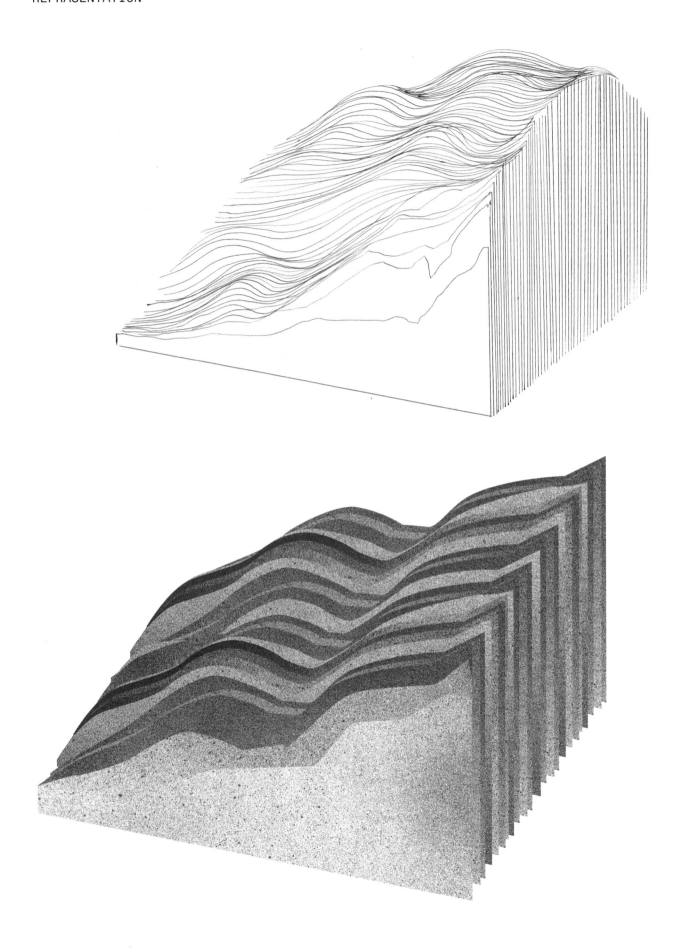

STIL

KONTEXT

ERKENNTNIS

GLOSSAR

ABBILD Das Bild bildet nicht die Wirklichkeit, sondern die Wahrnehmung der Wirklichkeit ab. → Repräsentation

ENTSCHEIDEN Wahrnehmen heisst auswählen, heisst werten.

ERKENNTNIS I Das Bild ist bildend, es formt Kommunikation und funktioniert als eigenständiges Mittel des Erkenntnisgewinns. → Grenze

ERKENNTNIS II Möglicherweise ist das Bild ein Korrektiv, das vor Enge und Sterilität bewahrt.

EVIDENZ Das Bild zeigt das Offensichtliche, das Augenscheinliche und funktioniert so als konstitutiver Bestandteil wissenschaftlicher Beweisführung. → Kontext II

FOKUS Durch die Transformation von Erkenntnissen in Bilder entsteht eine gerichtete Bereitschaft, zu sehen. → Entscheiden

FORM Das Bild wird zum Träger unserer → Wahrnehmung.

GESTALT Aus dem losen Stückwerk der Elemente unserer Umwelt interpretieren wir Gestalten. Die Kenntnis einer Gestalt verschafft die Bereitschaft, sie wahrzunehmen. → Wahrnehmung

GRENZE Die Grenzen des Wissens bilden die Grenzen des Darstellbaren. → Scheitern

KONTEXT I Der Kontext bestimmt die Bedeutung des Bildes. Was der Betrachter aus ihm herauszulesen vermag, ist in hohem Masse abhängig von seinem Wissen, seiner Erfahrung und seinem Assoziationsvermögen. → Vergleich

KONTEXT II Alleine in der historischen Rückschau ist zu verstehen, dass Dinge anders gesehen werden könnten, als sie in der eigenen Zeit vorstellbar sind. Wissen war zu allen Zeiten ausreichend, evident.

MANIPULATION Das Paradox, dass ein Bild seine Wahrheitsfähigkeit verliert, um im Gegenzug umso deutlicher ein Prinzip zeigen zu können. Die Verdichtung, Abstraktion und Überhöhung verleihen dem Bild erst seinen Demonstrations- und Diskussionswert. → Wahrheit

OBJEKTIVITÄT Wissenschaftliche Objektivität resultiert aus Übereinkünften und Normen innerhalb eines Denkkollektivs. Als wissenschaftliches Ideal ist sie wandelbar und deshalb historisch zu betrachten. → Stil

PROZESS Unter jedem Bild liegen Trümmer früherer Entwicklungen. Bilder sind ihre eigenen Ruinen. → Kontext II

REFERENZ Im Bild und Abgebildeten muss etwas identisch sein, damit das eine überhaupt ein Bild des anderen sein kann. Die Bezüge zu Seh- und Bildtraditionen dienen dazu, abstrakte Inhalte zu interpretieren. → Synthese

REPRÄSENTATION Das Bild ist ein Modell der Wirklichkeit. → Referenz

SCHEITERN Krückenhaftes Darstellungsvermögen.

SICHTBARMACHEN Der Prozess der Verbildlichung holt den Untersuchungsgegenstand erst ins Feld des Sichtbaren und transformiert ihn zum Gegenstand von Operationen und Überlegungen. → Form

STIL Der Stil drückt eine Denkform aus, die er gestaltend produziert. Jede Darstellung ist gestaltetes Wissen und prägt dadurch den Gegenstand und die Art seiner Erforschung. Umgekehrt richten sich die Bildformen und -techniken stets nach dem Stand der → Erkenntnis.

STATUS Das Bild befindet sich in einem grundsätzlichen Dilemma zwischen → Zeichen- und Objektcharakter.

SYNTHESE Das Bild verfügt über ein synthetisierendes Potenzial. Es transzendiert analytisches Denken in Richtung Poesie und vermittelt zwischen Sinnlichkeit und Verstand. → Erkenntnis II

TATSACHE Wir machen uns Bilder der Tatsachen. Das Bild ist eine Tatsache.

VERGLEICH Ein Bild wird durch das Heranziehen anderer Bilder erhellt. – Was nebeneinander steht, tritt automatisch miteinander in Beziehung.

WAHRHEIT Die Wahrheitsfähigkeit eines Bildes ist nicht zwingend an seinen Realitätsgehalt gebunden. → Status

WAHRNEHMUNG Der Akt des Sehens als potenzieller Akt der Analyse. → Entscheiden

ZEICHEN Jedes Bild wird zum Zeichen, wenn es für etwas Anderes steht.

LITERATUR

Horst Bredekamp, Brigit Schneider, Vera Dünkel (Hg.), *Das technische Bild. Kompendium zu einer Stilgeschichte wissenschaftlicher Bilder,* Berlin 2008.
Klaus Sachs-Hombach (Hg.), *Bildwissenschaft. Disziplinen, Themen, Methoden,* Frankfurt a. M. 2005.
Ludwik Fleck, *Entstehung einer wissenschaftlichen Tatsache,* Frankfurt a. M. 1980.
Ludwik Fleck, *Erfahrung und Tatsache,* Frankfurt a. M. 1983.
Claude Lévi-Strauss, *Das wilde Denken,* Frankfurt a. M. 1973.
Ludwig Wittgenstein, *Philosophische Untersuchungen,* Oxford 1953.
Martin Kemp, *Bilderwissen. Die Anschaulichkeit naturwissenschaftlicher Phänomene,* Köln 2003.
Peter Erni, Martin Huwiler, Christophe Marchand, *Transfer: erkennen und bewirken,* Baden 1999.

Andrew Abbott

KONZEPTIONEN DER MENSCHLICHEN NATUR IM PROZESSUALISMUS

Im Laufe einer akademischen Biografie begegnen einem Sozialwissenschaftler oder einer Sozialwissenschaftlerin unterschiedlichste Konzeptionen der menschlichen Natur.[1] Man gewöhnt sich daran, zwischen ihnen hin und her zu wechseln – vom *homo oeconomicus* zum übersozialisierten Trottel (*oversocialized dope*), vom Ego über das Es zum genetisch bestimmten Temperament, von den unbegrenzten Plastizitäten eines Geertz oder Schneider bis zu den universalen Emotionen Ekmans und anderer.[2] Ohne solche Perspektivenwechsel wäre es unmöglich, Kolleginnen und Kollegen aus anderen Disziplinen zu verstehen. Selbst eine zufällige Begegnung erfordert einen ständigen Abgleich der verschiedenen Konzepte vom Menschen, die im Gespräch angesprochen werden.

In meinen eigenen Arbeiten habe ich während der letzten 35 Jahre keinerlei Konzepte von menschlicher Natur – jedenfalls unter dieser Bezeichnung – verwendet. Ganz am Anfang meines Studiums glaubte ich an die menschliche Natur. Ich dachte, ich würde mir einen Überblick über die vielen Theorien verschaffen und schliesslich entscheiden, welche zutreffend sei. Aber irgendwann auf Doktoratsstufe verwarf ich jedes Konzept der menschlichen Natur.

Das heisst nicht, dass ich in meinen Veröffentlichungen keine verallgemeinernden Annahmen über Menschen gemacht hätte. Das habe ich sehr wohl getan. Aber ich bin mir nicht sicher, ob diese Annahmen miteinander kompatibel sind. So oder so habe ich mein Bestes versucht, sie überhaupt möglichst selten einzusetzen. Denn die Soziologie geht als Disziplin davon aus, dass die Menschen sehr viel veränderlicher sind, als die Psychologie und die Ökonomie meinen. Oder anders gesagt, was Soziologinnen und Soziologen am gesellschaftlichen Prozess interessiert, liegt eher in den Unterschieden als in den Ähnlichkeiten zwischen den Menschen. Ob sich das Konzept einer menschlichen Natur also auf eine lebensweltliche Realität oder auf ein Apriori des Fachdiskurses bezieht – Soziologinnen und Soziologen tendieren dazu, sich mehr auf Differenz denn auf Gleichheit zwischen Menschen zu konzentrie-

[1] Der Beitrag ist für den Workshop «Tracking Concepts of Human Nature: Thought Styles in Disciplinary and Interdisciplinary Research», den die Forschungsgruppe «Tracking the Human» im Juli 2009 durchführte, verfasst worden. Das englische Manuskript wurde für die Publikation nur leicht überarbeitet und von Rainer Egloff unter Mitarbeit von Ingrid Fichtner übersetzt. In den Literaturverweisen werden – falls möglich – deutschsprachige Ausgaben ausgewiesen.
[2] Clifford Geertz, *Interpretations of Cultures*, New York 1973; David M. Schneider, *American Kinship – A Cultural Account*, Englewood Cliffs 1968; Paul Ekman (Hg.), *Emotion in the Human Face*, Cambridge 1982.

ren, und sie machen daher grundsätzlich wenig Gebrauch von Konzeptionen menschlicher Natur.

Da jedoch die Soziologie an andere Disziplinen grenzt, interagiert man ständig mit Kolleginnen und Kollegen, die an eine menschliche Natur glauben. Mit solchen aus der Ökonomie und teilweise aus den Politikwissenschaften habe ich natürlich über den *homo oeconomicus* gestritten. Das ist aber keine tiefgreifende Debatte über die menschliche Natur, denn Ökonominnen und Ökonomen selbst sind als Erste bereit einzuräumen, der *homo oeconomicus* sei bloss eine Annahme – und wahrscheinlich eine unzureichende. Immerhin handelt Milton Friedmans berühmtester Artikel just davon.[3] In letzter Zeit sind wir alle aber durch die Wiedergeburt der Psychologie in ihrer neuen Gestalt als eine Art zu gross geratene Biologie zunehmend daran erinnert worden, dass es ganze Fachschaften gibt, die in Sachen Menschentwurf primär dazu neigen, ein Konzept menschlicher Natur zu kreieren oder in den empirischen Wirklichkeiten zu suchen. Diese Kolleginnen und Kollegen glauben tatsächlich, der Königsweg zum Verstehen menschlichen Lebens führe über die Feststellung von Universalien menschlicher Natur und ihrer Entwicklung – ein Programm, das in meinen Augen grundsätzlich zum Scheitern verurteilt ist.

So scheint es denn unvermeidlich, am Anfang zu beginnen und zu beschreiben, worum es in den Streitgesprächen geht, die wir in den Sozialwissenschaften über diese Sache führen. Man sagt eher «über diese Sache» als «über die menschliche Natur», denn der letztere Ausdruck geht davon aus, dass so etwas wie die menschliche Natur in der Lebenswelt existiert und dass dieses Ding substantiell existiert und nicht nur per Definition. Der Ausdruck könnte aber auch bloss eine nominalistische Bequemlichkeit sein und eine relativ definierte Gruppe von Dingen bezeichnet, die daher qua Definition existieren, wie zum Beispiel in «die menschliche Natur besteht aus jenen Aspekten der Person, die allen menschlichen Individuen gemein sind». Solch «menschliche Natur» kann offensichtlich nicht leer sein, denn die Kategorie «menschlich» existiert.

Aber das stellt noch nicht sicher, dass die Inhalte der Festlegung irgendeine reale Bedeutung für die Ergründung von sozialem Leben haben – und das ist eigentlich gemeint, wenn wir den Begriff «menschliche Natur» in den Sozialwissenschaften verwenden. Wir mögen alle fünf Finger an einer Hand haben, aber die Sozialwissenschaften behandeln dies nicht als Teil der menschlichen Natur. Wir alle verfügen über Bewusstsein, aber Bewusstsein wird kaum zum Begriff der menschlichen Natur gerechnet, der in seiner modernen Konnotation meist benutzt wird, um ein Set von Dispositionen für bestimmte Verhaltensweisen zu bezeichnen.

Der Ausdruck könnte – noch schlimmer – eine irreführende nominalistische Konvention sein (das heisst etwas bezeichnen, was es in der Lebenswelt gar nicht gibt). In extremis könnte er gar überhaupt bloss performativ sein und uns – gemäss dem berühmten Diktum von William I. Thomas: «Wenn Menschen Situationen als real definieren, sind diese real in ihren Konsequenzen»[4]

---

[3] Milton Friedman, «The Methodology of Positive Economics», in: *Essays in Positive Economics*, Chicago 1953, S. 3–43.
[4] William I. Thomas and Dorothy S. Thomas, *The Child in America. Behavior Problems and Programs*, New York 1928, S. 572.

– dazu bringen wollen, die in einem bestimmten Konzept menschlicher Natur vorgegebenen Dinge als Realitäten nachzuvollziehen. In der Tat wäre dies ein möglicher Kritikpunkt am *homo oeconomicus*, einer Auffassung von menschlicher Natur, die als wissenschaftliche Wahrheit täglich in Zehntausenden von Hörsälen verbreitet wird. Wenn wir uns vergegenwärtigen, wie viel Zeit und Geld darauf verwendet wird, moderne Menschen zu belehren, dass dies die Art und Weise sei, wie sie sich verhielten, kann es uns nicht erstaunen, dass sie sich tatsächlich so verhalten.

So möchte ich im Folgenden versuchen, mich einer Ausdrucksweise zu enthalten, die mich von vornherein auf einen festen Begriff von menschlicher Natur verpflichtet. Nichtsdestotrotz werde ich versuchen, die verschiedenen Konzepte, die in den Debatten rund um den Begriff verwendet werden, zu erörtern. Genauer gesagt, möchte ich zwei Hauptthemen behandeln: erstens die verschiedenen impliziten Dimensionen in Diskussionen über die menschliche Natur überhaupt und zweitens die menschliche-Natur-artigen Annahmen, die mein eigenes Schaffen durchziehen beziehungsweise die in den von mir entwickelten Sozialtheorien implizit vorhanden sind.

DIMENSIONEN MENSCHLICHER NATUR

Ich möchte damit einsetzen, was ich unter einem Konzept menschlicher Natur verstehe. Als Theoretiker in der pragmatistischen Tradition[5] begreife ich menschliche Natur als jene Reihe von Annahmen über die Menschheit, die wir in der Praxis zur Fundierung unserer verschiedenen Untersuchungen über das menschliche Dasein benützen.

An dieser Grobdefinition möchte ich drei Dinge herausstreichen: Ich gebrauche den Ausdruck «Menschheit» und nicht «Menschen», um meine Weigerung hervorzuheben, im Voraus zu beurteilen, ob besagte Annahmen den menschlichen Körper und die Persönlichkeit – im Gefolge von Aufklärung und Darwinismus die beiden häufigsten Orte, an denen menschliche Natur angesiedelt wird – oder eine andere Dimension menschlichen Lebens beziehungsweise menschlicher Leben betreffen. Zweitens sage ich «Annahmen, die wir in der Praxis benützen» statt «apriorische Konzepte», denn ich halte Letztere für eine Chimäre, und ich glaube nicht, dass es eine richtige oder «wahre» Zusammenstellung von Annahmen über die menschliche Natur gibt oder geben kann. Aus meiner Sicht gibt es an einem gegebenen Ort im sozialen Prozess ein Set von Arbeitshypothesen darüber, was wir als grundlegende Eigenschaften des Menschseins betrachten. Das sind nur Arbeitsideen, keine platonischen, aber sie machen jedweden Begriff menschlicher Natur aus, der an diesem Ort Anwendung findet.

Ich sage drittens «begründen» – und nicht «um als logische Grundlage zu dienen für» –, denn ich möchte mir keine Gedanken darüber machen müssen, ob diese Konzepte bewusst oder unbewusst sind, miteinander vereinbar oder nicht

[5] John Dewey, *Human Nature and Conduct*, New York 1922, dt. *Die menschliche Natur – ihr Wesen und ihr Verhalten*, Stuttgart 1931; George Herbert Mead, *Mind, Self, and Society from the Standpoint of a Social Behaviorist*, Chicago 1934, dt. *Geist, Identität und Gesellschaft aus der Sicht des Sozialbehaviorismus*, Frankfurt am Main 1968.

usw. Es reicht mir, dass es sich um Konzepte handelt, die – explizit oder implizit – grundlegend sind für ein bestimmtes Set lokaler Aussagen über menschliche Erfahrung. Dieser Standpunkt beinhaltet notabene die Überzeugung, dass es praktisch unmöglich ist, eine kohärente Aussage über das Wesen des Menschen zu formulieren, ohne dabei die eine oder andere Annahme bezüglich menschlicher Natur zu gebrauchen. Ich glaube, diese Überzeugung ist richtig, weil eine Aussage auf etwas aufbauen muss, wenn sie nicht tautologisch sein soll.

Zweifellos gilt die Annahme, dass alle schlüssigen Aussagen über das Menschsein Annahmen über die menschliche Natur enthalten, nur für Wissenssysteme, die wie unseres einen universalisierenden Anspruch haben. Viele Wissenssysteme haben die Eigenschaft «Menschsein» (die Gruppe, auf die sich das Konzept «menschliche Natur» bezieht) auf eine bestimmte Art von Leuten – zum Beispiel auf eine Hautfarbe oder einen einzelnen Stand – im Rahmen dessen, was wir heute als Menschen bezeichnen würden, beschränkt. Aber ich denke, wir dürfen gegenwärtig als gegeben annehmen, dass die Anwendung mutmasslich universaler Konzeptionen von Mensch eine Vorbedingung für jede Art akzeptierbaren Wissens darstellt. Damit meine ich nicht, dass in jedem akzeptierbaren Wissenstyp alle menschlichen Wesen als gleich angeschaut werden, sondern lediglich, dass sie alle irgendwie als menschlich betrachtet werden und dass dieses «irgendwie» das ist, was wir als Leitkonzept von «menschlicher Natur» verstehen.

Für mich ist also – ich wiederhole mich – «menschliche Natur» jene Reihe von Annahmen über das Menschsein, welche jemand faktisch einsetzt, um ihre oder seine Untersuchungen verschiedenster Aspekte der *conditio humana* zu begründen. Wenn man «menschliche Natur» so definiert, ist man natürlich mit vielen verschiedenen Konzeptionen von menschlicher Natur konfrontiert. Diese Konzepte lassen sich unterschiedlich kategorisieren.

Zuerst stellt sich die Frage nach dem Ort menschlicher Natur. Während die meisten Konzeptionen menschliche Natur in menschlichen Individuen verorten, glaubt eine stattliche Minderheit, die Natur des Menschen wohne Gruppen von Individuen oder gar der Spezies als Ganzes inne. Beispiele für Konzepte menschlicher Natur, die vom Individuum ausgehen, sind bekannt genug. Hierher gehören die verschiedenen Instinkttheorien: Freud mit seinem Eros und Thanatos, William I. Thomas mit seinen vier Wünschen[6] usw. Tatsächlich lässt sich Instinkt einfach als ein Begriff verstehen, der benutzt wird, um irgendeine Eigenschaft von Personen zu bezeichnen, die erstens beständig, zweitens in jedem Exemplar einer Spezies verkörpert und drittens von grösster Wichtigkeit, jedoch viertens nicht aus anderem ableitbar ist. Möglich, das solch eine Sichtweise hinter Veblens Leistungstrieb (*instinct of workmanship*) und dem eher impliziten Glauben an den Menschen als Macher (*homo faber*) steht, der Marx' Werke durchdringt. Instinkttheorien sind jedoch nicht die einzigen, welche die Natur des Menschen im Individuum lokalisieren. Der Utilitarismus tut dies genauso wie eine ganze Reihe von Positionen, die menschliche Natur mit Rationalität gleichsetzen.

---

6 Sigmund Freud, «Jenseits des Lustprinzips [1920]», *Studienausgabe*, Bd. 3: *Psychologie des Unbewussten*, Frankfurt am Main 2000, S. 213–272; William I. Thomas, *The Unadjusted Girl. With Cases and Standpoint for Behavior Analysis*, Boston 1923.

Umgekehrt gibt es auch unterschiedliche Konzeptionen eines «Geselligkeitstriebs», die faktisch Vergesellschaftung und somit soziales Leben selbst als zentral für die Natur des Menschen betrachten. In der Soziologie schreiben wir diese Auffassung oft Simmel zu, aber sie liesse sich ebenfalls auf Adam Smiths Mitgefühl (*sympathy*) und die Neigung zum Handeln und Tauschen (*propensity for truck and barter*) zurückführen.⁷ Jene, die Geselligkeit als Teil menschlicher Natur betrachten, lassen diese gewöhnlich nichtsdestotrotz in einem unabhängig und autark konstruierten Selbst wurzeln. Im Gegensatz dazu findet eine radikalere Gruppe, die Natur der Menschen sei an sich, von vornherein, sozial. Aristoteles tendiert in diese Richtung und Dewey schlägt sich mit ganzem Herzen auf ihre Seite. Zu diesem Lager lassen sich auch jene zählen, deren Theorien sich um Imitation und Nachahmungseifer drehen, Autoren wie Tarde mit seinem Gesetz der Nachahmung und Veblen mit seinen Konzepten der relativen Strebsamkeit (*relative striving*) und des Geltungskonsums (*conspicuous consumption*).⁸ Die vielen explizit oder implizit essentialistischen Theorien von Rassen, Ethnien, Geschlechtern usw. gehören auch in diese Gruppe. Für sie alle ist die Natur des Menschen grundsätzlich eine Gruppennatur.

Eine erste Weise, Konzeptionen menschlicher Natur zu kategorisieren, besteht also darin, dies hinsichtlich ihrer Bezugseinheit zu tun: Manche sehen die Natur des Menschen als ein in Individuen lokalisiertes Merkmal, andere denken, dass sie unweigerlich zu Gruppenbildung führe, und wiederum andere sind schliesslich der Meinung, dass sie sich prinzipiell in Gruppen findet, welche dann freilich ihre je eigene «menschliche Natur» aufweisen.

Eine zweite Kategorisierung klassifiziert die Konzepte der menschlichen Natur danach, ob sie Emotionen, Handlungen oder Bedeutungen – drei fundamentale Bereiche menschlicher Erfahrung – einbeziehen. Einige Ansätze zur Betrachtung menschlicher Natur – und derenige Freuds ist der offensichtlichste – handeln vorzugsweise von Emotionen. Freuds Annahmen über die menschliche Natur betreffen psychische Energie, Strukturen der Triebkontrolle und Wünsche nach Sex, Friede und andere Formen emotionaler Gratifikation. Zweifellos tritt einem Freud im Laufe seines Lebens als Autor unterschiedlich entgegen, und interessanterweise driftet die Einheit, auf die er menschliche Natur bezieht, teilweise vom Individuum in den frühen und mittleren Werken zur gesellschaftlichen Gruppe in seinen späten. Solchen Einheitswechseln ungeachtet bleibt Freud stets primär mit emotionaler Erfahrung befasst – Erfahrung, die sowohl die Prämissen für sein Argument zur Natur des Menschen liefert wie auch die Bühne, auf der sich diese Prämissen selbst entwickeln.

Marx hingegen ist offensichtlich viel mehr mit Handlung beschäftigt. Seine Einheit für menschliche Natur ist die soziale Klasse, und er ist nicht besonders an der emotionalen Erfahrung sozialer Klassen interessiert, sondern in erster Linie daran, was sie tun, und in zweiter daran, was sie denken. Für Marx gehen Emotion und Bedeutung aus der gesellschaftlichen Klasse, die selbst der erstarrte Rahmen früherer Handlung ist, hervor. Marx' Werkzeugkiste für

---

7 Georg Simmel, «Soziologie der Geselligkeit», in: *Verhandlungen des Ersten Deutschen Soziologentages vom 19.–20. Oktober in Frankfurt*, Tübingen 1911, S. 1–16; Adam Smith, *Theory of Moral Sentiments* [1759], Oxford 1976, dt. *Theorie der ethischen Gefühle*, Hamburg 2004; Adam Smith, *An Inquiry into the Nature and Causes of the Wealth of Nations* [1776], Oxford 1976, dt. *Der Wohlstand der Nationen*, München 1974, Buch 1, Kap. 2: «Das Prinzip, das der Arbeitsteilung zugrunde liegt».
8 Gabriel Tarde, *Les lois de l'imitation* [1890], dt. *Die Gesetze der Nachahmung*, Frankfurt am Main 2003; Thorstein Veblen, *The Theory of the Leisure Class* [1899], dt. *Die Theorie der feinen Leute*, Frankfurt am Main 1986.

Konzeptionen menschlicher Natur – Arbeit, Arbeitskraft, entfremdete Arbeit, Mehrwert, Klasseninteresse usw. – besteht aus lauter wesentlich handlungsbezogenen Begriffen. Er sagt uns rundheraus, dass die Menschen ihre Geschichte selbst machen. Freilich teilt Marx diese Konzentration auf Handlung mit der ganzen *homo-oeconomicus*-Tradition.

Anders als Freud oder Marx interessiert sich Malinowski in *Argonauten des westlichen Pazifik* dafür, wie die Trobriander ihrer Welt Sinn geben.[9] Wohl widmet er gewissen Aktivitäten (zum Beispiel dem Schiffbau) viele Seiten. Aber das übergeordnete Anliegen des Buchs ist, zu verstehen, wie diese Aktivitäten dem Leben Sinn geben und Bedeutungen generieren, die es den Trobriandern erlauben, weiterzumachen. Dieses Projekt verleitet Malinowski unweigerlich zu Annahmen über die symbolischen Aspekte menschlicher Natur, allerdings auch über die Gefahren der Sinnlosigkeit. Diese Aspekte sind auch in anderen ethnologischen Arbeiten zentral, zum Beispiel in Evans-Pritchards *Witchcraft, Oracles, and Magic among the Azande*, wo die Annahmen über die Notwendigkeit von Sinngebung das Herzstück des Buches ausmachen.[10]

Meine zweite Kategorisierung von Konzepten menschlicher Natur erfolgt also hinsichtlich der Erfahrungsbereiche, auf die sie sich konzentrieren. Manche Konzeptionen richten das Hauptaugenmerk auf Emotion, andere auf Handlung und wiederum andere auf Symbole. Für die jeweils anderen stellen diese Konzeptionen wiederum verschiedene Bezugssysteme zur Verfügung und eröffnen so ein komplexes Feld von Möglichkeiten.

Meine dritte Kategorisierung betrifft die Unterscheidung zwischen Konzepten menschlicher Natur, die rein formal sind, und solchen, die einen Inhalt haben. *Homo oeconomicus* ist ein Beispiel für den rein formalen Ansatz. Hobbes, Locke, Mandeville, Bentham und Konsorten sagen uns nicht, was Menschen wollen, sondern lediglich, dass es der menschlichen Natur entspricht, Dinge zu wollen. Dasselbe gilt für Kants kategorischen Imperativ, der keinerlei faktischen Inhalt aufweist, sondern lediglich verlangt, dass wir wollen, wie wir wollten, dass andere an unserer Stelle wollten. Dagegen sagt uns Freud, dass wir bestimmte Dinge wollen: die Mutter oder Sex oder Sex mit der Mutter oder was auch immer. Freuds Wünsche haben also einen Inhalt – und natürlich ist Freud nicht der einzige Natur-des Menschen-Theoretiker, der auf den Inhalt abstellt. Aristoteles' Vorstellung des Menschen als politisches Wesen ist ein weiteres solches Konzept, und die Liste von Autorinnen und Autoren, die den Menschen eine religiöse Natur oder Sinn für das Wunderbare oder etwas Ähnliches zugeschrieben haben, ist lang. Auf halbem Weg zwischen inhaltlosen und -vollen Vorstellungen menschlicher Natur finden sich etwa Maslows Bedürfnispyramide und die funktionale Anthropologie in Malinowskis Spätwerk, wo es eine Liste von Grundbedürfnissen gibt, die durch eine Liste von irgendwie optionalen weiteren Bedürfnissen ergänzt wird.[11] Tatsächlich gehören alle Varietäten des radikalen Funktionalismus zu dieser mittleren Position.

Als letzte Dimension von Konzepten menschlicher Natur wäre die der Wandelbarkeit zu nennen. Manche Konzeptionen behandeln menschliche Na-

---

9 Bronislaw Malinowski, *Argonauts of the Western Pacific* [1922], dt. *Argonauten des westlichen Pazifik*, Frankfurt am Main 1979; Abraham H. Maslow, *Motivation and Personality* [1954], dt. *Motivation und Persönlichkeit*, Reinbek 2002.
10 Edward Evan Evans-Prichard, *Witchcraft, Oracles, and Magic among the Azande*, Oxford 1937, dt. *Hexerei, Orakel und Magie bei den Zande*, Frankfurt am Main 1978.
11 Bronislaw Malinowski, *A Scientific Theory of Culture* [1944], dt. *Eine wissenschaftliche Theorie der Kultur und andere Aufsätze*, Zürich 1949.

tur als ein unveränderliches Gut. Der *homo oeconomicus* entspricht diesem Typ ebenso wie die Hobbes'sche Natur des Menschen (*nature of man*) mit ihren drei hauptsächlichen Konfliktursachen (*three principle causes of quarrel*).[12] Andere folgen Aristoteles in der Ansicht, der Mensch verfüge wie alle anderen Dinge über eine «Natur» – seine Entelechie –, die in ihm liegt und sich im Laufe seines Lebens unweigerlich realisiert.[13] Aus solcher Sicht gibt es Veränderung, aber nicht wirklich Wandlungsfähigkeit, denn die an der Oberfläche auftretenden Veränderungen sind lediglich Zeichen dafür, dass der Mensch sich selbst wird, etwas wird, was von Anfang an in ihm war. Bei Hegel wird diese Transformation zur Einheit von Möglichkeit und Notwendigkeit im Menschen an und für sich, eine Einheit, die in der Unterwerfung des Werdens unter die Kontingenz der Wirklichkeit gipfelt.

Ein weiterer Schritt wäre mit einer relativistischen Definition menschlicher Natur verbunden, die schlicht jene Aspekte menschlicher Individuen – in welcher Gesellschaft auch immer – umfasst, die sich langsamer wandeln als die anderen und für die Letzteren daher zu Zwängen werden. In solcher Konzeption wird menschliche Natur mit der Tradition vergleichbar, die sich ähnlich als die am langsamsten sich wandelnden Aspekte des kulturellen Systems fassen lässt. Diese relativistische Definition menschlicher Natur bringt uns allerdings zu einem völlig neuen Ansatz in der Betrachtung gesellschaftlichen Lebens. Denn er führt zum Gedanken – oder legt diesen wenigstens nahe –, dass alles am sozialen Leben sich ständig verändert. Menschliche Natur wäre in solch einem Schema einfach die langsamste Sache in einer permanent sich wandelnden Welt.

Es ist vielleicht angebracht, meine bisherigen Ausführungen zusammenzufassen. Ich habe vier Dimensionen festgestellt, welche Konzepte menschlicher Natur folgendermassen differenzieren:

1. Betreffen sie in erster Linie Individuen oder soziale Gruppen?
2. Stellen sie Emotion, Handlung oder Bedeutung in den Mittelpunkt?
3. Sind sie formaler oder substantieller Art?
4. Gehen sie von Wandelbarkeit aus oder bestehen sie auf Unveränderlichkeit?

Man könnte sich eine Untersuchung von Konzepten menschlicher Natur vorstellen, die erwöge, wie und wann diese verschiedenen Dimensionen von Konzeptionen der menschlichen Natur, die in einer Gesellschaft auftreten, sich ändern könnten. Oder man könnte die logischen Zwänge und Möglichkeiten, die diese verschiedenen Dimensionen füreinander darstellen, betrachten. Auch wenn diese Dinge interessant sein mögen, habe ich daran kein unmittelbares Interesse. Vielmehr beschäftigt mich die vierte Unterscheidung besonders. Ich selbst gehe die Frage nach der menschlichen Natur im Rahmen des Entwurfs einer Sozialontologie an, die vollständig auf prozessualen Prinzipien beruht. Wenn man die Welt als stets im Fluss befindlich begreift, was geschieht dann mit dem Begriff von menschlicher Natur?

---

12 Thomas Hobbes, *Leviathan* [1651], dt. *Leviathan oder Stoff, Form und Gewalt eines kirchlichen und bürgerlichen Staates*, Frankfurt am Main 1984, Kap. 13, besonders S. 95 f.
13 Aristoteles, *Metaphysica* IX, *De Anima* II i.

MENSCHLICHE NATUR IM PROZESSUALEN DENKEN

Die Grundzüge einer prozessualen Ontologie habe ich an anderem Ort bereits skizziert.[14] Eine prozessuale Ontologie nimmt ihren Ausgang im Problem, gesellschaftlichen Wandel zu erklären, ein Problem, das sie mit der Annahme löst, dass Wandel der natürliche Zustand gesellschaftlichen Lebens ist. Durch diesen Schritt wird die Erklärung von Stabilität zur Zentralfrage der Gesellschaftstheorie. Ich argumentiere, dass wir auf Stabilität verweisen, wenn wir Abstammungslinien von Ereignissen beobachten, die mehr oder weniger gleich wiederzukehren pflegen. Das heisst, der gesellschaftliche Prozess besteht aus einem Strom von Ereignissen. In diesem Fluss sind viele Ereignisse nichtexklusiv miteinander zu Lineages verknüpft, die in unseren Augen die Dinge konstituieren, die wir in den meisten Sozialtheorien als Mikroebene erkennen: Persönlichkeiten und gesellschaftliche Gruppierungen.

Solche Abstammungslinien verfügen über genau dieselbe Unschärfe und Grenzkomplexität wie die uns vertrauten Verwandtschaftslinien. Sie werden im gesellschaftlichen Leben ständig erneuert, und obwohl sie gewisse innere Kontinuitäten aufweisen, sind sie nicht aristotelische Entelechien, die einfach irgendeine innere Natur einer gegebenen Sache verwirklichen. Wir sind Persönlichkeiten, nicht weil wir von einem inneren Kompass geleitet würden, der durch die Biologie oder gar die kindliche Sexualität eingerichtet wurde; wir sind Persönlichkeiten, weil wir uns unter dem Einfluss von Erfahrungen, Erinnerungen, Möglichkeiten, Beziehungen usw., die wir in unserem bisherigen Leben gemacht oder hervorgebracht haben, ständig erneuern. Unsere Persönlichkeiten unterstehen überdies nicht unserer vollständigen Kontrolle, da ja andere auf ihr Bild von unserer Persönlichkeit reagieren, nicht auf unseres. Unser Empfindungsvermögen ist daher nicht Alleininhaber unserer Persönlichkeit, sondern lediglich Mehrheitsaktionär, dem gegenüber widerspenstige «Aussenseiter» von Zeit zu Zeit Übernahmeversuche anzetteln. Darüber hinaus steckt unser Sensorium in einem Körper, der selbst nur zum Teil unter der Kontrolle dieses Sinnesapparates steht, es aber in vielerlei Hinsicht einschränkt.

In einer solchen Welt sind die üblichen Bestandteile der menschlichen Natur auseinandergenommen. Gesellschaftliche Gruppen und Individuen sind nicht völlig getrennt, da beide bloss Abstammungslinien sind, die sich über Ereignisse definieren. Dass ein bestimmtes Ereignis Teil einer Lineage ist, schliesst es nicht von einer anderen aus – genauso wenig wie mein In-der-Abbott-Linie-Stehen mich davon abhält, in den Abstammungslinien von Shaw, Casey, Delamere, O'Malley, Howard, Gavin, O'Conell aufzutauchen. Jedes Ereignis ist in vielen sozialen «Dingen» gleichzeitig. Darüber hinaus habe ich in meiner Theorie das kartesianische Individuum in wenigstens drei Teile zerlegt: den Körper, das Sensorium oder Bewusstsein sowie die Persönlichkeit. Im Rahmen meiner Theorie macht daher die übliche erste Wahlentscheidung bezüglich Konzepten menschlicher Natur – ob die menschliche Natur in Individuen oder Gruppen anzusiedeln sei – wenig Sinn.

14 Vgl. Andrew Abbott, *Time Matters*, Chicago 2001.

Für die nächste Dimension – Emotion/Handlung/Bedeutung – kann ich im Rahmen dieses Beitrags keine bestimmte, kurz gefasste Position einnehmen. Ich bin nichtsdestotrotz geneigt, Emotion als jenen Erfahrungsmodus zu behandeln, der aufscheint, wenn wir Abstammungslinien auf der Grenze Körper/Sensorium/Persönlichkeit ziehen. Handlung wäre derjenige Erfahrungsmodus, der sich auf Verbindungen zwischen Persönlichkeiten oder zwischen sozialen Entitäten oder zwischen Persönlichkeiten und sozialen Entitäten bezieht. Bedeutung würde ich schliesslich als den Erfahrungsmodus behandeln, der mit dem Gebrauch von kulturellen Materialien verbunden ist, welche zur Artikulation von Beziehungen zwischen all den andern Arten von Lineages gehören, und in der Tat oft auch von Beziehungen innerhalb der Letzteren. Auf der Basis dieser Annahmen erscheint menschliche Natur erneut als zerlegt, denn es ist keineswegs klar, dass es in der einen oder andern solchen Erfahrungsform dauerhafte Stabilitäten irgendeiner Art gibt. Selbst wenn es sie gäbe, dürften sie ununterscheidbar sein, denn die Modi sind ihrerseits alle lediglich Aspekte eines einzigen Prozesses.

Die dritte (formal/substantiell) und die vierte (sich wandelnd/unwandelbar) Dimension sind allerdings zentral für jedes Konzept menschlicher Natur, das auf einer Prozessontologie basieren könnte. Da meine Ontologie auf Wandel beruht, muss dies auch mein Begriff von menschlicher Natur. Da ich ferner für jeglichen derartigen Begriff Allgemeingültigkeit wünsche, muss ich meinen Begriff menschlicher Natur zwingend weitgehend formal halten. Die oben genannte relativistische Definition leitet diesen Schritt ein. In Anwendung dieses Konzepts nennen wir etwas menschliche Natur, wenn es jenem Teil der Lineage von unterschiedlichen Individuen entspricht, der sich am langsamsten ändert. Es handelt sich, so gesehen, um die «Tradition» der Individuen.

Zu beachten ist, dass gemäss diesem Argument menschliche Natur eine immer bedeutsamere Rolle für die Weltgemeinschaft spielen würde, da die geschichtlichen Veränderungen zur Folge haben, dass individuelle Körper immer länger leben. Tradition – dauerhafte soziale Angelegenheiten – nimmt einen geringeren Stellenwert ein in einer Welt, in der die Individuen erwarten, siebzig bis neunzig Jahre zu leben. Soziale Strukturen halten oft kaum halb so lang, ausser als Formen; die darin enthaltenen Praktiken, Überzeugungen, Verpflichtungen, deren Mitgliedschaft und Organisation, ändern sich – im Vergleich zu Individuen – in atemberaubendem Tempo. Als ein Mass für diese grosse zeitliche Dauerhaftigkeit von Individuen möchte ich die Tatsache anführen, dass meine Mutter während mehr als vierzig Prozent der Geschichte der USA seit der Amerikanischen Revolution lebte.

In einer Welt, in der alle Mikroeinheiten im sozialen Prozess aufgebaut sind aus Lineages von Ereignissen, liegt die «Natur», auf die es ankommt, nicht in einer Eigenart dieser Vererbungslinien, sondern vielmehr in den Regelmässigkeiten des die Lineage herstellenden Prozesses selbst. Menschliche Natur besteht daher aus jenen Dingen, die die «Dinghaftigkeit» sozialer Belange beherrschen – die den Prozess prägen, der die Linien zu Persönlichkeiten und sozialen Gruppen stabilisiert.

Ich habe an anderem Ort über einen Aspekt dieses Prozesses geschrieben, den ich Geschichtlichkeit genannt habe.[15] Mit Geschichtlichkeit meine ich die Summe jener Prozesse, durch die Ereignisse bleibende Spuren in der sich ereignenden Gegenwart hinterlassen. Die Vergangenheit an sich existiert zu keinem gegebenen Moment. Nur jene Teile davon, die sich irgendwie in die laufende Gegenwart enkodiert haben, können die Gegenwart beeinflussen und Spuren hinterlassen, die sich kontinuierlich reproduzieren, während die Gegenwart ihren ewigen Lauf ins Vergessen der Vergangenheit verfolgt. Die Vektoren der Geschichtlichkeit sind zentrale Aspekte für jegliche Darstellung sozialen Lebens überhaupt (dies trifft in der Tat ebenso auf nichtprozessuale Darstellungen der Welt des Gesellschaftlichen zu wie auf prozessuale).

Ich habe vier Aspekte des Geschichtlichen unterschieden. Der erste ist die körperliche Geschichtlichkeit. In gesellschaftlichen Belangen bezieht sich Geschichtlichkeit auf Gebäude, Strassen, Städte, physische Infrastrukturen usw. – die gebaute Umwelt im weitesten Sinn. Für Individuen ist der Kern der körperlichen Geschichtlichkeit selbstverständlich der Körper selbst – mit seinen Einschreibungen von überwundenen Krankheiten, des früheren Gebrauchs und Missbrauchs usw. Es gehört – jedenfalls gegenwärtig – zur menschlichen Natur, einen solchen physischen Körper zu haben, mit all den Aspekten, die dieses «Haben» mit sich bringt, wovon der Tod nicht der unbedeutendste ist. Dass sich der Gesellschaftsprozess teilweise via die normale Sterblichkeit menschlicher Individuen ereignet, hat deutliche Folgen, wie wir durch das Hinausschieben des Todes um zwanzig Jahre im letzten Jahrhundert erfahren haben.

Der zweite Aspekt der Geschichtlichkeit ist das Andenken – die Gegenwart von Erinnerungen in den Köpfen. Dies ist uns vertraut für biologische Individuen, es ist jedoch wichtig zu realisieren, dass ein bestimmtes individuelles Empfindungsvermögen vermutlich weniger als die Hälfte der insgesamt mit diesem biologischen Individuum assoziierten Erinnerungen enthält. Der Rest findet sich in den «anderen Köpfen» von früheren Freunden, Schaffnern, Mechanikern, Kollegen usw. Auch soziale Gruppen verfügen selbstverständlich über solche Erinnerungen, aber sie sind sehr viel gleichmässiger verteilt. Es gibt nicht das eine Empfindungsvermögen, das die meisten Erinnerungen hat, und dies ist der Grund, weshalb soziale Gruppen – obwohl sie sich kurzfristig sehr viel schneller ändern können als Individuen – vom Tod längerfristig nicht derart drastisch tangiert sind.

Der dritte Aspekt von Geschichtlichkeit ist aufgezeichnete Historizität – die Herstellung von Dokumenten, die die Vergangenheit in Geschriebenem, Film, Digitalisierung oder einer andern langfristigen Speicherform verkörpern. Aufzeichnungen sind bedeutsam, weil sie gegen die unvermeidlichen biologischen Abfolgeprozesse gefeit sind. Interessanterweise produzieren soziale Entitäten weit mehr Aufzeichnungen als Individuen, welche dazu neigen, einen grossen

---

15 Andrew Abbott, «The Historicality of Individuals», in: *Social Science History* 29, 2005, S. 1–13.

Teil ihrer sozialen Angelegenheiten im eigenen Kopf oder mündlich mit anderen auszutragen. Daher ist für die meisten Epochen das Verfassen von Biografien eine viel schwierigere Kunst als die Institutionengeschichte. Zweifellos auch aus diesem Grund werden soziale Entitäten gewöhnlich für «grösser» als Individuen erachtet, selbst wenn dieser Befund in vielen Punkten unrichtig ist (insbesondere bezüglich zeitlicher Beständigkeit).

Zusammengefasst lassen sich die verschiedenen Inhalte dieser drei Modalitäten als substantielle Geschichtlichkeit bezeichnen. Diese umfasst die Menge von Erinnerungen, Qualitäten, Erfahrungen und Mittel, die zum Beispiel einer bestimmten Altersgruppe gemeinsam sind. Auch eine körperliche «Erinnerung» von der Grösse meiner eigenen Generation – jene des amerikanischen Babybooms – hat enorme Folgen für die Gegenwartsrealität, wie der drohende Bankrott des amerikanischen Sozialversicherungssystems zeigt.

Ein erster entscheidender Teil menschlicher Natur ist für mich daher die Eigenschaft der Geschichtlichkeit. Wir beginnen das soziale Leben nicht in jedem Moment von Neuem, sondern tun dies vielmehr innerhalb der Grenzen jenes Teils der Vergangenheit, der in den sozialen Prozess, wie wir ihn erfahren, enkodiert ist. Die menschliche Natur ist grundsätzlich geschichtlich.

Ein zweiter Teil menschlicher Natur besteht für mich in der einfachen Sequentialität von Erfahrung – im Faktum, dass wir die Welt in bestimmten Reihenfolgen erleben: ein Ereignis nach dem andern. Eine Reihe von Indikatoren zeugen von dieser Qualität. Der erste Indikator ist die relative Dominanz der Erfahrungen der jüngsten Vergangenheit in unserer Gegenwart. Ich möchte für diese Dominanz der unmittelbaren Vergangenheit keine regelhaft funktionale Form unterstellen, obwohl die Versuchung gross ist, wegen der Analogie zur Diskontierung der Zukunft. Denn selbst wenn es eine solche Form gäbe, müsste sie sich mit dem Alter eindeutig verschieben. Je älter Individuen werden, umso näher und wichtiger kann ihnen die weiter zurückliegende Vergangenheit werden.

Ein zweiter Indikator für diese zentrale Qualität von Erfahrung ist die enorme Sammlung von narrativen Verben – wie wir sie in Analogie zu Dantos Konzept narrativer Sätze bezeichnen könnten.[16] Es handelt sich um Verben, die zwei Zeitmomente voraussetzen. Beispiele wären alle englischen Verben, die mit «re-» beginnen, wie *rewrite* (umschreiben, nochmals schreiben, neu schreiben) oder *remarry* (wieder heiraten), denn sie setzen voraus, dass (in diesen Beispielfällen) Schreiben respektive Heirat irgendwann in der Vergangenheit stattgefunden haben. Aber es gibt noch deutlichere Beispiele: *to regret* (bereuen). Man kann nicht etwas bereuen, das keine Vergangenheit hat. Reue beinhaltet zwangsläufig ein vergangenes Ereignis (welches selbstverständlich genauso das «Nichteintreten» eines erwünschten Ereignisses sein kann, wie das Eintreten eines unerwünschten Geschehens). Gleiches gilt für die Verben *debunk* (enthüllen, aufdecken) und *betray* (verraten, betrügen) sowie *remember* (erinnern) und *forget* (vergessen). Sie alle bezeichnen eine Gegenwartshandlung mit Bezug auf eine Handlung in der Vergangenheit. Alle zeigen die Se-

---

16 Arthur Danto, *Narration and Knowledge*, New York 1985.

quentialität von Erfahrung auf. Alle beschreiben genau diese Ver- oder Einbindung von Ereignissen in eine oder aus einer Lineage, auf die ich weiter oben als die Basis jener mikrosozialen Welt, die wir wahrnehmen, hingewiesen habe. In einer Welt der Ereignisse und des Prozesses stellen diese Bindungsprozesse das Herzstück der menschlichen Natur dar.

Allerdings scheinen die meisten prozessorientierten Ansätze in der Erforschung der sozialen Welt hinsichtlich dieser Sequentialität ständig von einer Annahme auszugehen, die spezifischer ist. Es handelt sich um den Begriff der Gewöhnung. Die meisten Prozessansätze in der Sozialtheorie scheinen es als selbstverständlich zu erachten, dass Menschen (und tatsächlich wohl auch soziale Gruppierungen) im Laufe der Zeit Gewohnheiten entwickeln. Unstimmigkeit besteht darüber, ob diese Gewohnheiten gut (wie bei Dewey) oder schlecht (wie bei Weber) sind.[17] Die Annahme, dass Gewöhnung (Habitualisierung) universal ist, scheint jedoch die zentrale substantielle Überzeugung prozessualen Denkens über menschliche Natur zu sein.

Nicht ausgeschlossen ist, dass die Habitualisierungsannahme eine Ideologie ist, namentlich eine dem 19. Jahrhunderts mit seinem ruhelosen Verlangen nach Erfolg, Neuartigkeit und Fortschritt entstammende Ideologie menschlicher Natur. Man kann sich leicht vorstellen, dass es in den meisten Kulturen einen Begriff wie Gewohnheit gibt; die Entstehung von Gewohnheiten ist ein offenkundiges Merkmal von Erfahrung in der Lebenswelt. Aber das muss nicht heissen, dass Gewohnheit – und im Besonderen die Gefahren und die Übel von Gewohnheit – ein bestimmendes Konzept für eine Kultur zu sein braucht. Nichtsdestotrotz sind diese Annahmen eindeutig zentral für die Persönlichkeitsideologie – und allgemeiner für die kulturellen Ideologien – der modernen Welt. In der Tat ist die Moderne zu einem grossen Teil geprägt vom Thema, dass Gewohnheitsausprägung nicht nur universal, sondern dass Gewohnheit schlecht und die Vergangenheit überhaupt zurückzuweisen und zu überwinden sei.

Die Idee des Fortschritts ist also das Gegenstück zu unserer Aufmerksamkeit für Gewohnheit. Weniger ideologisch ausgedrückt impliziert meine obige Schwerpunktsetzung beim Gedächtnis – die Gegenwart der Vergangenheit in der Gegenwart – auch einen entsprechenden Schwerpunkt bei der Antizipation – die Präsenz der Zukunft in der Gegenwart. Denn wenn die Vergangenheit in der Gegenwart als enkodierte Einschränkung – zu substantieller Begrenzung geformte Geschichtlichkeit – vorkommt, dann tritt die Zukunft in der Gegenwart als (enkodierte) Möglichkeit, als in mögliche Pläne gesetzte künftige Narrative auf.

Die Logik meiner obigen Ausführungen lässt sich hier wieder anwenden, indem wir die Implikationen dieser zukünftigen Möglichkeit für die menschliche Natur in der Gegenwart erwägen. Die offensichtlichste liegt in der Eigenschaft der Wahlfreiheit. Denn die alternativen Möglichkeiten in der Gegenwart lassen uns die Freiheit, unterschiedliche Zukünfte in Kraft zu setzen. Und obwohl diese – gewiss – nicht frei von jeglicher Beschränkung sind, sind

---

17 John Dewey, *Human Nature and Conduct*; Max Weber, *Die protestantische Ethik und der Geist des Kapitalismus*, Tübingen 1934.

sie doch offen genug, dass wir ständig Pläne zum Handeln oder Nichthandeln wählen müssen. Auch dies scheint mir – im prozessualen Theorierahmen gesehen – ein fundamentales Prinzip menschlicher Natur zu sein: nicht nur Gewohnheit, sondern auch Wahlentscheidung.

Wenn wir in die Zukunft blicken, sind wir wieder mit der Dominanz des greifbar Nahen konfrontiert. So wie die unmittelbare Vergangenheit uns ganz offensichtlich umgibt, so ist auch die unmittelbare Zukunft oft der tragende Grund für unsere Entscheidungen. Dieses Problem ist natürlich gut untersucht in der Literatur über hyperbolische und exponentielle Diskontierung und auch in der allgemeinen Literatur über Zeitpräferenzen. Weniger untersucht ist die Frage, *wann* wir unsere Ergebnisse wollen – jetzt oder später oder am Ende aller Zeiten – denn im gängigen Konzept des Diskontierens ist ein Hauptaugenmerk auf die Gegenwart mit eingebaut. Tatsächlich ist die Vorstellung, die Gegenwart sei fast buchstäblich der wichtigste Moment in der Geschichte, in die aus dem 19. Jahrhundert stammende Denkweise eingebaut, die immer noch unsere Welt beherrscht – trotz all ihrer Computer, der Raumfahrt und der Radioonkologie.

Sequentialität ist daher in der Zukunft wie in der Vergangenheit bedeutsam und im Übergang von der einen zur andern. Wir finden hier wieder dieselben Arten von narrativen Verben, die sowohl auf einen gegenwärtigen wie auf einen künftigen Moment verweisen: *prophesy* (weissagen), *foresee* (vorhersehen), *promise* (versprechen), *desire* (wünschen), *expect* (erwarten), *dread* (fürchten), *anticipate* (vorwegnehmen). Solche Verben beschreiben unsere Wahlentscheidungen bezüglich Ereignissen, während wir voranschreiten, zeigen, welche Ereignisse wir auswählen, Teil von uns werden lassen und welche Ereignisse wir von uns weisen. So wird einsichtig, dass Individuen sich selbst im formalen Sinn narrativ erfahren – und auch im einfachen Sinn, dass sie sich selbst Geschichten über sich selbst erzählen. Denn sie betten ihre ureigensten Identitäten in einen Strom von Ereignissen und wachen über die sich entfaltende Lineage, die ein Selbst darstellt.

Dies widerfährt sozialen Gruppen natürlich genauso, obschon der Gebrauch, den soziale Gruppen von individuellen Körpern im Prozess der Selbstdarstellung machen, sich ziemlich unterscheidet vom Gebrauch, den Individuen von ihrem Körper machen. Aber es handelt sich nichtsdestotrotz um das Gleiche in allgemeiner Form, eingebettet in einen Strom von Ereignissen und dabei unablässig gewisse Geschehnisse in die Lineage-Organisation einbindend, während andere Begebenheiten aussortiert werden.

Sequentialität durchdringt also die menschliche Natur, wenn wir zeitlich nach vorne sehen, genauso wie wenn wir rückwärtsschauen. Und wie ich oben bemerkte, ist klar, dass genauso wie Gewöhnung eine Annahme hinsichtlich der menschlichen Natur zu sein scheint, wenn Prozesstheorien die Vergangenheit untersuchen, die entsprechende Vorstellung von Fortschritt und Neuheit die Konzeptionen beherrscht, wenn diese Theorien vorwärtsschauen. Dewey ist diesbezüglich das beste Beispiel mit seinem gründlichen, durch zwei Weltkriege, Faschismus und die anderen Schrecken des 20. Jahrhunderts ungebrochenen Optimismus. Die Idee des Fortschritts greift sehr wohl auch in andere Theoriegebäude ein, und vermutlich zählt sie zu den gebräuchlichsten Ideologien menschlicher Natur des modernen Zeitalters.

Genauso wie Gewohnheit manchmal nicht als eine erleichternde Kompetenz (Dewey), sondern als tödliche Routine (Weber) begriffen wird, wird Neuheit allerdings manchmal als Fortschritt (Ogburn) und manchmal als blosse Mode (Sorokin) verstanden.[18] Verschiedene Arten von Annahmen menschlicher Natur (und unterschiedliche Bewertungen von diesen) sind hier eindeutig möglich, sogar innerhalb des Prozesslagers, je nach persönlichem Pessimismus oder Optimismus. Dass sich die Zukunft irgendwohin bewegt, wird allerdings immer vorausgesetzt. Niemand hat bislang den Prozessstandpunkt übernommen und gleichzeitig für eine zufällige, richtungslose Zukunft votiert.

Schliesslich möchte ich auf zwei Aspekte eines prozessualen Begriffs menschlicher Natur hinweisen, die in die ontologischen Annahmen eingebaut sind, auf die ich mein Argument abstellte. Erstens habe ich durchwegs ein Konzept von Örtlichkeit vorausgesetzt. Abstammungslinien formen sich örtlich aus. Sie haben zu gewissen Teilen des gesellschaftlichen Prozesses besseren Zugang als zu andern. Sie verfügen über ein Hier und Jetzt, das sich von den meisten Hier und Jetzt quer durch den Prozess unterscheidet. Es entspricht also der menschlichen Natur, für jede Lineage einen bestimmten Ort im Prozess zu haben – etwas oder jemand Bestimmtes zu sein. Paradoxerweise ist es universell, einzigartig zu sein.

Obwohl ich die drei Bereiche menschlicher Erfahrung – Gefühl, Handlung und Bedeutung – nicht analysiert habe, scheint mir doch zweitens, diese verfügten wenigstens über eine grundlegende Fähigkeit, welche sich aus dem fundamental gesellschaftlichen Charakter menschlichen Lebens ergibt. In allen dreien erwächst eine Auffassung, die zum Kriterium für seine Beurteilung wird. Es handelt sich hier schlicht um ein empirisches Faktum – evident aus der Untersuchung irgendeiner uns bekannten Gesellschaft oder Kultur. Für die Emotion ist das Kriterium etwas, das wir Anteilnahme (*sympathy*) nennen könnten – eine Geneigtheit (*being-with-ness*). Für Handlung lautet das Kriterium Gesolltheit (*oughtness*). Für Bedeutung und Symbolisierung heisst das Kriterium Wahrheit (*truth*). Über den Inhalt dieser Kriterien möchte ich mich nicht äussern. Seine Vielfalt übersteigt jede Fantasie. Anteilnahme bedeutet also nicht zwingend – wie es das in unserer Kultur oft tut – mit jemandem Mitleid haben. Es bedeutet lediglich, dass jede Kultur, von der wir irgendetwas wissen, über ein Kriterium zum Nachdenken über die Richtigkeit von Beziehungen zwischen Individuen und sogar zwischen sozialen Organisationen verfügt. Ebenso muss Gesolltheit nicht gültiges Recht oder Moralität bedeuten – und Wahrheit nicht Korrespondenz mit den Vorschriften moderner Wissenschaft. Ich behaupte bloss, dass irgendeine Version dieser Kriterien in allen bekannten menschlichen Lebensformen auftaucht.

18 Zu Dewey und Weber siehe oben; William F. Ogburn, *Social Change*, New York 1928; Pitirim A. Sorokin, *Social and Cultural Dynamics*, 4 Bände, New York 1937–1941.

Noch bedeutender ist allerdings, dass sie zusammen auftreten. Oft behandeln wir Wahrheit und Gesolltheit als separate Dinge – Sein und Sollen. Wir sagen häufig, dass Denker wie Marx und die Fortschrittsbewegung (*Progressives*) «Sein und Sollen vermischt haben». Wahrscheinlicher ist, dass diese von Natur zusammen sind und dass wir Modernen entschieden haben, so zu leben zu versuchen, also ob sie getrennt wären. Die üblichere menschliche Erfahrung ist Performativität – das Aufstellen einer Reihe von Sollformulierungen, die eine Welt definieren, welche wir als wahr behandeln.[19] In der modernen Welt tun wir so, als wäre dies nicht der Fall. Wir denken, wir wären mit inhaltslosen sozialen Sollformen konfrontiert, die den Individuen die Substanz des Sollens überlassen und unsere Aufmerksamkeit auf Wahrheit im engsten, materialistischsten Sinn lenken. Es resultierte eine Zivilisation, die sich auf solch spirituelle Belange wie den bestschmeckenden fermentierten Traubensaft konzentriert und die nützlichsten Chemikalien, die den Menschen beim Aushalten einer vorab als sinnlos taxierten Existenz unterstützen sollen. In den meisten Gesellschaften und Kulturen dominiert jedoch die Erfahrung einer gelebten Realität. Es ist dies tatsächlich, was Menschen als Spezies tun: Sie imaginieren Sandburgen als Luftschlösser und dann leben sie darin.

SCHLUSS

Ein kurzes Resümee zeigt Folgendes: Ich habe vier Dimensionen von Konzepten menschlicher Natur erörtert – wo sie menschliche Natur verorten, welche Bereiche gesellschaftlicher Erfahrung sie beinhalten, ob sie formal oder substantiell sind und ob sie Wandel anerkennen. Als Prozessualist und Pragmatist lehne ich eine klare Positionierung bezüglich der ersten dieser Dimensionen ab, weil ich die übliche scharfe Gattungsunterscheidung zwischen Individuen und sozialen Gebilden ablehne. Vorerst gehe ich davon aus, dass Konzepte menschlicher Natur sich mit allen Bereichen menschlicher Erfahrung auseinandersetzen müssen (nicht nur mit einem von Emotion, Handlung und Bedeutung), denn ich interessiere mich stärker für die Eigenschaften, die solchen Konzepten durch den Fluss der Zeit aufgedrückt werden. Dies zwingt mich zu einem Konzept menschlicher Natur, das auf die Natur der Art zielt, wie Menschen (und soziale Gruppen) sich im Lauf der Zeit verändern – was Park einst als Naturgeschichte (*natural history*) bezeichnete.[20]

Nun zu den Details meiner eigenen Auffassung: Menschliche Natur wurzelt in den drei Modalitäten der Geschichtlichkeit – körperlich, im Gedächtnis und aufgezeichnet – und im Komplex substantieller Geschichtlichkeit, den diese bestimmen. Sie betrifft die Möglichkeiten, mit denen diese Modi interagieren und die sich entwickelnde Lineage, die eine Person oder eine soziale Grösse darstellt, prägen. Sie ist auch verankert in der – um es einmal so zu nennen – Optativität (*optativity*) – der menschlichen Fähigkeit, sich alternative Zukünfte, ja sogar alternative künftige Einheiten des sozialen Prozesses auszu-

---

[19] Der Ausdruck «performativ» wurde von John Langshaw Austin geprägt. Er bezieht sich auf Äusserungen, die selbst den Vollzug einer Handlung bedeuten. John L. Austin, *How To Do Things With Words* [1955], dt. *Zur Theorie der Sprechakte*, Stuttgart 1994, S. 29 f. Gegen Ende seines Buchs argumentiert Austin dafür, dass alle Aussagen in gewisser Weise performativ sind und dass die Unterscheidung zwischen performativ und konstativ daher lediglich eine Frage des Grades und der Verhältnisse sei. Der Begriff «performativ» wird deshalb heute manchmal auch benutzt, um allgemein handlungsorientierte und im Besonderen sozialkonstruktivistische Sozialtheorien zu bezeichnen.

[20] Robert E. Park: «The Natural History of the Newspaper», in: *American Journal of Sociology* 29, 1923, S. 273–289.

malen (diese wären analog zur Geschichtlichkeit relativ zur Vergangenheit zu konzipieren, ich habe sie hier nicht entwickelt).

Menschliche Natur wurzelt zweitens in der Sequentialität der Erfahrung – in ihrem ständigen Bezug auf vergangene und künftige Ereignisse, ihrer stetigen Konstruktion einer Lineage im Moment durch das Verbinden von Ereignissen. Dies wird aus dem grossen Spektrum an Wörtern ersichtlich, die narrative Begriffe des Selbst verkörpern und so das Selbst durch die Definition gerichteter Handlung in der Zeit definieren.

Menschliche Natur basiert drittens auf einem ständigen Dialog zwischen Gewöhnung und Neuheit. Beide können sowohl substantiell bedeutungsvoll sein als auch trivial und nichtssagend. Ich habe gegenwärtig keine bestimmte Einstellung dazu, obwohl mein Charakter eindeutig dem eines «substantiellen Gewöhners» entspricht, der die meisten Neuheiten für nichtssagend hält.

Schliesslich ist menschliche Natur um Ideale herum organisiert, die uns im täglichen Leben leiten und gleichzeitig uns selbst und die sozialen Einheiten, an denen wir teilhaben, formen. Diese lassen sich grob als Anteilnahme, Gesolltheit und Wahrheit bezeichnen. Sie verfügen aber über einen substantiellen Inhalt und sogar über eine Form, die selbst in Örtlichkeiten im sozialen Prozess eingebaut ist. Sie sind eine Grundeinheit, aber Kulturen können – und unsere tut es – entscheiden, sie auf unterschiedlichste Weise zu trennen. Die Grenzen ihrer Möglichkeiten zu erforschen scheint das menschliche Projekt zu sein.

Mike Michael

DER MENSCH ALS ASSEMBLAGE
Dinge, Objekte und «Disziplinen»

Als ich darüber nachdachte, was ich möglicherweise zum Forschungsprojekt «Tracking the Human» beitragen könnte,[1] stellte ich fest, dass mich die Frage nach dem Stand der Dinge in Bezug auf Denkstile sowie Disziplinarität, Interdisziplinarität und Transdisziplinarität beschäftigt.[2] Dabei geht es um Konzepte, die regelmässig hinterfragt werden, und dies nicht zuletzt deshalb, weil, sobald wir an scheinbar standardisierte akademische Disziplinen denken, offensichtlich wird, dass es sich um institutionelle Konstrukte (*fabrications*) handelt. In der Tat gelten wohl bestimmte Disziplinen wie die Anthropologie, die Geografie oder die Psychologie, die über den Rahmen der berühmten Zweiteilung Whiteheads[3] in Objekt und Subjekt oder Natur und Kultur hinausgehen, bereits als Multidisziplinen, die mit divergenten Modellen des Menschen arbeiten.

In bestimmter Hinsicht können «disziplinär», «interdisziplinär», «transdisziplinär» und «multidisziplinär» insoweit als repräsentative Konzepte gesehen werden, als sie auf bestimmte Denkhaltungen oder besondere Anordnungen von Praktiken und Diskursen hinweisen. Aus meiner Sicht jedoch sind die Klagen und Gegenklagen bezüglich der Integrität dieser oder jener Disziplin, die institutionelle oder anderweitige Unterstützung für interdisziplinäre Forschungsvorhaben sowie die methodologische Strenge transdisziplinärer Forschung ebenfalls Teil des Prozesses des «Machens»[4] oder der Konstruktion von Inter-/Meta-/Trans-/Disziplinarität. Es interessiert mich daher, wie die betreffenden Akteurinnen und Akteure ihre komplexen disziplinären Verflechtungen umsetzen (*enact*). Wir könnten von den folgenden Fragen ausgehen: Wie stellen Wissenschaftlerinnen und Wissenschaftler Disziplinen (und Varianten davon) her? Wie funktioniert dies im Prozess des Erarbeitens nicht nur von wissenschaftlichen Erkenntnissen, sondern auch von Ethik und Politik?

Im Hauptteil meines Beitrags werde ich mich auf ein Forschungsprojekt am Kings College London beziehen, in dem ich gemeinsam mit Kolleginnen und

[1] Der Beitrag beruht auf einem Input am Workshop «Tracking Concepts of Human Nature: Thought Styles in Disciplinary and Interdisciplinary Research», den die Forschungsgruppe «Tracking the Human» im Juli 2009 durchführte. Das englische Manuskript wurde übersetzt von Ingrid Fichtner unter Mitarbeit von Lou-Salomé Heer und Priska Gisler.
[2] Das Projekt unterscheidet zwischen disziplinären Kontexten (wenn ein geschätztes Paradigma hinterfragt und möglicherweise ersetzt wird), interdisziplinären Forschungsumgebungen (wenn gemeinsame Annahmen etabliert werden müssen) und, nicht zuletzt, einem transdisziplinären Umfeld der Wissensproduktion (wenn wissenschaftliche Konzepte, die Mehrfachakteurinnen und Mehrfachakteure verbinden, über die etablierten akademischen Grenzen hinaus übertragen werden).
[3] Alfred North Whitehead, *Process and Reality. An Essay in Cosmology* (Gifford Lectures of 1927–28), hg. von David Griffin und Donald Sherburne, korr. Auflage, New York 1978.
[4] Ian Hacking, «Making up people», in: Thomas Heller, Morton Sosna und David Wellberg (Hg.), *Reconstructing Individualism. Autonomy, Individuality, and the Self in Western Thought*, Stanford 1986, S. 222–236.

Kollegen einige der ethischen und kulturellen Aspekte der Verwendung von embryonalen Stammzellen, insbesondere in der möglichen Behandlung von Typ-1-Diabetes, untersucht habe. Dieses Projekt befasste sich vor allem damit, wie die embryonale Stammzellenforschung am Menschen (nicht zuletzt von der britischen Regierung) als mögliches Beispiel translationaler Forschung gesehen wird; Forschung, bei der die Laborergebnisse schrittweise in die praktische klinische Behandlung «übersetzt» werden.[5] Entscheidend für diese Form der biomedizinischen Forschung sind Behauptungen über mögliche oder im Entstehen begriffene Zukünfte. In solchen translationalen Kontexten operieren Forschende nicht nur mit Erwartungen in Bezug auf die Produktion von Fachwissen, sondern auch mit Erwartungen sowohl hinsichtlich des Prozesses der interdisziplinären Zusammenarbeit zwischen Laborforschung und klinischer Forschung als auch bezüglich der ethischen Aspekte und gesetzlichen Bestimmungen dieser Forschung. In aller Kürze: Forschende unternehmen disziplinäre Anstrengungen, die komplexe und vielschichtige Prozesse der Assoziation und Dissoziation mit sich bringen, die sich durch epistemische, ethische und institutionelle Dimensionen hindurchziehen. Darüber hinaus werden diese Engagements in Bezug auf und in der Realisierung von heterogenen soziotechnischen Assemblagen beziehungsweise mehr oder weniger fluiden Netzwerken menschlicher, technologischer, körperlicher, kultureller (usw.) Beziehungen ausgeübt. Dies führt zu einer weiteren Frage, die die oben angeführten ergänzt: Wie sollen wir uns die formalen Beziehungen zwischen der Herstellung von Disziplinarität (*doing of disciplinarity*) und der Herstellung des Menschen und seiner Natur (*doing of the human and human nature*) vorstellen?

Im Folgenden möchte ich kurz den konzeptionellen Rahmen meines Beitrags abstecken – eine Kombination aus Wissenschaftssoziologie, Soziologie der Erwartungen (*sociology of expectations*) und Aspekten der Prozessphilosophie. Anschliessend werde ich diese Konzepte einsetzen, um einige Arbeiten zur humanen embryonalen Stammzellenforschung[6] hinsichtlich der Herstellung von Disziplinarität neu zu überdenken. Davon ausgehend werde ich in den Schlussfolgerungen auf allgemeinere Fragen in Bezug darauf eingehen, wie sich die Dynamiken der Disziplinen auf das, was ich das «Zusammenfügen des Menschen» (*assembling of the human*) nennen möchte, auswirken.

DER KONZEPTIONELLE RAHMEN

Auch wenn sie noch in den Anfängen steckt, ist die Soziologie der Erwartungen bereits von einer Reihe verschiedener Ansätze geprägt. Am einen Ende des Spektrums richtet sich das Augenmerk insbesondere darauf, wie Erwartungen in soziotechnischen Netzwerken situiert sind, das heisst auf welche Art und Weise Erwartungen in einer Vielfalt von Artefakten, Technologien, Wissenschaftsbereichen, Unternehmen und Gesetzen, die so etwas wie soziotechnische Regime umfassen,[7] eingebettet sind und Gestalt annehmen. Am anderen

---

5 Vgl. zum Beispiel Steven Wainwright et al., «Ethical Boundary-Work in the Stem Cell Laboratory», in: *Sociology of Health and Illness* 28, 2006, S. 732–748; ders. et al., «From Bench to Bedside? Biomedical Scientists' Expectations of Stem Cell Science as a Future Therapy for Diabetes», in: *Social Science & Medicine* 63, 2006, S. 2052–2064; ders. et al., «Remaking the Body? Scientists' Genetic Discourses and Practices as Examples of Changing Expectations on Embryonic Stem Cell Therapy for Diabetes», in: *New Genetics and Society* 26, 2007, S. 251–268; ders., Mike Michael und Clare Williams, «Shifting Paradigms? Reflections on Regenerative Medicine, Embryonic Stem Cells and Pharmaceuticals», in: *Sociology of Health and Illness* 30, 2008, S. 959–974, sowie Mike Michael et al., «From Core Set to Assemblage: On the Dynamics of Exclusion and Inclusion in the Failure to Derive Beta Cells from Embryonic Stem Cells», in: *Science Studies* 20, 2007, S. 5–25.
6 Vgl. dazu insbesondere Mike Michael, Steven Wainwright und Clare Williams, «Temporality and Prudence. On Stem Cells as ‹Phronesic Things›», in: *Configurations* 13, 2005, S. 373–394.
7 Vgl. dazu Adam Hedgecoe und Paul Martin, «The Drugs Don't Work. Expectations and the Shaping of Pharmacogenetics», in: *Social Studies of Science* 33, 2003, S. 327–364.

Ende des Spektrums stehen eher mikrosoziologische Betrachtungen.[8] Zentral für den letztgenannten Ansatz ist die Ansicht, dass Zukunftsvisionen performativ sind,[9] und zwar in dem Sinne, dass Konstruktionen der Zukunft darauf ausgerichtet sind, eine ganz bestimmte Gegenwart zu schaffen. Das heisst, andere Akteurinnen und Akteure werden überzeugt, sich in der Gegenwart auf diese bestimmte Zukunft auszurichten, indem sie beispielsweise Risikokapital investieren, gesetzliche Bestimmungen lockern oder relevantes Wissen beitragen. Die gemeinsame Ausrichtung ermöglicht die Verwirklichung dieser spezifischen Zukunft. Dementsprechend liegt ein Hauptaugenmerk dieses Ansatzes auf der rhetorischen oder semiotischen Struktur von Erwartungen, auf ihren Zirkulationsprozessen und ihrem Timing sowie auf den Kontroversen bezüglich des Status solcher Zukünfte: den Auseinandersetzungen darüber, ob sie gerechtfertigte Hoffnungen oder Schaumschlägereien sind.

Die Arbeit auf diesen Gebieten schreitet rasch voran, und von den vielen derzeit thematisierten Zukünften sollen hier nur einige wenige genannt werden: Xenotransplantation,[10] Nabelschnurblut-Therapie,[11] pharmakogenetisch personalisierte Medizin,[12] Vogelgrippe,[13] HIV-Prophylaxe[14] sowie menschliche embryonale Stammzellforschung zur Behandlung von Typ-1-Diabetes.[15]

Wie bereits erwähnt, besteht ein Moment des performativen Aspektes von Erwartungen darin, andere zu überzeugen, das Augenmerk auf diejenige Zukunft zu richten, die in diesen Erwartungen in Geltung gesetzt wird. Mit anderen Worten: Erwartungen generieren bestimmte Arrangements von Personen, Handlungen, Affekten und damit auch von Technologien, Körpern und Ressourcen. Solcher Zusammenführung nähern wir uns mit dem Begriff der Assemblage.

In ihren Ausführungen zu den komplexen Zusammenhängen zwischen Wissenschaft und Gesellschaft (oder, weniger breit gefasst, zwischen Fachpersonen und Laiinnen und Laien) haben Irwin und Michael den Begriff der ethnoepistemischen Assemblagen eingeführt.[16] Damit soll insbesondere beleuchtet werden, wie Wissensansprüche lokal etabliert und in Umlauf gebracht werden; Wissensansprüche, die sowohl bestimmte Repräsentationen der Zukunft als auch wissenschaftliches Wissen, Allgemeinwissen, juristisches Wissen, journalistisches Wissen usw. umfassen. Das Hauptziel dieser Begriffserarbeitung ist, von einem herkömmlichen Gegensatz zwischen Experten- und Laienwissen weg und hin zu einer Analytik zu kommen, die den Kontroversen hinsichtlich der Gemengelage von wissenschaftlichem, allgemeinem, juristischem, politischem, experimentellem usw. Wissen gerecht werden kann. Dementsprechend stehen sich bei jeder Kontroverse auf beiden Seiten Kollektive oder Assemblagen von Forschenden, Laiinnen und Laien, Medienschaffenden, Politikerinnen und Politikern usw. gegenüber.

Das Konzept der Assemblage als solches ist ein heuristisches Werkzeug, das erlaubt, die Unschärfen wie auch die Emergenz und die Reproduktion spezifischer Relationen und Konfigurationen zu untersuchen. Der Begriff Assemblage wurde Deleuze und Guattari entlehnt.[17] Für Deleuze und Guattari schafft eine

---

[8] Vgl. dazu Nick Brown und Mike Michael, «A Sociology of Expectations. Retrospecting Prospects and Prospecting Retrospects», in: *Technology Analysis and Strategic Management* 15, 2003, S. 3–18.
[9] Vgl. dazu Mike Michael, «Futures of the Present. From Performativity to Prehension», in: Nick Brown, Brian Rappert und Andrew Webster (Hg.), *Contested Future. A Sociology of Prospective Techno-Sciences*, Aldershot 2000, S. 21–39, sowie Nick Brown et al., «Researching Expectations in Medicine, Technology and Science. Theory and Method», Vortragsmanuskript präsentiert am Expectations Network Workshop, University of York, 18./19. Juli 2005.
[10] Die Transplantation von tierischen Geweben oder Organen. Vgl. dazu Brown und Michael, «A Sociology of Expectations».
[11] Vgl. dazu Nick Brown und Alison Kraft, «Blood Ties: Banking the Stem Cell Promise», in: *Technology Analysis and Strategic Management* 18, 2006, S. 313–327.
[12] Vgl. dazu Adam Hedgecoe «Pharmacogenetics as Alien Science. Alzheimer's Disease, Core Sets and Expectations», in: *Social Studies of Science* 36, 2006, S. 723–752.
[13] Vgl. dazu Brigitte Nerlich und Christopher Halliday, «Avian Flu. The Creation of Expectations in the Interplay Between Science and the Media», in: *Sociology of Health and Illness* 29, 2007, S. 46–65.
[14] Vgl. dazu Marsha Rosengarten und Mike Michael, «The Performative Function of Expectations in Translating Treatment to Prevention. The Case of HIV Pre-exposure Prophylaxis or PrEP», in: *Social Science & Medicine* 69, 2009, S. 1049–1055.
[15] Vgl. dazu Michael, Wainwright und Williams, «Temporality and Prudence».
[16] Kurz gesagt fokussiert dieses ethnoepistemische Konzept auf die Art und Weise, wie Assemblagen Wissensprozesse und Wissensansprüche involvieren und selber darin involviert sind. Der Begriff «Ethno» bezeichnet dabei sowohl die Lokalisierung dieser Prozesse als auch die Tatsache – den Erkenntnissen der Ethnomethodologie folgend –, dass in diesen Prozessen das Wissen und die Assemblage tatsächlich durch ihre kontinuierliche Realisierung (*enactment*) stabilisiert werden. Vgl. Alan Irwin und Mike Michael, *Science, Social Theory and Public Knowledge*, Maidenhead 2003.
[17] Gilles Deleuze und Félix Guattari, *A Thousand Plateaus. Capitalism and Schizophrenia*, London 1988, sowie Emily Martin, «Anthropology and Cultural Study of Science», in: *Science, Technology and Human Values* 23, 1998, S. 24–44.

Assemblage ein «Territorium», das aus verschiedenen heterogenen Fragmenten besteht. Eine solche «Territorialisierung» verkörpert Muster und Abläufe – eine Stabilisierung seiner besonderen Konfiguration von bezeichnenden und kausalen – oder enunziatorischen und maschinischen Elementen, wie Deleuze und Guattari es nennen würden. Der Begriff der Territorialisierung kann mit der Metapher des Wurzelsystems in Beziehung gesetzt werden, in dem zum Beispiel Disziplinen durch Vergabelungen linear verbunden sind: Eine Disziplin entwickelt sich aus der anderen, zwei Disziplinen verbinden sich zu einer dritten – Biologie und Physik verschmelzen zu Biophysik.[18] Dies kann mit dem Motiv des Rhizoms kontrastiert werden, in dem jeder Punkt sich mit jedem anderen verbinden kann, um neue Konfigurationen zu bilden. Dies bedeutet, dass solche Gebilde wie Disziplinen nicht rein sind, sondern Territorialisierungen, die, wie oben angedeutet, eine Reihe von diversen und heterogenen Praktiken und Diskursen verkörpern: beispielsweise die Verwendung von Metaphern aus anderen kulturellen Bereichen, die Reflexion von Themen aus anderen wissenschaftlichen Systemen oder die Anwendung von Strategien, die komplexe interinstitutionelle Dynamiken widerspiegeln.

Es besteht jedoch die Gefahr, den Unterschied zwischen Wurzel und Rhizom – Territorialisierung und Deterritorialisierung – überzubetonen. Für Deleuze und Guattari gibt es keinen absoluten Gegensatz zwischen Wurzel und Rhizom beziehungsweise zwischen Territorialisierung und Deterritorialisierung (denn das hiesse, einem ausschliesslich territorialisierenden, einem Wurzeldenken anzuhängen). Deleuze und Guattari stellen die rhetorische Frage: «Wie sollten die Deterritorialisierungsbewegungen und Reterritorialisierungsprozesse sich nicht aufeinander beziehen, sich nicht ständig verzweigen und einander durchdringen?»[19] Für die beiden Autoren «gibt es [in den Rhizomen] Baum- und Wurzelstrukturen, aber umgekehrt kann auch der Zweig eines Baumes oder der Teil einer Wurzel beginnen, rhizomartige Knospen zu treiben».[20] Entscheidend ist, dass der Wurzelbaum und das Kanalrhizom zwei einander nicht widersprechende Modelle sind. Mit anderen Worten, auch dort, wo Stabilität im Arrangement von Assemblagen zu herrschen scheint, kann es Momente der Destabilisierung geben, die zu einer umfassenden Rekonfiguration der Arrangements führen können, die sich dann möglicherweise selber stabilisieren (reterritorialisieren).

Wenn wir nun das theoretische Gerüst der Assemblage mit der Soziologie der Erwartungen verknüpfen, können wir Erwartungen als Teil des Prozesses der Territorialisierung und Deterritorialisierung verstehen. Zukunftsversionen werden als ein Mittel eingesetzt und in Umlauf gebracht, um verschiedene Entitäten zu verknüpfen oder spezifische Beziehungen zu formen. Zugleich können aber solche Territorialisierungen aus der Sicht anderer als Gefährdung, das heisst als Formen der Deterritorialisierung, betrachtet werden.

Darüber hinaus können Erwartungen, wenn sie durch Assemblagen zirkulieren, auch selber deterritorialisiert werden: Durch ihre Verstrickungen verlieren sie an Deutlichkeit, werden vager und verändern sich situativ. Da-

---

[18] Vgl. dazu zum Beispiel Richard Whitely, *The Intellectual and Social Organization of the Sciences*, Oxford 1984.
[19] Gilles Deleuze und Félix Guattari, *Tausend Plateaus. Kapitalismus und Schizophrenie*, Berlin 1992, S. 20.
[20] Ebd., S. 27.

her können wir – im Gegensatz zu anderen Arbeiten über Erwartungen, die sich vereinfachend auf Erwartungen konzentrieren, die klar formuliert und offensichtlich sind – auf die Vagheit von Erwartungen hinweisen oder auf Erwartungen, die gerade erst im Entstehen sind. Zudem können wir feststellen, dass diese Vagheit, diese Emergenz ebenfalls performativ ist und, wie wir sehen werden, besondere Relationalitäten erfordert. Der Sensibilität von Deleuze und Guattari für die Verflechtung von Territorialisierung, Deterritorialisierung und Reterritorialisierung folgend, können wir feststellen, wie vage, im Entstehen begriffene und unartikulierte Erwartungen an der Realisierung und der Reterritorialisierung einer Assemblage beteiligt sind.

Bis hierher haben wir zwischen klaren und vagen Erwartungen unterschieden – also zwischen solchen, die immanent oder im Entstehen begriffen sind, und solchen, die deutlich fassbar oder artikuliert sind. Es bietet sich an, diesen Gegensatz in den Begriffen von Rheinbergers Dichotomie der «epistemischen Dinge» und der «technischen Objekte» zu reformulieren. Gemäss Rheinberger greifen in Experimentalsystemen diese «zwei verschiedene[n], jedoch voneinander nicht trennbaren Strukturen» ineinander. Epistemische Dinge «haben den prekären Status, in ihrer experimentellen Präsenz abwesend zu sein». Für Rheinberger präsentieren sich «epistemische Dinge» – Gegenstände wissenschaftlicher Forschung wie physikalische Strukturen, chemische Reaktionen, biologische Funktionen – «in einer für sie charakteristischen irreduziblen Vagheit […], denn epistemische Dinge verkörpern, paradox gesagt, das, was man noch nicht weiss». Dem epistemischen Ding stellt Rheinberger technische Objekte gegenüber. Die Definition ist operational: «[M]an benötigt […] stabile Umgebungen, die man als Experimentalbedingungen oder als technische Dinge bezeichnen kann»[21] – gefestigte Theorien, Techniken, Maschinen, Praktiken und Entitäten, die zusammen ein Experiment ausmachen.

Aus Rheinbergers Arbeit geht klar hervor, dass das technische Objekt eine transparente und lineare Temporalität hat: Es ist vorhersehbar, seine Zukunft kann eingegrenzt und artikuliert werden. Das epistemische Ding hingegen hat eine immanente, unbestimmte Zukunft, die erst im Moment seines Auftretens greifbar wird. Im Kontext eines derart kontroversen und umfassenden wissenschaftlichen «Programms» wie der Erforschung der Differenzierung humaner embryonaler Stammzellen in Betazellen (die Insulin produzieren und daher hoffentlich für die Herstellung eines Medikaments gegen Typ-1-Diabetes genutzt werden können) müssen diese Temporalitäten noch einmal in Betracht gezogen werden. Durch die komplexen Praktiken der Stammzellenforschenden fliessen ebenfalls langfristige Temporalitäten – Erwartungen bezüglich der Durchführbarkeit des Forschungsprogramms an und für sich,[22] bezüglich der ethischen Argumente und Gesetzespraxis, die die menschliche embryonale Stammzellenforschung regelt, sowie Erwartungen bezüglich der disziplinenübergreifenden Zusammenarbeit und des Antriebs zur «translationalen Forschung», wie sie von Geldgebenden sowie Entscheidungsträgerinnen und -trägern gefördert wird.

---

21 Hans-Jörg Rheinberger, *Experimentalsysteme und epistemische Dinge. Eine Geschichte der Proteinsynthese im Reagenzglas*, Frankfurt a. M. 2006, S. 27–29.
22 Zum Beispiel berücksichtigen die Wissenschaftler und Wissenschaftlerinnen die Wahrscheinlichkeit der Entwicklung eines stabilen Systems für die routinemässige Differenzierung von Stammzellen oder die Produktion von Betazellen, die Insulin in für den klinischen Gebrauch nützlichen Mengen liefern.

ERWARTUNGEN ALS ASSEMBLAGEN VON OBJEKTEN UND DINGEN

Im Rahmen einer Studie über Forschende, die sich mit der Differenzierung von Insulin produzierenden Betazellen (für die Behandlung von Typ-1-Diabetes) aus menschlichen embryonalen Stammzellen befassten, konnten Michael, Wainwright und Williams[23] drei weitläufige Erwartungsbereiche feststellen: epistemische Erwartungen, das heisst Erwartungen bezüglich der Art des Wissens, das ihre Forschung hervorbringen würde, ethische Erwartungen, das heisst Erwartungen bezüglich des ethischen und rechtlichen Status ihrer Forschung, sowie translationale Erwartungen, das heisst Erwartungen in Bezug auf die Zusammenarbeit mit anderen Fachleuten, insbesondere den Klinikerinnen und Klinikern. Obwohl Michael et al. dieses dreiteilige Schema durchaus auch hinterfragen, kann es hier angewendet werden, um die Realisierung, das *enactment*, von Disziplinarität und, damit zusammenhängend, die Performanz des «Menschen» zu erforschen.

WISSEN: ERWEITERTE EPISTEMISCHE DINGE UND TECHNISCHE OBJEKTE

Unter den befragten Stammzellenforschenden bestand eine Vielfalt an Erwartungen im Hinblick darauf, zu welchen Formen von Erkenntnissen sie gelangen und welche Objekte sie entwickeln würden. Anders formuliert: In ihren Berichten wird eine temporale Heterogenität in Kraft gesetzt, die Nahziele wie Fernziele, Hoffnungen und Ängste, das technisch Objektifizierte und das epistemisch Emergente umfasst. Einerseits konnten die Forschenden über Zukünfte reden, die klar und vorhersagbar waren (gemeint ist der positive Ausblick auf die Produktion von funktionierenden Betazellen). In diesem Zusammenhang betrachten wir humane embryonale Stammzellen als technische Objekte – nicht unbedingt innerhalb des zeitlichen Rahmens des Experiments, aber im Rahmen des gesamten Forschungsprogramms. In diesem Sinne sind Stammzellen Werkzeuge zur Herstellung von Betazellen und zur Heilung von Typ-1-Diabetes. Andererseits wurden humane embryonale Stammzellen gleichzeitig auch als Beispiele für Zukünfte dar- und hergestellt, die durch Ungewissheit charakterisiert waren. Trotz den gegenwärtig proliferierenden Innovationen im Bereich der Stammzellenforschung war die Aussicht auf eine Heilmethode für Typ-1-Diabetes noch im Entstehen, ungewiss, in kaum greifbarer Nähe.

Wir können nun versuchen, diese Analyse in Begriffen des Herstellens von Disziplinarität neu zu formulieren. In den oben genannten Ausführungen über Gewissheit und technische Objekte lassen sich die an unserer Studie Teilnehmenden als eine Assemblage verstehen, bei der eine Reihe von Fachgebieten (zum Beispiel Immunologie, Embryologie, Zytologie, aber auch Fachwissen, das nicht aus dem Labor stammt, wie beispielsweise das von Klinikerinnen und Klinikern) zusammengeführt werden, um ein gemeinsames Objekt oder

[23] Michael, Wainwright und Williams, «Temporality and Prudence».

Artefakt (Betazellen) herzustellen. Der zweite Diskurs über Ungewissheit und epistemische Dinge könnte als das Waltenlassen von Vorsicht gesehen werden, in der Skepsis die eigene Kompetenz innerhalb der eigenen Disziplin bestärkt (man ist genug Experte oder Expertin, um sich bewusst zu sein, wie schwer die Produktion solcher Zellen technisch zu bewerkstelligen ist). Wollen sie also eine klare, lineare Zukunft beschreiben, dann gefährden die jeweiligen Forschenden ihren Status innerhalb der eigenen Disziplin – und damit ihre eigene disziplinäre Assemblage (man ist im Kontext der praktischen Unsicherheit zu zuversichtlich). Betont man hingegen die Schwierigkeiten in der Herstellung von Betazellen zu stark, ist die eigene interdisziplinäre Assemblage in Gefahr. Hier zeigt sich eine Spur des komplexen Musters von Territorialisierung und Deterritorialisierung, in dem Disziplinarität und Interdisziplinarität in Bezug auf unterschiedliche Zukünfte in Kraft gesetzt werden.

Dieses Muster kann auch für das komplexe *enactment* des Menschen angewandt werden. Einerseits kann der Mensch durch den Zuwachs an Disziplinen und Techniken bis zur Instrumentalisierung durchleuchtet werden. Er wird ein Medium – oder nach Latour[24] ein Intermediär, ein Zwischenglied –, das nahtlos Wissen aus dem Labor in die Klinik überführt. Diesem Modell des disziplinierten Menschen kann dasjenige des undisziplinierten Menschen entgegengehalten werden, in dem, um uns wieder auf Latour zu beziehen, der Mensch als Mediator – oder nach Haraway als Trickster[25] – die Forschenden täuscht, sie in falsche Richtungen weist, Rätsel schafft und Verwirrung stiftet.

ETHIK: PERSÖNLICHE ETHISCHE DINGE UND REGULATORISCHE OBJEKTE

Es ist klar, wie zentral ethische Belange in einem Forschungsprogramm sind, das auf dem Einsatz von Stammzellen aus menschlichen Embryonen beruht. Innerhalb des Handlungsrahmens von nationalen Stammzelleninitiativen und im Kontext der relativ liberalen Gesetzgebung Grossbritanniens vertreten die befragten Forschenden komplexe Positionen, in denen Stammzellen sowohl als ethische Dinge als auch als regulatorische Objekte (um Rheinbergers Unterteilung in im Entstehen begriffene epistemische Dinge und verfestigte technische Objekte anklingen zu lassen) betrachtet werden können.

Die betreffenden Wissenschaftlerinnen und Wissenschaftler legten also ihre persönlichen ethischen Haltungen dar, oder besser, sie waren im Begriff, eine ethische Haltung zu entwickeln und einzunehmen. Sie rangen zum Beispiel um die Entscheidung über den Gebrauch von «überzähligen» Embrionen aus In-vitro-Fertilisationen und bevorzugten den Einsatz von Embryos, an denen eine PGD, eine genetische Präimplantationsdiagnose, vorgenommen worden war, weil diese Embryos untersucht und bei ihnen genetische Defekte festgestellt worden waren. Somit waren die Forschenden – allgemein formuliert – mit ethischen Dingen befasst. Zugleich schienen sie die britische Ge-

---

[24] Zum Beispiel Bruno Latour, *Reassembling the Social. An Introduction to Actor-Network-Theory*, Oxford 2005.
[25] Donna Haraway, *Simians, Cyborgs, and Women. The Reinvention of Nature*, New York 1991.

setzgebung als einen rechtlichen Rahmen zu betrachten, der ethische Fragen gewissermassen bereits integriert hatte: Als Spiegel einer «legitimierten» Position einer gewählten Regierung dient das regulatorische System als ständiger Puffer zwischen Praxis und Politik – eine Art Antipolitik, wie Barry es nennen würde.[26] Innerhalb dieses Rahmens konnten die Wissenschaftlerinnen und Wissenschaftler die ethische Zukunft einschätzen. Hier sind einerseits persönliche ethische Positionen erst im Entstehen begriffen (obwohl diese sich unter Umständen verhärten können), die die Unklarheiten ethischer Dinge betreffen, andererseits werden Gesetzesbestimmungen gleichsam als ethischer Schutzschild betrachtet (oder objektifiziert), hinter dem man mehr oder weniger automatisch und durchgehend geschützt (legitimiert) ist. Auf diese Weise werden Stammzellen als regulatorische Objekte realisiert.

Hier ergibt sich ein anderes Muster der Territorialisierung und Deterritorialisierung, diesmal wohl in einem transdisziplinären Umfeld. Um nochmals darauf zurückzukommen: Heuristisch definiert, verweist die Idee eines transdisziplinären Rahmens der Wissensproduktion auf denjenigen Prozess, durch den wissenschaftliche Konzepte, die üblicherweise verschiedene disziplinäre Akteure verbinden, über die etablierten akademischen Grenzen hinausgetragen werden. In unserem Fall bewegen sich Erkenntnisse und technische Versprechungen bezüglich embryonaler Stammzellen weit über die unmittelbar involvierten wissenschaftlichen Stammzellenforschungsgruppen hinaus in die Welt der Bioethik, wobei beide einem regulatorischen Rahmen unterworfen und, zumindest unterschwellig, im Vollzug der Arbeit (*enactments*) der Forschenden selbst präsent sind. Der Umstand, dass die Wissenschaftlerinnen und Wissenschaftler Stammzellen zu ethischen Dingen erklären, deutet daraufhin, dass sie eine ethische Assemblage der Verantwortung herstellen – sie schliessen sich einer gewissermassen gesellschaftlichen Assemblage moralischer Überlegungen an. Sie sehen sich selbst den ethischen Dilemmas ebenso unterworfen wie alle anderen verantwortungsvollen Mitglieder der Gesellschaft. Ihr Rekurs auf Stammzellen als regulatorische Objekte verweist jedoch darauf, dass sie es verstehen, sich auch als Akteurinnen und Akteure innerhalb einer rechtlich-politischen Assemblage der Verwaltung darzustellen. Darüber hinaus zeigen sich in diesem Gegensatz zwischen ethischen Dingen und regulatorischen Objekten zwei unterschiedliche Wertungen des Menschen. Während die Erstere eine persönliche ethische Einschätzung der menschlichen Eigenschaft des Embryos darstellt, die schwer, wenn nicht gar unmöglich juristisch zu fassen ist, impliziert die zweite eine Menschlichkeit, die durch eine rechtlich verankerte, bürokratische Ethik definiert ist.[27]

Jedes dieser *enactments* kann also, zumindest potentiell, die anderen deterritorialisieren: Ganz offensichtlich kann dies durch den Gegensatz zwischen einem rechtlichen Rahmen, der zu liberal ist (wie es trotz seinem elaborierten Formalismus in Bezug auf Grossbritannien oft behauptet wird), und einer Gesellschaft, deren moralische Ansichten zu konservativ sind, hervorgerufen werden. Um es nochmals deutlich zu machen: Es gibt keine Widersprüche oder

[26] Andrew Barry, *Political Machines. Governing a Technological Society*, London 2001.

[27] Diese Art der Zweiteilung kann auf andere erweiterte, für unsere westlichen Gesellschaften charakteristische Assemblagen übertragen werden. Insbesondere ist die individuelle Einschätzung des ethischen Dinges eine Performanz des Selbst als ein ethisch verantwortungsvolles Subjekt. Dies ist kennzeichnend für die neoliberale Rationalität des Regierens (*rationality of government*), die von den Individuen zunehmend erwartet, dass sie sich selbst regieren – sich selbst verantwortlich machen (*self-responsibilise*). Interessant ist, dass das «Abschieben» von Verantwortung auf eine höhere Autorität, wie sie im *enactment* von regulatorischen Objekten stattfindet, ein Echo auf die traditionellen Formen eines liberalen Führungsstils ist. Vgl. zur Rationalität des Regierens zum Beispiel Andrew Barry, Thomas Osborne und Nikolas Rose, *Foucault and Political Reason. Liberalism, Neo-Liberalism and Rationalities of Government*, London 1996.

Scheinheiligkeiten in den Berichten der Forschenden. Sie reflektieren und vermitteln nur die komplexen Assemblagen, in denen sie arbeiten. In diesen vielfältigen Aussagen sehen wir, dass die Forschenden das Spannungsfeld zwischen diesen unterschiedlichen Assemblagen in Kraft setzen.

INSTITUTIONEN:
KOLLABORATIONALE DINGE UND TRANSLATIONALE OBJEKTE

Die Stammzellenforschenden arbeiten in und an speziellen epistemischen und ethischen Assemblagen. Darüber hinaus aber setzen sie sich und ihre Arbeit in Beziehung zu besonderen institutionellen Dynamiken, durch die ihre Grundlagenforschung so schnell wie möglich in die klinische Anwendung übersetzt werden soll. Diese «translationale» oder «*bench to bedside*»-Forschung ist in Grossbritannien sehr wichtig, sie ist ein Eckpfeiler der biomedizinischen Forschungspolitik der Regierung.

Translationale Forschung wird oft als in zwei Richtungen verlaufend dargestellt. Die Forschenden im Labor stellen zum Beispiel das «Rohmaterial» für Therapien usw. zur Verfügung, die Klinikerinnen und Kliniker wiederum teilen den Forschenden im Labor die Reaktionen der Patientinnen und Patienten mit oder informieren sie über mögliche Probleme. Dies verlangt bereits nach einer Zusammenarbeit über wissenschaftliche und klinische Disziplinen hinweg. Die Aussichten auf solche Kollaborationen wurden von den interviewten Forschenden mit bemerkenswerter Ambivalenz betrachtet.

Einerseits waren unsere Befragten der translationalen Forschung verpflichtet. Warum auch nicht? Immerhin fliesst hier, im Kontext der Forschungsprioritäten der Regierung, das Geld. Die Befragten stellten Stammzellen als eine Art translationale Objekte dar, die durch unproblematische interdisziplinäre Zusammenarbeit zwischen Forschenden im Labor und den Fachleuten aus der Klinik vermittelt werden können. Die Zusammenarbeit zwischen Labor und Klinik sei reibungslos und erfolgreich. Diese Aussagen widerspiegeln eine nahtlose Assemblage über institutionelle und professionelle Bereiche hinweg.

Andererseits waren die an unserer Untersuchung Teilnehmenden hinsichtlich der Erwartungen an die Zusammenarbeit eher pessimistisch. Schliesslich kann man die Fachleute aus der Klinik und die Forschenden im Labor als Angehörige sehr unterschiedlicher Berufsgruppen betrachten. Die Befragten betonten, wie unterschiedlich die Vorstellungen der beiden Berufsgruppen in Bezug auf experimentelle Forschung waren: Für die Klinikerinnen und Kliniker waren die Forschungsfragen der Forschenden im Labor zu weit von den Bedürfnissen der Patientinnen und Patienten entfernt; für die Forschenden im Labor wiesen die Forschungsmethoden der Klinikerinnen und Kliniker nicht die nötige Exaktheit wissenschaftlicher Arbeit auf. Darüber hinaus unterstrichen die Befragten die unterschiedlichen Berufskulturen: Die Wissenschaftlerinnen und Wissenschaftler, die im Labor tätig waren, schätzten kritisches Denken und Skepsis, die

Klinikerinnen und Kliniker hingegen Berufshierarchie und Erfahrung. Das Fazit war, dass während translationale Forschung politisch gefördert und gefeiert wurde und die Stammzellen dadurch zu «translationalen Objekten» verdinglicht wurden, diese gleichzeitig auch als «kollaborationale Dinge» dargestellt wurden, und zwar in Bezug auf eine Zusammenarbeit, deren Ausgestaltung notwendigerweise schwierig, zerbrechlich und problematisch war. Hier bildete sich keine nahtlose Assemblage, in der Laborforschende und Fachleute aus der Klinik zusammenkamen. Im Gegenteil, mit ihren Spezialisierungen bildeten sie je separate Assemblagen, die nicht einfach zu vereinen waren. Für die Befragten war die Zusammenarbeit quer über diese Assemblagen hinweg unklar, emergent und wurde, wenn überhaupt, nur durch einige bestimmte Personen ermöglicht, die den Spagat zwischen Wissenschaft im Labor und klinischer Praxis bewerkstelligten.

Wir können dies noch stärker in Begriffen des Performativen reformulieren. Wir sehen, dass Interdisziplinarität an sich ein Objekt des Äusserungsaktes ist; ein Thema, das von den Mitgliedern in der Realisierung ihrer Assemblage selbst hinterfragt werden muss. Interdisziplinarität (zwischen Laborforschenden und Klinikerinnen und Klinikern) wird dann als gut erachtet, wenn sie es den Wissenschaftlerinnen und Wissenschaftlern erlaubt, ihre Forschung weiterzuführen, nicht zuletzt als Teil einer Assemblage, durch die man hofft, die «condition humaine» mittels translationaler Forschung zu verbessern. Eine zu oberflächliche Interdisziplinarität aber stellt die einzelnen disziplinären (epistemischen, kulturellen, erzieherischen) Standards aufs Spiel und kompromittiert unter Umsständen die eigene disziplinäre Assemblage.

Noch einmal, wir können die unterschiedliche «Zusammenstellung» des Menschen in diesen verschiedenen Erwartungen bezüglich der interdisziplinären Kollaboration reflektiert sehen. Wenn embryonale Stammzellen als translationale Objekte hergestellt werden, wird der Mensch (vielleicht als Hybrid aus Stammzellen und Patientenleid) etwas Mobiles, das sich durch verschiedene institutionelle und professionelle Netzwerke hindurch bewegen kann. Der Mensch kann in diesem Zusammenhang jedoch auch als etwas gesehen werden, das diese Assemblagen miteinander verbindet: Forschende im Labor sowie Klinikerinnen und Kliniker arbeiten auf das gleiche Ziel hin: die Verbesserung der «condition humaine» (in diesem spezifischen Fall die Ausrottung der Typ-1-Diabetes). Wenn jedoch menschliche Stammzellen als kollaborationale Dinge in Kraft gesetzt werden, wird das Menschliche infrage gestellt: Die Forschenden im Labor verlangen experimentelle Exaktheit, und die Besonderheit menschlicher biologischer Prozesse muss respektiert werden. Die Fachleute aus der Klinik wollen das Leid menschlicher Subjekte mildern. Auf den ersten Blick erscheint dies wie ein einfacher Gegensatz zwischen «wissenschaftlichem menschlichem Objekt» und «klinischem menschlichem Subjekt». Wenn wir jedoch nur ein wenig weiter denken, zeigt sich ein komplexeres Bild, in dem wissenschaftliche und klinische Versionen des Menschen sowohl Subjekt als auch Objekt umfassen. Es scheint, als würde «der Mensch» für die Forschenden im Labor die komplexe Besonderheit von menschlichen biologischen Prozessen *und* die subjektive menschliche Erwartung an systematisches objektives Wissen umfassen. Für Klinikerinnen und Kliniker bezeichnet «Mensch» sowohl subjektive Verzweiflung als auch eine Bereitwilligkeit, pragmatische Rückschlüsse beruhend auf bestimmten menschlichen Körpern zu ziehen.[28] Kurz gesagt, die stillschweigend angenommenen Modelle vom Menschen, mit denen Fachleute verschiedener Wissensbereiche operieren – Modelle, die übereinstimmen können oder auch nicht –, sind ein zentrales Medium in der Herstellung von Interdisziplinarität und Disziplinarität.

DISKUSSION

Es ist schockierend und ganz entgegen meinen besten Absichten, aber ich scheine nebenbei auf eine Formel gestossen zu sein. Vielleicht habe ich sogar ein Theorem formuliert. Wann immer Wissenschaftlerinnen und Wissenschaftler ihre Disziplinarität in den Vordergrund rücken wollen und die disziplinäre Assemblage territorialisieren, scheinen sie die Dinghaftigkeit der Objekte, die sie untersuchen, zu betonen – in diesem Fall menschliche embryonale Stammzellen. Als epistemische Dinge, als ethische Dinge, als kollaborationale Dinge, deren Zukunft immanent, ungewiss und im Entstehen begriffen ist, unterstreicht und verstärkt der Forschungsgegenstand der Forschenden ihre «Selbstdisziplin». Diese Dinge sind ganz und gar mit der täglichen Ausübung von spezifischer und lokaler Forschungsarbeit verflochten. Als solche widerstehen sie der einfachen «Übersetzung» über verschiedene disziplinäre Grenzen hinweg, denn sie sind sogar in der Prozesshaftigkeit der «Heimdisziplin» immer erst am Entstehen: Sie sind gewissermassen Ausdruck dieser «Disziplin-in-Aktion».

Wann oder wo immer der Forschungsgegenstand als technisches, als regulatorisches oder als translationales Objekt dargestellt wird, können wir wohl ein *enactment*, eine Realisierung von interdisziplinären und transdisziplinären Assemblagen erwarten. Die epistemische, ethische und institutionelle Objektifizierung menschlicher embryonaler Stammzellen stabilisiert diese zu einem «Werkzeug», das über verschiedene Fachgebiete hinweg eingesetzt werden kann, eine relativ einfache Übertragung in unterschiedliche Denkkollektive ermöglicht und eine Reterritorialisierung von Assemblagen, die verschiedene Disziplinen (zum Beispiel Laborwissenschaft und klinische Wissenschaft) umspannen, erlaubt.

Selbstverständlich ist diese Darstellung viel zu einfach. Während Entscheidungsträgerinnen und Entscheidungsträger und die Legislative unter Umständen weniger bereit sind, die Eventualitäten und Unsicherheiten, die die Laborwissenschaften charakterisieren, zu berücksichtigen und so das Wissen, das aus dem Labor kommt, vergegenständlichen, stehen andere Akteurinnen und Akteure – besonders politische Aktivistinnen und Aktivisten – diesem Wissen grundsätzlich viel skeptischer gegenüber. Im Kontext der Wissenschaft von Mode II,[29] in dem die Wissenschaft zunehmend mit anderen Gebieten (Politik, Wirtschaft, Gesellschaft, Kultur) verwoben ist, können die Wissenschaftlerin-

[28] In der Psychologie könnte dies auch als der Gegensatz zwischen nomothetischen und ideografischen Methoden bezeichnet werden oder in der britischen medizinischen Forschung als der Gegensatz zwischen der evidenzbasierten Methode und der Fallstudienmethode.
[29] Helga Nowotny, Peter Scott und Michael Gibbons, *Re-thinking Science. Knowledge and the Public in an Age of Uncertainty*, Cambridge 2001.

nen und Wissenschaftler selber ebenfalls zahlreiche Rollen übernehmen, inklusive solcher in Politik und Recht oder auch in der Wirtschaft. Letztlich ist also die Rolle der Forschenden viel komplexer als oben dargestellt.

Anders formuliert: Wenn wir an einen Fall wie die Stammzellenforschung denken, in die unterschiedliche «Disziplinen», Bioethikerinnen und Bioethiker, Behörden sowie Klinikerinnen und Kliniker unterschiedlicher Art involviert sind, wird die Distanz zur Laborforschung zu einer komplexen Dimension. Mit andern Worten, wir brauchen weitaus differenziertere Darstellungen von «Disziplin» – solche, die den unterschiedlichen Aktivitäten gerecht werden, die den Beruf Wissenschaftlerin oder Wissenschaftler charakterisieren.

In dieser Hinsicht hat die Erweiterung des Begriffs der Disziplin über den klassischen akademischen Bereich hinaus, um institutionell angelegte Praktiken, wie die Bioethik, die politische und rechtliche Umsetzung und die klinische Intervention mit einzubeziehen, den Vorteil, dass der Fokus von der «Integrität der Disziplinen» auf die «Disziplinierung der Integrität» verschoben wird. Im Zentrum stehen somit nicht die internen Kriterien der intellektuellen Qualität, sondern die dezentralisierten Kriterien des praktischen und institutionellen Nutzens. Das Überdenken des Begriffs Disziplin ist vielleicht auch der Tatsache geschuldet, dass innerhalb des Konkurrenzkampfs in der gegenwärtigen Biomedizin die Disziplinen selber nicht besonders nützlich sind, wenn man sich als Forscherin oder Forscher verkaufen will, und sie daher auch analytisch nicht wirklich hilfreich sind.[30] Heute scheint, über eine gewisse grundlegende praktische Kompetenz im Labor hinaus, die Fähigkeit viel wichtiger, sich Fertigkeiten und innovative Techniken anzueignen, und zwar innerhalb von Projekten, die über eine einfache disziplinäre oder interdisziplinäre Kategorisierung und Performanz hinausgehen. Mit andern Worten: Erfolgreich Forschende müssen stets anpassungsfähig sein – immer in der Lage sein, eine Form von Exzess, Potentialität, Virtualität herzustellen. Oder, praktischer ausgedrückt: Gegenwärtig zeichnen sich Forschende durch die Fähigkeit aus, sich auf mehr oder weniger unterschiedliche Assemblagen einzulassen. Es findet eine ständige, wenn auch zweifellos nur eine punktuelle De- und Reterritorialisierung des eigenen Ichs statt.

Um das Bild weiter zu verkomplizieren, müssen wir diese Analyse in Bezug setzen zum Antagonismus, der den Dynamiken innerdisziplinärer Kontroversen oder, in der Terminologie von Collins, den «core sets»[31] innewohnt. In einem solchen Umfeld des Wettbewerbs innerhalb einer Disziplin wird für oder gegen die Objektivität wissenschaftlicher Instrumente argumentiert, um die Faktizität der eigenen Erkenntnisse gegenüber denjenigen der Konkurrenz zu untermauern. Im Klartext hiesse das: Diese oder jene Technik funktioniert eindeutig, deshalb sind meine Befunde Fakten. Solche Behauptungen sind aber selbst gefährdet, wie Collins gezeigt hat. Je nach Stand einer Kontroverse kann sich die Sicherheit von Objekten plötzlich in die Unbestimmtheit von Dingen verwandeln[32] und somit die Wahrheitsansprüche des einen oder anderen Resultates unterlaufen. Dennoch, solche Verwandlungen vom Objekt

---

30 Ich danke Andrew Abbott für diesen Hinweis.
31 Harry Collins, *Changing Order. Replication and Induction in Scientific Practice*, London 1985.
32 Karin Knorr Cetina, *Epistemic Cultures. How the Sciences Make Knowledge*, Cambridge 1999.

zum Ding, die früher vielleicht eine Diskreditierung oder einen Ausschluss aus der *scientific community* nach sich gezogen hätten, werden heute unter Umständen toleriert und mitberücksichtigt.³³ Der zentrale Punkt dieser verkürzten Ausführungen ist, dass durch die Komplexität der wissenschaftlichen Rollen und durch die sich verändernde Natur wissenschaftlicher Kontroversen die Trennung zwischen Sicherheit und Klarheit von Objekten sowie zwischen der Ungewissheit und Undurchsichtigkeit von Dingen weitaus weniger klar ist, als hier dargestellt.

Nachdem dieser Vorbehalt formuliert wurde, können wir kurz die Implikationen der vorangegangenen Analyse für die Realisierung des Menschen zusammenfassen. Wie wir gesehen haben, tritt der Mensch als komplexe Figur auf: Epistemisch ist er sowohl Intermediär/Zwischenglied als auch Mediator/Mittler (oder Trickster); ethisch ist er zugleich kodifizierbar (und verwaltbar) und Ausgangspunkt für persönliche, sich selbst zur Verantwortung ziehende moralische Besinnung; institutionell ist er sowohl ein Kollektiv als auch ein Individuum, sowohl objektiv als auch subjektiv. Der Mensch, obwohl äusserst komplex, entsteht wohl nicht so sehr als Entität oder Formulierung oder auch Phänomen,³⁴ sondern als ein Realisierungsfeld (*terrain of enactment*). Mit diesem Begriff möchte ich die Prozessualität des Menschen erfassen: Ein Realisierungsfeld bezeichnet also einen Prozess vielfältigen Machens, der sich quer durch Politik, Ethik, Wissen, Affekte (und sogar Ästhetik) zieht und die Akteurinnen und Akteure, die den Menschen herstellen, miteinander verknüpft oder trennt – ein Realisierungsfeld, das vereinigt und zerlegt, das territorialisiert, deterritorialisiert und reterritorialisiert. Das Realisierungsfeld kann man sich also als topologischen Raum vorstellen, in dem scheinbar divergente Realisierungen – das können ethische Diskurse, Experimentalanlagen, institutionelle Vorgaben sowie kommerzielle Imperative oder, wie wir oben bezüglich der Erwartungen gesehen haben, Repräsentationen der Zukunft sein – den Menschen und damit auch Inter-/Disziplinen herstellen.³⁵

SCHLUSSFOLGERUNGEN

In der obigen Diskussion habe ich zu zeigen versucht, wie Wissenschaftlerinnen und Wissenschaftler den Menschen herstellen – der Mensch wird durch die vielfältigen, komplexen und heterogenen Realisierungen ihrer Disziplinen zusammengefügt. So habe ich vermieden festzulegen, was der Mensch ist, und habe zugleich versucht, die zahlreichen Formen aufzuspüren, durch die der Mensch in dem, was ich Realisierungsfeld genannt habe, in Erscheinung tritt. Ich stelle mir dieses Gebiet als vielfältigen, faltbaren, topologischen Raum vor, in dem Punkte, die normalerweise getrennt sind, einfach verbunden werden können oder Punkte, die scheinbar nah beieinander liegen, durch grosse Entfernungen getrennt sein können. In dieser Hinsicht ähnelt das Realisierungsfeld stark dem Modell des Rhizoms von Deleuze und Guattari.

33 Michael et al., «From Core Set to Assemblage».
34 Das heisst gemäss Barad als Objekt, das durch die Technologie, die es entdeckt, konstituiert ist. Karen Barad, *Meeting the Universe Halfway. Quantum Physics and the Entanglement of Matter and Meaning*, Durham 2007.
35 Der Begriff des Realisierungsfeldes (*terrain of enactment*) verweist eher auf eine analytische Sensibilität als auf eine Methode. Man könnte allerdings auf eine Reihe von Traditionen zurückgreifen, mit Hilfe derer man den Begriff operationalisieren könnte, insbesondere Formen der Akteur-Netzwerk-Theorie oder der Analyse von Assemblagen. Vgl. dazu zum Beispiel Latour, *Reassembling the Social*, sowie Irwin und Michael, *Science, Social Theory and Public Knowledge*.

Eine Schlussfolgerung der vorhergehenden Ausführungen ist, dass der Mensch nicht nur durch grosse dramatische narrative Bögen in Erscheinung tritt, für die das beste Beispiel vielleicht der Gegensatz zwischen Subjekt und Objekt ist. Vielmehr kommen viele lokale, praktische und vielfältige Beziehungen zusammen und gerinnen, um den Menschen stückweise zusammenzusetzen. Diese Stück-für-Stück-Assemblage kann «ereignisreich» sein in dem Sinne, dass sie Möglichkeiten für neue Wege öffnet, wie der Mensch geschaffen werden kann. Diese Möglichkeiten sind jedoch nicht immer offensichtlich und die Auswirkungen von neuen Formen der Herstellung des Menschen zeigen sich vielleicht erst nach einer gewissen Zeit.[36]

Bis hierher habe ich den «Menschen als Assemblage» als analytisches Objekt behandelt, als einen Forschungsgegenstand. Ich hoffe, dass manche der vorgeschlagenen Termini – Assemblage, Realisierungsfeld, Re- und Deterritorialisierung – sich als nützliche Werkzeuge bei der Konzeptualisierung und Analyse des Herstellens des Menschen erweisen werden.

Der Mensch kann uns aber auch noch auf andere Weise dienlich sein – als Medium oder Ressource für das Aufspüren der praktischen und vielfältigen Ausführungen von Disziplinen. Wir können die lokale, stückweise Zusammenfügung des Menschen verfolgen, die die Realisierung lokaler Prozesse der disziplinären Identifikation und Differenzierung ermöglicht und gleichzeitig durch sie ermöglicht wird. Deshalb möchte ich neben Disziplinarität, Multidisziplinarität, Interdisziplinarität und Transdisziplinarität den Begriff der Infradisziplinarität einführen.[37] Damit folgen wir dem Menschen, wie er sich gewissermassen unterhalb der Disziplinen bewegt, das heisst im Entstehen begriffen ist, und dadurch unterschiedliche praktische und diskursive Aktivitäten – zu denen wissenschaftliche Methoden, theoretische Festlegungen, ethische Dilemmas, rechtliche Standards, kosmologische Verpflichtungen, institutionelle Dynamiken, professionelle Stereotypisierungen und Selbststereotypisierungen usw. gehören – verknüpft und trennt. Aus diesen Vermischungen entwickeln sich «Disziplinen» (und ihre Varianten).[38]

Der Kernpunkt der Infradisziplinarität – oder der infradisziplinären Sensibilität – ist nicht, dass wir die Disziplinen hinter uns lassen sollen. Es geht vielmehr darum, innerhalb des Realisierungsfeldes herauszufinden, wie die Assemblage Mensch mit den Verflechtungen und Entflechtungen, De- und Reterritorialisierungen, mit dem Entstehen und Verschwinden von Disziplinen verbunden ist. Und diese Sensibilität sollte sich nicht weniger auf unsere eigene Anwendung dieser Sensibilität erstrecken: Letztlich sind auch wir Menschen.

---

36 Diese Überlegungen lehnen sich an Whiteheads Philosophie des Organismus an. In seiner Terminologie sind bestimmte Formen der Herstellung des Menschen (*doing of the human*) aktuale Ereignisse, die aus heterogenen Prehensionen erwachsen. Ein bestimmtes aktuales Ereignis in der Herstellung des Menschen (*doing of the human*) (oder die aktuale Entität, die die neue Version des Menschen ist) wird zu einer Prehension, die in der Folge zur Konkreszenz neuer aktualer Ereignisse in der Herstellung des Menschen beiträgt. Diese aktualen Ereignisse sind dem Bewusstsein nicht immer zugänglich, oder besser, sie können zur Entstehung von Wissen im menschlichen Bewusstsein beitragen, obwohl das menschliche Bewusstsein selber durch die Konkreszenz des Superjekts zustande kommt. Whitehead, *Process and Reality*.

37 Mike Michael, *Reconnecting Culture, Technology and Nature. From Society to Heterogeneity*, London 2000.

38 Als Nebenbemerkung können wir festhalten, dass diese Infradisziplinarität doch auf eine seltsame Art und Weise an eine Disziplin gebunden bleibt – an die Sozialwissenschaften (hauptsächlich an die prozessorientierten *science and technology studies*). Die Infradisziplinarität sollte uns daher auch für die Grenzen unserer eigenen Forschung sensibilisieren. Zur oben nur kurz skizzierten «Melange» können weitere Aspekte disziplinärer Emergenz angeführt werden, zum Beispiel das «Körperliche». Die Zusammenarbeit mit anderen (oder ihr Scheitern) hat zum Teil auch mit einer (In-)Toleranz gegenüber den disziplinären Unterschieden zu tun, und zum Teil kann dies auch von persönlichen Vorlieben oder Abneigungen abhängig sein – von Affekten, die (zweifelsohne nur teilweise und eventuell) durch körperliche Anziehung bedingt sein können. Kann man also bereits von einer Biologie der Disziplinen sprechen?

Rainer Egloff

MENSCHLICHE NATUR UND SOZIOKULTURELLE DIFFERENZ
Die US-amerikanischen *culture and personality*-Studien 1920–1960

"The most outstanding result of Doctor Mead's extensive data is the demonstration of the amazing plasticity of human nature, both as regards specific habits and as regards fundamental attitudes towards life and society."[1]

Der Beitrag umreisst in groben Zügen eine Geschichte des interdisziplinären Forschungsfeldes *culture and personality*, das sich empirisch vergleichend mit der soziokulturellen Prägung von individuellen Verhaltensmustern befasste und dabei kulturspezifische Persönlichkeitstypen herausarbeitete. Dieses Feld war besonders ab den 1930er Jahren und bis in die 1950er Jahre von grosser Bedeutung in den US-amerikanischen Sozialwissenschaften.[2] Gleichzeitig entwickelten die *culture and personality studies* (CPS) aber auch einen tiefgreifenden Einfluss auf den breiten öffentlichen Diskurs.[3]

Die CPS waren systematisch anthropologisch orientiert, machten also den Menschen und seine Modellierung explizit zum zentralen Forschungsobjekt. Das dabei favorisierte Menschmodell beinhaltete zwei grundsätzliche und universalistische Annahmen. Die erste war die Prämisse einer *psychic unity of mankind* – die physiologische Gleichartigkeit menschlicher Grunderfahrung, das heisst kognitiver beziehungsweise psychischer Fähigkeiten und Bedürfnisse, und eine ihrer Hautfarbe oder Abstammung ungeachtet grundsätzlich allen Menschen gleichermassen zur Verfügung stehende natürliche Verhaltensbefähigung.[4] Wie George Devereux (1908–1985), selbst ein Protagonist der CPS, anmerkte, bedeutete dies für die kulturvergleichende Analyse individueller Strukturen des Psychischen beziehungsweise des Verhaltens:

"[...] one is typically human, before one is anything else. [...] the most basic of all basic personalities is the one connected with the fact that we are all human."[5]

Mit der Betonung der psychischen Einheit der Menschheit wandte sich *culture and personality* dezidiert gegen Auffassungen, nach denen sich unterschiedliche Verhaltensdispositionen, Unterschiede in Temperamenten, Intelligenz, Motivation, Moralität etc. primär auf physiologische Differenzen zurückführen las-

---

1 *Memorandum on Research in Competition and Cooperation*. Prepared by the Members of the Sub-Committee on Competitive-Cooperative Habits, and Others, New York 1937 (Social Science Research Council), S. 13.
2 Dennis R. Bryson sieht einen spürbaren Einfluss des Feldes ab den 1930er Jahren, einen Höhepunkt während der 1940er und 1950er und eine schwindende Bedeutung ab den 1960er Jahren. Dennis R. Bryson, «Personality and Culture. The Social Science Research Council, and Liberal Social Engineering. The Advisory Committee on Personality and Culture, 1930–1934», in: *Journal of the History of Behavioral Sciences* 45, Nr. 4, Herbst 2009, S. 355–386, hier S. 355.
3 Das im Forschungsfeld *culture and personality* bereitgestellte Wissen war so von quasi doppelter gesellschaftlicher Relevanz: als akademische Modellierung eines spezifischen analytischen Zugangs zum Gesellschaftlichen und als Rückwirkung solcher Modellierung in der Gesellschaft selbst.
4 Antony Wallace, «The Psychic Unity of Human Groups», in: Bert Kaplan (Hg.), *Studying Personality Cross-Culturally*, New York 1961, S. 129–163.
5 George Devereux, «The Logical Foundations of Culture and Personality Studies», *Transactions of the New York Academy of Sciences*, Series 2, Vol. 7, 1945, S. 110–130, hier S. 122.

sen, stellte sich also gegen biologisierende und insbesondere rassistische und sexistische Ansätze, wie sie in der traditionellen *physical anthropology* bis weit ins 20. Jahrhundert verbreitet waren.[6] Besonders zu den rassistisch-antisemitischen «Volkstumswissenschaften» im nationalsozialistischen Deutschland nahmen die CPS eine klare Gegenposition ein. So hielt der Soziologe William I. Thomas (1863–1947), der die frühen CPS stark mitprägte, fest:

"[…] theories of difference in degrees of mental endowment among races and populations and of inborn racial ‹psyches› have not been sustained; […] such differences as may possibly exist have not played a noticeable rôle in the development of behavior and culture, and […] the manifest group psyches are not inborn but developed through experience and habit systems."[7]

Die in den CPS vertretene sozial- beziehungsweise kulturwissenschaftliche Anthropologie ging zweitens – und auf der ersten Annahme aufbauend – von einer vergleichend zu dokumentierenden enormen Plastizität, Varietät und Formbarkeit menschlicher Verhaltensmuster aus. Die bis heute wahrscheinlich berühmteste Vertreterin von *culture and personality* überhaupt, Margaret Mead (1901–1978), resümiert 1939, auf ihre frühen ethnologischen Forschungen zurückblickend:

"It was a simple – a very simple – point to which our materials were organized in the 1920s, merely the documentation over and over of the fact that human nature is not rigid and unyielding […]. We had to present evidence that human character is built upon a biological base which is capable of enormous diversification in terms of social standards."[8]

Culture and personality vertrat damit eine kulturzentrierte Menschmodellierung, die den Menschen als genuin kulturellen – als «the culture-bearing animal» – fasste.[9] Kultur wurde dabei als ebenso holistisches wie partikularisierendes Phänomen verstanden, das die ihr angehörigen Menschen in ihren Verhaltenshabitualisierungen spezifisch prägt und von diesen umgekehrt spezifisch geprägt wird. *Culture and personality* formulierte so fundamental kulturrelativistische Positionen. Darüber hinaus wurde der Kulturbegriff in den CPS sehr unterschiedlich gefasst. Er bezog sich auf von einer Gruppe geteilte und sanktionierte Verhaltensmuster und Lebensweisen, seien diese nun ethnisch oder sozial definiert, materiell oder symbolisch aufgehoben und vermittelt oder einfach habitualisiert beziehungsweise tradiert.[10]

Auch das Konzept Persönlichkeit wurde in den CPS beziehungsweise im Laufe von deren Geschichte recht unterschiedlich definiert.[11] Grundsätzlich wurde Persönlichkeit als individuell habitualisierte Verhaltens- und insbesondere Anpassungsmuster gefasst, die als Verhaltensdispositionen beziehungsweise Einstellungen oder Haltungen (*attitudes*) bestimmten soziokulturellen Milieus beziehungsweise kulturell präformierten Lebensweisen – als Charak-

---

6 Die Kategorie der Rasse erlebte in der amerikanischen *anthropology* während des 20. Jahrhunderts quantitative und qualitative Konjunkturen. Wichtige frühe Debatten drehten sich um den Polygenismus und die rassische Basierung von Kultur und Intelligenz. Entscheidend war sodann die Ausdifferenzierung von *physical anthropology* und *cultural and social anthropology* als eigene Disziplinen. Die meisten Forschenden im Umfeld von *culture and personality* nahmen die Existenz von Rassen als gegeben an, bestritten jedoch deren kulturanthropologische Relevanz. Zur Geschichte von *race* siehe Thomas F. Glick, «The Anthropology of Race Across the Darwinian Revolution», in: Henrika Kuklick (Hg.), *A New History of Anthropology*, Oxford 2008, S. 225–241; Jonathan Marks, «Race Across the Physical-Cultural Divide in American Anthropology», in: *A New History of Anthropology*, S. 242–258. Für eine kritische Betrachtung zur Rückkehr des Rassenbegriffs in der Ethnologie siehe Carol C. Mukhopadhyay und Yolanda T. Moses, «Reestablishing ‹Race› in Anthropological Discourse», in: *American Anthropologist* 99 (3), 1997, S. 517–533.
7 William I. Thomas, «The Comparative Study of Cultures», in: *American Journal of Sociology* 42, 1936, S. 177–185, hier S. 184.
8 Margaret Mead (1939), zitiert in Milton Singer, «A Survey of Culture and Personality Theory and Research», in: Bert Kaplan (Hg.), *Studying Personality Cross-Culturally*, New York 1961, S. 9–90, hier S. 16.
9 Ruth Benedict, *Race and Racism* [1942], London 1983, S. 10.
10 William I. Thomas benutzt den Terminus «‹culture› to represent the material and social values of any group of people, whether savage or civilized – their institutions, customs, attitudes, behavior reactions – the structuralization of cultures, their diversification and the direction of their development, the total configuration of the patterns they contain». Thomas, «The Comparative Study of Cultures», S. 184.
11 Zum Persönlichkeitsbegriff allgemein und im US-amerikanischen Kontext siehe Giovanni P. Lombardo und Renato Foschi, «The Concept of Personality in 19th-Century French and 20th-Century American Psychology», in: *History of Psychology* 6, Nr. 2, Mai 2003, S. 123–142; Donald MacKinnon, «The Structure of Personality», in: J. McV. Hunt (Hg.), *Personality and the Behavior Disorders: A Handbook Based on Experimental and Clinical Research*, Bd. 1, New York 1944, Kap. 1, S. 3–48; Edward Sapir, «Personality», in: *Encyclopaedia of the Social Sciences* 1934, wiederabgedruckt in *The Collected Works of Edward Sapir*, Bd. III: *Culture*, Berlin 1999, S. 313–318.

tertyp – ganzen Stämmen und schliesslich auch modernen Nationen zugeordnet wurden.

Die CPS interessierten sich für die Schnittstelle und für die Interaktionen zwischen den beiden Polen Kultur und Persönlichkeit. Schwergewichtig wurde dabei auf die kulturelle Prägung des Individuums fokussiert, in unterschiedlichem Mass wurde das Verhältnis jedoch als wechselseitiges Adaptionsverhalten und insbesondere als Spannungsverhältnis konzipiert. So oder so galt den Anpassungszwängen beziehungsweise Anpassungsfähigkeiten, Ausschluss- beziehungsweise Verdrängungsmechanismen, Pathologien und Gleichgewichten ein besonderes Augenmerk.

ERINNERTE FELDIDENTITÄTEN UND MÖGLICHE NARRATIVE

Wer in Übersichtsartikeln und Lexika nach dem Stichwort «culture and personality» sucht, wird eine illustre Reihe von populären intellektuellen Berühmtheiten aus Kulturanthropologie, Psychoanalyse, Sprachwissenschaft und Sozialpsychologie beziehungsweise -philosophie finden, die – um nur eine Handvoll zu nennen – von Edward Sapir (1884–1939) über Ruth Benedict (1887–1948) bis zu Erich Fromm (1900–1980) und Erik Erikson (1902–1994) reicht. Das Feld der CPS wird durch eine Vielzahl klassischer kulturanthropologischer Werke des 20. Jahrhunderts abgesteckt, die mit prägnanten Aussagen – etwa zur kulturellen Relativität von Geschlechterrollen und -verhältnissen oder von Mentalitäten, emotionalen Regimen und Anstandsvorstellungen – nicht nur akademische Meilensteine darstellen, sondern die öffentlichen Diskurse bezüglich soziokultureller Identitäten in den Vereinigten Staaten und in der westlichen Welt mitprägten. Der berühmteste Einzeltext ist wohl Ruth Benedicts *Patterns of Culture* von 1934, in welchem drei «primitive» Gesellschaften hinsichtlich ihrer «Kulturpersönlichkeit» verglichen werden. Auch verschiedene Bücher Margaret Meads erreichten Bestsellerstatus.[12] Neben Benedict und Mead fanden sich auffällig viele andere Frauen als herausragende Forschende in den CPS[13] und neben Sapir, Fromm und Erikson auffällig viele aus Europa immigrierte Männer mit jüdischem Hintergrund. Letztere Gruppe wurde im Laufe der 1930er und 1940er Jahre durch zahlreiche aus Deutschland und nationalsozialistisch besetzten Ländern in die USA Geflohene noch verstärkt. Fremdheits- und Diskriminierungserfahrungen in der eigenen Gesellschaft dürften für diese und andere in den CPS im Vergleich mit anderen Forschungsfeldern hochpräsente Minderheitengruppen eine wichtige Rolle für das wissenschaftliche Engagement gespielt haben.

Als Forschungsfeld mit dieser Bezeichnung existiert *culture and personality* heute nicht mehr. Memorisiert wird das Feld heute vor allem in der Ethnologie (*cultural anthropology*), die die CPS als Frühform ihrer aktiven Subdisziplin *psychological anthropology* betrachtet.[14] In den fachgeschichtlichen Übersichtsdarstellungen und Rückblicken wird die Entwicklung dabei in der Regel als

---

12 Ruth Benedict, *Patterns of Culture*, Boston 1934; Margaret Mead, *Coming of Age in Samoa. A Psychological Study of Primitive Youth for Western Civilization*, New York 1928; dies., *Sex and Temperament in Three Primitive Societies*, 1935; dies., *Male and Female. A Study of the Sexes in a Changing World*, New York 1949.
13 In einer umfangreichen Ethnologiegeschichte hat Werner Petermann seine Darstellung der CPS gar mit dem Titel «The Feminine Touch» versehen. Werner Petermann, *Die Geschichte der Ethnologie*, Wuppertal 2004, S. 689 ff.
14 *Psychological anthropology* grenzt sich gegen eine der experimentellen Psychologie nahestehende *cultural psychology* ebenso ab wie etwa gegen die stärker medizinisch ausgerichtete *cross-cultural psychiatry*.

ein Reifungsprozess dargestellt und Sigmund Freud (1856–1939) – seine Psychoanalyse und seine Auseinandersetzung mit Kultur – als Ausgangspunkt für die Kristallisation des Feldes gesetzt. So heisst es etwa in einem neueren Handbuch:

"No one was more important to the development of classical Culture and Personality than Sigmund Freud."[15]

Auch ein älterer Überblicksartikel zu *culture and personality* betont bereits eine Schlüsselrolle der Psychoanalyse zur Initiierung des Felds:

"The most important stimulus during this formative period [Anfang der 1930er Jahre] was psychoanalytic psychology. It was in fact the encounter of anthropology, and to a lesser extent sociology and political science, with psychoanalysis, that gave rise to culture and personality studies."[16]

Eine rare Gegenposition zu diesen freudianischen Gründungsmythen führte in jüngerer Zeit Robert LeVine, ein heute noch aktiver Feldvertreter, ein:

"The founders of the culture and personality field were influenced by Freud, but they were not Freudians, and most were critical of Freudian theory."[17]

Der vorliegende Beitrag schliesst sich der obigen, dem Mainstream widersprechenden Einschätzung LeVines an. Die Freud'sche Theorie nahm in den amerikanischen Sozialwissenschaften und in den Anfängen der CPS nur zögerlich Einfluss – nicht weil sie nicht bekannt gewesen wäre, sondern weil sie zunächst als zu verengend betrachtet wurde. Wie zu zeigen sein wird, treten als frühe Protagonistinnen und Protagonisten der CSP ganz andere, im freudianischen Mythos meist unterschlagene Figuren wie William I. Thomas auf. Gleichwohl kam es in der Folge zu einer – aus wissenschaftshistorischer Perspektive interessanten – auch in der historischen Identität wirksamen Dominanz Freud'scher respektive neofreudianischer Theorie.

Der hier vertretene Ansatz möchte nicht nur die Frage nach der freudianischen Prägung der CPS historisch vertiefen, sondern auch die Selbstverständlichkeit der disziplinären Beerbung des Feldes durch die Ethnologie.[18] Mit zentralem Augenmerk auf die engere Institutionalisierungsgeschichte lässt sich die Entwicklung der CPS – als Denkstil (spezifischer Forschungsdiskurs) beziehungsweise als Denkkollektiv (soziales Forschungsnetzwerk) – nämlich geradezu paradigmatisch als Teil einer Geschichte der Inter- beziehungsweise Transdisziplinarität lesen.[19] Tatsächlich wird dem Forschungsfeld von berufener Stelle explizit eine Pionierrolle bezüglich Interdisziplinarität attestiert – allerdings ohne dies weiter auszuführen.[20] Mit dezidiert interdisziplinärer Struktur, Programmatik und Ressourcen von entsprechenden Förderungsinstanzen entfaltete *culture and personality* über mehrere Jahre hinweg eine dialogische und integrative Wirkung

---

15 Steven Piker, «Classical Culture and Personality», in: Philip K. Bock (Hg.), *Handbook of Psychological Anthropology*, Westport 1994, S. 1–17, hier S. 2.

16 Milton Singer, «A Survey of Culture and Personality Theory and Research», in: Bert Kaplan (Hg.), *Studying Personality Cross-Culturally*, New York 1961, S. 9–90, S. 10.

17 Robert A. LeVine, «Culture and Personality Studies, 1918–1960: Myth and History», in: *Journal of Personality* 69 (Nr. 6, December) 2001, S. 803–818, hier S. 811.

18 Mit bemerkenswerter Bestimmtheit bringt ein deutschsprachiger Handbucheintrag beide Stereotype – die Psychoanalyse als epistemischer Ursprung und die Ethnologie als originäres institutionelles Gefäss der CPS – auf einen Nenner: «Das Auffinden von Zusammenhängen zwischen Kultur und Persönlichkeit war das Programm der ‹Culture and Personality›-Forschung, die sich in den 1930er Jahren im Rahmen der amerikanischen Kulturanthropologie entwickelte und die von Anfang an psychoanalytisch orientiert war.» Johannes Reichmayr, «Kardiner, Abraham [Abram]», in: Gerhard Stumm et al. (Hg.), *Personenlexikon der Psychotherapie*, Wien 2005, S. 246–248.

19 Für die Begrifflichkeit von Denkstil und Denkkollektiv siehe Ludwik Fleck, *Entstehung und Entwicklung einer wissenschaftlichen Tatsache. Einführung in die Lehre vom Denkstil und Denkkollektiv* [1935], hg. von Lothar Schäfer und Thomas Schnelle, Frankfurt a. M. 1980. Zur Konzeption von Inter- und Transdisziplinarität siehe den Beitrag der Forschungsgruppe «Tracking the Human» in diesem Band.

20 Siehe Julie Thompson Klein, *Interdisciplinarity. History, Theory, and Practice*, Detroit 1990, S. 24.

auf die verschiedenen Sozialwissenschaften.[21] Die schliessliche Delegation an oder Usurpation durch eine bestimmte Einzeldisziplin (*cultural anthropology*) ist aus dieser Perspektive heraus erklärungsbedürftig.

Das Forschungsfeld war auch aus Bedürfnissen nach einem Brückenschlag zwischen akademischen Diskursen und verschiedenen Anwendungskontexten entstanden und ermöglichte in der Folge immer wieder das akademische Feld überschreitende transdisziplinäre Interessenverbindungen von Akteurinnen und Akteuren. Zu diesen gehörten auch Koalitionen von *culture and personality* mit sozialpolitischen, therapeutischen und militärischen Institutionen.

Angesichts während längerer Zeit breiter und stabiler institutioneller Strukturen lässt sich *culture and personality* als im akademischen Kanon während einiger Jahre bestehende «Interdisziplin»[22] beziehungsweise als verschiedene inner- und ausserakademische Praxisfelder und wissensgenerierende Akteurinnen und Akteure verbindende «Transdisziplin» begreifen.[23]

Die Entwicklung der CPS soll hier weder als Reifung noch als Abstieg beschrieben werden, sondern als Denkstildynamik in Abhängigkeit von wechselnden historischen Konstellationen, die jeweils bestimmte Tendenzen und Programmatiken respektive Modellierungen im Denkkollektiv der CPS begünstigte und andere in Frage stellte oder stoppte.[24]

EUROPÄISCHE PRÄFIGURATIONEN

Die epistemisch-diskursiven Wurzeln des Feldes – «Urideeen», wie Fleck sie nennen würde[25] – lassen sich historisch fast beliebig weit zurückverfolgen. Für den europäischen Kontext finden sich spätestens bei Giambattista Vico (1668–1744) Erörterungen über die gemeinsame Natur der Nationen einerseits, über die Entwicklung der Letzteren aufgrund zyklischer Pendelbewegungen zwischen den beiden menschlichen Grundpolen Gefühl und Geist andererseits, denen Phantasie und Poesie beziehungsweise Rationalität und Philosophie entsprechen.[26]

Immanuel Kant (1724–1804) hat sich im gesamten zweiten Teil seiner *Anthropologie in pragmatischer Hinsicht* ausführlich mit dem «Charakter der Person», dem «Naturell», dem «Temperament der Denkungsart» und dem Charakter von Geschlecht, Volk, Rasse und Menschengattung auseinandergesetzt.[27] «Temperament» hat bei Kant als körperliche Konstitution eine physiologische und als «Gefühls- und Begehrungsvermögen» der Seele eine psychologische Dimension, und er übernimmt die antike humoralpathologische Einteilung der vier Temperamente (sanguinisch, melancholisch, cholerisch, phlegmatisch).[28] Kant sieht das Temperament als naturgegebene «Sinnesart», während der «Charakter» als «Denkungsart» und als das, «was der Mensch aus sich selbst macht», begriffen wird.[29] In knappen Worten charakterisiert Kant schliesslich verschiedene europäische Völker insbesondere aufgrund ihres «Konversations- und Kunstgeschmacks».[30]

---

21 Bryson, «Personality and Culture. The Social Science Research Council, and Liberal Social Engineering», S. 355.
22 Zum Begriff der Interdisziplin vgl. J. Mayone Stycos (Hg.), *Demography as an Interdiscipline*, New Brunswick 1989, insbesondere S. vii.
23 Mit der Einführung dieses Begriffs als Substantiv soll die ungewöhnliche relative institutionelle Beständigkeit und Identität dieses Feldes während mindestens zwei Jahrzehnten zum Ausdruck gebracht werden. Während sich eine Interdisziplin notwendigerweise zu mehreren Disziplinen in Bezug setzt, lässt sich die Transdisziplin als ausserakademische Praxis (der Wissensgenerierung) mit einbeziehende akademische Identität begreifen, die mehrere Disziplinen oder auch nur eine einzelne umfasst.
24 Mit solch genuin wissenschaftshistorischen Fragestellungen wurden die CPS bisher auffällig wenig erforscht. Ausgezeichnete neuere Beiträge hat Dennis Bryson vorgelegt, bedeutende Beiträge finden sich auch in einem Sammelband von George Stocking. Dennis R. Bryson, «Personality and Culture. The Social Science Research Council, and Liberal Social Engineering. The Advisory Committee on Personality and Culture, 1930–1934»; ders., *Socializing the Young. The Role of Foundations, 1923–1941*, Westport 2002; George Stocking, Jr. (Hg.), *Malinowski, Rivers, Benedict and Others. Essays on Culture and Personality*, Madison 1988 (History of Anthropology 4).
25 Fleck, *Entstehung und Entwicklung*, S. 35–39.
26 Giambattista Vico, *Principi di una scienza nuova d'intorno alla commune natura delle nazioni*, Neapel 1725, dt.: *Prinzipien einer neuen Wissenschaft über die gemeinsame Natur der Völker*, übers. und hg. von Vittorio Hösle und Christoph Jermann, Hamburg 1992.
27 Immanuel Kant, *Anthropologie in pragmatischer Hinsicht* [1798], hg. von Wolfgang Becker, Stuttgart 1983, Zweiter Teil: *Die anthropologische Charakteristik. Von der Art, das Innere des Menschen aus dem Äusseren zu erkennen*, S. 231–292.
28 Ebd., S. 234 f.
29 Ebd., S. 233 und 242.
30 Ebd., S. 265–276.

Johann Gottfried von Herder (1744–1803) führte schliesslich den Begriff von «Geist» beziehungsweise «Seele» eines Volkes ein.[31] Der «Geist des Volkes» wird bei Herder mit den Begriffen «Charakter des Volks», «National-Charakter», «Nationalgeist» und «Seele» des Volkes oder «Genius eines Volkes» synonym verwendet, und er manifestiert sich in den Sitten, der Mythologie, der Sprache und den Liedern und Sagen eines Volkes.[32]

Georg Wilhelm Friedrich Hegel (1770–1831) systematisierte den «Volksgeist» als tätige, nicht natürlich gegebene, sondern historisch durch eine Volksreligion oder politische Verhältnisse hervorgebrachte Substanz. Als «grosses, allgemeines Individuum» vereine der Volksgeist die einzelnen Individuen als seine «Organe», die in ihm aufgehoben, zugleich «für sich» seien.[33]

An diesen historischen Begriff des Volksgeistes schloss die Völkerpsychologie von Heymann Steinthal (1823–1899) und Moritz Lazarus (1824–1903) an.[34] In einer programmatischen Schrift zur Begründung einer Zeitschrift für die neue Wissenschaft, die sie eng mit Sprachwissenschaft verbanden, konzipierten sie die Völkerpsychologie als «Wissenschaft vom Volksgeist, d. h. als Lehre von den Elementen und Gesetzen des geistigen Völkerlebens. Es gilt: das Wesen des Volksgeistes und sein Thun psychologisch zu erkennen; die Gesetze zu entdecken, nach denen die innere, geistige oder ideale Thätigkeit eines Volkes – in Leben, Kunst und Wissenschaft – vor sich geht, sich ausbreitet und erweitert oder verengt, erhöht und vertieft oder verflacht, sich verschärft und belebt oder ermattet und abstumpft; es gilt, die Gründe, Ursachen und Veranlassungen, sowohl der Entstehung als der Entwicklung und letztlich des Unterganges der Eigenthümlichkeiten eines Volkes zu enthüllen.»[35]

Als solche den Volksgeist ausmachenden Eigentümlichkeiten betrachteten Lazarus und Steinthal «die geschichtlichen Erscheinungen der Sprache, der Religion, der Kunst und Literatur und Wissenschaft, der Sitte und des Rechts, der gesellschaftlichen, häuslichen und staatlichen Verfassung».[36]

Als «Psychologie des gesellschaftlichen Menschen oder der menschlichen Gesellschaft» versteht sich die Völkerpsychologie als notwendige Erweiterung der Individualpsychologie, weil

«für jeden Einzelnen diejenige Gemeinschaft, welche eben ein Volk bildet, sowohl die jederzeit historisch gegebene als auch im Unterschied von allen freien Culturgesellschaften, die absolut nothwendige und im Vergleich mit ihnen die allerwesentlichste ist. Einerseits nämlich gehört der Mensch niemals bloß dem Menschengeschlechte als der allgemeinen Art an, und andererseits ist alle sonstige Gemeinschaft, in der er etwa noch steht, durch die des Volkes gegeben. Die Form des Zusammenlebens der Menschheit ist eben ihre Trennung in Völker, und die Entwicklung des Menschengeschlechts ist an die Verschiedenheit der Völker gebunden.»[37]

---

31 Der Begriff des Volksgeists knüpfte an Montesquieus *esprit général* an. Andreas Grossmann, «Volksgeist; Volksseele», in: Joachim Ritter et al. (Hg.), *Historisches Wörterbuch der Philosophie*, Bd. 11: U–V, Darmstadt 2001, Spalten 1102–1107, hier Spalte 1102.
32 Ebd.
33 Ebd., 1102 f.
34 Für Überblicksdarstellungen zu Lazarus und Steinthal siehe die Einleitung in Moritz Lazarus, *Grundzüge der Völkerpsychologie und Kulturwissenschaft*, hg. von Klaus Christian Köhnke, Hamburg 2003, S. IX–XLII; Einleitung in Ingrid Belke (Hg.), *Moritz Lazarus und Heymann Steinthal. Die Begründer der Völkerpsychologie in ihren Briefen*, Tübingen 1971, S. XIII–CXLII; Ivan Kalmar: «The ‹Völkerpsychologie› of Lazarus and Steinthal and the Modern Concept of Culture», in: *Journal of the History of Ideas*, Bd. 48 (1987), S. 671–690.
35 Moritz Lazarus und Heymann Steinthal, «Einleitende Gedanken über Völkerpsychologie als Einladung zu einer Zeitschrift für Völkerpsychologie und Sprachwissenschaft», in: *Zeitschrift für Völkerpsychologie und Sprachwissenschaft* 1, 1860, S. 1–73, hier S. 7.
36 Ebd., S. 1.
37 Ebd., S. 5.

Wie sich aus obigem Zitat herauslesen lässt, ist in dieser Völkerpsychologie die Differenz der Völker in einem vereinten Telos der Gesamtmenschheit aufgehoben. Die Gesetzlichkeit dieser Bewegung des Geistes lässt sich nicht nur in verschiedenen Entwicklungsstufen von Gesellschaften auffinden, sondern auch in den einer Gesellschaft angehörigen Individuen. Lazarus und Steinthal zitieren hier Wilhelm von Humboldt:

«Die Gesetze, nach welchen das geistige Streben im Einzelnen erwacht und zur Reife gedeiht, könnte man die Physiologie des Geistes nennen. Ähnliche Gesetze muss es auch für eine ganze Nation geben. Die Nation ist ein Wesen so wohl, als der Einzelne.»[38]

Die philologisch-geisteswissenschaftlich orientierte Völkerpsychologie wurde von Wilhelm Wundt (1832–1920) in den folgenden Jahrzehnten weiter ausgearbeitet und in Aufarbeitung ethnologischer Literatur der Zeit systematisiert, weiterhin aber auch geschichtsphilosophisch und normativ-wertend interpretiert.[39] Auch bei Wundt ist die Entwicklungsgeschichte der Menschheit das zentrale Motiv, das sich sowohl in verschiedenen Völkern und Kulturstufen wie in der Einzelpsyche findet. Wundt gelangt dabei zu einem hierarchischen und gleichwohl relativen Gefälle zwischen «Primitiven» und «Kulturmenschen»:

«In Summa: die Intelligenz des Primitiven ist zwar in eine enge Sphäre der Betätigung eingeschränkt; in dieser aber ist sie nicht in merklichem Grade minderwertiger als die des Kulturmenschen. Seine Moralität ist von der Umwelt abhängig, in der er lebt. Wo er frei sein Leben fristet, da könnte man seinen Zustand fast einen Idealen nennen, weil es nur wenig Motive zu unsittlichem Handeln in unserem Sinne gibt. Wo er dagegen verfolgt und bedrängt wird, da fehlt ihm jeder moralische Halt. Das sind immerhin beachtenswerte Züge, weil sie schon unter den einfachsten Verhältnissen den ungeheuren Einfluß des äußeren Lebens auf die Entwicklung der sittlichen Anlagen zeigen.»[40]

Ich vertrete hier die These, dass sich die Denkstile der CPS der 1930er Jahre auf die völkerpsychologischen Denkstile zurückführen lassen und dass sie sich gerade an der Frage verdichteten, wie die von der Völkerpsychologie aufgeworfenen Fragen theoretisch und methodisch zu vertiefen beziehungsweise zu verwissenschaftlichen wären. Dabei stellte die freudianische Psychoanalyse zunächst nur eine von vielen Richtungen dar, die psychologisch Interessierten relevant erschienen.[41] Neben solch psychologischen Perspektiven spielten jedoch von Anfang an auch andere disziplinäre beziehungsweise systematische Perspektiven für die Entwicklung des Feldes eine grosse Rolle, namentlich die Ethnologie/Kulturanthropologie, die Soziologie und therapeutische Domänen wie Psychiatrie und Sozialarbeit. Freuds dezidiert kulturtheoretisch orientierten Arbeiten sind deutlich späteren Datums.[42] Wie noch darzulegen

---

38 Wilhelm von Humboldt ebd., S. 14.
39 Wilhelm Wundt, *Elemente der Völkerpsychologie. Grundlinien einer psychologischen Entwicklungsgeschichte der Menschheit* [1912], 2., unveränd. Auflage, Leipzig 1913. Für eine Interpretation der Wundt'schen Völkerpsychologie aus kulturpsychologischer Gegenwartsposition vgl. Rainer Diriwächter, «Völkerpsychologie: The Synthesis That Never Was», in: *Culture & Psychology* 10 (Nr. 1), 2004, S. 85–109.
40 Wundt, *Elemente der Völkerpsychologie*, S. 114 f.
41 In seinem «ersten Versuch von meiner Seite, Gesichtspunkte und Ergebnisse der Psychoanalyse auf ungeklärte Probleme der Völkerpsychologie anzuwenden», stellt sich Freud selbst – in methodischer Abgrenzung – einerseits in die Wundt'sche Tradition, verweist andererseits auf C. G. Jung (1912 und 1913) und die «Arbeiten der Züricher psychoanalytischen Schule, die umgekehrt Probleme der Individualpsychologie durch Heranziehung von völkerpsychologischem Material zu erledigen streben. Es sei gern zugestanden, dass von diesen beiden Seiten die nächste Anregung zu meinen eigenen Arbeiten ausgegangen sind.» Sigmund Freud, *Totem und Tabu. Einige Übereinstimmungen im Seelenleben der Wilden und der Neurotiker*, Wien 1913. Wiederabgedruckt in ders.: *Studienausgabe*, Bd. 9, 2., korr. Auflage, Frankfurt a. M. 1974, S. 287–444, hier S. 291.
42 Sigmund Freud, *Die Zukunft einer Illusion*, Leipzig 1927; ders., *Das Unbehagen in der Kultur*, Wien 1930.

sein wird, sind nicht sie zentral geworden in den CPS der späten 1930er und 1940er Jahre, sondern die früheren, individualpsychologischen Arbeiten zur frühkindlichen Charakterprägung.

NORDAMERIKANISCHE FIGURATIONEN

Wenn die Analyse zur intellektuellen Vor- und Frühgeschichte der CPS im Folgenden nun weiter fokussiert und das Augenmerk weg von europäischen Vor- und Parallelgeschichten auf den näheren US-amerikanischen Kontext gelenkt wird, geht es einerseits um Kontinuitäten aus der europäischen Tradition, andererseits um genuin US-amerikanische Prägungen der CPS. Disziplinäre Identitätsentwicklungen in Ethnologie und Soziologie zwischen dem Ende des 19. Jahrhunderts und den 1920er Jahren spielen ebenso eine Rolle wie Interaktionen zwischen Sozialwissenschaften und therapeutisch-professionellen Feldern wie Psychiatrie, Sozialarbeit, karitativen und erzieherischen Institutionen. Schliesslich dreht sich meine Erörterung um die Entwicklung einer besonderen sozialwissenschaftlichen Aufmerksamkeit für das Individuum und dessen Persönlichkeit sowie um die Diskurse, wie Kultur und kulturelle Prägungen des Individuums zu fassen seien.

Wenn überhaupt ein Übervater für die CPS bemüht werden soll, so müsste dieser statt Sigmund Freud wohl eher Franz Boas (1858–1942) heissen. Boas stellt ein eminentes Bindeglied zwischen der deutschen Völkerpsychologie und der amerikanischen Fachidentität der Kulturanthropologie dar. Anders als Freud überwand Boas jedoch die hierarchisierende Stufentheorie der Kulturentwicklung – und damit auch Gleichsetzungen von «primitivem» oder «wildem» und neurotisch-regressivem «Seelenleben» in der Psychoanalyse. Boas etablierte in der US-amerikanischen Kulturanthropologie ein kulturrelativistisches Paradigma, das jede Kultur in ihrer Ausgestaltung für sich würdigt.

Der aus einer jüdisch-deutschen Familie stammende Boas war nach der Promotion in Physik, der Habilitation in Geographie und einer Assistenz bei Adolf Bastian (1826–1905)[43] am Berliner Museum für Völkerkunde 1887 in die USA ausgewandert, wo er zunächst als Mitherausgeber von *Science* tätig war und nach ausgedehnten Feldforschungen und Tätigkeiten als Kurator und Dozent zwischen 1899 und 1936 eine Professur für *anthropology* an der renommierten New Yorker Columbia University bekleidete.

Boas gilt als Begründer der US-amerikanischen Kulturanthropologie. Als Naturwissenschaftler ausgebildet, bewegte er sich in seinen frühen anthropologischen Arbeiten ganz im Denkstil der *physical anthropology* und widerlegte mit deren eigenen anthropometrischen Methoden die im Fach verbreiteten rassistischen Prämissen. Nicht zuletzt stützte er sich auf Daten, die in Schulen erhoben worden waren, um festzustellen, wie sich die körperliche Entwicklung eines Kindes zum Durchschnitt seiner Herkunftsgruppe verhielt.[44] Dabei stellte Boas einerseits die Unmöglichkeit fest, klare Trennungen zwischen Ras-

43 Adolf Bastian gilt als Urheber des Konzepts der «psychischen Einheit der Menschheit» in der Völkerkunde (Ethnologie).
44 Vgl. Franz Boas, «Statistical Study of Anthropometry» [1902], in ders., *Race, Language and Culture*, New York 1940, S. 131–137.

sen⁴⁵ oder zwischen normalen und retardierten Entwicklungszuständen festzulegen, kam andererseits zunehmend überhaupt von der statistischen Analyse physiologischer und psychischer Zustände ab – obwohl er diesen Zugang für einen unentbehrlichen Teil wissenschaftlicher Argumentation über den Menschen hielt. Seine primäre Aufmerksamkeit galt der Entwicklungsdynamik des Lebens.⁴⁶ Gegenüber Theorien, die kulturelle Entwicklung als lineare Fortschrittsbewegung konzipierten und entsprechende Hierarchisierungen auf physiologische (Rassen-)Merkmale der Kulturmitglieder zurückführten, war Boas allerdings besonders kritisch. Er wandte sich auch gegen simple Umweltdeterminismen und verstand die Interaktionen von Kultur und Umwelt beziehungsweise von Individuum und Umwelt als komplexe. Jede Kultur sollte in ihrer historischen Gewordenheit verstanden werden, ohne dass sich für solches kulturelles Wachstum allgemeine Gesetze angeben liessen.⁴⁷ Boas war naturwissenschaftlich und geographisch ausgebildet, bewegte sich in seiner Entwicklung als Forscher jedoch immer mehr in Richtung der Sprach- und anderen Geisteswissenschaften. Für Boas konnte Kulturanthropologie keine exakte Naturwissenschaft sein, da soziale Prozesse nicht experimentell zu bewältigen seien und auch nicht allgemeinen Gesetzen folgten.⁴⁸ Schon sehr früh war er zur damaligem disziplinärem Konsens widersprechenden Ansicht gelangt: "[...] in ethnology all is individuality."⁴⁹ Nach Boas' Ansicht schloss das Ethos der Ethnologie als verstehende Wissenschaft das Ideal wissenschaftlicher Objektivität jedoch keineswegs aus. So hat Boas auch jede politische Instrumentalisierung anthropologischer Wissenschaft abgelehnt.⁵⁰ Nichtsdestotrotz beziehungsweise gerade deswegen äusserte sich Boas als Gegner jeglicher rassistischer Haltung⁵¹ immer wieder auch profiliert politisch.⁵²

Früh hat er für die Ausdehnung des ethnologischen Gegenstandsbereichs auf moderne westliche Gesellschaften und für die vergleichende Analyse von Kulturtypen plädiert:

"The objective study of types of culture that have developed on historically independent lines or that have grown to be fundamentally distinct enables the anthropologist to differentiate clearly between those phases of life that are valid for all mankind and others that are culturally determined."⁵³

Ein zentrales Interesse Boas' galt dabei dem Aufwachsen und der Adoleszenz als einer für menschliche Individuen tendenziell krisenbehafteten Entwicklungsphase. Die Pubertät interessierte Boas dabei deshalb besonders, weil er bei ihr nebst physiologischen auch gesellschaftliche Momente am Werk vermutete:

"It may well be questioned whether the crises that are so characteristic of adolescent life in our civilization and that educators assume to be organically determined, are not due in part to these conflicts, in part to the artificial sexual restraints demanded by our society."⁵⁴

---

45 Boas definierte *race* beziehungsweise *racial* als «assembly of genetic lines represented in a population», Boas, *Race, Language and Culture*, S. v.
46 "The dynamics of life have always been of greater interest to me than the description of conditions, although I recognize that the latter must form the indispensable material on which to base our conclusions." Ebd.
47 Franz Boas, *Anthropology and Modern Life*, New York 1928, S. 211 und 213.
48 Ebd, S. 214–216.
49 Franz Boas [1887], zitiert in Jacqueline Holzer, «Franz Boas, die linguistische Anthropologie und die Sprachenpolitik der US-Regierung», in: Hans-Walter Schmuhl (Hg.), *Kulturrelativismus und Antirassismus. Der Anthropologe Franz Boas (1858–1942)*, Bielefeld 2009, S. 49–68, hier S. 57.
50 Aufgrund seiner pazifistisch-neutralistischen Stellungnahmen gegen den US-amerikanischen Kriegseintritt in den Ersten Weltkrieg und seiner Kritik an der Beteiligung von Anthropologen in Geheimdienstaktivitäten wurde Boas 1919 als Präsident der Amerikanischen Anthropologischen Gesellschaft abgewählt. Federico Neigburg und Marcio Goldman, «Anthropology and Politics in Studies of National Character», in: *Cultural Anthropology* 13, 1998, S. 56–81, hier S. 57.
51 Doris Kaufmann, «'Rasse und Kultur'. Die amerikanische Kulturanthropologie um Franz Boas (1858–1942) in der ersten Hälfte des 20. Jahrhunderts – ein Gegenentwurf zur Rassenforschung in Deutschland», in: Hans-Walter Schmuhl (Hg.), *Rassenforschung an Kaiser-Wilhelm-Instituten vor und nach 1933*, Göttingen 2003 (Geschichte der Kaiser-Wilhelm-Gesellschaft im Nationalsozialismus 4), S. 309–327; Silke Hensel, «Immigration und Rassendiskurs in den USA. Der Beitrag Franz Boas' zum Niedergang rassistischer Wissenschaft und Politik», in: *Kulturrelativismus und Antirassismus*, S. 101–120.
52 Boas profilierte sich unter anderem 1933 mit einem offenen Brief an den deutschen Reichspräsidenten Paul Hindenburg als politischer Gegner des Nationalsozialismus und als scharfer Kritiker der nationalsozialistischen Wissenschaften. *Kulturrelativismus und Antirassismus*, S. 333.
53 Franz Boas, *Anthropology and Modern Life*, S. 207.
54 Ebd., S. 188.

Boas sah ein fundamentales Ziel der Ethnologie darin, zu entscheiden, «which traits of behavior, if any, are organically determined and are, therefore, the common property of mankind, and which are due to the culture in which we live».[55] Um dieses Ziel wissenschaftlich zu erreichen, war Boas immer auch offen für biologische Modelle und Methoden.[56]

Als weitere frühe Zentralfigur für die Entwicklung der CPS ist hier William Isaac Thomas (1863–1947) vorzustellen, der die völkerpsychologische Tradition soziologisch weiterentwickelte. Bereits zur Zeit des Ersten Weltkriegs gelangte er dabei zu einer Fokussierung von individueller Entwicklung und von Interaktionen zwischen individueller Persönlichkeit und kulturellen Kontexten.[57] Ursprünglich als Sprach- und Literaturwissenschaftler ausgebildet und 1886 promoviert erhielt Thomas seine ersten Weihen als Sozialwissenschaftler explizit unter dem Titel der «folk psychology». Thomas schloss nämlich sein Zweitstudium an der 1892 neu gegründeten University of Chicago 1896 gemäss seiner Studienbescheinigung primär in diesem Fach ab und nur sekundär in «sociology».[58] Im Rahmen seines Studiums beschäftigte sich Thomas intensiv mit biologisch-naturwissenschaftlich ausgerichteten Theorien und Praktiken. Seine erste sozialwissenschaftliche Publikation überhaupt war ein Aufsatz zur Völkerpsychologie, die den an Hirngrössen orientierten kriminal- und rassenanthropologischen Methoden vergleichender Schädelmessung ein anderes biologistisches Programm entgegenhielt, das sich allen Organen und ihrer Versorgung durch den Stoffwechsel widmete und auf dieser Basis eine interaktionistische Theorie vom Wachstum des individuellen und gesellschaftlichen Organismus in seiner Umwelt zu entwickeln suchte.[59] Mit Verweis auf physiologische Forschungen vermutete Thomas Unterschiede im Stoffwechsel der verschiedenen Völker, die deren Temperament, Charakter und Genie prädisponierten. In Kombination mit den spezifischen Umweltbedingungen beziehungsweise Nahrung, Klima etc. wollte Thomas so auch «Nationaltemperamente» begründen. Auf Temperamentsunterschiede führte Thomas auch die kulturellen Formen und politischen Institutionen eines Volkes zurück.[60]

Eine ähnliche physiologische Modellierung gesellschaftlicher Entwicklung präsentierte Thomas in seiner Dissertation über die Stoffwechselunterschiede von Mann und Frau.[61] Nicht zuletzt unter dem Einfluss von Boas[62] entwickelte sich Thomas, der von 1896 bis 1918 an der University of Chicago als Professor für Soziologie tätig war, jedoch in der Folge von biologistischen Positionen weg zu einem kulturvergleichenden Programm, das Habitualisierungen von Wahrnehmungs- und Handlungsdispositionen sowie Anpassungsverhalten von kulturellen Gruppen sozialpsychologisch und struktur- beziehungsweise institutionssoziologisch untersuchte und dabei methodisch weitgehend kulturwissenschaftlich verfuhr. Ohne seine völkerpsychologische Prägung, seine kulturvergleichenden Interessen und seinen interaktionistischen Ansatz je aufzugeben, wandte sich Thomas von den Grosskategorien Geschlecht und Rasse zunehmend ab, um seine Modellierungsbemühungen auf individuelle Entwicklung zu richten. Bezogen auf die Rassenkategorie konstatierte Thomas

---

55 Ebd., S. 206.
56 Vgl. dazu Veronika Lipphardt, «‹Investigations of Biological Changes›. Franz Boas in Kooperation mit deutsch-jüdischen Anthropologen, 1929–1940», in: Kulturrelativismus und Antirassismus, S. 163–185.
57 In der Geschichtsschreibung der CPS wird Thomas erst seit Kürzerem als Zentralfigur wahrgenommen. Vgl. Bryson, «The Social Science Research Council, and Liberal Social Engineering», sowie LeVine, «Culture and Personality Studies, 1918–1960: Myth and History».
58 Vgl. studentische Kurskarte für Thomas (Nr. 912, Mikrofilm der Universitätsverwaltung), University of Chicago. Eine Abteilung für Völkerpsychologie (folk psychology) findet sich an dieser Universität nicht, war zu jener Zeit aber möglicherweise geplant.
59 William I. Thomas, «The Scope and Method of Folk-Psychology», in: American Journal of Sociology 1, 1896, S. 434–445.
60 Ebd., S. 443.
61 William I. Thomas, «On a Difference in the Metabolism of the Sexes», in: American Journal of Sociology 3, 1897, S. 31–63. Vgl. dazu Rainer Egloff, «Geschlecht, Physiologie, Gesellschaft – zur Chicagoer Dissertation (1897) von W. I. Thomas», in: Jahrbuch des Collegium Helveticum der ETH Zürich 2001, S. 125–138.
62 Thomas benennt Boas als wichtigen Einfluss (unter anderem neben Charles Cooley, dem Behavioristen Watson und der Tierpsychologie). William I. Thomas, «Life History», in: Paul J. Baker, «The Life Histories of W. I. Thomas and Robert E. Park», in: American Journal of Sociology 79, 1973, S. 243–260, hier S. 249.

1907 denn auch: "The real variable is the individual, not the race."[63] Unter dem Einfluss des Pragmatismus, wie er von seinem Freund und Kollegen George Herbert Mead (1863–1931) sowie von dem von ihm bewunderten Philosophen und Psychologen William James (1842–1910) vertreten wurde, stellte er die Begriffe *attention* und *practice* in den Mittelpunkt und erklärte Unterschiede im mentalen Ausdruck durch unterschiedliche *habits*, die auf unterschiedliche Umwelten, auf unterschiedliche Ziele und Möglichkeiten gerichtet sind. Und er resümierte:

> "The mind and the personality are largely built up by suggestions from the outside, and if the suggestions are limited and particular, so will be the mind."[64]

Hatte sich Thomas in seiner frühen Forschung vor allem für «soziale Ursprünge» interessiert,[65] trat nun die gesellschaftliche Gegenwart in den Vordergrund seiner Studien. Er bezeichnete seine wissenschaftliche Domäne, die er nach *folk psychology* auch *race psychology* genannt hatte, nun *social psychology*. Ihre Aufgabe definierte er als «the examination of the interaction of individual consciousness and society, and the effect of the interaction on individual consciousness on the one hand and on society on the other».[66] Medium dieser Interaktion war die Habitualisierung von Verhalten. Besonders interessierte er sich für Krisen und Anpassungen in diesen Habitualisierungen, die dem Individuum oder der Gruppe durch neue Bedingungen erwuchsen. Methodisch stand dabei für Thomas die individuelle Lebensgeschichte im Zentrum, die anhand von autobiographischen und anderen persönlichen Dokumenten (zum Beispiel personenspezifischen Akten) narrativ als Fallgeschichte gefasst wurde. Thomas gilt als Begründer des lebensgeschichtlichen Ansatzes in der Soziologie.[67] Vorbilder und Einflüsse stammten aber zweifellos aus der Literatur, der Jurisprudenz beziehungsweise Kriminologie und aus der Psychiatrie, wo die biographisch-fallgeschichtliche Analyse schon vor und parallel zu Freud wichtig geworden war.[68]

Ähnlich wie Boas erachtete Thomas die Lebensphase der Adoleszenz als ein wichtiges Untersuchungsfeld, da sich in der Übergangsphase von der Kindheit zum Erwachsenenalter Weichenstellungen beobachten liessen, die zum Beispiel kriminelle Karrieren begründeten.[69] Habitualisierungsanpassung war jedoch beispielsweise auch in einer Migrationssituation gefordert, und in der Tat begründete Thomas seinen Ruf als Klassiker der Soziologie und als Ahnvater der Chicago School mit einer migrationssoziologischen Arbeit – dem gemeinsam mit Florian Znaniecki verfassten fünfbändigen *The Polish Peasant in Europe and America* (1918–1922). Dieses Monumentalwerk dokumentierte Eingliederungsprozesse polnischer Immigranten mit ländlich-traditionalistischem Hintergrund in der modernen amerikanischen Grossstadt insbesondere anhand von zahllosen Briefen und einer bandfüllenden einzelnen Autobiographie. Diese wurden von Thomas und Znaniecki im Sinne einer Quellen-

---

[63] William I. Thomas, «The Mind of Woman and the Lower Races», in: *American Journal of Sociology* 12, 1907, S. 435–469, hier S. 456.
[64] Ebd., S. 469.
[65] William Isaak Thomas (Hg.), *Source Book for Social Origins. Ethnological Materials, Psychological Standpoint, Classified and Annotated Bibliographies for the Interpretation of Savage Society*, Chicago 1909.
[66] W. I. Thomas, «The Province of Social Psychology», in: *American Journal of Sociology* 10, 1905, S. 445–455, hier S. 445 f.
[67] Martin Kohli, «Wie es zur ‹biographischen Methode› kam und was daraus geworden ist», in: *Zeitschrift für Soziologie* 10, 1981, S. 273–293.
[68] Wichtigen Einfluss auf Thomas übte zweifellos auch der Schweizer Psychiater Adolf Meyer (1866–1950) aus, der 1892 in die USA emigrierte und in der Zwischenkriegszeit zu einem der einflussreichsten Vertreter der amerikanischen Psychiatrie aufstieg. Meyer vertrat einen persönlichkeitszentrierten «psychobiologischen» Ansatz, der die im intensiven Gespräch erhobene Patientenbiographie kartierte und zum analytischen Ausgangspunkt machte. Vgl. Ruth Leys, «Types of One: Adolf Meyer's Life Chart and the Representation of Individuality», in: *Representations* 34, 1991, S. 1–28. Zum Einfluss von Meyer und anderen Psychiatern auf Thomas vgl. Andrew Abbott und Rainer Egloff, «The Polish Peasant in Oberlin and Chicago», in: *American Sociologist* 30, 2008, S. 217–258, hier S. 238–245.
[69] William I. Thomas, *The Unadjusted Girl. Cases and Standpoint for Behavior Analysis*, Boston 1923.

sammlung präsentiert, deren Auslegung theoretisch-methodisch bewusst nur wenig präformiert wurde. Thomas unterschied für die dokumentierten Verhaltenshabitualisierungen und Krisenreaktionen drei Persönlichkeitstypen – den konformistisch-konservativen Philister, den seine Verhaltensmuster nie festlegenden Bohemien und den Kreativen, der als Einziger ein ausgewogenes Anpassungsverhalten zeigt. Diese Persönlichkeitskategorisierung diente der idealtypischen Strukturierung der biographischen Analyse. Trotz einem Anspruch auf Objektivität und auf das Entdecken von Gesetzlichkeiten folgte diese einem hermeneutisch-interpretativen Modus der Geisteswissenschaften. Wissenschaftlich lag hier ein Spannungspotential im lebensgeschichtlichen Ansatz von Thomas und Znaniecki. Andererseits befähigte die von Thomas – und in seiner Gefolgschaft von weiteren lebensgeschichtliche Untersuchungen produzierenden Soziologinnen und Soziologen – hochgehaltene sozialwissenschaftliche Persönlichkeitskonzeption und Methode zum Anschluss an psychiatrische, sozialarbeiterische und sozialpolitische, kriminologische und erzieherische Denkstile und Praxisfelder. Anhand etwa von Kriminellenbiographien oder Prostituiertenkarrieren konnten Schlüsselsituationen erkannt werden, in denen individuelles Anpassungsverhalten an Umweltbedingungen in der Kindheit oder Jugend eine deviante, pathologische oder kriminelle Wendung nahmen.[70] So ermöglichte diese Persönlichkeitskonzeption – gerade in ihrem interpretativen Spielraum – individuell abgestimmte korrektive und therapeutische Interventionen. Die zahlreichen sozialarbeiterischen und karitativen Institutionen eröffneten den lebensgeschichtlich orientierten Soziologinnen und Soziologen einen Arbeitsmarkt und boten ihnen Ressourcen für Forschung an.[71] Thomas selbst hat von diesen Möglichkeiten profitiert und, insbesondere nachdem er aufgrund eines Skandals 1918 von der University of Chicago entlassen worden war, von Stiftungsgeldern und -aufträgen gelebt.

Die wissenschaftliche Spannung, die sich für Thomas in der Analyse soziokultureller Prägung individuellen Verhaltens auftat, erscheint als symptomatisch. Die damit verbundene Suchbewegung wurde – so meine These – zum eigentlichen Ausgangspunkt für die institutionelle Verdichtung der CPS als «Interdisziplin». Sie zeigt sich auch in der Boas-Schule – bei Edward Sapir, Ruth Benedict und Margaret Mead, die die frühe Klassik der CPS bilden. Alle drei pflegten – auch im gegenseitigen Austausch – intensive literarisch-poetische Interessen und bewegten sich mit Boas-geprägten verstehensorientierten ethnologischen Programmen im Rahmen der Sozialwissenschaften, die sich in ihrem Wissenschaftscredo seit jeher stark an den Naturwissenschaften ausrichteten. Alle drei Genannten frönten einem Wissenschaftspluralismus und waren offen für ausserdisziplinäre Einflüsse. Solche kamen in verschiedener konzeptueller Form insbesondere aus der Psychologie und der Psychiatrie. Sapir, der für sein linguistisches Relativitätsprinzip berühmt wurde, interessierte sich besonders für die Rolle des Individuums gegenüber seiner Kultur – ein dynamisches Spannungsverhältnis, das gerade deshalb als interaktionistischer Komplex zusammenhängend untersucht werden wollte. Kultur und

70 Als wichtige lebensgeschichtlich orientierte Werke sind hier etwa zu nennen Clifford Shaw, *The Jack-Roller. A Delinquent Boy's Own Story*, Chicago 1930; ders., *The Natural History of a Delinquency Career*, Chicago 1931.

71 Zum Kontext der psychiatrischen, sozialarbeiterischen und kriminologischen Diskurse über Kinder und Jugendliche vgl. unter anderem Dennis R. Bryson, *Socializing the Young*; Theresa R. Richardson, *The Century of the Child. The Mental Hygiene Movement and Social Policy in the United States and Canada*, Albany 1989; Anthony M. Platt, *The Child Savers. The Invention of Delinquency*, Chicago 1969; Johannes C. Pols, *Managing the Mind. The Culture of American Mental Hygiene, 1910–1950*, unpublizierte Diss., University of Pennsylvania 1997.

Persönlichkeit waren aus seiner Sicht nur analytisch getrennte Bereiche, und die Untersuchung der einen Dimension musste unweigerlich die Betrachtung der anderen einschliessen.[72] Wie Thomas war Sapir von einer kulturellen Prägung individueller Persönlichkeit überzeugt, sah umgekehrt Kultur aber auch stets als dynamische, von den Individuen geprägte und veränderte Dimension an.[73]

Während Boas eine spezifische Kultur noch als gegenüber anderen Kulturen unabschliessbare Ansammlung von Dingen und Gebräuchen verstand, betonte Ruth Benedict unter dem Einfluss von Gestaltpsychologie und Oswald Spengler nun die Geschlossenheit von Kulturen, die als Ganzheit, zu der alle ihre einzelnen Äusserungen in Verbindung stehen, analysiert werden musste und die mit anderen Kulturen inkommensurabel waren. Ähnlich wie Thomas und in Anlehnung an Friedrich Nietzsche (1844–1900) und C. G. Jung (1875–1961)[74] unterlegte sie ihren «konfigurationalistischen» ästhetisch-interpretativen Zugang mit einer einfachen Persönlichkeitstypologie.[75]

Wie Boas und Thomas sind Sapir, Benedict und Mead mit psychoanalytischen Konzepten schon früh in Kontakt gekommen, zeigten sich ihnen gegenüber aber zunächst zurückhaltend. Freud'sche Positionen adoptierten sie eindeutig nach solchen von C. G. Jung.[76] Hinsichtlich transdisziplinären Zügen lassen sich die Bestrebungen der Boas-Schule, auch zeitgenössische westliche Gesellschaften in ihre anthropologischen Analysen mit einzubeziehen, durchaus als Versuch verstehen, der Ethnologie ähnliche Märkte zu eröffnen, wie sie der Soziologie bereits offenstanden.[77]

INTERDISZIPLINÄRE INSTITUTIONALISIERUNG

Ich möchte nun die Geschichte von *culture and personality* im engeren Sinne einer institutionellen, sozialen und forschungsökonomischen Verdichtung – als Interdisziplin – konkretisieren. Auch unter solcher Perspektive spielen bereits eingeführte, für die Denkstilprägung wichtige Protagonistinnen und Protagonisten wie Thomas, Sapir und Mead eine zentrale Rolle. Unter dem Gesichtspunkt der Institutionalisierung lassen sich die Anfänge des Forschungsfeldes jedoch recht eindeutig bei Initiativen aus der Psychiatrie und der Soziologie Ende der 1920er Jahre und in genuin interdisziplinären Programmen verorten – also nicht primär in der Disziplin *anthropology*.

Als Forschungsprogramm mit entsprechender Finanzierungsstruktur und explizit unter dieser Begriffskonjunktion trat «culture and personality» im Rahmen eines vom Social Science Research Council (SSRC) Anfang bis Mitte der 1930er Jahre unterhaltenen Advisory Committee on Personality and Culture auf die Bühne.[78] Der SSRC war eine seit 1923 existierende Dachorganisation sozialwissenschaftlicher Fächer zur Förderung interdisziplinärer Forschung, welche vor allem von den privaten Stiftungen des Rockefeller-Imperiums alimentiert wurde und deren Gelder in interdisziplinäre Forschungsprogramme

---

72 *The Collected Works of Edward Sapir*, Bd. III: *Culture*, Berlin 1999, S. 200.
73 Bryson, «Personality and Culture. The Social Science Research Council, and Liberal Social Engineering», S. 362.
74 Carl G. Jung, *Psychologische Typen*, Zürich 1920, engl.: *Psychological Types, or The Psychology of Individuation*, New York 1923.
75 Ruth Benedict, «Psychological Types in the Cultures of the Southwest», in: *Proceedings of the Twenty-Third International Congress of Americanists, 1928*, New York 1930, S. 572–581; dies., «Configurations of Culture in North America», in: *American Anthropologist*, 34, 1932, S. 1–27; dies., *Patterns of Culture*, Boston 1934.
76 Dieses Rezeptionsmuster findet sich allgemeiner in den Sozialwissenschaften, aber auch in den psychoanalytischen Zirkeln selbst. Eugene Taylor, «Jung before Freud, not Freud before Jung: the reception of Jung's work in American psychoanalytic circles between 1904 and 1909», in: *Journal of Analytical Psychology* 43, 1998, S. 97–114.
77 Die Ethnologie indianischer Stämme, wie sie von allen drei Genannten betrieben wurde, verlor jedenfalls als sozialtechnologisches Wissen angesichts der zunehmenden Auflösung beziehungsweise Verdrängung dieser Völker an gesellschaftlicher Relevanz.
78 Für eine ausführlichere Darstellung zur institutionellen Begründung des Feldes siehe Bryson, «Personality and Culture. The Social Science Research Council, and Liberal Social Engineering. The Advisory Committee on Personality and Culture, 1930–1934».

investierte.⁷⁹ In diesem Stiftungskonglomerat mischten sich philanthropische, bildungsorientierte und sozialhygienische Programme mit Förderungsvorhaben im Bereich akademischer Grundlagenforschung – eine Mischung, die auch im SSRC und im besagten Komitee spürbar war, selbst wenn beide primär auf die akademische Ebene zielten. 1931 gründete der SSRC ein Committee on Behavior and Personality in dem «Psychology, Mental Hygiene, and Education» vertreten waren.⁸⁰ Das Komitee kann als Reflex einerseits auf zu jener Zeit sozialpolitisch akute Debatten über die Natur von Devianz, Normalität, Kriminalität und die Assimilationsfähigkeit von Immigrationsgruppen, anderseits auf konkrete wissenschaftliche Initiativen aus der Soziologie und der Psychiatrie verstanden werden. So hatte die nationale soziologische Gesellschaft 1927 unter der Präsidentschaft von William I. Thomas dem Konzept der Persönlichkeit in ihrer sozialen Beziehung ihre Jahrestagung gewidmet.⁸¹ Interdisziplinärer gestalteten sich zwei grosse Kolloquien über *personality investigation* 1928 und 1929, bei denen der psychiatrische Berufsverband den Austausch mit Vertreterinnen und Vertretern von Soziologie, Anthropologie und anderen Sozialwissenschaften suchte, um die Relevanz soziokultureller Umweltprägung für individuelle seelische Entwicklung, Intelligenz und Psychopathologie zu debattieren.⁸² Sowohl Thomas wie Sapir traten an diesen Kolloquien, bei denen es nicht zuletzt darum ging, die Betrachtung von normalem und pathologischem Verhalten auf eine gemeinsame analytische Basis zu stellen, prominent auf. 1930 nahm der SSRC, der das zweite Kolloquium unterstützt hatte, an seiner Jahrestagung das Thema *personality and culture* erstmals selbst auf und veranstaltete eine von Sapir initiierte Subkonferenz zum Thema «acculturation and personality».⁸³ Als Resultat der Konferenz wurden eine rudimentäre Felddefinition formuliert und zuhanden des SSRC ein Antrag verabschiedet, der von der Organisation forderte, ein Komitee zu bilden, das den Zusammenhang von Persönlichkeit und Kultur untersuchen sollte.⁸⁴ Das 1931 gegründete Komitee des SSRC wollte seinerseits seinen Fokus zunächst auf moderne Gesellschaften beschränken und genuin psychiatrische Fragen – also schwere psychische Krankheit – ausklammern. Entsprechend bestand Uneinigkeit darüber, ob *anthropology* involviert werden sollte, und der Fokus wurde vorläufig auf die Untersuchung von «normal persons and social processes» festgelegt.⁸⁵ Bereits wenige Monate später wurde jedoch entschieden, dass auch *anthropology* repräsentiert werden solle, und Sapir nahm für seine Disziplin Einsitz im Komitee. Dieses wurde zunächst auf *human development* umgetauft, bevor es zu seinem endgültigen Namen *personality and culture* kam. Schliesslich wurde der damals schon fast siebzigjährige Thomas als Forschungssekretär eingestellt, um einen Forschungsüberblick und ein Forschungsprogramm zu entwerfen.

1933 legte Thomas seinen Bericht für ein Programm zur Erforschung des Problemkomplexes Persönlichkeit und Kultur vor.⁸⁶ Dieses Programm konzipierte das Verhalten von Individuen und Gruppen als persönlichkeitsabhängiges Anpassungsproblem und unterschied als zwei grundsätzlich unterschiedliche Persönlichkeitsauffassungen einen europäischen und insbesondere deutschen

---

79 Zum SSRC siehe Donald Fisher, *Fundamental Development of the Social Sciences. Rockefeller Philanthropy and the United States Social Science Research Council*, Ann Arbor 1993.
80 Rockefeller Archive Center (RAC), SSRC ACC 1 S1, Sub-series 22, Box 249, Folder 147, Vol. I, S. ix.
81 Vgl. *Publications of the American Sociological Society: Papers and Proceedings, Twenty-second Annual Meeting, 1927*, sowie Ernest W. Burgess (Hg.), *Personality and the Social Group*, Chicago 1929. In beiden Sammelbänden findet sich die Präsidalrede von Thomas unter dem Titel «The Behavior Pattern and the Situation».
82 «First/Second Colloquium on Personality Investigation», in: *American Journal of Psychiatry* 85, Mai 1929, S. 1089–1177; 86, März 1930, S. 879–1027.
83 RAC, SSRC ACC 1 S1, Sub-series 22, Box 249, Folder 1479, Vol. I, S. viii.
84 «Original Memorandum to the Social Science Research Council from the Conference on Acculturation and Personality», Hanover, September 2, 1930. By Professor Sapir, Chairman of Conference, *The Collected Works of Edward Sapir*, Bd. III, S. 243–246; «The Proposed Work of the Committee on Personality and Culture» [Outline, September 2, 1930; Revised version, February 18, 1932], *The Collected Works of Edward Sapir*, Bd. III, S. 249–253.
85 RAC, SSRC ACC 1 S1, Sub-series 22, Box 249, Folder 1479, Vol. I, S. ix.
86 «Report to the Social Science Research Council on the Organization of a Program in the Field of Personality and Culture.» RAC, SSRC ACC 1 S1, Sub-series 21, Box 248, Folder 1475, 30 und V Seiten. Gekürzt und annotiert veröffentlicht unter dem Namen des Autors William I. Thomas: «Outline of a Program for the Study of Personality and Culture», in: Edmund H. Volkart (Hg.), *Social Behavior and Personality. Contributions of W. I. Thomas to Theory and Social Research*, New York 1951, S. 289–318.

biological standpoint von einem *cultural standpoint*, wie er eher in den USA vertreten werde. Mit diesen Standpunkten, so Thomas, seien unterschiedliche Kontrollstrategien asozialen Verhaltens verbunden – im einen Fall Eugenik, Sterilisation und Rassentrennung, im andern «readjustment of cultural situations» und ein «process [...] of learning, or education in the broadest sense».[87] Methodisch empfahl der Programmbericht drei vergleichende Methoden: die lebensgeschichtlich orientierte «documentation of personality», die Untersuchung von spezifischen Kulturfaktoren und Institutionen wie Familie, Schule, Kunst, Presse und Unterhaltungsindustrie sowie die Analyse gesamter persönlichkeitsprägender «cultural situations» beziehungsweise «culture areas».

Es fehlt hier der Raum, tiefer in die Details dieses Programms und seiner Umsetzung im Rahmen eines Research Committee on Personality and Culture zwischen 1934 und 1940 einzudringen. Auch die parallel und im Anschluss sich entwickelnden Institutionen können hier nicht behandelt werden. Festzuhalten bleibt aber, dass das von Thomas skizzierte ursprüngliche Forschungsprogramm einen sehr breiten Rahmen für Interdisziplinarität vorsah, der neben den Sozialwissenschaften auch naturwissenschaftliche und medizinische Fächer umfasste, und – ganz im Stil von Boas – auch dem biologischen Standpunkt potentielle Relevanz zugestand. Gemäss den Empfehlungen von Thomas sollten primär Projekte mit theoretischen und methodischen Zielen gefördert werden, und in der Folge wurden Subkomitees mit der Evaluation einzelner Stränge wie des *life history* approach oder des kulturvergleichenden Themenschwerpunkts *competition and cooperation* beauftragt.[88] In Letzterem kam Mead als Forschungsleiterin prominent zum Zug und forcierte einen Individualpsychologie und Institutionenanalyse kombinierenden Kulturvergleich in den CPS.[89] Im Ersteren dagegen kam der von Thomas selbst propagierte lebensgeschichtliche Ansatz unter zunehmenden Verwissenschaftlichungsdruck. Der wenig formalisierte, interpretative Zugang wurde als kaum vereinbar mit dem objektiven und nomothetischen Anspruch identifiziert, und es wurde nach Möglichkeiten gesucht, den biographischen Ansatz durch rigidere Operationalisierung, Experimentalisierung, Metrisierung und Statistik zu ergänzen, zu verbessern und tendenziell zu ersetzen.[90] Thomas – wie erwähnt bereits in fortgeschrittenem Alter – verschwand ab 1940 als Akteur, aber auch als theoretisch-methodische Referenz praktisch gänzlich aus den CPS. Sapir, der neben seinen Bemühungen im SSRC-Komitee *personality and culture* und in dessen Vorfeld federführend noch in weitere institutionelle Initiativen zugunsten der CPS involviert war,[91] setzte sich trotz eigener Vorbehalte immer mehr für die Förderung psychoanalytischer Kompetenz ein, da er die Psychoanalyse offenbar für die einzige systematische Methode zur Erforschung individuellen Verhaltens hielt.[92] Als Sapir 1939 starb, war der Enthusiasmus für breiteste interdisziplinäre Debatten und Suchbewegungen in den CPS jedenfalls bereits verflogen, und gegenüber den frühen theoretisch-methodischen Öffnungsbemühungen artikulierte sich nun deutlich ein Bedürfnis nach systematisch stringenter Integration und Klarheit.

---

87 Ebd.

88 Vgl. John Dollard, *Criteria for the Life History. With analyses of six notable documents*, New Haven 1935; Herbert Blumer, *An Appraisal of Thomas and Znaniecki's ‹The Polish Peasant in Europe and America›*, New York 1939; Gordon W. Allport, *The Use of Personal Documents in Psychological Science. Prepared for the Committee on Appraisal of Research*, New York 1942 (Social Science Research Council Bulletin 49); Louis Gottschalk, Clyde Kluckhohn und Robert Angell, *The Use of Personal Documents in History, Anthropology and Sociology*, New York 1945 (Social Science Research Council Bulletin 53); Mark A. May und Leonard W. Doob, *Competition and Cooperation. A Report to the Sub-Committee on Competitive-Cooperative Habits, of the Committee on Personality and Culture*, New York 1937 (Social Science Research Council Bulletin 25); *Memorandum on Research in Competition and Cooperation. Prepared by the Members of the Sub-Committee on Competitive-Cooperative Habits, and Others*, New York 1937 (Social Science Research Council).

89 Margaret Mead (Hg.), *Cooperation and Competition Among Primitive Peoples* [New York 1937], revised paperback edition, Boston 1961.

90 John Dollard, *Criteria for the Life History*, New Haven 1935; Clyde Kluckhohn, «Needed Refinements in the Biographical Approach», in: S. Stansfeld Sargent und Marian W. Smith (Hg.), *Culture and Personality*, New York 1949, S. 75–92.

91 Mit Thomas und anderen leitete Sapir 1932 und 1933 in Yale ein experimentelles «Seminar on the Impact of Culture on Personality», bei dem eine Gruppe von hochqualifizierten Nachwuchsleuten aus verschiedenen Nationen mit Fellowships versehen und in den US-amerikanischen sozialwissenschaftlichen Zugangsweisen trainiert wurden, um dann in ihren Herkunftsländern Analysen zur Bedeutung institutioneller Formen für das individuelle Leben vorzunehmen. Dieses Schulungsseminar wurde vom SSRC finanziert, jedoch nach 1933 nicht weitergeführt. Bryson, *Socializing the Young*, S. 171 f. Sapir initiierte 1935 auch eine Konferenz und die Gründung eines Komitees für CPS im National Research Council (NRC), das bis 1941 bestand.

92 Regna Darnell, «Personality and Culture. The Fate of the Sapirian Alternative», in: George W. Stocking, Jr. (Hg.), *Malinowski, Rivers, Benedict and Others. Essays on Culture and Personality*, Madison 1988 (History of Anthropology 4), S. 156–183, hier S. 175.

Aus diesem Impetus heraus setzte sich im Feld zunehmend eine reduktionistische Tendenz durch, die – nach einer ersten vorinstitutionellen Phase und einer zweiten der frühen Institutionalisierung – als dritte Phase von *culture and personality* bezeichnet werden könnte. Waren die beiden ersten Phasen von systematischer und disziplinärer Grenzüberschreitung beziehungsweise Öffnung geprägt, lässt sich die dritte als systematische Einengung bei gleichzeitig weiterhin betonter Interdisziplinarität beschreiben. Die reduktionistischen Tendenzen der dritten Phase sind eng mit dem Zweiten Weltkrieg verknüpft. Wie in der ersten Phase sind transdisziplinäre Allianzen hier besonders wichtig für die epistemischen Entwicklungen. Auch diese Entwicklungen können hier lediglich stichwortartig skizziert werden.

REDUKTIONISTISCHE TRANSFORMATIONEN DER CPS IM ZWEITEN WELTKRIEG

Anfang der 1940er Jahre setzt sich eine klare Tendenz zur Vereinfachung auf begrifflich-konzeptueller Ebene durch. Dies betraf die Kultur- wie die Persönlichkeitskonzeption beziehungsweise deren Verhältnis. Beide Konzepte liessen sich nun leichter operationalisieren und metrisch-quantifizierenden Verfahren unterwerfen, so dass sich *culture and personality* stilistisch von einer hermeneutisch-philologischen zu einer naturwissenschaftlichen Rhetorik bewegte. Diese wissenschaftliche Entwicklung lässt sich – so meine These – nicht nur internalistisch begründen, sondern läuft parallel zu veränderten Auftrags- beziehungsweise Klientelbeziehungen der CPS sowie zu veränderten Bedingungen im potentiellen Feldzugang. Anders ausgedrückt: Während des Zweiten Weltkrieges rückten therapeutisch-verstehende Fragen zur individuellen Persönlichkeitsprägung und Entwicklung in den Hintergrund und strategisch-militärische Erkenntnisinteressen, die auf national gefasste Freund- und Feindkollektive bezogen waren und Mobilisierungs-, Prognose- sowie Entscheidungskompetenz ermöglichen sollten, in den Vordergrund.

Als theoretisch integratives Paradigma hatten sich die neofreudianisch-psychoanalytischen Modellierungen des Arztes, Psychiaters und Psychoanalytikers Abram Kardiner (1891–1981) einer steilen Karriere in den CPS erfreut.[93] In den 1930er und 1940er Jahren arbeitete Kardiner als Professor für Psychiatrie an der New Yorker Columbia University mit Ethnologinnen und Ethnologen zusammen. 1939 erschien sein Hauptwerk *The Individual and his Society*,[94] zu dem der Ethnologe Ralph Linton (1893–1953) Teile beigesteuert hatte und das als Schlüsselwerk für den Aufstieg der neofreudianischen CPS gilt.[95] Wenn Kardiner von Benedict, Mead und anderen eminenten Vertreterinnen und Vertretern auch nicht immer gleich affirmativ rezipiert wurde, symbolisiert er doch die erfolgreiche Hegemonialisierung der CPS durch psychologische und insbesondere psychoanalytische Konzeptionen und Methoden.[96] Die forcierte Psychologisierung der CPS soll nun im Einzelnen syste-

---

93 Zu Kardiner – leider wenig kritisch – William C. Manson, «Abram Kardiner and the Neo-Freudian Alternative in Culture and Personality», in: George W. Stocking, Jr. (Hg.), *Malinowski, Rivers, Benedict and Others. Essays on Culture and Personality*, Madison 1988 (History of Anthropology 4), S. 72–94, sowie ders., *The Psychodynamics of Culture. Abram Kardiner and Neo-Freudian Anthropology*, Westport 1988.
94 Abram Kardiner, *The Individual and his Society. The Psychodynamics of Primitive Social Organization*. With a Foreword and two Ethnological Reports by Ralph Linton, New York 1939. Sehr kritisch dazu Henry Ozanne, «‹Synthesis› in Social Science», in: *Sociometry* 8, 1945, S. 208–215.
95 Manson, «Abram Kardiner and the Neo-Freudian Alternative in Culture and Personality», S. 72.
96 Aus Platzgründen kann ich in der Folge die Darstellung bezüglich der abweichenden Positionen innerhalb dieser allgemeinen Bewegung nicht differenzieren.

matisch profiliert werden. In dieser Skizze steht die historische Chronologie nicht im Vordergrund.

Eine erste auffällige Beschränkung betraf den Kulturbegriff, der quasi behaviorisiert wurde. In einem ersten Schritt wurde Kultur mit erlerntem Verhalten gleichgesetzt,[97] und wie Persönlichkeit als Verhaltenskonditionierung begriffen.[98] In einer zweiten Phase erhielt Kultur jedoch eine spezifischere Rollenzuschreibung als aktive und dominante Instanz. Kultur selegierte und konditionierte in diesem Sinne individuelle Verhaltensmuster – oder wie es Cora Du Bois (1903–1991) in ihrem Klassiker *The People of Alor* von 1944 pointiert formulierte:

"[…] cultures are selective: […] some stress maternal care, some value competition, some are preoccupied with sex, and still others with the acquisition of wealth, and […] the resultant personalities are conditioned accordingly."[99]

Auch das Konzept der Persönlichkeit wurde gegenüber Modellierungen, wie sie Thomas und Sapir noch vertreten hatten, eingeschränkt. Individuelle Persönlichkeit wurde ihrer aktiven und kulturgestaltenden Seite sowie ihrer grundsätzlich unabschliessbaren Entwicklung entkleidet und als Persönlichkeitsprägung zunehmend auf frühkindliche Prägung reduziert, die freudianisch erläutert wurde, also als – potentiell neurotische – Charakterformation zwischen Libido und Sublimation.[100]

Damit rückte die Behandlung von Kleinkindern durch Erwachsene in den Vordergrund des kulturvergleichenden Vorgehens. Andere Lebensabschnitte und Untersuchungsfelder verloren ihre Relevanz. Der normative, konditionierende Charakter von Kultur wurde über die kulturspezifische Kleinkindpflege implementiert und reproduziert. Sie bestimmte die Summe der Konstellationen persönlicher Charakteristiken, welche eine Gesellschaft repräsentieren. *Basic personality* nannte Kardiner diese Summe, die in seinen Augen eine Spiegelung des «Kulturcharakters» darstellte und die sich empirisch nicht über individualpsychologische, sondern über kulturspezifische Institutionenanalyse erschloss. Entsprechend rückten die spezifisch involvierten und die Kultur repräsentierenden Institutionen in den Fokus der analytischen Aufmerksamkeit.[101] Diese war selbst allerdings wiederum durch die Freud'sche Theorie angeleitet. Entsprechend war Kardiner überzeugt davon, seine Konzeption sei von besonders hoher Erklärungskraft:

"What we have been saying is that the operational value of the concept of basic personality is not only to diagnose the factors which mold the personality but also to furnish some clues about why these influences are what they are. The concept therefore implies a technique which will explore with some degree of accuracy the widest ramification between culture and personality."[102]

---

[97] Ruth Benedict, *Race and Racism* [1942], London 1983, S. 9.

[98] «In fact, culture and personality studies are, in a sense, merely a subdivision of general studies in conditioning or learning.» Devereux, «The Logical Foundations of Culture and Personality Studies», S. 111.

[99] Cora Du Bois, *The People of Alor. A Social-Psychological Study of an East Indian Island*, Bd. 1 [1944], New York 1961, S. 1.

[100] Zur Herleitung von Freud vgl. Erich Fromm, «Psychoanalytic Characterology and its Application to the Understanding of Culture», in: S. Stansfeld Sargent und Marian W. Smith (Hg.), *Culture and Personality*, New York 1949, 1–12, hier S. 1.

[101] Kardiner unterschied als Primärinstitutionen solche, die im Kind die Grundkonstellationen erzeugen (insbesondere die Familie) von Sekundärinstitutionen wie Religion oder Brauchtum, die in ihrer Charakteristik von der Grundkonstellation der Individuen hervorgebracht wurden. Vgl. dazu Ozanne, «Synthesis», S. 210.

[102] Abram Kardiner, «The Concept of Basic Personality Structure as an Operational Tool in the Social Sciences» [1945], in: Douglas G. Haring (Hg.), *Personal Character and Cultural Milieu*, 3. Auflage, New York 1964, S. 469–483.

103 "[…] the whole culture and personality area has somehow become prominently identified with these tests." Bert Kaplan, «Cross-Cultural Use of Projective Techniques», in: Francis L. K. Hsu (Hg.), *Psychological Anthropology. Approaches to Culture and Personality*, Homewood 1961, S. 325–254. Zur Einführung des Rorschach-Tests in die ethnologische Analyse siehe insbesondere Emil Oberholzer, «Rorschach's Experiment and the Alorese», in: Cora Du Bois, *The People of Alor. A Social-Psychological Study of an East Indian Island*, Minneapolis 1944, S. 588–640. A. Irving Hallowell, «The Rorschach Technique in the Study of Personality and Culture», *American Anthropologist*, New Series 47, Nr. 2, April–Juni 1945, S. 195–210. Für eine allgemeinere kritisch-wissenschaftshistorische Würdigung des Rorschach-Tests siehe Peter Galison, «Image of Self», in: Lorraine Daston (Hg.), *Things That Talk. Object Lessons from Art and Science*, New York 2004, S. 257–294.

104 «Sehr verschieden wird ferner der *Erlebnistypus* sein bei verschiedenen *Völkern* und *Rassen*. Der Durchschnittserlebnistypus ist bei einem 40jährigen Engländer, Deutschen, Russen usw. ziemlich sicher immer ein anderer. Noch viel differenter werden die Unterschiede bei noch größeren Rassenunterschieden sein. Große Versuchsreihen – es müssten allerdings sehr große sein, die gleichzeitig auch die Untersuchung all der bisher genannten Komparationsprobleme mit erlauben – würden zu diesen Fragen ein Material an die Hand geben, das unmittelbar vergleichbar und nutzbar gemacht werden könnte. Der Versuch ist ja technisch so einfach – er lässt sich auch mit Hilfe eines Dolmetschers machen –, dass er mit einem primitiven Neger genauso gut gemacht werden kann wie mit einem hochkulturellen Europäer.» Hermann Rorschach, *Psychodiagnostik. Methodik und Ergebnisse eines wahrnehmungsdiagnostischen Experiments (Deutenlassen von Zufallsformen)*. Mit den zugehörigen Tests bestehend aus zehn teils mehrbigen Tafeln, 2. Auflage, hg. von Walter Morgenthaler, Bern 1932, S. 104. Zur kulturwissenschaftlichen Seite Hermann Rorschachs vgl. Brigitta Bernet und Rainer Egloff, «Der Wahn ist der Aberglaube eines Einzelnen, der Volksglaube […] ist der Wahn der Gemeinschaft. Hermann Rorschachs Denken zwischen Psychiatrie und Kulturwissenschaft», in: Iris Blum und Peter Witschi (Hg.), *Olga und Hermann Rorschach – ein ungewöhnliches Psychiater-Ehepaar*, Herisau 2008 (Das Land Appenzell 37), S. 109–120.

Der *basic personality* stellte Kardiner die statistisch zu ermittelnde *modal personality* gegenüber, die jene Konstellation von Persönlichkeitsmerkmalen bezeichnet, die am häufigsten in der Untersuchungsgruppe auftritt. Die reichlich zirkuläre – neofreudianische Modellierung Kardiners leistete scheinbar ein schlüssig integriertes System, das unterschiedliche empirische Zugänge und deren wechselseitige Überprüfung erlaubte. Grob gesagt leistete die überhandnehmende affirmative Rezeption der Freud'schen beziehungsweise neofreudianischen Psychoanalyse dem theoretisch-konzeptionellen Reduktionismus in den CPS Vorschub, während auf der empirisch-methodischen Seite der zunehmende Einsatz projektiver psychologischer Testverfahren, insbesondere des Rorschach-Tests, eine zentrale Rolle spielte.[103] Schon in Rorschachs Psychodiagnostik selbst, die sich um die Einordnung der Probandenpersönlichkeit zwischen unterschiedlichen Erlebnistypen dreht, ist der Vergleich von «Völkern und Rassen» beziehungsweise von Nationen angedacht.[104] Vermittelt durch seinen 1938 in die USA emigrierten Freund Emil Oberholzer (1883–1958) erfreute sich das Testverfahren im Umfeld von Kardiner und den CPS rasant steigender Beliebtheit, nachdem Du Bois damit für ihre Studie zu *People of Alor* im Feld von Testpersonen Antworten erhoben hatte, die durch Oberholzer blind ausgewertet wurden.[105] Durch Extrapolation der von einem Probandensample aus einer Kultur erzielten Testresultate liessen sich mit dem Rorschach-Test bestimmte Kulturpersönlichkeitstypen empirisch-statistisch herausdestillieren. Da das psychoanalytisch dominierte Persönlichkeitskonzept mittels *basic personality* beziehungsweise *modal personality* gleichermassen Übertragbarkeit auf Stammeskulturen wie auf moderne Gesellschaften beanspruchte, ergab sich mit den projektiven Tests ein universalistisches Medium zur psychologisch vergleichenden und metrisch typisierenden Erhebung von soziokultureller Differenz.

Besonders prägnant – um nicht zu sagen absurd – wurde die neofreudianische Gleichung in der umstrittenen *swaddling hypothesis* formuliert, die den angeblich zwangsneurotischen Charakter etwa der japanischen und sowjetischen Bevölkerung auf die in diesen Ländern verbreitete Praxis des Einwickelns der Säuglinge in Bündel zurückführte.[106] Die durch die verhinderte Bewegungsfreiheit der Extremitäten verursachte Frustration führte gemäss der von Geoffrey Gorer (1909–1985) und anderen formulierten *swaddling hypothesis* zum zwangsneurotischen und damit insbesondere autoritätshörigen Nationalcharakter des Menschen in Japan und in der UdSSR.[107]

Wie lässt sich das Aufkommen extrem reduktionistischer Theorien einerseits, die Präferenz für Nationalcharakterstudien andererseits in den CPS zur Zeit des Zweiten Weltkriegs erklären? Offensichtlich haben die zum Krieg führenden Zeitumstände und der Kriegsverlauf selbst diese Entwicklungen stark beeinflusst und zu engen Allianzen der CPS mit geheimdienstlich-aufklärerischen beziehungsweise militärisch-strategischen Instanzen geführt.

Die nationalsozialistische Machtausbreitung stellte für die meisten Protagonistinnen und Protagonisten der CPS eine unerträgliche Entwicklung dar.

Auch ihre wissenschaftlichen Grundüberzeugungen bezüglich Gleichheit respektive Gleichwertigkeit der Menschen, der Geschlechter etc. wurden dadurch herausgefordert. Ihr Denkstil und ihr Denkkollektiv war selbst stark von Autorinnen und Autoren mit jüdischem Hintergrund geprägt, und so lag ein politisch-aufklärerisches Engagement nahe.[108] Anders als Boas wehrten sich viele wichtige Vertreterinnen und Vertreter der CPS nicht gegen Instrumentalisierungen durch die Regierung, vielmehr suchten sie diese geradezu. Ruth Benedict, Gregory Bateson (1904–1980), Erik Erikson und Margaret Mead organisierten sich mit anderen Intellektuellen in einem 1940 gegründeten interdisziplinären Committee for National Morale. Das private Institut wurde mit der Intention, sich in die ideologische und psychologische Kriegsführung einzumischen, ins Leben gerufen. Wichtigstes Anliegen war, die (Kriegs-)Moral in den USA und in anderen Staaten zu analysieren und so die amerikanische Verteidigungspolitik zu unterstützen. Eindeutig ging es aber auch darum, die USA zum Kriegseintritt zu bewegen.[109] Anfang 1941 hatte das Komitee die Unterstützung höchster Stellen gewonnen und sicherte sich Forschungsgelder vom Kabinett Präsident Theodor Roosevelts.[110]

Auf die propagandistische Massenmobilisierung einerseits und anderseits auf die Erarbeitung von Entscheidungsgrundlagen für Regierungs- beziehungsweise Armeestellen gerichtet, bemühten die CPS nun aktiv die Mittel massiver Vereinfachungen. Dass diese neue CPS-Expertise nicht mehr am Individuum beziehungsweise an individueller Differenz interessiert war, sondern auf kollektive Mächte bezogen und auf simplifizierte bipolare Freund-Feind-Schemata abzielte, bringt ein Zitat von Gregory Bateson von 1942 auf den Punkt:

«Da alle westlichen Nationen dazu tendieren, sich in bipolaren Formen zu verhalten und in ihnen zu denken, werden wir beim Aufbau einer amerikanischen Moral gut daran tun, unsere verschiedenen Feinde als *ein* feindliches Einzelwesen aufzufassen. Die Unterscheidungen und Abstufungen, die Intellektuelle vorziehen könnten, sind eher störend.»[111]

Ab Kriegseintritt der USA Ende 1941 wurden Vertreterinnen und Vertreter der CPS vermehrt direkt von geheimdienstlichen Stellen mit Aufträgen versehen. So forschte etwa Ruth Benedict für ihr Buch *The Chrisanthemum and the Sword: Patterns of Japanese Culture* im Auftrag des Office of War Information, das eine Foreign Morale Analysis Division unterhielt.[112] Da sie für Ihre Feindstudie dem durch Boas fest etablierten Usus ethnologischer Feldforschung vor Ort entsagen musste, entwickelte sie ihre Einschätzung des japanischen Nationalcharakters aufgrund weniger Interviews mit Gewährsleuten, durch das Studium von Literatur, Filmen und anderen Medien, vor allem aber durch eine Analyse der japanischen Kriegsführung selbst. Eine Ausdehnung der ethnologischen Expertise betrieb auch Margaret Mead, die sich unter anderem mit einer Studie zum US-amerikanischen Nationalcharakter und mit Analysen zur Beziehung mit den britischen Alliierten hervortat.[113]

---

105 Emil Oberholzer, «Rorschach's Experiment and the Alorese», in: Cora Du Bois, *The People of Alor. A Social-Psychological Study of an East Indian Island*, Minneapolis 1944, S. 588–640; A. Irving Hallowell, «The Rorschach Technique in the Study of Personality and Culture», in: *American Anthropologist*, New Series 47, 1945, S. 195–210.
106 Geoffrey Gorer, «Themes in Japanese Culture», in: *Transactions of the New York Academy of Sciences*, Series 2, 1943, S. 106–124; Ruth Benedict, «Child Rearing in Certain European Countries», in: *American Journal of Orthopsychiatry* 19, 1949, S. 342–348; Geoffrey Gorer und John Rickman, *The People of Great Russia*, New York 1950.
107 Verteidigend dazu Margaret Mead, «The Swaddling Hypothesis: its Reception», in: *American Anthropologist*, New Series 56, 1954, S. 395–409.
108 Zur politischen Begründung des CPS-Engagements im Zweiten Weltkrieg vgl. Virginia Yans-McLaughlin, «Science, Democracy, and Ethics. Mobilizing Culture and Personality for World War II», *Malinowski, Rivers, Benedict and Others*, S. 184–217.
109 Im Vorwort zu einer Studie zur psychologischen Kriegsführung der Deutschen wird Moral als entscheidende Ressource hochgehalten und direkt mit der menschlichen Persönlichkeit verglichen: "The Committee believes […] that 'Morale is one and indivisible', but that it is also as varied and complicated as the structure of human personality." Ladislas Farago und L. F. Gitler (Hg.), *German Psychological Warfare. Survey and Bibliography*, New York 1941, S. i.
110 Carleton Mabee, «Margaret Mead and Behavioral Scientists in World War II: Problems in Responsibility, Truth, and Effectiveness», in: *Journal of the History of the Behavioral Sciences* 23, 1987, S. 3–13, hier S. 4.
111 Gregory Bateson, «Moral und Nationalcharakter» [1942], in: ders., *Ökologie des Geistes. Anthropologische, psychologische, biologische und epistemische Perspektiven*, Frankfurt a. M. 1992, S. 133–155, hier S. 153.
112 Ruth Benedict, *The Chrysanthemum and the Sword*, Boston 1946.
113 Margret Mead, *And Keep Your Powder Dry. An Anthropologist Looks at America* [1942], New York 2000; dies., «A Case History in Cross-national Communications» [1964], *Studying Contemporary Western Society. Method and Theory*, New York 2004, S. 144–161. In diesem Text verwendete Mead Material zu «areas of friction and misunderstanding beween American troops and British civilians», das sie in 1943 in Grossbritannien gewonnen hatte. Ebd., S. 145.

Im Rückblick hat auch Mead die Entwicklung der Nationalcharakterstudien mit den Erfordernissen im Zweiten Weltkrieg in Verbindung gebracht:

"In the United States, the study of national character as the application of anthropological and psychological methods to contemporary modern societies developed during World War II. It was the wartime situation – in which the United States was faced with the problem of waging a total war, including psychological warfare, against little-known and inaccessible enemies – which stimulated this special scientific development [...]."[114]

Ergänzend ist zu bemerken, dass dieser neue Modus der CPS Ethnologinnen und Ethnologen wie Mead das potentielle Aufgaben- und Auftragsfeld erweiterte beziehungsweise die im Zusammenhang mit dem Krieg auftretende Zugangsbeschränkung zu überseeischen Stammesgebieten kompensierte. Generell brachte der Krieg eine Aufmerksamkeits- und Ressourcenfokussierung auf als kriegsrelevant erachtete Probleme mit sich. Frauen wie Mead, die zeitlebens auch als Museumskuratorin angestellt blieb, besassen in den Sozialwissenschaften ihrer Zeit noch immer einen marginalen und prekären Status. Auch von dieser Seite her ist ihr Engagement für militärisch-strategische – und traditionell männlich konnotierte – Regierungsstellen zu verstehen.

ENTWICKLUNGEN DER CPS NACH 1945

Auch die Nachkriegszeit bot dem neuen Paradigma in den CPS vielfältige Einsatzmöglichkeiten, und der Kalte Krieg wurde zur eigentlichen Hoch-Zeit für Nationalcharakterstudien.[115] Studien zur Sowjetunion sollten etwa Prognosen darüber erlauben, wie deren Führung in bestimmten Situationen reagieren dürfte.[116] Auch im Zusammenhang mit der Dekolonialisierung und den entstehenden Befreiungsbewegungen war CPS-Wissen gefragt. Für viele Fälle blieb aber das Problem bestehen, dass die entsprechende Gesellschaft nur aus der Ferne untersucht werden konnte, unter Zuhilfenahme verfügbarer Auskunftspersonen, Medienanalysen, projektiven Tests (durchgeführt an den Auskunftspersonen), historischen und anderen Methoden. Gerade diese Problematik liess Margaret Mead in der Folge selbstbewusst das Programm der *Study of Culture at a Distance* entwickeln.[117] Dabei wurde die systematische Kombination der genannten Methoden zur Tugend erhoben. Längerfristig konnten aber auch solche Emphasen nicht darüber hinwegtäuschen, dass der Krieg in den CPS ein eher wackliges Theorie- und Methodengebäude gestützt hatte. Entsprechend nahmen die kritischen Stimmen zu. Die Kritik galt insbesondere der dominanten Verwendung der psychologischen beziehungsweise psychoanalytischen Zugänge.[118] Auch der interdisziplinäre Anspruch des Feldes wurde in Frage gestellt.[119] Tatsächlich wurde das Feld immer stärker von der Ethnologie in disziplinären Besitz genommen, wo es Anfang der 1970er Jahre in *psychological anthropology* umbenannt wurde.[120]

---

114 Margret Mead, «The Study of National Character» [1951], in: *Studying Contemporary Western Society. Method and Theory*, New York 2004, S. 87–109, hier S. 87.
115 Vgl. Otto Klineberg, «Recent Studies of National Character», in: S. Stansfeld Sargent und Marian W. Smith (Hg.), *Culture and Personality*, New York 1949, S. 127–138; E. Adamson Hoebel, «Anthropological Perspectives on National Character», in: *Annals of the American Academy of Political and Social Science* 370, 1967: National Character in the Perspective of the Social Sciences, S. 1–7.
116 Thomas C. Patterson, *A Social History of Anthropology in the United States*, New York 2001, S. 109.
117 Margaret Mead und Rhoda Métraux (Hg.), *The Study of Culture at a Distance* [1953]. With an introduction by William O. Beeman, New York 2000.
118 Philipp, K. Bock, *Rethinking Psychological Anthropology*, New York 1988, S. 97–101.
119 Alfred R. Lindesmith und Anselm Strauss, «A Critique of Culture-Personality Writings», in: *American Sociological Review* 15, Nr. 5, Oktober 1950, S. 587–600.
120 Vgl. Francis L. K. Hsu (Hg.), *Psychological Anthropology*, Cambridge 1972, S. 6. Zur Psychological Anthropology vgl. John M. Ingham, «Psychological Anthropology», in: Neil J. Smelser and Paul B. Baltes (Hg.), *International Encyclopedia of the Social & Behavioral Sciences*, Amsterdam 2001, S. 12349–12355, sowie Christie W. Kiefer, «Psychological Anthropology», in: *Annual Review of Anthropology* 6, 1977, S. 103–119.

SCHLUSS

Ich habe versucht, die Entwicklung der CPS weniger als wissenschaftlichen Reifungsprozess oder als Erfolgsgeschichte denn vielmehr als eine Dynamik der Inter- und Transdisziplinarität einerseits, als Denkstil theoretisch-methodischer Menschmodellierung andererseits darzustellen. Dabei habe ich die Institutionalisierungsbemühungen der 1930er Jahre ins Zentrum gestellt.

Als genuin interdisziplinäres Feld überschritt *culture and personality* disziplinäre Grenzziehungen, das Feld wirkte epistemisch-kognitiv – insbesondere für die sozialwissenschaftliche Menschmodellierung – entgrenzend und integrativ. Allerdings gilt dies vor allem für die institutionelle Vor- und Frühphase des Feldes. Hier reagierte die inter- und transdisziplinäre Kooperation auf Bedürfnisse nach Modifikation gängiger anthropologischer Modelle in psychiatrischen, sozialarbeiterischen und anderen Gefässen therapeutischer Sozialtechnologie, die auf das Verstehen individueller Fälle und deren Behandlung zielte. Die kurze Phase als Interdisziplin, deren Beginn sich auf Programminitiativen des Social Science Research Council Anfang der 1930er Jahre zurückführen lässt, war schnell geprägt von einer Suche nach allgemeingültigen methodischen Standards und Theorien, also von einem Bedürfnis nach systematischem Abbau interdisziplinärer Spannung. Die hier einsetzende reduktionistische Tendenz in der Menschmodellierung der CPS beschleunigte sich im Zeichen des Zweiten Weltkriegs zugunsten psychoanalytischer Theorie und von psychologischen Tests als empirischem Instrument. Diese Entwicklung wurde durch neue transdisziplinäre Koalitionen mit militärisch-strategischen Regierungsinstitutionen begünstigt. Diese Kreise waren aber nicht an Individuen und deren Komplexität interessiert, sondern wünschten als Grundlage für militärische Entscheidungen komplexitätsreduzierende Expertise über feindliche und alliierte Kollektive. Nach dem Zweiten Weltkrieg kam es zu einer weitgehenden Besetzung des Feldes durch die Ethnologie (*cultural anthropology*). Parallel zur Ausbildung dieses Führungsanspruchs nahm der transdisziplinäre Charakter, der das Feld in seiner Anfangszeit geprägt hatte, wieder ab.

Roland Hausheer

«... der Mensch verschwindet wie am Meeresufer ein Gesicht im Sand»

Mit dieser kontroversen These verabschiedet sich Michel Foucault im Buch *Die Ordnung der Dinge* von den Lesenden und entwirft damit eine Vision vom Tod des Subjekts. Mit Blick auf die aktuellen Bildwelten der Biotechnologie und der Medizin scheint mir diese Aussage in anderer Weise passend, da die physische Präsenz des Menschen zunehmend in technologischen Repräsentationen zu verschwinden droht.

Als visuell orientierter Mensch und wissenschaftlicher Illustrator interessieren mich solche Bilder, auch als Ausdruck einer bestimmten Sicht auf den menschlichen Körper. Die minutiöse Erforschung des Menschen bis in seine kleinsten Bestandteile erzeugt eine ungeheure Masse an Visualisierungen von gesammelten Daten. Das Bild des Menschen zersplittert dabei in kleinste Teile und erscheint wieder als Datenkörper in den Messrastern wissenschaftlicher Fokussierung.

Solche Bilder sind für die Fachkundigen lesbar und nützlich, für Laien sind sie faszinierend und kryptisch zugleich. Ihr ästhetischer Reiz entsteht aus einer Mischung von geheimnisvoller Information, kalter technischer Schönheit und wissenschaftlicher Präzision. Andererseits entsteht bei ihrem Anblick oft ein diffuses Unbehagen über den Verlust der physischen Gegenwart des Menschen.

Inspiriert durch Darstellungen bildgebender Verfahren in Medizin, *tissue engineering*, *computational chemistry* und molekularbiologischer Technologien, habe ich versucht, das Verschwinden des Menschen diskret in diese Bildwelten zu implementieren.

Entstanden sind keine wissenschaftlichen Darstellungen im eigentlichen Sinne, sondern Kommentare zu den zeitgenössischen Praktiken in der Humantechnologie. Sie dienen somit nicht als Instrumente der Forschung, sondern sollen durch einen «visuellen Diskurs» das Nachdenken über den Verbleib der Körperlichkeit und des Subjekts in den so genannten *life sciences* anregen.

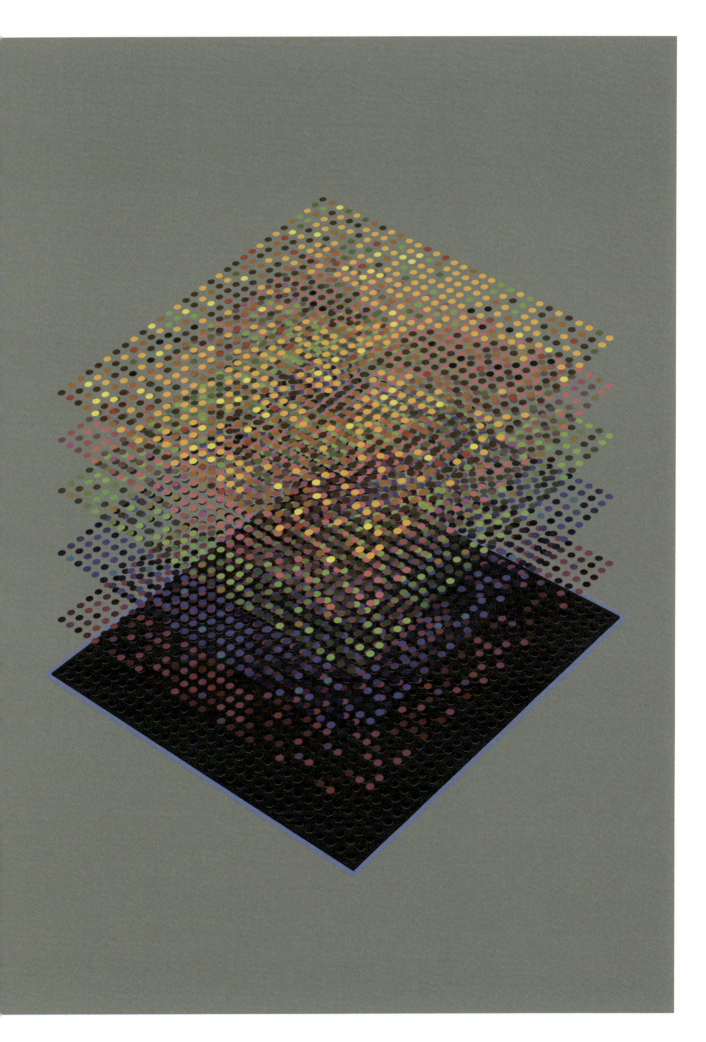

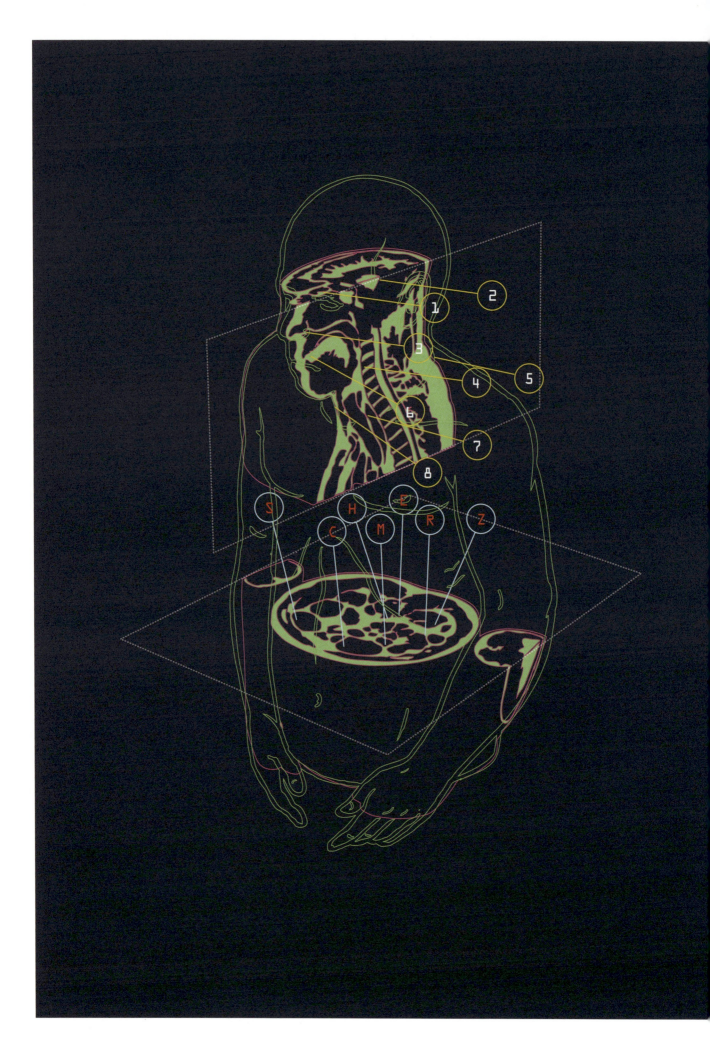

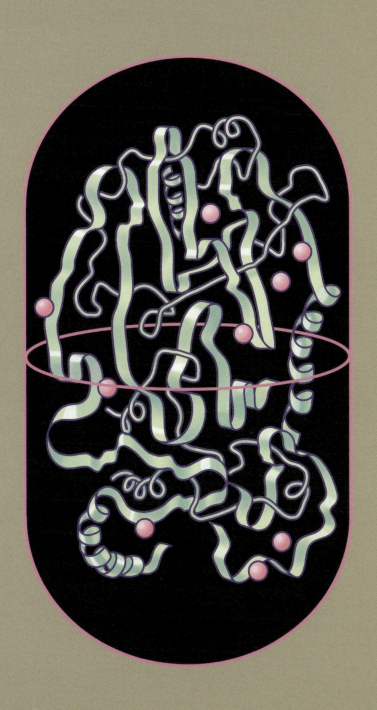

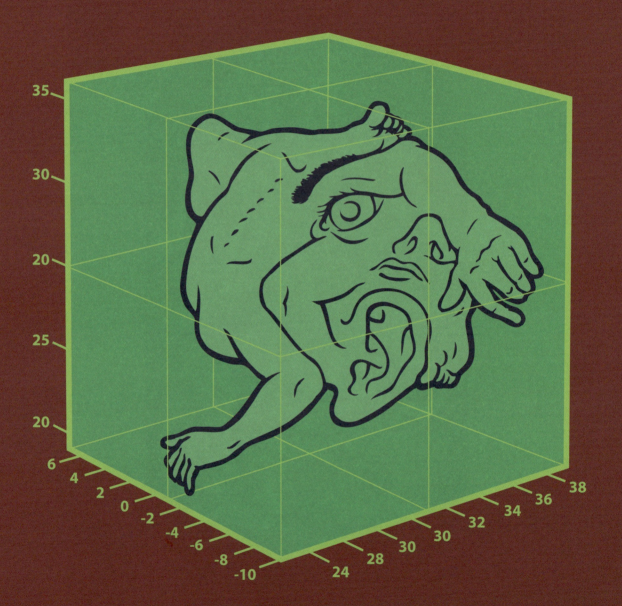

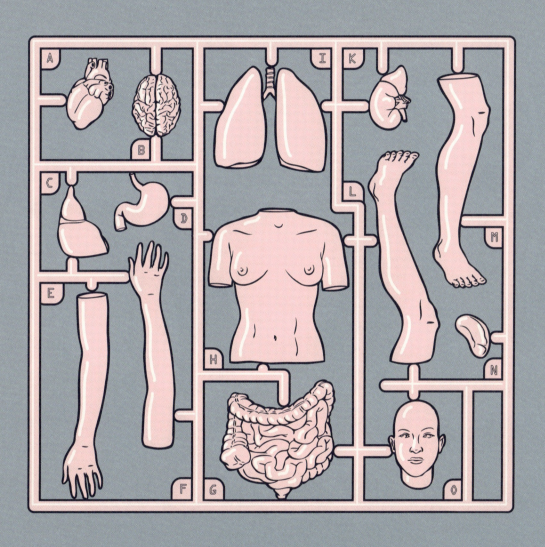

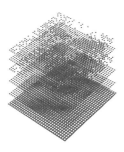

Bei der Betrachtung von einigen *DNA microarrays* glaubte ich, in den farbigen Punkten Strukturen zu erkennen. Wohl täuschte mich das Auge bzw. das Gehirn, aber die Idee, einen «Abdruck» des Menschen in diesen Mikrostrukturen wiederzufinden, faszinierte mich.

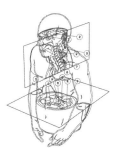

Das «Visible Human Project» machte den Menschen zu einem virtuellen Körper-Raum. Aus zwei dieser Schnittebenen habe ich versucht, den Körper von Joseph Paul Jernigan, der 1993 durch die Giftspritze hingerichtet wurde, als geisterhafte Erinnerung zu rekonstruieren. Das Wort «Schmerz» erscheint wie zufällig aus Messdaten gebildet, ähnlich spiritistischer Methoden zur Kommunikation mit Verstorbenen mittels eines so genannten Oujia-Bretts.

Das assoziative Geflecht virtueller Proteinmodelle der *computational chemistry* im *drug design* inspirierte mich zu einer diskreten Implementierung menschlicher Präsenz im Sinne der *biological targets* bzw. gesellschaftlicher Zielgruppen im pharmazeutischen Fokus.

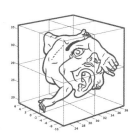

Im *structured based drug design* bin ich auf merkwürdige, dreidimensionale Räume gestossen. In einen solchen «Daten-Käfig» habe ich anstelle der Daten einen menschlichen Körper im Prozess einer chaotischen Neuformation projiziert. Inspiriert dazu hat mich auch die Werkserie «Technological Reliquaries» des amerikanischen Künstlers Paul Thek (1933-1988).

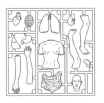

Im *tissue engineering* werden die Grundlagen für die Kultivierung von lebenden Zellen gelegt. Dies ruft uns unweigerlich die Vision des Menschen als Bausatz mit Ersatzteilen in Erinnerung.

Die Züchtung von Knorpelzellen, die anschliessend auf einen Polymerträger gesät und dann auf den Körper einer Labormaus verpflanzt wurden, war 1995 als Abbildung der «Ohrmaus» in der Weltpresse zu sehen. Seither ist dieses Bild im kollektiven Gedächtnis mit dem Thema des wissenschaftlichen *anything goes* verknüpft.

Emily Martin

SCHLAFLOS IN AMERIKA

Die Ausstellung «Schlaf und Traum», die 2007 und 2008 in Dresden und London zu sehen war, umfasst alle Aspekte der aktuellen Problematik des menschlichen Schlafes, auf die ich in diesem Beitrag eingehen werde.[1] Die Ausstellung wurde vom Möbelhaus Ikea finanziert, das Produkte wie Matratzen und Betten zur Verbesserung und Kontrolle der externen Schlafumgebung herstellt, sowie von der Firma Bausch & Lomb, die Produkte – psychotrope Medikamente wie Vivinox – zur Verbesserung und Kontrolle der internen Schlafumgebung (des Gehirns) anbietet. In den vergangenen hundert Jahren war die Geschichte des Schlafs geprägt von einem Bestreben nach seiner Kontrolle und Optimierung. Diese Entwicklung stellt keineswegs eine Ausnahme dar, ähnliche Bemühungen richteten sich, neben anderen psychischen Zuständen, auf die Aufmerksamkeit und auf die Stimmung. Doch gerade der Schlaf hat etwas an sich, das ihn besonders schwer fassbar macht. Er ist ein Zustand, den man ersehnen, aber nicht unbedingt willentlich herbeiführen kann. Wie wir sehen werden, ist der «paradoxe Schlaf» ein Schlüsselbegriff der Schlafforschung. Er beschreibt diejenige Schlafphase, in der eine Person sich im Tiefschlaf befindet, das Gehirn aber träumt, also aktiv ist. Auch der Schlaf selbst ist reich an Paradoxien: Je mehr man sich darum bemüht zu schlafen, desto weniger gelingt es. Was entzieht sich heutzutage unserem Begehren und unseren Handlungsmöglichkeiten in einer ähnlich quälenden Art und Weise? Wie sehr wir uns den Schlaf herbeisehnen, was immer wir tun, um schlafen zu können, wie viel Geld wir auch immer dafür ausgeben, schlafen können wir erst dann, wenn es uns gelingt, uns nicht mehr darum zu bemühen. Selbstverständlich kann man starke Medikamente einnehmen, aber wie wir sehen werden, sind viele Menschen der Ansicht, dass der daraus resultierende Zustand dem «natürlichen» Schlaf nicht gleichkommt. In meinem Beitrag werde ich zeigen, dass diesen Widersprüchen in unserer heutigen Gesellschaft eine schmerzhafte Dringlichkeit anhaftet. Dies auch deshalb, weil die zunehmende Kommodifizierung

[1] Ich möchte den Teilnehmenden des SAR-Seminars über «Das pharmazeutische Ich und das Imaginäre» und im Besonderen Jane Jenkins dafür danken, dass sie eine anregende Umgebung schufen, in der die Themen dieses Beitrags diskutiert werden konnten. Ich bin für die Erkenntnisse und Ideen dankbar, die ich durch das Graduate Center Departement of Athropology der City University of New York, das Departement of Anthropology der University of Illinois und das Departement of Anthropology der Brown University gewonnen habe. Die Forschungsgruppe «Tracking the Human» des Collegium Helveticum hat mich im Juli 2009 zum spannenden und informativen Workshop «Tracking Concepts of Human Nature: Thought Styles in Disciplinary and Interdisciplinary Research» eingeladen, bei welchem ich viel über die Themen dieses Beitrags dazulernte. Ganz besonderer Dank an Beatrix Rubin. Der vorliegende Beitrag beruht auf einem Input an demselben Workshop. Das englische Manuskript wurde übersetzt von Ingrid Fichtner unter Mitarbeit von Lou-Salomé Heer und Beatrix Rubin.

mittlerweile viele Erfahrungen und psychische Befindlichkeiten in die Reichweite individueller Kaufkraft gerückt hat. Die Tatsache, dass der Schlaf, unabhängig davon, wie viele Produkte entwickelt werden, um gut zu schlafen, sich unserer direkten Kontrolle immer noch entzieht, führt stets nur zu weiteren Bemühungen, ihn zu kontrollieren, zu steuern und zu fassen. Doch die totale Kontrolle bleibt eine Illusion.

Der Schlaf ist ein aufschlussreicher Untersuchungsgegenstand in Bezug darauf, wie Menschen in der Wissenschaft und in der populären Kultur konzeptualisiert werden. Die Schlafforschung an Tieren ging der systematischen Erforschung des menschlichen Schlafes voraus. Damit wird der Schlaf einerseits als Teil der Naturgeschichte betrachtet. Andererseits ist es unabweisbar, dass der Schlaf, war er erst einmal in wissenschaftlichen Begriffen gefasst, nicht mehr in seinem «ursprünglichen» Zustand belassen werden konnte. Aufgrund des durchdringenden Imperativs, alle Aspekte des menschlichen Soziallebens zu kontrollieren und zu verbessern, wurde der Schlaf unzähligen Studien unterzogen, die eigens darauf ausgerichtet waren, Normen zu etablieren, die festlegen, welcher Schlaf der richtige ist. Dies überrascht nicht, wurden doch in der jüngeren Geschichte viele Aspekte des täglichen Lebens, von Ernährung und Fitness bis zu Gesundheit und Sterblichkeit, verschiedenen Formen der Normalisierung unterworfen.[2] Auch erstaunt es nicht, dass die neuen Schlafnormen nicht einfach von oben, ob nun durch wissenschaftliche oder andere Autoritäten, durchgesetzt werden: Oft werden sie begierig von Nichtfachleuten aufgenommen, die bestrebt sind, schnell und flexibel jedem Ruf nach Verbesserung zu folgen. Alles andere scheint in einem wirtschaftlichen Umfeld, das den meisten Menschen wenig Sicherheit bietet, allzu riskant.

In den letzten 45 Jahren haben Wissenschaftlerinnen und Wissenschaftler sowie Ärzte und Ärztinnen den Schlaf in eine Reihe pathologischer Zustände eingeteilt. Auch Schlafende haben ein Bewusstsein dafür entwickelt, dass sie womöglich unter Schlafapnoe, dem Syndrom der unruhigen Beine (*restless legs syndrom*), Narkolepsie oder primärer Insomnie leiden könnten. Um diese Entwicklung aus einer historischen Perspektive zu betrachten, werde ich kurz nachzeichnen, wie der Schlaf in euro-amerikanischen Gesellschaften von der Vormoderne bis zur Gegenwart zunehmend als Problem verstanden wurde.[3] Wenn ich diese Geschichte erzähle, und sei es auch nur in verkürzter Form, so muss ich den Blick darauf richten, was in den Forschungslabors geschah, als dem tiefen Ozean des Schlafs so manches Geheimnis entrissen wurde.[4] Ich werde den Schlafforschenden auch in die Politik folgen müssen. Dies sowohl bei ihren Bemühungen um Forschungsgelder als auch bei ihren Bestrebungen, ein Bewusstsein für die Bedrohung der öffentlichen Gesundheit zu schaffen, den der Schlafmangel in ihren Augen darstellt. Gleichzeitig werde ich mich mit denjenigen Technologien befassen, die zur Verbesserung des Schlafes entwickelt wurden. Mein Hauptaugenmerk richtet sich hierbei auf Matratzen und Medikamente: Ich werde in Augenschein nehmen, auf welche Weise die Firma Simmons für ihre Matratzen als «Schlafausrüstung» warb. Weiter frage

---

2 Eine kleine Auswahl an Arbeiten auf diesem Gebiet: Emily Martin, *Bipolar Expeditions. Mania and Depression in American Culture*, Princeton 2007; Rayna Rapp, *Testing Women, Testing the Fetus. The Social Impact of Amniocentesis in America*, New York 1999; Nikolas Rose, *Governing the Soul. The Shaping of the Private Self*, London 1989; Mariana Valverde, *Diseases of the Will. Alcohol and the Dilemmas of Freedom*, Cambridge 1998.

3 Ich beschränke mich aus Platzgründen auf die Diskussion euro-amerikanischer Schlaferfahrungen. Wichtige Beschreibungen dessen, wie Schlaf in anderen Teilen der Welt erfahren wird, finden sich bei Stefan Ecks, «Pharmaceutical Citizenship. Antidepressant Marketing and the Promise of Demarginalization in India», in: *Anthropology and Medicine* 12, 2005, S. 239–254; Carol M. Worthman und Melissa Melby, «Toward a Comparative Developmental Ecology of Human Sleep», in: Mary A. Carskadon (Hg.), *Adolescent Sleep Patterns. Biological, Social, and Psychological Influences*, Cambridge 2002, S. 69–117; Alma Gottlieb, *The Afterlife Is Where We Come From. The Culture of Infancy in West Africa*, Chicago 2004; Brigitte Steger, «Getting Away with Sleep. Social and Cultural Aspects of Dozing in Parliament», in: *Social Science Japan Journal* 6, 2003, S. 181–197; Laurence J. Kirmayer, «Psychopharmacology in a Globalizing World. The Use of Antidepressants in Japan», in: *Transcultural Psychiatry* 39, 2002, S. 295–322.

4 William Dement beschrieb die frühe Schlafforschung als «the story of what our nets have brought up from the deep and the unseen mysteries hinted at by those catches». William C. Dement und Christopher Vaughan, *The Promise of Sleep. A Pioneer in Sleep Medicine Explores the Vital Connection Between Health, Happiness, and a Good Night's Sleep*, New York 1999, S. 16.

ich, wie die Pharmaindustrie jüngst dazu kam, neue Generationen von Schlafmitteln zu vermarkten, die – so ihre Behauptung – einen Schlaf ermöglichen, der durch die Geschwindigkeit des heutigen Lebens zunehmend verhindert wird. Danach werde ich einen Blick darauf werfen, was es heute – im Vergleich zur jüngeren Vergangenheit – in unserer Gesellschaft bedeutet, ein Mensch zu sein, der nicht schlafen kann.

Was bedeutet es phänomenologisch, unter Schlaflosigkeit zu leiden? Mit anderen Worten: Wie beschreiben die Betroffenen ihre Erfahrungen? Welche Ängste und Befürchtungen begleiten diesen Zustand? Wie gehen sie mit Schlafmitteln um? Wie reagieren sie darauf, dass Schlafmangel in einem steigenden Masse mit einem Mangel an Produktivität in Zusammenhang gebracht wird? Was bedeuten Träume noch in der Welt der Schlaflosen oder in der Welt der Schlafforschenden, die die Hirnströme messen? Ich werde mich nicht mit spezifischeren Schlafstörungen wie zum Beispiel der Schlafapnoe befassen, sondern mich hauptsächlich auf die Schlaflosigkeit, die so genannte Insomnie, beschränken.[5]

Die Art und Weise, wie der Schlaf im Laufe der Zeit zu einem medizinischen Problem wurde, gleicht in vielerlei Hinsicht dem Verlauf, den auch andere mentale Zustände wie zum Beispiel Depressionen und Angstzustände genommen haben. Jeder dieser psychischen Zustände hat sich mittlerweile zu einer Konstellation verschiedenster pathologischer Substörungen entwickelt, die durch die Leistungsanforderungen am Arbeitsplatz, pharmazeutische Erfindungen und die globalen Märkte geformt werden. Doch der Schlaf unterscheidet sich von diesen Zuständen grundlegend. Während man beispielsweise versucht, Angstzustände zu vermindern oder im besten Falle zu verhindern, ist hingegen der Schlaf selbst das Objekt der Begierde: Leistungsfähigkeit fordert genügend Schlaf und Medikamente ermöglichen ihn. Dieser Unterschied führt dazu, dass die Betroffenen eine paradoxe Erfahrung machen, weil sie darum kämpfen, durch «unnatürliche» Mittel «natürlichen Schlaf» zu finden.

SCHLAF AUS HISTORISCHER PERSPEKTIVE

Die US-Amerikanerinnen und -Amerikaner von heute sind besorgt, wenn sie nicht acht Stunden durchschlafen. In der Nacht auch Wachphasen zu haben, wird als Anzeichen dafür gedeutet, dass man an Schlaflosigkeit oder an «Früherwachen» (EMA, *early morning awakening*) leidet. Historikerinnen und Historiker haben gezeigt, dass solche nächtlichen Wachphasen früher als normal betrachtet wurden: Auf den «first sleep», «premier sommeil» oder «primo sonno» folgte erst eine Phase ruhiger Wachheit, die auch als «Wachen» bezeichnet werden kann und an die der «second sleep» anschloss.[6] In der Zeit zwischen dem ersten und dem zweiten Schlaf gingen die Menschen unterschiedlichen Tätigkeiten nach: Vielleicht mussten sie Wasser lassen, sahen nach dem Vieh, entzündeten ein Feuer, wiegten das Kind oder gingen die nächsten Schritte

---

[5] Vgl. dazu die Dissertation von Matthew Wolf-Meyer, *Nocturnes. Sleep, Medicine, and the Production of American «Everyday Life»*, Dissertation, University of Minnesota, 2007.

[6] A. Roger Ekirch, *At Day's Close. Night in Times Past*, New York 2005, S. 300 ff.

beim Bierbrauen oder Weben an. Manche rauchten vielleicht eine Pfeife und betrachteten den Nachthimmel, wieder andere beteten oder hatten Sex.[7]

Im vorindustriellen Europa betrachtete man Schlaf als notwendig für die Erholung von Körper und Geist. Medizin und Volksmund propagierten die Notwendigkeit des Schlafs für die Stärkung des Geistes und das Wohlbefinden des Körpers. So lautete ein italienisches Sprichwort denn auch: «Das Bett ist eine Medizin.»[8] Dementsprechend ergriffen die Menschen bestimmte Massnahmen, um gut schlafen zu können: Im Haus sicherte man Fenster und Türen, verjagte Fliegen und Bettwanzen oder wärmte das Bett vor. Man nahm verschiedene Substanzen zu sich, die einen guten Schlaf ermöglichen sollten. Wohlhabende verwendeten Laudanum (Opium mit verdünntem Alkohol), die weniger Begüterten Kräuter oder Alkohol.[9] Gegen Ende des 17. Jahrhunderts wurde eine bessere Schlafausstattung – Bettgestelle, Kissen, Vorhänge und Nachtwäsche – auch für mittelständische Schichten erschwinglich. Diese Annehmlichkeiten waren insbesondere deshalb gefragt, weil sie den Schlaf verbesserten.[10]

Im 19. Jahrhundert wurden Betäubungsmittel wie Heroin und Kokain häufig in kommerziellen Produkten und als Patentrezept verwendet, manche dieser Produkte wurden auch spezifisch als Schlafmittel eingesetzt. Gelegentlich kam es zu unabsichtlichen Überdosierungen. Daher wurde für andere Schlafmittel (die Bitterschnäpse oder Phosphor enthielten), mit dem Argument geworben, dass sie sicher und gleichzeitig unvermindert wirksam seien. Beschränkungen und gesetzliche Bestimmungen für den Gebrauch von Drogen gibt es noch nicht so lange. Die Geschichte des Drogenkonsums und seiner gesetzlichen Regulierung in den USA belegt die weit verbreitete Akzeptanz und Verwendung, nicht nur für medizinische Zwecke, von Betäubungsmitteln, Kokain und Marihuana bis Ende des 19. Jahrhunderts. Im letzten Viertel des 19. Jahrhunderts begannen einige wenige westliche Bundesstaaten, Betäubungsmittelgesetze zu erlassen, zum Beispiel zur Einschränkung des Gebrauchs von Opium, Opiumderivaten und Kokain. Erst ab 1906 verlangten die Gesetze, dass opiumhaltige Medikamente gekennzeichnet wurden, und es dauerte bis 1914, bis die Produktion von Opium und Kokain für medizinische Zwecke im Harrison Narcotic Act gesetzlich geregelt und zudem besteuert wurde. Im Jahr 1924 wurde das Gesetz erweitert, um den Import von Heroin für jegliche, auch medizinische, Zwecke zu verbieten.[11]

Obwohl nun altbewährte Schlafmittel wie Betäubungsmittel rar wurden, ging die Nachfrage nach Einschlafhilfen in den USA nicht zurück. Zumindest waren die Hersteller der Simmons-Matratzen dieser Überzeugung. Von 1920 bis 1927 überflutete Simmons die grossen US-amerikanischen Zeitungen geradezu mit Werbeanzeigen. Verschiedenste Motive und Themen wurden dabei durchgespielt: Simmons-Matratzen seien hygienisch, während andere Matratzen entweder in einer unhygienischen Umgebung inmitten von Schmutz und Dreck hergestellt würden oder aus Materialien bestünden, die Krankenhäuser ausrangiert hätten und die mit Krankheitserregern verseucht seien. Ein Werbetext kritisierte die Konkurrenz: "What's under the ticking? The danger

---

7 Ebd., S. 305 f.
8 Ebd., S. 263.
9 Ebd., S. 267–271.
10 Ebd., S. 276.
11 David Courtwright, *Forces of Habit. Drugs and the Making of the Modern World*, Cambridge 2001.

Abb. 1: Anzeige der Firma Simmons in der *New York Times* vom 24. 7. 1923.

of contagion to the buyer, the dirt and filth are all covered up with an attractive 'art' ticking. The resulting cheat is sold at a price below what a mattress of new materials must bring."[12] Andere Anzeigen bezogen sich direkt auf das Schlafbedürfnis des modernen Menschen, und man ging sogar so weit, für (zwei) «Einzelbetten» – also «twin beds» – zu werben: "Nearly everyone these days is putting *Twin Beds* into rooms shared by two persons. One sleeper does not disturb the other or communicate colds or other infections."[13]

Als sich die Arbeiterschaft auf die Zeit- und Raumeinteilung der modernen Fabrikarbeit einstellen musste, bekam Schlaf einen anderen Stellenwert. Simmons führte in ihrer Werbung Henry Ford als Experten an und zitierte ihn: "Even a factory machine needs rest." Und weiter führte der Matratzenhersteller aus: "It is not sentimentalism to take care of machines – or men. It is plain common sense and efficiency. Sleep recharges the batteries of energy. It repairs and keeps in order the fine mechanism of the human body."[14]

Als wäre der Firma Simmons bekannt gewesen, dass Wohlhabende schon in vorindustriellen Zeiten Vorreitende des «luxuriösen» Schlafens gewesen waren, berief sich ihre Werbung auf diesen Umstand. Auf einer Anzeige ist eine Mrs. Morgan Belmont in ihrem Landhaus zu sehen mit Matratze, Federn und Bettrahmen (Elfenbeinausführung mit Rohrpaneelen) von Simmons. Sie ist in der «eleganten Gesellschaft» sehr beliebt, sie interessiert sich für Pferde, Hunde, Polo und Rennen. Den Sommer verbringt sie in Old Westbury auf Long Island, den Winter in einem Zweifamilienhaus in New York City.[15]

Doch verglichen mit der Berufung auf die wissenschaftliche Konstruktion der Matratzen ist die Bezugnahme auf Henry Ford und Mrs. Morgan Belmont in den Werbungen von Simmons geradezu nebensächlich. Die Matratzen sind «purpose built *for sleep*». Die Sprache wird geradezu beschwörend: «really built for sleep», «an invitation to deep restful sleep». Matratze, Federn und Rahmen sind ein vereinheitlichtes System, eine komplette «sleeping unit», «each built to fit the other – all built for sleep». Die Simmons-Reihe ist ein *«complete sleeping equipment»*. Beinahe gebetsmühlenartig wird die wissenschaftliche Herstellungsweise betont: "A Simmons mattress stays firm but soft. It is scientifically *built up* – not packed with wads of filling." Das Unternehmen behauptet, dass Arbeit Raubbau am Körper betreibe: Wenn «the mere business of being awake – of seeing, hearing, feeling – uses up energy faster than the body produces it», dann hat der Mensch, der für seinen Lebensunterhalt arbeitet, sicher einen noch grösseren Bedarf an Schlaf. Die Werbung von Simmons, die oft Landschaftsszenerien zeigt, richtet sich nicht an Menschen mit Freizeit, sondern an den «tired man [...] who needs to relax every nerve and muscle at

---

12 Simmons-Werbung, *The New York Times*, 28. 2. 1922.
13 Simmons-Werbung, *The New York Times*, 7. 2. 1921.
14 Simmons-Werbung, *The New York Times*, 24. 7. 1923.
15 Simmons-Werbung, *The New York Times*, 11. 11. 1927.

night and drop off into profound, body-building sleep». «A good night's sleep is the only way to restore your life balance», und eine Simmons-Matratze unterstütze einen dabei.[16]

Die Schlafqualität war für eine Bevölkerung, deren Erleben von Zeit durch die zunehmende Industrialisierung immer stärker strukturiert wurde, ein wichtiges Thema geworden. Die Industrialisierung schien widersprüchliche Ergebnisse zu zeitigen: Es war ungewiss, ob sie den bestehenden Lebenskomfort zunichte machen oder zu noch unvorstellbaren neuen Annehmlichkeiten führen würde.[17] Das Gleiche galt für den Schlaf: Würden die Menschen durch die immer striktere Gliederung des Tagesablaufs unter Schlafentzug leiden oder würden wissenschaftliche Fortschritte Matratzen derart verbessern, dass man besser schlafen würde als jemals zuvor?

Etwa zur gleichen Zeit machte man sich in anderen Teilen der Welt ähnliche Gedanken zur Technologie für einen restaurativen Schlaf. Ausgehend von Walter Benjamin untersucht Susan Buck-Morss, wie in der Sowjetunion die Arbeiterinnen und Arbeiter ihre Körper gewissermassen zu einer Maschine mit abgestumpften Sinnen machten, um sich gegen den Schock der Fabrikarbeit zu schützen.[18] Es wurde ein Wettbewerb ausgeschrieben für die Planung einer «grünen Stadt» ausserhalb von Moskau, in der sich die Arbeitenden erholen sollten. Dieser Ort war gedacht als «recreational, collective space not devoted to production».[19] Der von dem Architekten Konstantin Melnikow eingereichte Projektentwurf ging davon aus, dass eine überarbeitete und erschöpfte Arbeiterschaft von einer direkten Beziehung zur Natur profitiere: In seinen Entwürfen waren Wälder und Sonnenpavillons vorgesehen, und Tiere sollten frei herumlaufen können.

Melnikow entwarf ein Schlaflabor, in dem es möglich sein sollte, zu jeder Tages- und Nachtzeit zu schlafen. Das Labor verfügte über Betten, die nach wissenschaftlichen Erkenntnissen konstruiert waren. Das gesamte Sensorium der Schlafenden wurde gesteuert: Düfte, Geräusche aus der Natur und wiegende Bewegungen wurden von Kontrollkabinen aus sorgfältig reguliert. Nach Melnikows Planung sollte eigens dafür komponierte Instrumentalmusik gespielt werden, um alle verbleibenden Ängste und Anspannungen aus dem Bewusstsein auszuschalten. Die Arbeitenden sollten sich entspannen und durch die vereinten Kräfte von Kunst und Technologie sollte sich die Psyche erholen können.[20] Er nannte das Gebäude schlicht eine «Schlafsonate».

Die Entwicklungen in den USA und der Sowjetunion waren in beiden Staaten bekannt. Samuel «Roxy» Rothafel, der Gründer der Radio City Music Hall, besuchte Melnikow im Jahr 1931 und brachte dessen Ideen nach New York. Rothafel wollte die Temperatur, die Atmosphäre, den Klang und den Geruch der Radio City Music Hall kontrollieren und behauptete, «two hours in the washed ionized, ultra-solarized air [of the Radio City Music Hall] are worth a month in the country».[21]

---

16 Simmons-Werbung, *The New York Times*, 7. 4. 1920.
17 Stephen Kern, *The Culture of Time and Space 1880–1918*, Cambridge 1983, S. 109–130.
18 Susan Buck-Morss, *Dreamworld and Catastrophe. The Passing of Mass Utopia in East and West*, Cambridge 2000, S. 104 f.
19 Buck-Morss, *Dreamworld and Catastrophe*, S. 112.
20 So schreibt Melnikow zu seinen Plänen: "Specially commissioned poems of works of music would be performed so as to obliterate any residual tensions or anxieties from the world of consciousness. Step by step, the worker would relax and his psyche would be rehabilitated by the combined forces of art and technology." Melnikow zitiert in Buck-Morss, *Dreamworld and Catastrophe*, S. 114.
21 Buck-Morss, *Dreamworld and Catastrophe*, S. 115.

SCHLAFFORSCHUNG

In den 1950er Jahren wurde der Schlaf ein wichtiges Forschungsthema an der University of Chicago. Die Pioniere der Schlafforschung sind eloquente und unterhaltsame Chronisten ihrer eigenen Geschichte, und ich kann hier nur einige Glanzlichter ihrer Erzählungen präsentieren. Gemäss den Erinnerungen eines Biologen, der in den 1950er Jahren Doktorand an jener Universität war, war ein grosser Durchbruch erzielt worden, als ein Psychologe zufällig entdeckte, dass die Pupillen seiner Frau geweitet waren, während sie nachts im Bett einen Krimi las. Bis zu diesem Zeitpunkt war man der Ansicht, dass die Pupillen nur auf den Einfall von Licht reagieren. Aufgrund seiner überraschenden Entdeckung entwarf der Psychologe ein Experiment, in dem er heterosexuellen und homosexuellen Männern *Playboy*-Bilder vorlegte. Bei den homosexuellen Männern zeigte sich keine Erweiterung der Pupille, die heterosexuellen Probanden hingegen wiesen eine markante Erweiterung der Pupillen auf.[22]

Die Erkenntnis, dass Augenbewegungen mit Emotionen und anderen komplexen mentalen Zuständen in Beziehung stehen, fand Anschluss an die damalige Schlafforschung am menschlichen Körper.[23] Nathaniel Kleitman, der als Vater der amerikanischen Schlafforschung bezeichnet wird, hatte seine Forschungsarbeit in den 1920er Jahren aufgenommen.[24] Kleitman, seine Assistenten und seine Fachkollegen suchten nach einer Möglichkeit, die physiologischen Rhythmen des schlafenden Körpers unter kontrollierten Bedingungen zu beobachten. Als Ort für ihre Studien zum Schlafrhythmus wählten sie die Mammoth Cave in Kentucky. Sie quartierten sich für längere Zeit dort ein und führten ihre Studien im Selbstversuch durch.[25] Voller Enthusiasmus und weil sie wussten, dass sie ein neues Forschungsgebiet entdeckt hatten, nahmen sie alle möglichen Strapazen auf sich und erfanden neue Messinstrumente. Die Versuchsanlage in der Mammoth Cave war in den 1930er Jahren relativ einfach. Immerhin verfügte sie über Rattenfallen, die verhindern sollten, dass die Tiere zu den Schlafenden ins Bett kletterten.[26] Die Fotografien aus dieser beschwerlichen Zeit, die die Forscher gemeinsam in Kälte, Feuchtigkeit und Dunkelheit verbracht hatten, insbesondere die unvergessliche Aufnahme, auf der Kleitman und sein Assistent zu sehen sind, wie sie ausgemergelt und bärtig nach einem Jahr unter Tage blinzelnd ans Licht treten, verweisen auf die beinahe mythischen Dimensionen ihres Projekts.

Ob wir nun die Szenerie dieser ersten Schlafforschung als Mythos betrachten wollen oder nicht, in den 1950er Jahren war Kleitmans technische Ausrüstung in den Labors der University of Chicago genügend entwickelt, um die Feinmotorik der Schlafenden kontinuierlich aufzeichnen zu können.[27] Dazu kam, dass der Elektroenzephalograf (EEG) eine konstante Aufzeichnung der Gehirnaktivitäten ermöglichte. 1953 veröffentlichten Kleitman und Aserinsky ihre für die Schlafforschung des 20. Jahrhunderts bahnbrechende Entdeckung des REM-Schlafes. REM ist die Abkürzung von *rapid eye movement* und bezeich-

---

[22] Eckhard H. Hess und James M. Polt, «Pupil Size as Related to Interest Value of Visual Stimuli», in: *Science* 132, 1960, S. 349 f.
[23] Zur Geschichte der Schlafforschung vor den Mammoth-Cave-Studien vgl. auch Simon Williams, *Sleep and Society. Sociological Ventures into the (Un)Known*, London, New York 2005.
[24] «A Brief History of Sleep Medicine», Talk About Sleep, http://www.talkaboutsleep.com/sleep-disorders/archives/history.htm, 7. 7. 2007.
[25] Kenton Kroker, *The Sleep of Others and the Transformations of Sleep Research*, Toronto 2007, S. 233.
[26] Jerome M. Siegel, «A Tribute to Nathaniel Kleitman», o. J., http://test.semel.ucla.edu/sleepresearch/Kleitman/Kleitman.htm, 26. 8. 2010.
[27] Ebd.

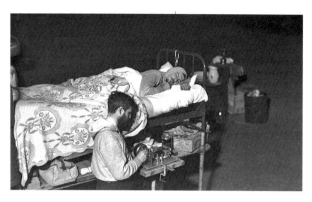

Abb. 2: Schlafexperiment in der Mammoth Cave, Kentucky, USA.

net diejenige Schlafphase, in der man träumt.[28] Den beiden Forschern war es gelungen, die Körperbewegungen und Hirnwellen der schlafenden Versuchspersonen kontinuierlich zu messen und aufzuzeichnen. Durch das Wecken der Versuchspersonen in Phasen der aktiven Gehirntätigkeit konnten sie nachweisen, dass zwischen verstärkter Gehirnaktivität und dem Träumen ein Zusammenhang besteht. Vermutlich lag die besondere Faszination an der Entdeckung des REM-Schlafes darin, dass ein physisches Korrelat zur Traumerfahrung gefunden worden war. Es ist zwar unbestritten, dass der Mensch im Schlaf träumt, doch nun konnte durch das EEG belegt werden, dass das Träumen mit einer messbaren Gehirntätigkeit in Verbindung stand. Es überrascht nicht, dass die Traumerfahrung selbst, die als Ausdruck des Geistes verstanden wurde, im weiteren Fortgang der Schlafforschung zunehmend eine Nebenrolle einnahm.[29]

Einer von Kleitmans Studenten, William Dement, beschreibt die Begeisterung dieser Jahre in seinem Buch *The Promise of Sleep*.[30] Dement war 1951 als Medizinstudent an die University of Chicago gekommen. Er wollte verstehen, wie das Bewusstsein arbeitet, und hatte vor, sich als Psychiater und in der Freud'schen Psychoanalyse ausbilden zu lassen. Im Jahr 1952 hörte er in einem Neurophysiologie-Kurs einen Vortrag von Nathaniel Kleitman über die Funktionsweise des Gehirns. Es gelang Dement schliesslich, Kleitman davon zu überzeugen, ihn als Laborassistenten anzustellen. Diese Anstellung ermöglichte es ihm laut eigener Aussage, dazu beizutragen, dass die Schlafforschung zu einem wissenschaftlichen Unterfangen wurde:

«Die Schlafforschung wurde wohl im Jahr 1953 zu einem eigentlichen Gebiet der Wissenschaft. Damals gelang es mir endlich, die Hirnaktivität und die Augenbewegungen eines Schlafenden durchgehend zu erfassen. Von zentraler Bedeutung war dabei, dass es nun zum ersten Mal möglich wurde, den Schlaf kontinuierlich zu überwachen, ohne den Schlafenden stören zu müssen. Ausserdem ist Wissenschaft in erster Linie Quantifizierung und diese Studie stellte den Beginn der Schlafforschung insofern dar, als sie ein Forschungsgebiet in eigener Sache etablierte und indem sie der Beschreibung und der Quantifizierung der allgemeinen nächtlichen Schlafmuster diente. Zu wissen, dass ich weltweit der Einzige war, der diesen Aspekt der menschlichen Existenz beobachten und erforschen konnte, machte meine Entdeckungslust umso grösser. Wahrscheinlich fühlte sich der erste Goldgräber in Kalifornien im Jahr 1848 so, als er in die Mühlegräben von Sutters Sägemühle blickte und sie von Goldnuggets übersät sah – in diesem Moment wusste er, dass er der einzige Mensch auf der Welt war, dem ein Vermögen zu Füssen lag, das er nur noch vom Boden aufzuheben brauchte.»[31]

---

28 Eugene Aserinsky und Nathaniel Kleitman, «Regularly Occurring Periods of Eye Motility, and Concomitant Phenomena, During Sleep», in: *Science* 118, 1953, S. 273 f. Für eine sehr unterhaltsame und persönliche Darstellung der Entdeckung des REM-Schlafes siehe Eugene Aserinsky, «Memories of Famous Neuropsychologists. The Discovery of REM Sleep», in: *Journal of the History of the Neurosciences* 5, 1996, S. 213–227. Aserinsky schildert detailliert, wie schwierig die Zusammenarbeit mit Kleitman, Kleitmans ursprüngliche Skepsis gegenüber seinen Entdeckungen und die Schwierigkeiten, die er mit der Ausrüstung hatte, war.
29 Zur komplexen Geschichte von Freuds *Traumdeutung* in der Psychoanalyse und ihre Bedeutung als Handbuch zur Selbstanalyse von Träumen siehe Lydia Marinelli und Andreas Mayer, *Dreaming by the Book: Freud's The Interpretation of Dreams and the History of the Psychoanalytic Movement*, New York 2003.
30 Dement und Vaughan, *The Promise of Sleep*.
31 Ebd., S. 37 f.

So gross war die Aufregung der frühen Pioniere der Schlafforschung.[32]

In den 1960er Jahren begann der französische Wissenschaftler Michel Jouvet, Tieren den Tiefschlaf zu entziehen, um die Funktion der verschiedenen Schlafphasen besser zu verstehen. Er entwickelte hierfür ein ziemlich grausames Experiment, in dem eine Katze auf einer ausbalancierten Plattform in einem Wassertank lag. Solange sie ruhig vor sich hindöste, blieb sie trocken. Sobald sie jedoch in den Tiefschlaf verfiel, berührte ihr Kopf das Wasser und sie erwachte. Diese Methode, die Katze – wie es Jouvet später nannte – vom «paradoxen Schlaf» abzuhalten, war recht simpel. Der paradoxe Schlaf ist nach Jouvet diejenige Phase des Schlafes, in der der Körper sich nicht bewegt (atonisch ist), der Geist jedoch aktiv träumt.[33] Nachdem man einer Katze auf diese Weise zwanzig Tage lang den paradoxen Schlaf entzogen hatte, durfte sie wieder normal schlafen: Es zeigte sich, dass sie während der ersten zehn Nächte sechzig Prozent mehr Zeit als üblich im paradoxen Schlaf verbrachte. Offensichtlich hat der Tiefschlaf für Tiere eine wichtige Funktion. Aufgrund dieser ersten Ergebnisse fragte sich Jouvet, ob das Träumen für Katzen gar lebenswichtig sei.[34]

Zur gleichen Zeit führte William Dement umfangreiche Studien zum Traumentzug bei Menschen und Katzen durch. Der Fokus lag hierbei ebenfalls auf den Augenbewegungen während des Schlafes. Wie Jouvet fand Dement heraus, dass bei einem Entzug des REM-Schlafs (durch das Wecken der Versuchspersonen am Anfang jeder REM-Phase) das Gehirn diesen Entzug zu kompensieren versuchte, indem es mehr REM-Phasen in immer kleineren Abständen durchlief. Der REM-Schlaf schien somit unerlässlich zu sein. Die Forscher konnten jedoch nicht feststellen, dass Menschen mit REM-Schlaf-Entzug psychisch krank wurden. Die Probandinnen und Probanden waren zwar verwirrt, schlecht gelaunt und schläfrig, aber nicht psychotisch.[35] Dieses Untersuchungsergebnis gilt unter den Schlafforschenden als ausschlaggebend für die Verwerfung der kanonischen Position Freuds. Gemäss dieser sind Träume die Hüter des Schlafes, die verhindern, dass unterdrückte Gedanken ins Bewusstsein gelangen und so die Schlafenden stören oder beunruhigen könnten. Da man nun wusste, dass Träume nur in der REM-Phase auftreten, erklärten die Schlafforscher Freuds Theorie, dass Träume ein Sicherheitsventil der Psyche seien, für falsch. Sie waren davon überzeugt, beweisen zu können, dass in Wahrheit genau das Gegenteil der Fall war: Der Schlaf ist der Hüter der Träume.

Die Schlafforschung drang somit in den Bereich der Erforschung des Unbewussten vor und beschrieb in wissenschaftlichen Begriffen ein Gebiet, von dem man bis anhin geglaubt hatte, dass es mit wissenschaftlichen Methoden nicht zu erfassen sei. Die Forscher waren von der nun bestehenden Möglichkeit, Schlaf in quantitativer und reproduzierbarer Weise zu untersuchen, derart begeistert, dass die meisten Pioniere ihr vormaliges Interesse am Inhalt der Träume aufgaben. Jouvet beschrieb diese Kehrtwendung folgendermassen:

---

32 Im Rahmen dieses Artikels ist es mir nicht möglich, ausführlich auf die umfangreichen Forschungsbemühungen einzugehen mit Hilfe derer in der Folge Schlafmuster identifiziert, gemessen und erfasst wurden. Vgl. dazu Kroker, *The Sleep of Others and the Transformations of Sleep Research*, Toronto 2007.
33 Michel Jouvet, «Behavioural and EEG Effects of Paradoxical Sleep Deprivation in the Cat», in: *Excerpta Medica* 87, 1965.
34 Jouvet, «Behavioural and EEG Effects of Paradoxical Sleep Deprivation in the Cat».
35 Dement und Vaughan, *The Promise of Sleep*, S. 43.

«Nach 1969 wurde der Traum zu einem elektrophysiologischen Phänomen, das man aufzeichnen konnte. Er war nicht länger ein subjektives menschliches Phänomen, sondern wurde nun, wie von Aristoteles bereits vermutet, auch bei einem Grossteil der Tierwelt festgestellt: von den Vögeln bis hin zu (fast allen) Säugetieren. Man konnte das Träumen auch in ova und in utero beobachten. Die Funktion des Traumes als Hüter des Schlafes konnte nicht mehr mit dem Tiefschlaf in Übereinstimmung gebracht werden. Welches unbewusste Begehren sollte ein frisch geschlüpftes Küken schon haben nebst dem Wunsch, ein Hahn oder eine Henne zu werden? Abgesehen von einigen Rückzugsgefechten, verliess die Traumforschung nach und nach die Couch des Psychoanalytikers und wechselte ins neurobiologische Labor über.»[36]

Der Schlaf und seine Träume wurden in der Folge als ein Produkt der Umwelt des Tieres betrachtet.[37]

«Einschlafen bedeutet für ein Tier, dass bestimmte öko-ethologische Bedingungen erfüllt sind: die Abwesenheit von äusseren (Raubtieren) oder inneren Gefahren (Schmerzen), d. h. die Abwesenheit von Auslösern des Wecksystems. Es gibt also einen signifikanten Zusammenhang zwischen der Menge an paradoxem Schlaf (und damit an Gesamtschlaf) und Sicherheitsfaktoren. Der Schlaf ist somit der Hüter des paradoxen Schlafs, ein potentiell für das Überleben des Individuums risikoreicher Zustand, da die Weckschwelle erhöht ist und die wichtigsten Muskeln paralysiert sind.»[38]

Daher schläft (und träumt) die Hauskatze, die bereits in ihrer ursprünglichen Umwelt kaum Feinden ausgesetzt war und die jetzt von ihren menschlichen Gefährten mit Nahrung und Unterkunft versorgt wird, mehr als jedes andere Tier.

Zusammenfassend lässt sich sagen, dass die Schlafforschung in der ersten Hälfte des 20. Jahrhunderts den Schlaf von anderen geistigen und körperlichen Zuständen abgrenzte, damit er zu einem Objekt der Wissenschaft werden konnte. Einerseits war es durch die künstliche Umgebung von Mammoth Cave und der Schlaflaboratorien möglich, die Variablen, die den Schlaf beeinflussen können, zu kontrollieren. Andererseits konnte durch die vergleichende Forschung an Tieren der Schlaf mit dem Evolutionsdruck in Zusammenhang gebracht werden. Diese Bemühungen machten den Schlaf zu einem andersgearteten Gegenstand, einem, der in ein Set von Variablen eingebettet war, die kontrolliert und untersucht werden konnten, und der Teil der Naturgeschichte der Spezies war. Erst weitere Forschung wird zeigen können, ob die Einbettung des menschlichen Schlafes in die Evolutionsgeschichte eine Möglichkeit bot, die Toleranzgrenzen des Schlafentzuges – für Menschen und Tiere – abzustecken. Ich kam auf dieses Thema zu sprechen, als mir ein Schlafforscher sein Labor zeigte. Ich fragte ihn, ob das Militär, im Hinblick auf Ver-

---

36 Michel Jouvet, *The Paradox of Sleep. The Story of Dreaming*, Cambridge 1999, S. 121.
37 Hobson stellt die Sache etwas anders dar: Träume könnten Bewegungsprogramme aufzeigen, die für das Überleben notwendig sind. Allan J. Hobson, *Dreaming. An Introduction to the Science of Sleep*, Oxford 2002, S. 31. Detailliert geht er auf die Frage «Why did the analysis of dream content fail to become a science?» ein. Ebd., S. 17. Seine Antwort besagt, etwas vereinfacht, dass Gehirnzustände bestimmte Merkmale von Traumzuständen verursachen und dass keine andere Erklärung notwendig ist. Oder kurz zusammengefasst: Gehirnzustand gleich Geisteszustand. Ebd., S. 26 f.
38 Jouvet, *The Paradox of Sleep*, S. 52.

hörmethoden, die Schlafforschung finanziell unterstützt habe. Er verzog das Gesicht und sagte: «Mit dieser Frage sollten Sie sich an das Walter Reed Army Institute of Research wenden.» Von Jouvets Experiment, das die Wirkung des Schlafentzugs bei Katzen testete, ist es nur ein kleiner Schritt hin zur Frage, wo beim Menschen die Toleranzgrenze des Schlafentzugs liegt.

Für die zweite Hälfte des 20. Jahrhunderts sind viele Bemühungen auszumachen, die physiologischen Prozesse des Schlafes zu kontrollieren. Die Schlafforschung, Ärzteverbände und Regierungsbehörden spielten je eine eigene Rolle in der Verbreitung und Vermehrung von Wissen über den Schlaf, die Ursachen für Schlaflosigkeit und die zur Verfügung stehenden Behandlungsmöglichkeiten. Schon früh wurde die Schlafmedizin ein Fachgebiet, das sich auf die häufigsten Schlafstörungen wie Schlafapnoe, Narkolepsie und das Restless-Leg-Syndrom konzentrierte. Die Etablierung dieses Fachgebietes umfasste die Gründung eines Berufsverbandes, der Association of Sleep Disorders Centers[39] (1975), die Klassifizierung von Schlafstörungen in einer professionellen Taxonomie, die *Diagnostic Classification of Sleep and Arousal Disorders* (1979), die Entwicklung von Zertifikationsstandards und Richtlinien für «Schlaffachleute» (1977) sowie die Publikation einer eigenen Fachzeitschrift mit dem Titel *Sleep* (1978).[40]

Während dieser Zeit bemühten sich die Schlafforschenden darum, dass Schlafstörungen als Thema der öffentlichen Gesundheit anerkannt wurden. Dement setzte sich mit nachgerade missionarischem Eifer dafür ein, dass Schlafentzug als Sicherheitsrisiko behandelt wurde. Er berief sich auf Zeugenaussagen zur Exxon-Valdez-Katastrophe[41], die darauf hinwiesen, dass diese durch den Schlafmangel des Dritten Offiziers verursacht worden war, und er vertrat die Ansicht, dass Fernfahrende, Pilotinnen und Piloten, Kapitäninnen und Kapitäne sowie Zugführende sich selbst und die Öffentlichkeit aufs höchste gefährden würden, wenn sie nicht genügend Schlaf bekämen. Aus der Sicht Dements war es gefährlich, das Schlafbedürfnis zu vernachlässigen: "[The] brain keeps an exact accounting of how much sleep it is owed." Er fasste das Problem in einer ökonomischen Logik und betonte, dass das Gehirn kein nachsichtiger Kreditgeber sei: «Sleep debt [is] nature's loan shark», denn «accumulated lost sleep is like a monetary debt: It must be paid back».[42] Im Jahr 1985 sagte Dement vor dem Kongress aus, dass «our national sleep debt is a greater threat to our country than the national monetary debt». Es handle sich dabei um «[a] vital public health issue».[43]

Seine Bemühungen trugen Früchte. Die National Sleep Foundation wurde 1990 gegründet, die National Commission on Sleep Disorders Research (1993–1995) veröffentlichte den Bericht *Wake Up America: A National Sleep Alert* und im Jahr 1993 begründete der Kongress das National Center on Sleep Disorders Research.[44] Im Jahr 1987 wurden einige Schlafstörungen dem *Diagnostic and Statistical Manual for Mental Disorder III* (DSM-III) hinzugefügt, und weitere wurden 1994 im DSM-IV aufgenommen.[45] Die in die öffentliche Debatte zum Thema Schlafstörungen involvierten Fachleute versuchten nicht nur den Zusammenhang zwischen Schlaf und öffentlicher Sicherheit deutlich zu machen, son-

---

39 Diese Organisation trägt heute den Namen «American Academy of Sleep Medicine».
40 Dement und Vaughan schildern diese Entwicklungen detailliert in ihrem Buch The Promise of Sleep.
41 1989 löste der Öltanker Exxon Valdez eine der grössten Umweltkatastrophen aus, als er bei Alaska auf ein Riff auflief und tausende Tonnen Öl verlor.
42 Dement und Vaughan, *The Promise of Sleep*, S. 60.
43 Ebd., S. 63. Wie zuvor erwähnt, soll in Zukunft der bewusste Schlafentzug in militärischen Zusammenhängen erforscht werden. Es ist hinreichend belegt, dass Schlafentzug als Foltermittel in der Sowjetunion, in Abu Ghraib, Guantanamo Bay, in japanischen Kriegsgefangenenlagern im Zweiten Weltkrieg, in Südafrika unter dem Apartheidsystem in den 1960er Jahren und auch in China angewendet wurde und wird. Vgl. dazu Williams, *Sleep and Society*; Megan Lane und Brain Wheeler, «The Real Victims of Sleep Deprivation», *BBC News Online Magazine*, 8. 1. 2004, http://news.bbc.co.uk/2/hi/3376951.stm, 14. 9. 2010; Jonathan Watts, «Torture Still Widespread in China Says UN Investigator», http://www.guardian.co.uk, 3. 12. 2005, http://www.guardian.co.uk/world/2005/dec/03/china.jonathanwatts, 14. 9. 2010, sowie Jane Mayer, «The Experiment. A Reporter at Large», *The New Yorker*, 11. 7. 2005. Schlafentzug wird auch anschaulich in Fernsehshows wie *Solitary* (USA) und *Shattered* (Grossbritannien) thematisiert: Wer es länger ohne Schlaf aushält als die anderen Kandidatinnen und Kandidaten der Show, gewinnt einen Geldpreis.
44 Dement beschreibt diese Entwicklungen in The Promise of Sleep und in seiner Aussage vor dem Congressional Subcommittee on Health and the Environment. Vgl. dazu http://www.stanford.edu/~dement/testimony.html, 1. 8. 2007.
45 http://www.behavenet.com/capsules/disorders/dsm4TRclassification.htm#Sleep, 25. 8. 2010.

dern auch den Kongress und die Öffentlichkeit über den finanziellen Verlust aufzuklären, der durch Schlaflosigkeit verursacht werde: Dement zitierte die National Commission on Sleep Disorders und bezifferte die finanziellen Kosten von Schlafstörungen auf zehn Milliarden Dollar pro Jahr.[46]

Als die Anzahl der von Fachleuten betriebenen Schlaflabors zur Diagnose und Behandlung von Schlafproblemen zunahm, wuchs auch die Zahl der unterschiedlichen Schlafstörungen. Man spricht aktuell von mehr als 84 Schlafstörungen.[47] Mit der zunehmenden öffentlichen Wahrnehmung dieser neuen Schlafstörungen entstanden unzählige Websites, Nachrichtenforen, Chat-Rooms und Konsumentenschutzverbände, mittels deren sich Betroffene über ihre Erfahrungen mit Schlafstörungen und ihren Kampf dagegen austauschen können.

Insbesondere ab dem Jahr 2000 verstärkte die Pharmaindustrie ihre Anstrengungen, psychoaktive Medikamente gegen Schlafstörungen zu entwickeln und auf den Markt zu bringen. Eine kleine, aber breit beworbene Palette rezeptpflichtiger Medikamente, von denen behauptet wird, dass sie nicht abhängig machen würden und keine schwerwiegenden Nebenwirkungen hätten, erweiterte das Angebot pharmazeutischer Behandlungsmöglichkeiten von Schlaflosigkeit. «Ambien», «Sonata», «Lunesta» und «Rozerem» sind mittlerweile in den USA geläufige Produktenamen. Im Sommer 2007 enthielt die wöchentlich erscheinende amerikanische Ausgabe von Newsweek während mehrerer Wochen ganzseitige Anzeigen für Lunesta, Mirapex (gegen das Restless-Leg-Syndrom) und Ambien CR. Der Gesundheitsbericht des Marktforschungsunternehmens IMS des Jahres 2006 meldete, dass im besagten Jahr 42 Millionen Rezepte für Schlaftabletten ausgestellt worden waren, dies kam einem Anstieg von fast sechzig Prozent seit dem Jahr 2000 gleich.[48]

Wie im Fall von Medikamenten gegen Angstzustände, Depressionen oder bipolare Störungen standen der Pharmaindustrie nun Prognosen hinsichtlich der Entwicklung eines globalen Marktes für Schlafmittel zur Verfügung. Diese Prognosen, die von Marktforschungsunternehmen zu einem hohen Preis angeboten werden, verweisen auf die Grösse und die Rentabilität dieses potentiellen globalen Marktes.

DAS SCHLAFERLEBEN

Wie einleitend bereits erwähnt, ist der Schlaf zutiefst widersprüchlich. Der Schlafforscher Jouvet bezeichnete den Tiefschlaf als «paradox», weil der Körper dann am inaktivsten ist, wenn das Gehirn am aktivsten ist. Doch der Schlaf weist weitere Widersprüche auf: Er ist ein «wertvolles Gut», wie es die Dresdner und Londoner Ausstellung zu Schlaf und Traum formuliert hat. Doch er ist ein «Gut» wie kein anderes, denn um es zu bekommen, muss man davon ablassen, es haben zu wollen. Die sicherste Art, wach zu bleiben, besteht darin, sich darauf zu konzentrieren, dass man einschlafen *muss*!

---

[46] Dement und Vaughan, *The Promise of Sleep*, S. 5.
[47] «A Brief History of Sleep Medicine», Talk About Sleep, http://www.talkaboutsleep.com/sleep-disorders/archives/history.htm, 7. 7. 2007.
[48] Roger A. Ekirch, «Dreams Deferred», *The New York Times*, 19. 2. 2006.

Der Schlaf ist ein unbewusster Zustand, doch er ist zunehmend in den Fokus ausgefeilter, bewusster Selbstdisziplinierung und machtvoller Technologien geraten. Wie gehen Menschen, die den Ansprüchen von Arbeit, Familie, Gesundheit usw. genügen wollen, mit ihren Schlafstörungen um?

Für den Einstieg in die Untersuchung über den Schlaf als eine menschliche Erfahrung beziehe ich mich hauptsächlich auf den umfangreichen Austausch im Archiv des Sleepnet-Forums über Schlaflosigkeit. Sleepnet hebt sich von anderen Websites zu Schlafstörungen ab, da die Site, nebst Foren für Störungen wie Schlafapnoe, ein eigens für Schlaflosigkeit eingerichtetes Forum anbietet. Die Selbstselektion von Menschen, die unter Schlaflosigkeit leiden, erlaubt es mir, den Fokus auf die wichtigsten Schlafmedikamente zu richten und spezifischere Medikamente, wie solche gegen Schlafapnoe oder Narkolepsie, ausser Acht zu lassen. Das Archiv geht bis ins Jahr 1998 zurück und wird immer noch weitergeführt. Der Moderator, Mr. Sandman, gab mir die Erlaubnis, für diesen Beitrag aus den Foren von Sleepnet zu zitieren.[49] Der Reichhaltigkeit der Einträge steht der Nachteil der Anonymität gegenüber. Ich weiss nichts über den sozialen Status der User, noch weiss ich, ob es sich dabei nicht teilweise gar um Vertreter von verschiedenen Schlafmittelproduzenten handelt.

Im Grossen und Ganzen widerspiegeln die Foren die unzähligen Arten und Weisen, auf die Menschen unter Schlaflosigkeit leiden (Produktivitätsverlust, sie fühlen sich elend, sind gereizt usw.) und wie sie versuchen und versucht haben, diese zu überwinden. Verhaltensänderungstherapie, kognitive Verhaltenstherapie, Psychotherapie, Selbsthypnose, Kräuter, Medikamente, Ernährungsumstellung, Vitamine, Flüssigkeitszufuhr und Schlafhygiene lassen sich in zahllosen Kombinationen und Mengen auf der Kandidatenliste des Schlafmanagements finden. Hier ein Beispiel für den Grad an Angst und Frustration unter den Forumsmitgliedern:

«So schnell vergisst man alle Fortschritte, die man gemacht hat, und versinkt in Hoffnungslosigkeit. Doch dann kommt Panik auf: ‹Sollte ich einen Therapeuten finden? Sollte ich ein anderes Medikament ausprobieren? Mache ich in der kognitiven Verhaltenstherapie alles richtig? Bin ich streng genug mit mir selber? Soll ich mich noch weiter informieren oder versuchen, überhaupt nicht daran zu denken?›

Auch mit meinen Medikamenten bin ich an einem schwierigen Punkt angelangt. Ich will Ambien absetzen und nur Doxepin nehmen, bin aber mittlerweile so weit, dass beide gemeinsam nicht immer wirken, und wenn, dann kann ich trotzdem nicht durchschlafen. Wenn ich also Ambien absetze, dann weiss ich, dass ich – zumindest eine Zeit lang – nicht gut schlafen werde, und ich bin nicht bereit, auf das bisschen Schlaf, das ich bekomme, zu verzichten. Manchmal denke ich, ich hätte einen Abschluss in Pharmakologie verdient, so viele Kombinationen habe ich schon durchprobiert. Ich hätte gern einen Experten, der mir hilft, einen Plan auszuarbeiten, wenigstens was die Medikamente angeht. Aber die meisten wissen auch nicht mehr als ich.»

---

49 Bei den zitierten Forumsbeiträgen handelt es sich, soweit nicht anders ausgewiesen, um Einträge, die auf http://www.sleepnet.com/insomnia/insomniainf.html zwischen 2000 und 2006 verfasst wurden.

Hier einige Beispiele von Problemen, die im Forum am häufigsten genannt werden:

1) Bestimmte Nebenwirkungen eines Schlafmittels führen dazu, dass die Betroffenen zu einem anderen Medikament wechseln.[50]

«Viele wollten mich überzeugen, dass Ambien ein gutes Medikament ist. Vielleicht wirkt es ja bei manchen, für mich und meine Familie aber wurde es zum Alptraum. Meine Mutter, meine Schwester und ich nahmen/nehmen Ambien. Ich sagte nahmen, weil ich es abgesetzt habe. Ich bin stark abhängig von Ambien, und der Entzug ist schrecklich. Nachdem ich die Medikamente genommen habe, habe ich unglaublich gefährliche und demütigende Dinge getan. Zum Beispiel habe ich Leute angerufen, die ich sonst nie angerufen hätte, und zu ihnen Dinge gesagt, die ich sonst nie gesagt hätte; dies führte zu sehr unangenehmen Beziehungen und nötigte mir Erklärungen ab, warum ich angerufen hatte. Ich hatte sexuelle Kontakte, an die ich mich kaum mehr erinnern kann. Ich habe im Pyjama mitten in der Nacht meine Wohnung verlassen, um einkaufen zu gehen. Einmal habe ich die Wände meiner Wohnung mit Nagellack beschmiert. Ein Alptraum ... Ich habe gehört, dass Sonata eine gute Alternative sein soll. Erkundigt euch bei eurem Arzt ...»

2) Die Abhängigkeit von einem Schlafmittel verschlimmert letztlich die Schlaflosigkeit.

«Roger ... Dein Eintrag vom 22. 3. 2001 geht mir nahe. ‹Diejenigen, die Ambien Schlechtes nachsagen, sind meistens die, die es missbräuchlich oder über längere Zeit hinweg einnehmen.› Bevor ich begann Ambien einzunehmen, schlief ich nicht mehr als zwei Stunden pro Nacht, und das über sechs Monate hinweg. Man kann sich vorstellen, dass ich am Ende war und verzweifelt versucht habe, meine Schlaflosigkeit in den Griff zu bekommen. Bei mir hat Ambien sofort gewirkt. Ich schlief während zwei Wochen sieben bis acht Stunden pro Tag. In der darauffolgenden Woche setzte ich Ambien ab und konnte dann gar nicht mehr schlafen. Ich ging wieder zum Arzt, der mir versicherte, dass ich Ambien durchaus über längere Zeit hinweg einnehmen könne, ohne dass es nachteilige Auswirkungen haben würde. Aufgrund meiner persönlichen Erfahrung mit Ambien über 15 Monate hinweg kann ich sagen, dass die negativen Nebenwirkungen die sedative Wirkung übertreffen. Als ich erneut versuchte, Ambien ganz abzusetzen, konnte ich wiederum überhaupt nicht schlafen. Ich vermute, dass mein Körper bereits von Ambien abhängig ist. Meine *Warnung an alle chronisch Schlaflosen, die am Ende sind und verzweifelt versuchen zu schlafen: Ambien ist nichts für euch!!!* Ambien ist höchstens was für Menschen, die dann und wann vielleicht ein, zwei Tage nicht schlafen können.»

---

50 Schon früher bewegten sich die pharmazeutischen Firmen mit ihren Versprechungen in einem Grenzbereich: Die Website der Division of Drug Marketing, Advertising, and Communications (DDMAC) weist auf irreführende Werbung für Remeron, Sonota und Ambien hin.

3) Manche Menschen haben das Gefühl, durch die Einnahme von Schlafmitteln einen Kontrollverlust zu erleiden.

> «Die Sache ist die, dass es sich so anfühlte, als würden sie mich kontrollieren, und das will ich wirklich nicht, und ebenso wenig die *Kosten!* Ich schwöre, dass sich meine Schlaflosigkeit hundertmal verschlimmert hat, weil ich mich entschlossen habe, Medikamente zu nehmen. Wahrscheinlich würde es mir seit zehn Monaten besser gehen, wenn ich, als ich aus Vegas zurückkam, die Schlaflosigkeit einfach ausgehalten hätte und nicht gleich heulend zum Arzt gelaufen wäre. Ja, ich weiss, die heutige Nacht und die kommende Woche werden schlimm werden, aber ich bin gesund, habe alle Gliedmassen, kann sehen und riechen und lebe in der westlichen Welt, und dafür bin ich dankbar! Dennoch – kann mir jemand irgendwelche Tipps geben, wie ich die schlaflosen Nächte in der kommenden Woche oder so und den Entzug durchstehen kann … *denn ich schwöre, wie schlimm auch immer* die Dinge in Zukunft sein werden, ich werde nie wieder ein Schlafmittel nehmen. Mein Körper wird mir sagen, wann er schlafen will, natürlich werde ich mich wahrscheinlich fürchten und mir Sorgen machen … Aber ich werde ohne Medikamente auskommen, und sicher ist es besser so. Mit einer Entschuldigung für die Tipp- und Grammatikfehler (hatte eine schlechte Nacht letzte Nacht ‹lol›). Hoffe, ihr alle gewinnt dieses Psychospiel.»

4) Für viele Menschen besteht das eigentliche Problem der Schlaflosigkeit nicht darin, nicht schlafen zu können, sondern in den Ängsten und Sorgen, die den Schlaf begleiten. Diese Ängste beziehen sich oft auf eine verminderte Leistungsfähigkeit, genau denjenigen Punkt also, den die Schlafforschenden als einen relevanten Kostenfaktor im Gesundheitswesen identifizieren.

> «Wenn ich mir die Einträge anschaue, denke ich, dass viele von uns das gleiche Problem haben – eine eher irrationale Angst, nicht zu ‹funktionieren›, was immer das bedeutet. Es geht um Kontrolle und um Scham. Ich fürchte mich davor und schäme mich, wenn ich nicht funktioniere. Ich will nicht mal müde aussehen, weil andere Menschen sonst denken könnten, dass etwas nicht in Ordnung ist.»

> «Ich denke, es ist für mich sehr wichtig, dass ich meine Angst abgelegt habe, *ohne Schlaf nicht funktionieren* zu können. Das ist der springende Punkt. Schlechte Nächte sind sicher nicht gut, aber ich bin jetzt überzeugt, dass ich eigentlich auch alles mit nicht so optimalem Schlaf bewältigen kann, und das nimmt mir die Angst.»

5) Bei manchen Menschen ist die Angst vor der Schlaflosigkeit so gross, dass sie von einer Schlafphobie sprechen. Wenn bei diesen Menschen die Angst durch

Medikamente oder andere Massnahmen vermindert werden kann, löst sich das Problem meist von selber.

> «Seit Jahren habe ich Probleme einzuschlafen, durchzuschlafen usw. Und es hat mir grosse Sorgen bereitet. Allein der Gedanke an eine weitere schlaflose Nacht hat so grossen Stress ausgelöst, oder auch dass ich am Morgen einen Termin hatte, dass ich mich so um meinen Schlaf sorgte, dass ich überhaupt nicht schlafen konnte. Ich habe mich wirklich über alles informiert, was es so gibt, Schlafhygiene usw. und befolgte alle Regeln aus ‹Say Goodnight to Insomnia›. Nichts half. Bis ich eine Angstspezialistin fand. Sie behandelte meine Schlaflosigkeit als Phobie. Eine Phobie vor dem ‹Nichtchlafen-Können›. Und darauf reagiere ich viel besser als auf alle anderen Programme gegen Schlaflosigkeit. Diese Programme empfehlen ja oft aufzustehen, wenn man nicht schlafen kann, und irgendwas zu tun, bis man müde wird und dann zurück ins Bett zu gehen. *Völlig falsch!* Das funktioniert nicht, wenn man eine Phobie hat. Man muss sich der Angst stellen.»

Dies ist nicht leicht: Man muss die Angst oder Phobie überwinden, die einen am Schlafen hindert. Gleichzeitig jedoch sollte der Schlaf unbeeinträchtigt von den Nebenwirkungen der Medikamente oder von der Angst vor dem Kontrollverlust sein, die durch die Medikamenteneinnahme ausgelöst werden kann. Dazu kommt, dass letzten Endes für viele der «natürliche Schlaf» das Objekt der Begierde ist (dazu weiter unten noch mehr). Doch «natürlicher Schlaf» stellt sich nicht durch Selbstbeherrschung ein, sondern nur, wenn man in der Lage ist, die Kontrolle abzugeben und loszulassen. Schlaf bekommt man, wenn er als Managementproblem betrachtet wird, nicht in den Griff: Keine Managementtechnik kann das leisten, was sich die Menschen zu wünschen scheinen, nämlich einen Zustand, den man gerade nicht kontrollieren muss. Es besteht zwar ein grosses Verlangen nach diesem imaginierten Zustand absoluter Gelöstheit, einen Weg, diesen zu erreichen, gibt es jedoch nicht.

DAS TRAUMERLEBEN

Wir haben gesehen, dass die Schlafforscher ihr Interesse am Inhalt der Träume verloren, als sie quantifizierbare Daten über die Gehirnfunktionen während des Schlafes erheben konnten. In den persönlichen Berichten über Schlaflosigkeit hingegen zeigt sich deutlich, dass sich die Betroffenen mit ihren Träumen beschäftigen, entweder weil die Medikamente schreckliche Alpträume auslösen oder das Träumen ganz unterdrücken.

Es ist bekannt, dass Ambien, das Schlafmittel mit dem höchsten Marktanteil, Traumstörungen verursachen kann. Die Menschen klagen darüber, dass der Inhalt ihrer Träume durch die Einnahme von Ambien beeinflusst wird:

Die Träume werden lebhaft, voller Gewalt, bizarr, realistisch, sonderbar, abwegig oder verängstigend. Oder, was ebenso erschreckend sein kann: Manche träumen überhaupt nicht mehr, wenn sie Ambien einnehmen, haben jedoch schreckliche Alpträume, sobald sie es absetzen.

In der Absicht, jeden Wettbewerbsvorteil zu nutzen, wird für Rozerem, ein neues Schlafmittel, damit geworben, dass es die Verbindung der Schlafenden zum Unbewussten, zum Reich der Träume und Wünsche, wiederherstellen kann. In einem breit ausgestrahlten Fernsehspot beschwören zwei Traumfiguren in Gestalt von Abraham Lincoln und einem Biber einen von Schlaflosigkeit gequälten Mann, doch mit ihnen Schach zu spielen, wie er dies in seinen Träumen sonst immer getan habe: "Your dreams miss you." Die Botschaft der Rozerem-Werbung ist, dass dieses Medikament uns den Schlaf zurückbringt *und* uns mit unserer Traumwelt wiedervereint und nicht wie Ambien Alpträume hervorruft. Interessanterweise zeigt dieser Werbespot sprichwörtlich den amerikanischen Traum mit Abe Lincoln als Selfmademan und dem schwer arbeitenden kleinen Baumeister, dem Biber. Der ausschlaggebende Punkt ist, dass wir nicht aufgerufen werden, uns auf unsere eigenen Wünsche, worin sie auch immer bestehen mögen, zu konzentrieren. Vielmehr werden wir aufgerufen, unsere Wünsche auf das Medikament und den von ihm versprochenen Schlaf zu richten. Doch Abe Lincoln und der Biber, diese Ikonen des Arbeitseifers und der Selbstbestimmung, sind sicher nicht Inhalt der Träume und Hoffnungen aller Amerikanerinnen und Amerikaner.

WUNSCH UND REALITÄT

Der Aufmacher zur Ausstellung «Schlaf und Traum» in Dresden und London schreibt der «Globalisierung» eine wichtige Rolle zu:

> «Die Globalisierung mit ihren Ansprüchen an Mobilität und flexible Terminpläne hat nicht nur die Arbeitswelt revolutioniert, sondern ihr Tempo auch unserem Biorhythmus und unserem Schlafbedürfnis aufgezwungen. Angesichts dieser Entwicklungen wird Schlaf zu einem immer wertvolleren Gut. Er wird der Schlüssel zum Wohlbefinden und zur Leistungsfähigkeit des Individuums und der Gesellschaft insgesamt.»

An keine Zeitzone und keinen Ort gebunden, sollen wir uns frei durch Raum und Zeit bewegen. Der Ausstellungsbeschrieb geht davon aus, dass die Globalisierung Einfluss auf unseren Biorhythmus nehmen kann. Ich ziehe es vor, danach zu fragen, wie die Menschen auf die Anforderung reagieren, in Bezug auf die globalen Entwicklungen einen bestimmten Biorhythmus entwickeln zu müssen. Die Anforderungen und die Reaktionen darauf nehmen selbstverständlich je nach Position einer Person innerhalb der sozioökonomischen Hierarchie der USA unterschiedliche Formen an.[51]

---

[51] Ein wichtiges Thema, auf das ich hier nicht eingehen kann, ist, wie gewisse Kategorien von Menschen in die Rolle der «unangemessenen» oder «ungeübten, unausgebildeten» Schläfer gedrängt werden. So zum Beispiel Säuglinge: Tausende von Büchern und Artikeln befassen sich damit, wie Eltern ihre Säuglinge zu einem «normalen» Schlafrhythmus erziehen können, der mit den an die Eltern gestellten Anforderungen übereinstimmt. Dann gibt es beispielsweise Teenager, die für ihre unregelmässigen Schlafgewohnheiten berüchtigt sind (an die sich nun manche Schulsysteme anpassen). Es gibt auch unterschiedliche nationale Schlafgewohnheiten wie in Spanien die Siesta, die vor kurzem unter Beschuss stand, weil sie die Produktivität des Landes unterminieren soll, oder in Japan das Nickerchen, das man als Zeichen für Arbeitseinsatz und Fleiss interpretiert. Zu Spanien vgl. Renwick McLean, «For Many in Spain, Siesta Ends», *The New York Times*, 1. 1. 2006, http://www.nytimes.com/2006/01/01/world/europe/01iht-spain.html, 14. 9. 2010; zu Japan vgl. Steger, «Getting Away with Sleep».

Zu denjenigen, die am wenigsten Einfluss auf ihre Arbeitsbedingungen nehmen können, ohne ihren Lebensunterhalt zu gefährden, gehören die Schichtarbeitenden. Sleepnet widmet ihren Sorgen und Nöten und ihrem Kampf im Umgang mit den extremen Arbeitszeiten ein ganzes Forum.[52]

Diese extremen und zum Teil ständig wechselnden Arbeitszeiten wirken sich oft sehr negativ auf die Betroffenen aus: Sie schildern unter anderem körperliche Beschwerden, Angstzustände und Konflikte in der Familie. In den USA gibt es für Schichtarbeit im Allgemeinen keine Sonder- oder Härtezulagen.

Am oberen Ende der sozioökonomischen Hierarchie befindet sich hingegen die Klientel für luxuriöse Schlafmöglichkeiten in Flugzeugen und Hotels. Obwohl auch Führungskräfte und Angestellte grosser Firmen kaum darüber entscheiden können, wann und wohin sie reisen, vermitteln die Werbespots von Fluglinien wie Singapore Airlines, EOS, United etc. ein ganz anderes Bild: Sie zeigen, wie ihre Klientel auf den Transatlantikflügen ganz nach Belieben arbeitet und schläft. Schlaf wird zu einem «immer wertvolleren Gut», wie die Ausstellung «Schlaf und Traum» betont, daher macht es auch Sinn, dass Wohlhabende so dargestellt werden, als könnten sie mehr davon kaufen. Wie gut die EOS-Kunden in ihren flachen Betten wirklich schlafen und was sie dazu benötigen, um gut zu schlafen, wissen wir natürlich nicht. In ähnlicher Weise bemühen sich Luxushotels, deren Zielklientel wohlhabende Geschäftsreisende sind, um die externe Schlafumgebung ihrer Kunden. Sie bieten immer luxuriösere Matratzen, Kopfkissen und Laken an. Einige Hotels haben eine oder einen «Kopfkissen-Concierge», der oder die den Gast in Bezug auf das beste Kopfkissen berät, und manche bieten auch eine Kostenrückerstattung an, wenn man nicht so gut schläft wie zu Hause.[53]

Ungeachtet der sozialen Position – ob es sich nun um Schichtarbeitende oder CEOs handelt – lassen sich zwei weitere Subjektpositionen feststellen, die sich nicht einfach passiv den Zwängen, die das Tempo der Globalisierung unseren Biorhythmen auferlegt, unterwerfen, sondern sich vielmehr aktiv an diesen Prozessen beteiligen. Beide dieser Subjektpositionen ringen ebenfalls mit den Paradoxien des Schlafes. Die erste Position betrifft den Wunsch nach «natürlichem Schlaf». Viele Betroffene wünschen sich, die «unnatürlichen» pharmazeutischen Substanzen abzusetzen, und auf «natürliche» Art und Weise zu Schlaf zu kommen. Die zweite Subjektposition, auf die ich weiter unten kurz eingehen werde, betrifft die Menge Schlaf, die ein Mensch benötigt. Sie erlaubt es den betreffenden Personen, sich vorzustellen, dass die Verminderung der Schlafzeit die produktive oder kreative Arbeitszeit entsprechend erhöhen würde.

Diejenigen Personen, die auf Sleepnet den Wunsch nach natürlichem Schlaf aussprechen, möchten meist nicht auf Schlafmittel angewiesen sein oder sie fürchten sich davor, abhängig zu werden. Die Nebenwirkungen der Medikation (die Notwendigkeit, die Dosis ständig erhöhen zu müssen, Traummangel, Schlafwandeln, Müdigkeit am nächsten Tag usw.) sind ebenfalls ein

52 Zwei Beispiele aus diesem Forum: Ein Rettungssanitäter beispielsweise ist achtzehn Stunden im Einsatz, hat sechs Stunden frei, ist wieder zwölf Stunden im Einsatz, hat wieder zwölf Stunden frei, ist zwölf Stunden im Einsatz und hat danach sechs Stunden frei. Ebenfalls ein Problem stellen ständig wechselnde Arbeitszeiten dar: Mo–Fr: 16–24 Uhr, So–Do: 23.30–9 Uhr, Sa–So: 8.30–16.30 Uhr, Mo–Mi: 16–24 Uhr, dann vier Tage frei, Mo–Fr: 8.30–16.30 Uhr.
53 Terry Trucco, «Pillow Talk for the Weary», *The New York Times*, 17. 11. 2007.

häufig genannter Grund für den Wunsch nach natürlichem Schlaf. Hier ein leidenschaftliches Zeugnis dafür auf Sleepnet:

> «Ich dachte, ich wäre der Mensch, der am wenigsten schläft auf dieser Welt, und dass nichts, ausser einem Schlag mit dem Hammer, mich zum Schlafen bringen könnte. Die Medikamente abzusetzen war die beste Entscheidung, die ich je getroffen habe, und ich hoffe, sie wird es auch für dich sein! Ich weiss, dass es hart ist, ich habe es gerade vor fünf Monaten durchgestanden ... Du wirst versuchen, dich selbst zu betrügen, aber probier einfach jedes Mal, wenn dir das passiert, dich daran zu erinnern, warum du aufgehört hast, die Medikamente zu nehmen: Weil dir klar wurde, dass sie nicht die richtige Antwort auf deine Schlaflosigkeit sind. Wenn du sie wieder einnimmst, beginnt alles nur von vorne. Cindy, es gibt die Hoffnung, dass der natürliche Schlaf sich letzten Endes wieder einstellen wird, und ich bin der lebende Beweis dafür.»

Hier einige Hinweise darauf, was Menschen durchstehen müssen, bis sie wieder medikamentenfrei «natürlich» schlafen:

> «Irgendwann kann ich ohne Medikamente einschlafen. Dieser Zustand stellt sich gewöhnlich ein, nachdem ich halluzinierend dasitze, heftige Zitteranfälle hinter mir habe, wie besessen bin, einige Tage immer wieder erbrechen musste, und all dem Rest, von dem ich sicher bin, dass die meisten Menschen in diesem Forum ihn kennen. Der Körper wird sich den natürlichen Schlaf holen, auch wenn der Zeitpunkt vermutlich von Mensch zu Mensch anders ist ... Das wiederholt zumindest mein Arzt ständig. Ich mache diese Phasen der Schlaflosigkeit immer wieder durch und versuche auch wegen meiner Angst vor Kontrollverlust, bei der es um den Schlaf und Schlafmittel geht, ohne Medikamente auszukommen.»

Selbstverständlich existiert der «natürliche» Schlaf als eine Kategorie erst, seit er von anderen Arten von Schlaf unterschieden wird, hauptsächlich vom «medikamentösen Schlaf». Wie ein Teilnehmer auf Sleepnet schreibt: «Schlaf nach der Einnahme von Medikamenten ist nicht wie natürlicher Schlaf.» Da die Bedeutung von «natürlichem» Schlaf auf seiner Einordnung innerhalb eines Systems kultureller Kategorien beruht, ist er alles andere als natürlich. Tatsächlich beschreiben die Verfechter des natürlichen Schlafs ihn mit den gleichen Begriffen, wie die oben zitierten Schlafforscher.

> «Im natürlichen Schlaf durchläuft das Gehirn 90-minütige Zyklen von Alpha nach Delta, dies ist der Tiefschlaf. Der REM-Schlaf, der die letzte Phase des 90-minütigen Zyklus darstellt, in dem man träumt, ist notwendig, damit man sich erholt fühlt. Leider verhindern viele Schlafmittel diesen Delta- und auch den REM-Schlaf, deshalb fühlt man sich oft müde.»

Die meisten Leute versuchen den «medikamentösen» Schlaf zu vermeiden. Aber die Alternative dazu – der «natürliche» Schlaf – ist ebenfalls Produkt eines technologischen Prozesses. Der «natürliche» Schlaf ist das Ergebnis von wissenschaftlichen Entdeckungen und wird in wissenschaftlichen Begriffen beschrieben, durchsetzt mit numerischen Messungen der Schlafphasen, die oft als Normen gesetzt werden: so und so viele Minuten pro Phase, so viel REM-Schlaf usw. Die Betroffenen, die einen Entzug hinter sich bringen, um endlich «natürlich» zu schlafen, erreichen also doch nur einen Schlaf, der durch wissenschaftliche Forschung definiert ist. Weil diese Forschung Normen geschaffen hat, die alles andere als «natürlich» sind, entkommt uns der natürliche Schlaf einmal mehr.

Vertreter der zweiten Subjektposition, die oben bereits erwähnt wurde, hegen auf Sleepnet den Wunsch, sich selber dazu zu trainieren, weniger Schlaf zu brauchen. Dies ist zwar ein weniger häufiges, aber dafür durchgängig präsentes Thema in den Newsgroups. Es ist deshalb von Bedeutung, weil diese Menschen versuchen, aktiv eine Form von «globaler Körperschaft» zu bilden, die sich durch weniger Schlaf in ihrer Leistungsfähigkeit nicht beeinträchtigt fühlt.

> «Obwohl ich an sich nicht an Schlafstörungen leide, fragte ich mich, ob mir jemand Rat geben könnte. Es frustriert mich, dass ich so viel Zeit verschlafe, denn ich bin ansonsten ein sehr aktiver Mensch. Ich habe von Menschen gehört, die über Jahre hinweg erfolgreich mit drei oder vier Stunden Schlaf pro Nacht auskommen.»

Der betreffende User fragt sich: «Kann man ‹lernen›, weniger zu schlafen? Haben nur, sagen wir mal, vier Stunden Schlaf pro Nacht für die Gesundheit irgendwelche negativen Langzeitwirkungen? Brauchen wir mehr oder weniger Schlaf, wenn wir fit sind, als wenn wir nicht fit sind?» Der Moderator des Forums antwortete folgendermassen: «Die Frage, wie man mit weniger Schlaf auskommen könnte, beschäftigt viele, aber ich kenne niemanden, der sie beantworten könnte.» Da sich der Schlaf selbst nicht kontrollieren lässt, liegt die einzige Möglichkeit, die Kontrolle über die Situation zu behalten darin, seinen Bedarf an Schlaf zu kontrollieren.

SCHLUSSBEMERKUNGEN

Ich habe diese Geschichte des Schlafes als eine Reihe von Versuchen skizziert, die äusseren und inneren Schlafumgebungen einem stetig zunehmenden Management und immer grösserer Kontrolle zu unterwerfen. Aufgrund der Paradoxie, dass man nur schlafen kann, wenn man aufhört, schlafen zu wollen, führt der Versuch, ihn völlig zu kontrollieren, nur zu immer grösserer Frustration. Immer bessere Matratzen; immer luxuriösere Bettwaren; Wissen über den schlafenden Körper, seine Atmung, seinen Herzschlag, seine Hirnaktivität und seine Temperatur; Medikamente, die uns schlafen lassen, aber unsere Träume beinträchtigen; Medikamente, die uns schlafen lassen, aber Rozerem-Träume verursachen. Eins folgt aufs andere in diesem unablässigen Suchen nach einer Lösung, in der der Schlaf zu einer Ware wird, nach der wir scheinbar greifen können. Unter dem Zwang von Schichtarbeit und weltweiten Geschäftsreisen, getrieben durch den Anspruch und die Notwendigkeit, leistungsfähig zu sein, versuchen wir, verzweifelter denn je, zu schlafen. Charakteristisch für unsere Zeit ist das wiederholte, fast mechanische Hervorbringen von immer neuen Hilfsmitteln, die uns den Schlaf erleichtern sollen. Wie die hier zusammengeführten Aussagen belegen, ist dies zum Scheitern verurteilt und erzeugt nur immer grössere Verunsicherung und Angst. An die Stelle des Charmes des Erst- und Zweitschlafs der vorindustriellen Zeit ist ein komplexes Managementprojekt getreten, das Nacht für Nacht für Nacht erneut in Angriff genommen werden muss. Die Schlafforschung versucht, der Natur des Schlafes auf die Spur zu kommen, indem sie ihn zu einem Objekt macht, das unter kontrollierten Bedingungen untersucht werden kann, während die Ergebnisse als breit angelegte Managementtechnologien der öffentlichen Gesundheit, der Pharmaforschung und des Militärs nutzbar gemacht werden können. Die soziale Organisation von acht Stunden Schlaf pro Tag, für die früh schon Arbeitsvertretende sowie Utopistinnen und Utopisten eingetreten sind, liegt mittlerweile in der Verantwortung jeder und jedes Einzelnen. Diese Verantwortung bringt es mit sich, dass wir unsere Tagesaktivitäten (Essen, Trinken, körperliche Ertüchtigung), unseren psychischen Zustand (Stimmung, Angst, Stress) und unsere Träume kontrollieren, eine Kontrolle, die sich paradoxerweise nicht auf den Schlaf erstrecken lässt. Nichtsdestoweniger sind die Menschen ausserordentlich bemüht, ihren Schlaf zu managen, um den Leistungsansprüchen der Arbeitswelt oder der Familie sowie Bildungsansprüchen besser genügen zu können. Kurz gesagt: Der Schlaf wurde zu einem komplexen Managementprojekt und der Traum – dieser Raum der Phantasien und Wünsche – wurde zu einem neuronalen Vorgang, bewohnt von den Ikonen des amerikanischen Traumes.

Beatrix Rubin

DAS MENSCHLICHE GEHIRN IM WANDEL
Zur Entstehung des Forschungsfeldes der adulten Neurogenese

"The brain is the organ that sets us apart from any other species. It is not the strength of our muscles or of our bones that makes us different, it is our brain."[1]

"The brain is a far more open system than we have ever imagined, and nature has gone very far to help us perceive and take in the world around us. It has given us a brain that survives in a changing world by changing itself."[2]

Die wachsende Bedeutung des Konzepts der Plastizität in der Neurobiologie verweist auf einen grundlegenden Wandel im wissenschaftlichen Verständnis des menschlichen Gehirns. Im Gegensatz zur Vorstellung eines strukturell stabilen adulten Gehirns, die über weite Teile des 20. Jahrhunderts unangefochten blieb, gewinnt gegenwärtig die Auffassung eines lebenslang plastischen Gehirns zunehmend an Bedeutung. Laut neueren Erkenntnissen können nicht nur die Funktionen bestimmter Hirnregionen, sondern auch deren Strukturen veränderten Bedingungen angepasst werden. Diese Einsicht steht im deutlichen Widerspruch zur tradierten Vorstellung der strukturellen Plastizität als einer Eigenschaft, die in erster Linie in der Entwicklung des Nervensystems eine Rolle spielt und Voraussetzung dafür ist, dass sich die individuellen Eigenschaften, die das menschliche Gehirn auszeichnen, in Kindheit und Jugend ausbilden können. Der spezifische Aufbau des Gehirns, während der Entwicklung erworben, bleibt demzufolge lebenslang bestimmend. Die Plastizität des adulten Gehirns beschränkt sich hingegen auf funktionelle Veränderungen innerhalb eines strukturell weitgehend stabilen Netzwerkes. Dieses Verständnis von Plastizität wird gegenwärtig durch ein neues Konzept abgelöst. Dies geht von einem weit höheren Mass an Veränderungs- und damit auch Anpassungsfähigkeit des Nervensystems aus, das während der gesamten Lebenszeit des Organismus Bestand hat.

Ich werde am Beispiel des Gebiets der adulten Neurogenese die Bedingungen und Folgen einer neuen Konzeptualisierung der Plastizität analysieren.[3] Die differenzierte Auseinandersetzung mit der Entwicklung dieses Gebiets ermöglicht eine fokussierte Untersuchung der Plastizität als ein zentrales Konzept der Neurowissenschaften, das in einer Vielzahl von Forschungszusammenhängen denk- und handlungsanleitend ist.[4] Ich werde beschreiben, auf welche Weise die funktionelle Integration von neu gebildeten Neuronen im adulten Gehirn von einer Anomalie zu einer wissenschaftlich anerkannten

---

[1] Pasko Rakic zitiert in Michael Gazzaniga, «Are Human Brains Unique?», Edge. The Third Culture, 4. 10. 2007, http://www.edge.org/3rd_culture/gazzaniga08/gazzaniga08_index.html, 11. 1. 2011.

[2] Norman Doidge, *The Brain That Changes Itself. Stories of Personal Triumph from the Frontiers of Brain Science*, New York 2007, S. 26.

[3] Der vorliegende Beitrag ist eine übersetzte und grundlegend überarbeitete Version des Artikels «Changing Brains: The Emergence of the Field of Adult Neurogenesis», erschienen in *Biosocieties* 4 (4), 2009, S. 407–424.

[4] Plastizität kann als *das* Konzept für biologischen Wandel in den Neurowissenschaften beschrieben werden. Der Begriff besitzt eine grosse Vielfalt an neurobiologischen Bedeutungen. Im biologischen Denken bildet Plastizität sowohl die Basis für die Entwicklung des Nervensystems als auch für Lernprozesse und Gedächtnisbildung und spielt darüber hinaus eine entscheidende Rolle bei Verletzungen und Traumata. Plastizität beinhaltet eine funktionelle und eine strukturelle Dimension und umfasst alle Ebenen der Organisation des Nervensystems, die in den Neurowissenschaften untersucht werden; vom Wandel durch Anpassung auf molekularer und zellulärer Ebene bis hin zur Reorganisation ganzer neuronaler Netzwerke. Zum vielfältigen Gebrauch des Konzeptes der Plastizität in den Neurowissenschaften siehe Bruno Will et al., «The Concept of Brain Plasticity. Paillard's Systemic Analysis and Emphasis on Structure and Function (Followed by the Translation of a Seminal Paper by Paillard on Plasticity)», in: *Behavioral Brain Research* 192, 2008, S. 2–7, sowie ders. et al., «Reflections on the Use of the Concept of Plasticity in Neurobiology. Translation and Adaptation by Bruno Will, John Dalrymple-Alford, Mathieu Wolff and Jean-Christophe Cassel from J. Paillard, J Psychol 1976; 1: 33–47», in: *Behavioral Brain Research* 192, 2008, S. 7–11.

Tatsache und zum Fokus eines rasch expandierenden Forschungsfeldes werden konnte.[5] Die Entstehung des Forschungsgebiets der adulten Neurogenese Ende des 20. Jahrhunderts kann mit Ludwik Fleck als Bildung eines neuen Denkkollektivs begriffen werden. Die Etablierung dieses Denkkollektivs stellt ein wichtiges Element einer grundlegenden Veränderung des Denkstils in den Neurowissenschaften dar. Laut Fleck ist ein Denkstil «die Gesamtheit geistiger Bereitschaften, das Bereitsein für solches und nicht anderes Sehen und Handeln».[6] Nikolas Rose betont, dass nicht nur die Erkenntnisse durch den jeweiligen Denkstil geprägt sind, sondern auch die Wahl der Forschungsfragen und Forschungsgegenstände durch ihn bestimmt werden: "A style of thought is not just about a certain form of explanation, about what it is to explain, it is also about what there is to explain. That is to say, it shapes and establishes the very object of explanation, the set of problems, issues, phenomena that an explanation is attempting to account for."[7]

Ich werde mich mit der Wertung spezifischer Wissensbestände und der sich daraus ergebenden Setzungen am Beispiel der Forschung zur adulten Neurogenese auseinandersetzen. Die Untersuchung legt dar, auf welche Weise die Entwicklung des Gebiets durch die Vorstellung geprägt wurde, dass die Komplexität des hochentwickelten Nervensystems der Primaten – darunter insbesondere das des Menschen – eine eingeschränkte strukturelle Plastizität bedingt. Ich werde nicht nur analysieren, wie durch diese Auffassung die Entwicklung der Forschung in der zweiten Hälfte des 20. Jahrhunderts entscheidend beeinflusst wurde, sondern auch auf welche Weise sich ein grundlegender Wandel des Denkstils vollziehen konnte, der sich in einem neuen Verständnis der Plastizität und damit auch einer veränderten Vorstellung des menschlichen Gehirns manifestiert.

Der Tatsache, dass ein wandlungsfähiges Gehirn für therapeutische Massnahmen weitaus zugänglicher ist als ein nicht mehr veränderungsfähiges Gehirn, messe ich in der Entwicklung der adulten Neurogenese eine entscheidende Bedeutung zu. Nur ein strukturell plastisches Gehirn kann auf funktioneller und struktureller Ebene auf therapeutische Interventionen ansprechen. Ich werde zeigen, dass – im Fall der Forschung zur adulten Neurogenese – die neue Betrachtungsweise der Hirnplastizität nicht nur eine weitere Öffnung der Neurowissenschaften gegenüber neuen therapeutischen Ansätzen bedingte, sondern darüber hinaus auch eine ausschlaggebende Rolle für die Denkstilumwandlung spielte. Sie erst ermöglichte es der Neurobiologie, die Sonderstellung des Menschen, die sich in ihrem Verständnis in der begrenzten strukturellen Plastizität seines Gehirns widerspiegelt, zugunsten neuer medizinischer Behandlungsmöglichkeiten aufzugeben. Die folgenden Ausführungen machen deutlich, dass dies ein schwieriger und langwieriger Prozess ist und dass das Bemühen, um eine neurobiologisch begründete Sonderstellung des Menschen auch in der Forschung der Gegenwart präsent ist.[8]

---

5 Die neurowissenschaftliche Forschung zur adulten Neurogenese umfasst zwei Untersuchungsebenen, zum einen eine deskriptive Ebene, das heisst die Identifizierung von neu entstandenen Neuronen an bestimmten Orten im erwachsenen Gehirn, zum anderen eine funktionelle Ebene, also die Erforschung der physiologischen Funktion der neugebildeten Neuronen.
6 Ludwik Fleck, *Entstehung und Entwicklung einer wissenschaftlichen Tatsache. Einführung in die Lehre vom Denkstil und Denkkollektiv*, Frankfurt am Main 1980, S. 85.
7 Nikolas Rose, *The Politics of Life Itself. Biomedicine, Power, and Subjectivity in the Twenty-First Century*, Princeton 2007, S. 12.
8 Um die Veränderung im Denkstil aus unterschiedlichen Perspektiven zu fassen, habe ich sowohl neurowissenschaftliche Literatur als auch wissenschaftliche und populäre Besprechungen neurowissenschaftlicher Forschung für die Untersuchung herangezogen.

DAS DOGMA: DAS MENSCHLICHE GEHIRN BESITZT EINE KONSTANTE ANZAHL AN NEURONEN

Zu Beginn des 20. Jahrhunderts entwickelte sich die Vorstellung des adulten Säugetiergehirns als ein weitgehend unveränderliches Netzwerk, das aus einer konstanten Anzahl von Neuronen gebildet wird.[9] Die Bildung von neuronalen Zellen während der frühen Entwicklung des Organismus und die darauf folgende Eliminierung von überschüssigen Zellen sowie die Bildung von spezifischen Kontakten zwischen den verbleibenden Neuronen werden bis heute als zentral in der Ausbildung des Nervensystems angesehen. Bis in die 1990er Jahre ging man jedoch davon aus, dass sich die Fähigkeit zur neuronalen Erneuerung bei Säugetieren mit dem Abschluss der postnatalen Entwicklung gänzlich verliert. In diesem Zusammenhang wurde das vollständig entwickelte Gehirn als ein komplexes und stabiles Netzwerk von Milliarden von Zellen verstanden, die spezifische Funktionen innerhalb unterschiedlicher Bereiche des Gehirns ausüben. In diesem Netzwerk stehen die Nervenzellen über spezifische Kontakte, die so genannten Synapsen, miteinander in Verbindung. Die Synapsen ermöglichen den Informationsaustausch zwischen den einzelnen Neuronen. Die Fähigkeit des entwickelten Gehirns, Erinnerungen zu speichern, neue Fähigkeiten zu erwerben oder sich einer veränderten Umwelt anzupassen, beruht auf der Modulation der Signalübertragung zwischen den Synapsen. Dem traditionellen Denkstil folgend, bestimmen diese Anpassungen letztlich darüber, auf welche Weise Informationen im Gehirn übertragen und gespeichert werden können. Die biologischen Mechanismen der Plastizität wurden beinahe das gesamte 20. Jahrhundert hindurch im Sinne einer Veränderung der synaptischen Verbindungen als so genannte funktionelle Plastizität eines ansonsten unveränderlichen Netzwerks erforscht und beschrieben.[10]

Die Vorstellung eines konstanten neuronalen und nicht erneuerungsfähigen Netzwerks spiegelt sich auch in einer häufig zitierten Aussage des Nobelpreisträgers und einflussreichen Anatomen des Nervensystems Santiago Ramón y Cajal wider: "Once development has ended, the fonts of growth and regeneration of the axons and dendrites dried up irrevocably. In adult centers, the nerve paths are something fixed and immutable: *everything may die, nothing may be regenerated.*"[11]

Diese Passage findet sich am Ende eines Berichts aus dem Jahr 1928 über umfangreiche Untersuchungen zu verschiedenen Formen von Läsionen und deren Folgen für die Ausbildung des Nervensystems bei höheren Wirbeltieren.[12] Ramón y Cajal führte die Abwesenheit von Regeneration auf zellulärer Ebene auf den Umstand zurück, dass Neuronen als hochdifferenzierte Zellen ihre Fähigkeit zur Vermehrung zugunsten einer spezifischen zellulären Funktion eingebüsst haben. Diese Auffassung hat auch noch heute Bestand in der Neurobiologie. Aufgrund der Tatsache, dass neuronale Vorläuferzellen, die neue Neuronen bilden können, identifiziert werden konnten, kommt ihr in den

---

9 Gerd Kempermann, *Adult Neurogenesis. Stem Cells and Neuronal Development in the Adult Brain*, Oxford 2006, S. 22–49.
10 Giovanni Berlucchi und Henry A. Buchtel, «Neuronal Plasticity. Historical Roots and Evolution of Meaning», in: *Experimental Brain Research* 192, 2009, S. 307–319.
11 Santiago Ramón y Cajal, *Degeneration and Regeneration of the Nervous System*, New York 1928, S. 750 (Hervorhebung durch die Autorin).
12 Für diese Experimente wurden dem Versuchstier verschiedene Verletzungen in unterschiedlichen Teilen des Nervensystems zugefügt. Nach einer bestimmten Zeitdauer wurde das Tier getötet und das Gewebe behandelt und gefärbt, um die Veränderungen in der Gewebestruktur sichtbar zu machen. Die Gewebeschnitte wurden hinsichtlich des Auftretens regenerativer Ereignisse wie beispielsweise die Neubildung neuronaler Prozesse untersucht.

gegenwärtigen Diskussionen zur Regeneration des Nervensystems jedoch ein völlig anderer Stellenwert zu. Trotz der Tatsache, dass es Ramón y Cajal nicht gelungen war, regenerative Vorgänge zu beobachten, hoffte er, dass Erkenntnisse zur neuronalen Regeneration in der Zukunft möglich werden könnten: "It is for the science of the future to change if possible this harsh decree."[13]

Bis Ende des 20. Jahrhunderts blieb Ramón y Cajals «harsh decree», die Konzeptualisierung des erwachsenen Gehirns als unveränderbares Netzwerk, als Lehrmeinung bestehen. Die Tatsache, dass diese Vorstellung von Neurowissenschaftlerinnen und Neurowissenschaftlern selbst wiederholt als «Dogma» bezeichnet wird, unterstreicht ihre Dominanz im wissenschaftlichen Denken.[14] Interessanterweise beschränkte sich dieses so genannte Dogma nicht nur auf die Wissenschaft, sondern wurde Bestandteil des Allgemeinwissens der westlichen Kultur: Dass ein ausschweifender Lebensstil zu einem irreversiblen Abbau von Gehirnzellen beitragen kann, ist allgemein bekannt. Erst in den letzten drei Jahrzehnten wurde das Konzept des adulten Säugetiergehirns als grösstenteils konstantes Netzwerk zunehmend in Frage gestellt. Es mehrten sich empirische Befunde, die auf eine «strukturelle Plastizität» des menschlichen Gehirns in einem bislang nicht vorstellbaren Ausmass verwiesen. Die Forschungsergebnisse implizierten, dass sich nicht nur die Funktion von existierenden Verbindungen verändern kann, sondern dass synaptische Verbindungen in verschiedenen Gehirnstrukturen lebenslang verändert und neu gebildet werden können. In diesem Zusammenhang stechen die Befunde, dass auch im adulten Gehirn neue Neuronen gebildet und funktionell integriert werden, besonders hervor. Sie wurden als «the most extreme cases of neuroplasticity in the adult brain» beschrieben.[15] Um aufzuzeigen, wie sich dieses neue Verständnis des adulten Gehirns herausbilden konnte, werde ich die Entwicklung der Forschung zur adulten Neurogenese seit der Mitte des 20. Jahrhunderts skizzieren. Dabei werde ich diejenigen Entwicklungsschritte betonen, die entscheidend für die Veränderung des Denkstils in den Neurowissenschaften sind.

DAS DOGMA PERSISTIERT: BEFUNDE ZUR EXISTENZ DER ADULTEN NEUROGENESE WERDEN ZURÜCKGEWIESEN

In den 1950er Jahren wurde eine Methode entwickelt, die es den Forschern erstmals ermöglichte, Zellteilung im Organismus nachzuweisen.[16] Mit der Hilfe des radioaktiv markierten Nukleotids Thymidin konnte die Synthese von DNA, die mit der Zellteilung einhergeht, sichtbar gemacht werden. Vor dem Aufkommen von radioaktiven Nachweismethoden war es den Forschenden nicht möglich, die Dynamik der Zellvermehrung direkt darzustellen. Dennoch gab es bereits einige frühe Publikationen, die auf dieses Phänomen verwiesen.[17] Nach der Einführung von radioaktivem Thymidin wichen einige Forschende vom traditionellen Denkstil ab und verwendeten die neue Markierungsme-

---

13 Ramón y Cajal, *Degeneration and Regeneration of the Nervous System*, S. 750. Es ist zweifelsohne wichtig zu verstehen, wie die Vorstellung, das erwachsene Gehirn verfüge über eine gleichbleibende Zahl von Neuronen, einen solchen Stellenwert bekommen konnte. Dies auch in Anbetracht der Tatsache, dass Cajal, als einflussreicher Neurowissenschaftler und Nobelpreisträger, der selbst massgeblich zu Vorstellungen über die Plastizität beigetragen hat, sich der Beschränkungen seiner Untersuchungen sehr wohl bewusst war. Es ist jedoch nicht das Ziel dieser Untersuchung zu erklären, auf welche Weise Plastizität als bedeutendes Phänomen der Entwicklung des Nervensystems das Konzept der Plastizität als wichtige Eigenschaft des erwachsenen Gehirns bis Ende des 20. Jahrhunderts verdrängen konnte. Ich befasse mich hier nicht mit der Entstehung, sondern mit der grundlegenden Veränderung eines Denkstiles. Auf diese Weise beabsichtige ich, einige der zentralen Elemente zu identifizieren, die dem Denkstil, der auf ein adultes Gehirn mit einer konstanten Neuronenzahl fokussierte, derartiges Durchsetzungsvermögen verleihen konnte, dass er als Dogma bezeichnet werden konnte.
14 Zum Beispiel Rebecca A. Ihrie und Arturo Alvarez-Buylla, «Cells in the Astroglial Lineage Are Neural Stem Cells», in: *Cell and Tissue Research* 331, 2008, S. 179–191.
15 Fred Gage, Gerd Kempermann und Hongjun Song, «Preface», in: dies. (Hg.), *Adult Neurogenesis*, New York 2008, S. xi f., hier S. xi.
16 W. L. Hughes, «Cellular Proliferation in the Mouse as Revealed by Autoradiography with Tritiated Thymidine», in: *Proceedings of the National Academy of Sciences of the United States of America* 44, 1958, S. 476–483. Die Verfügbarkeit des radioaktiven Isotops Tritium ermöglichte die Herstellung von radioaktivem Tritiumthymidin. Dieses kann Tieren injiziert werden. Im Organismus sammeln sich die radioaktiv markierten Nukleotide in sich teilenden Zellen an, die eine DNA-Synthese durchlaufen. Die radioaktiven Nukleotide, die in die neu synthetisierte DNA inkorporiert wurden, können anschliessend durch Autoradiografie erfasst werden. Diese Autoradiografie wird mit einem Licht- oder Elektronenmikroskopbild des Gewebes kombiniert, um die Verteilung und Morphologie der markierten Zellen sichtbar zu machen. Analysen zu unterschiedlichen Zeitpunkten ermöglichen es, die Dynamik einer Zellpopulation zu bestimmen.
17 Charles G. Gross, «Neurogenesis in the Adult Brain. Death of a Dogma», in: *Nature Reviews Neuroscience* 1, 2000, S. 67–73.

thode nicht nur für die Untersuchung der Entwicklung des Nervensystems, sondern analysierten mit ihrer Hilfe auch das adulte Säugetiergehirn. Hierbei ist vor allem die Forschung von Joseph Altman und Gopal Das erwähnenswert. Die erste Arbeit zur adulten Neurogenese von Altman wurde in der prestigeträchtigen und in der biologischen Forschung weit verbreiteten Zeitschrift *Science* veröffentlicht. Der Titel der Publikation ist als Frage formuliert: "Are new neurons formed in the brains of adult mammals?"[18] Offensichtlich trug Altman mit dieser Formulierung der Neuartigkeit seiner Erkenntnis Rechnung, aber auch der Tatsache, dass sie in direktem Widerspruch zum vorherrschenden Denkstil stand. Dieser Arbeit folgte eine Reihe von ausführlichen anatomischen Untersuchungen, die auf der Verwendung derselben Methode basierten. Diese Studien bestätigten das Auftreten von Neurogenese im Hippocampus adulter Säugetiere. Altman und Das stellten auch die zentrale Frage nach dem Ursprung dieser neuen Neuronen und entwickelten eine Hypothese zur Existenz undifferenzierter Vorläuferzellen, die im Gewebe migrieren und aus denen sich in einigen Bereichen des adulten Gehirns differenzierte neuronale Tochterzellen bilden. Alle weiteren Untersuchungen wurden ebenfalls in renommierten Fachzeitschriften der Neurowissenschaften veröffentlicht.[19] Gerd Kempermann, einer der prominentesten zeitgenössischen Akteure auf dem Gebiet der adulten Neurogenese, kommentiert die Arbeit von Altman und Das[20] folgendermassen: "With today's knowledge it is amazing to see how many important questions were asked and answered in this first study. One would think that these arguments in favour of adult neurogenesis would be hard to argue against, even at the time they were published."[21]

Doch trotz positivem *peer review* und prominenter Publikation der neu gewonnenen Daten fanden diese Studien keine allgemeine Akzeptanz. Die Stichhaltigkeit der empirischen Befunde wurde aufgrund der methodischen Beschränkungen in Zweifel gezogen. Die räumliche Auflösung auf lichtmikroskopischer Ebene genügte aus der Sicht der Fachkolleginnen und Fachkollegen nicht, um die Frage, ob es sich bei den markierten Zellen um Neuronen oder andere Zelltypen handelte, eindeutig zu beantworten. Die Qualität der vorgelegten Daten erfüllte die Anforderungen der Wissenschaftsgemeinschaft für solch aussergewöhnliche Befunde offensichtlich nicht. Aus diesem Grunde wurden diese ersten Berichte über das Vorkommen der adulten Neurogenese nicht als entscheidend für das Verständnis des erwachsenen Gehirns eingestuft. Vielmehr wurden sie von wichtigen Akteuren als irrelevant zurückgewiesen. Um exemplarisch die Zurückweisung von Altmans Ergebnissen aufzuzeigen, sei hier Paul Weiss zitiert, ein bekannter Neurowissenschaftler, der auf eine umfassende Studie von Altman mit folgendem Kommentar reagierte: "[…] sporadic residual straggler neurons have been reported."[22] Die Tatsache, dass Altman trotz seinem empirischen Erfolg ab den 1970er Jahren keine weiteren Arbeiten zum Phänomen der adulten Neurogenese veröffentlichte, lässt sich mit der mangelnden Rezeption seiner Arbeit durch die Wissenschaftsgemeinschaft erklären.

---

18 Joseph Altman, «Are New Neurons Formed in the Brains of Adult Mammals?», in: *Science* 135, 1962, S. 1127 f.
19 Vgl. zum Beispiel Joseph Altman, «Autoradiographic Investigation of Cell Proliferation in the Brains of Rats and Cats», in: *Anat Rec* 145, 1963, S. 573–591; ders., «Autoradiographic and Histological Studies of Postnatal Neurogenesis IV, Cell Proliferation and Migration in the Anterior Forebrain, With Special Reference to Persisting Neurogenesis in the Olfactory Bulb», in: *The Journal of Comparative Neurology* 137, 1969, S. 433–457; ders. und Gopal Das, «Autoradiographic and Histological Evidence of Postnatal Hippocampal Neurogenesis in Rats», in: *The Journal of Comparative Neurology* 124, 1965, S. 319–335; dies., «Postnatal Origin of Microneurones in the Rat Brain», in: *Nature* 207, 1965, S. 953–956, sowie dies., «Postnatal Neurogenesis in the Guinea-pig», in: *Nature* 214, 1967, S. 1098–1101.
20 Altman und Das, «Autoradiographic and Histological Evidence of Postnatal Hippocampal Neurogenesis in Rats».
21 Kempermann, *Adult Neurogenesis*, S. 39.
22 Paul Weiss zitiert in Gross, *Neurogenesis in the Adult Brain*, S. 68.

Der vorherrschende Denkstil dieser Zeit scheint es der Wissenschaftsgemeinschaft nicht erlaubt zu haben, die Bedeutung dieser neuen Befunde zu begreifen. Fleck verweist auf die wechselseitige Beziehung zwischen Konzepten einerseits, empirischen Daten andererseits: «Zwischen den Auffassungen und ihren Beweisen besteht in der Wissensgeschichte kein formallogisches Verhältnis: die Beweise richten sich ebenso oft nach den Auffassungen, wie umgekehrt die Auffassungen nach den Beweisen.»[23] Trotz ihrer umfassenden Empirie wurde die Arbeit von Altman abgewiesen, weil sie nicht dem Denkstil der Wissenschaftsgemeinschaft entsprach.

Ungeachtet der mangelnden Resonanz folgten den Studien von Altman Untersuchungen von Shirley Bayer, Michael Kaplan und ihren Mitarbeitenden.[24] Michael Kaplan und James Hinds entwickelten eine verbesserte Nachweismethode, die auf dem Einsatz der Elektronenmikroskopie basierte. Diese erlaubte die Untersuchung von radioaktiv markierten Zellen mit einer bis dahin unerreichten Auflösung. Erst jetzt wurde es möglich, zelluläre Charakteristiken genau zu bestimmen und so individuelle Zellen mit einer weitaus grösseren Sicherheit als neu entstandene Neuronen zu identifizieren. Der Artikel von Kaplan und Hinds zur Anwendung der neuen Methode für die Analyse adulter Rattengehirne in *Science* endet mit einer dezidierten Aussage, die auf dem erzielten methodischen Fortschritt und den neu gewonnenen Erkenntnissen gründet. Sie gaben den Autoren offensichtlich die Gewissheit, dass ihre Arbeit eine entsprechende Wertschätzung erfahren würde: "Now we have confirmed that growth and plasticity, including neurogenesis and synaptogenesis, can also occur in the mature, unoperated, mammalian brain." Diese Aussage stellt eine deutliche Abkehr vom herrschenden Denkstil dar. Trotz der Tatsache, dass auch diese und folgende Arbeiten in renommierten Fachzeitschriften erschienen, konnten die Widerstände des Denkkollektivs immer noch nicht überwunden werden. Interessanterweise wurde, wie bereits in den 1950er Jahren bei den Arbeiten von Altman und Das, erneut die verwendete Methode kritisiert, dies ungeachtet des signifikanten methodischen Fortschritts. So erinnert sich Michael Kaplan, wie Pasko Rakic, zentraler Akteur und angesehener Forscher im Bereich der Gehirnentwicklung an der Yale University in New Haven, zu seiner Arbeit bemerkte: "Those may look like neurons in New Mexico, but they don't in New Haven."[25] Die intensive Auseinandersetzung mit dem Thema der adulten Neurogenese erwies sich für Kaplans wissenschaftliche Karriere als äusserst nachteilig. Er verliess deshalb die Forschung, um sich als Mediziner zu betätigen.[26]

Zusammenfassend lässt sich sagen, dass von den 1960er bis in die 1980er Jahre sich die Vorstellung eines adulten Säugetiergehirns mit einer unveränderlichen Zahl von Neuronen unangefochten halten konnte. Abweichungen von diesem Verständnis, die durch neue methodische Entwicklungen möglich wurden und den bestehenden Denkstil in Frage stellten, wurden wiederholt als unzureichend verworfen und nicht als Bedrohung des vorherrschenden Verständnisses betrachtet. Diese Beobachtung korrespondiert mit der von Fleck beschriebenen Eigenschaft eines Denkkollektivs, auf einem bestimmten

---

[23] Fleck, *Entstehung und Entwicklung einer wissenschaftlichen Tatsache*, S. 40.
[24] Vgl. zum Beispiel Shirley A. Bayer, «Neuron Production in the Hippocampus and Olfactory Bulb of the Adult Rat Brain. Addition or Replacement?», in: *Annals of the New York Academy of Sciences* 457, 1985, S. 163–172; ders., J. W. Yackel und P. S. Puri, «Neurons in the Rat Dentate Gyrus Granular Layer Substantially Increase During Juvenile and Adult Life», in: *Science* 216, 1982, S. 890–892; Michael Kaplan, «Neurogenesis in the 3-month-old Rat Visual Cortex», in: *Journal of Comparative Neurology* 195, 1981, S. 323–338; ders. und James W. Hinds, «Neurogenesis in the Adult Rat: Electron Microscopic Analysis of Light Radioautographs», in: *Science* 197, 1977, S. 1092–1094; ders., Nancy A. McNelly und James W. Hinds, «Population Dynamics of Adult-formed Granule Neurons of the Rat Olfactory Bulb», in: *Journal of Comparative Neurology* 239, 1985, S. 117–125.
[25] Jonah Lehrer, «The Reinvention of the Self. A Mind-Altering Idea Reveals How Life Affects the Brain», in: SEED, http://seedmagazine.com, 23. 2. 2006, S. 2, http://seedmagazine.com/content/print/the_reinvention_of_the_self, 11. 1. 2011.
[26] Michael Kaplan, «Environment Complexity Stimulates Visual Cortex Neurogenesis. Death of a Dogma and a Research Career», in: *Trends in Neurosciences* 24, 2001, S. 617–620.

Denkstil zu beharren oder ihn aufrechtzuerhalten – entweder durch das Ignorieren und Verschweigen von widersprüchlichen Befunden oder durch grosse Anstrengungen, dieselben in das bestehende Meinungssystem widerspruchsfrei zu integrieren.[27]

Ein interessantes Gegenbeispiel zu den Neuronen sind in diesem Zusammenhang die Gliazellen. Es handelt sich dabei um ebenfalls hochdifferenzierte Zellen, die im gesamten Nervensystem vorkommen und verschiedene Funktionen übernehmen. Im gleichen Zeitraum und unter Verwendung derselben Methode wurden von der Gruppe von Kaplan Resultate zur Zellteilung bei Gliazellen publiziert.[28] Diese Arbeiten wurden von der Wissenschaftsgemeinschaft, ganz im Gegensatz zu den Ergebnissen zur Zellteilung von Neuronen, bereitwillig aufgenommen.[29] Lange Zeit wurde den Gliazellen vor allem eine stabilisierende Rolle zugeschrieben, die der Unterstützung der Neuronenfunktion dient, aber keinen entscheidenden Einfluss auf die Informationsverarbeitung im Nervensystem ausübt. Anscheinend konnte die Fähigkeit der Gliazellen zur Zellteilung mit ihrer Funktion als Stützzellen in Übereinstimmung gebracht werden. Dies stand nicht im Konflikt mit dem vorherrschenden Denkstil und liess damit eine andere Bewertung der Empirie als relevant zu.

DER DENKSTIL WIRD ERWEITERT, ABER NICHT VERÄNDERT: DAS GEHIRN DER VÖGEL WIRD ZUR AUSNAHME ERKLÄRT

Obwohl das Phänomen der Neurogenese im Nervensystem erwachsener Säugetiere weiterhin keine Akzeptanz fand, begann sich in den 1980er Jahren eine entscheidende Veränderung abzuzeichnen. Die Forschung des Labors von Fernando Nottebohm liess Zweifel am vorherrschenden Denkstil der zellulären Konstanz des erwachsenen Gehirns aufkommen. Ein elaborierter Versuchsaufbau ermöglichte es Nottebohm und seinen Mitarbeitenden, bestimmte Verhaltensformen von Singvögeln mit physiologischen Eigenschaften des Gehirns zu verknüpfen. Sie konnten zum ersten Mal einen funktionellen Zusammenhang zwischen dem Erlernen neuer Melodien und der Bildung neuer Neuronen während bestimmter Jahreszeiten feststellen.[30] Anhand der Publikationen dieses Labors lässt sich auf eindrückliche Weise nachzeichnen, wie der vorherrschende Denkstil anfänglich beibehalten wurde und erst allmählich durch ein neues Verständnis abgelöst werden konnte. Die ersten Beschreibungen der Veränderung des Gehirnvolumens spiegeln noch ein Modell der Plastizität wider, das nur Veränderungen auf dem Niveau der Synapse vorsieht. Obwohl die Forschenden bereits strukturelle Veränderungen auf dieser Ebene in Betracht zogen, war eine Neubildung von Neuronen für sie noch nicht vorstellbar: "According to this hypothesis the plastic substrate for vocal learning is renewed once yearly, *a growing, then shedding of synapses*, much the way trees grow leaves in the spring and shed them in the fall."[31]

27 Fleck, *Entstehung und Entwicklung einer wissenschaftlichen Tatsache*, S. 40–53.
28 Michael Kaplan und James W. Hinds, «Gliogenesis of Astrocytes and Oligodendrocytes in the Neocortical Grey and White Matter of the Adult Rat. Electron Microscopic Analysis of Light Radioautographs», in: *Journal of Comparative Neurology* 193, 1980, S. 711–727.
29 Kaplan, «Environment Complexity Stimulates Visual Cortex Neurogenesis».
30 Fernando Nottebohm, «The Road We Travelled. Discovery, Choreography, and Significance of Brain Replaceable Neurons», in: *Annals of the New York Academy of Sciences* 1016, 2004, S. 628–658.
31 Fernando Nottebohm, «A Brain for all Seasons. Cyclical Anatomical Changes in Song Control Nuclei of the Canary Brain», in: *Science* 214, 1981, S. 1368–1370, hier S. 1350 (Hervorhorhebung durch die Autorin).

Trotz dieser ersten Interpretation konnte einige Jahre später der umfassende empirische Beweis erbracht werden, dass es in denjenigen Arealen des Vogelgehirns, die beim Lernen neuer Lieder involviert sind, zu einer jahreszeitlich bedingten Neubildung von Neuronen kommt. Ausschlaggebend war hierbei, dass Nottebohm und seine Mitarbeitenden nicht nur zeigen konnten, dass diese neuen Zellen tatsächlich neuronaler Natur sind, sondern – und dies war weitaus bedeutsamer – dass ihnen spezifische Funktionen im untersuchten Verhalten zukommen. Ermutigt durch die umfassenden empirischen Befunde verkündeten Steven A. Goldman und Nottebohm einen grundlegenden Paradigmenwechsel im Verständnis der Plastizität des erwachsenen Gehirns: "Regardless of its behavioral significance, the ventricular zone neurogenesis we have observed is both provocative and *reassuring of the plasticity that might reside in adult nervous systems.*"[32]

Ihre Arbeit stellte einen entscheidenden Schritt dar, «das strenge Urteil», wie Ramón y Cajal es bedauernd formuliert hatte, zu revidieren. Nottebohm positionierte sich mit dieser Publikation ausserhalb des vorherrschenden Denkstils. Er bewertete seine Erkenntnisse im Kontext der Evolutionslehre und betonte, dass die adulte Neurogenese, die eine so wichtige Funktion im Gehirn von Vögeln hat, auch bei anderen Spezies zu beobachten sein sollte: "From all we know of nervous systems, we get the impression that principles of function are widespread across taxonomic phyla."[33] Mit dieser Aussage nahm Nottebohm Bezug auf ein in der biologischen Forschung zentrales Verständnis, demzufolge die funktionellen Eigenschaften eines Organismus das Ergebnis eines kontinuierlichen fortschreitenden Evolutionsprozesses darstellen und als solche nicht nur singulär auftreten, sondern in verschiedenen Arten und je spezifischen Varianten vorkommen können. Ausgehend von der Vorstellung, dass verschiedene Funktionen evolutionär konserviert sind, können Phänomene, die sich bei weniger weit entwickelten Arten beobachten lassen, auf Spezies extrapoliert werden, die eine höhere Entwicklungsstufe erreicht haben. Diese Annahme ist für eine Vielzahl von empirischen Herangehensweisen und somit auch für die Wissensproduktion selbst grundlegend. Sie stellt die zentrale Legitimation für die Verwendung von Tiermodellen dar.

Zweifellos war mit der Arbeit von Nottebohm und seinen Mitarbeitenden ein entscheidender Schritt in der Entwicklung eines Konzepts der strukturellen Plastizität vollzogen. Im Gegensatz zu früheren Studien an Säugetieren wurde die adulte Neurogenese durch diese Untersuchung zu einem physiologisch erklärbaren Phänomen, da ein Zusammenhang zwischen dem Auftreten der Neurogenese und dem komplexen Verhalten der Singvögel aufgezeigt werden konnte. Dies stellte einen entscheidenden empirischen und theoretischen Fortschritt dar. Hinzu kam, dass Nottebohm – im Gegensatz zu seinen Vorgängern Altman und Kaplan, die sich in den Anfängen ihrer akademischen Karriere befanden, als sie ihre kontroversen Ergebnisse publizierten – bereits ein anerkannter und etablierter Wissenschaftler und Professor an der renommierten Rockefeller University in New York war.[34] Dies ist eine weitere Erklärung

---

[32] Steven A. Goldman und Fernando Nottebohm, «Neuronal Production, Migration, and Differentiation in a Vocal Control Nucleus of the Adult Female Canary Brain», in: *Proceedings of the National Academy of Sciences of the United States of America* 80, 1983, S. 2390–2394, hier S. 2394 (Hervorhebung durch die Autorin).

[33] Nottebohm zitiert in Gina Kolata, «New Neurons Form in Adulthood», in: *Science* 224, 1984, S. 1325 f., hier S. 1325.

[34] Gross, «Neurogenesis in the Adult Brain».

dafür, dass eine methodologische Kritik an Nottebohms experimentellem Ansatz nicht genügen konnte, um diese neuen Untersuchungsergebnisse zurückzuweisen. Zwar erkannte die Wissenschaftsgemeinde die Existenz der adulten Neurogenese bei Singvögeln an. Ihre Einstufung als eine physiologische Konstante des erwachsenen Gehirns wies sie jedoch entschieden zurück. Die Rezeption der Untersuchung von Nottebohm und seinen Mitarbeitenden zeigt sich beispielhaft in der folgenden Bemerkung, mit der Nottebohms Arbeit von einem Kollegen kommentiert wurde: "Old Fernando found a cute thing about birds."[35]

Aus der vorherrschenden Perspektive der damaligen Neurowissenschaften bezeugten die Erkenntnisse der Singvogelstudie also in keiner Art und Weise die Relevanz oder gar die Existenz dieses Phänomens bei Spezies mit einer komplexeren Hirnstruktur wie der der Säugetiere. Zentral für die Entwicklung des Forschungsfeldes der adulten Neurogenese sind hier zwei Elemente: Erstens kommt im vorherrschenden Denkstil dem Gehirn der Primaten (insbesondere dem des Menschen) eine ausserordentliche Stellung in der Evolution zu. Diese herausragende Position lässt sich nicht durch die kontinuierliche Entwicklung und Verbesserung von physiologischen Funktionen erklären, die bereits in einfacheren Wirbeltieren wie den Vögeln angelegt sind, die auf einer weit niedrigeren Stufe der Evolution angesiedelt werden. Es wird vielmehr davon ausgegangen, dass nur ein plötzlicher Sprung in der evolutionären Entwicklung, der die Primaten und insbesondere die menschliche Spezies vom Rest des Tierreiches trennt, das Entstehen eines solch hochkomplexen Organs, wie es das menschliche Gehirn darstellt, erklären kann.[36] Damit eng verknüpft ist zweitens die Vorstellung, dass sich Komplexität und strukturelle Plastizität weitgehend ausschliessen. Gerade die neuronale Stabilität, so die Annahme, ist eine Vorbedingung für das unvergleichliche Ausmass funktioneller und daher auch anatomischer Komplexität des menschlichen Gehirns. Die Abwesenheit adulter Neurogenese ist in diesem Denkstil somit ein kennzeichnendes Merkmal des menschlichen Gehirns, das auf seine Einzigartigkeit verweist. Das oben skizzierte Verständnis der Gehirnevolution spielte eine entscheidende Rolle in den hier untersuchten Entwicklungen. Es bestimmte zu einem grossen Teil die wissenschaftliche Relevanz, die sowohl den ersten Untersuchungen als auch späteren Erkenntnissen zur Neurogenese beigemessen wurde. So lässt sich die erstaunliche Tatsache erklären, dass das Argument der evolutionären Kontinuität, obwohl in der biologischen Forschung so zentral, in Bezug auf das Gehirn von höher entwickelten Spezies, die den Säugetieren zugeordnet werden, mit Erfolg verworfen werden konnte. Die Ergebnisse von Nottebohms Forschungsgruppe wurden zwar als relevant, aber gleichzeitig als partikulär beschrieben: Adulte Neurogenese blieb eine Besonderheit des Vogelgehirns. Auf diese Weise konnte der neuen Empirie Raum gegeben und die neurobiologische Sonderstellung des Menschen gleichzeitig gewahrt werden. An dieser Stelle kann konstatiert werden, dass ein Denkstilwandel sich noch nicht vollziehen konnte, aber, mit Fleck gesprochen, eine Denkstilergänzung möglich wurde.[37]

35 Michael Specter, «Rethinking the Brain. How the Songs of Canaries Upset a Fundamental Principle of Science», in: *The New Yorker*, 23. 7. 2001, S. 42–53, hier S. 45.
36 Vgl. dazu Jane Bradbury, «Molecular Insights Into Human Brain Evolution», in: *PLoS Biology* 3 (3), 2005, e50, doi:10.1371/journal.pbio.0030050, 8. 11. 2010.
37 Wie Fleck festhält, kann «jede empirische Entdeckung […] also als Denkstilergänzung, Denkstilentwicklung oder Denkstilumwandlung aufgefasst werden». Fleck, *Entstehung und Entwicklung einer wissenschaftlichen Tatsache*, S. 122.

DER DENKSTIL WANDELT SICH, DOCH DIE SONDERSTELLUNG DES MENSCHLICHEN GEHIRNS BLEIBT WEITERHIN UNANGEFOCHTEN

1984 trafen sich im Rahmen einer Konferenz mit dem optimistischen Titel *Hope for a New Neurology* in New York eine Gruppe von Forschenden, die sich mit regenerativen Phänomenen im Nervensystem von Wirbeltieren und ihrem möglichen therapeutischen Nutzen befassten.[38] In Konferenzbeiträgen setzten sich einige der Forschenden mit dem Auftreten adulter Neurogenese bei verschiedenen Arten auseinander. Ein Beitrag bildete jedoch eine Ausnahme. Rakic, dessen wichtige Position im Gebiet der kortikalen Entwicklung von Säugetieren bereits erwähnt wurde, befasste sich nicht mit der Existenz, sondern mit der Absenz regenerativer Kapazität, das heisst mit dem Fehlen adulter Neurogenese, im Gehirn von Primaten. Rakic begründet das Fehlen adulter Neurogenese mit dem oben bereits erwähnten Argument, dass die Komplexität der höchst entwickelten Gehirne auf ihrer Unveränderlichkeit im Erwachsenenalter beruht: "The addition of new 'naïve' neurons into existing circuits would interfere with the retention of acquired experience and learned behavior that is evolutionarily *the most significant advantage of all primate species including human.*"[39]

Diese Schlussfolgerungen reformulierte und erweiterte Rakic in einem häufig zitierten Artikel mit dem Titel *Limits of Neurogenesis in Primates*, der in der Zeitschrift *Science* erschien: "However, the brain of primates as well as some other species may be uniquely specialized in lacking the capacity for neuronal production once it reaches the adult stage. One can speculate that a prolonged period of interaction with the environment, as pronounced as it is in all primates, especially humans, requires a stable set of neurons to retain acquired experiences in the pattern of their synaptic connectivity."[40]

Die von ihm beobachtete Abwesenheit adulter Neurogenese im Primatengehirn erklärt Rakic mit der oben erwähnten Prämisse, dass sich Komplexität und strukturelle Plastizität ausschliessen. Er betont die zentrale Funktion der synaptischen Plastizität, die er – der immer noch gängigen Lehrmeinung entsprechend – als ausschlaggebend für die aussergewöhnliche Lernfähigkeit des Primatengehirns betrachtet. Die Integration von neuen oder – wie Rakic sie bezeichnenderweise nennt – «naiven» Neuronen würden mit den durch synaptische Plastizität erworbenen Anpassungen interferieren.

Diese zwei Publikationen lassen sich als eine pointierte Replik auf die Fortschritte in der Forschung zur adulten Neurogenese und den sich abzeichnenden Veränderungen im Verständnis der Plastizität begreifen. Diese Arbeiten können aber auch als Präventivschlag verstanden werden, um den sicheren und gesonderten Platz, den die höchst entwickelten Gehirne in den Neurowissenschaften einnehmen, zu verteidigen. Aus analytischer Sicht ist bemerkenswert, dass der traditionelle Denkstil offensichtlich so gut etabliert war, dass die Publikation negativer Ergebnisse, in diesem Falle ein Mangel an Beweisen für die Existenz adulter Neurogenese im Primatengehirn, in einer prestige-

---

[38] Fernando Nottebohm (Hg.), *Hope for a New Neurology*, Proceedings of a Conference, New York, 16.–18. 4. 1984 (Annals of the New York Academy of Sciences 457), New York 1985.

[39] Pasko Rakic, «DNA Synthesis and Cell Division in the Adult Primate Brain», in: Fernando Nottebohm (Hg.), *Hope for a New Neurology*, New York 1985, S. 193–211, hier S. 208 (Hervorhebung durch die Autorin).

[40] Pasko Rakic, «Limits of Neurogenesis in Primates», in: *Science* 227, 1985, S. 1054–1056, hier S. 1055.

trächtigen Zeitschrift wie *Science* publiziert werden konnten und als relevantes Gegenargument gewertet wurden. Die Untersuchung Rakics von 1985 schien die adulte Neurogenese dauerhaft aus dem Gehirn der Primaten zu verbannen. Trotz diesem und weiteren Versuchen, den traditionellen Denkstil zu verteidigen, zeichnen sich die 1990er Jahre durch Berichte über die Neurogenese im erwachsenen Säugetiergehirn aus. Die Forschung von Elisabeth Gould und Heather Cameron im Labor von Bruce McEwen ist in diesem Zusammenhang von zentraler Bedeutung.[41] Über dreissig Jahre nach den ersten Arbeiten von Altman und Das führte sie zur Wiederentdeckung der Neurogenese im Hippocampus von adulten Ratten und war Gegenstand einer Reihe von funktionellen Studien. Die Autorinnen und Autoren kamen zum Schluss, dass die adulte Neurogenese im Hippocampus als Reaktion auf Stress und auf spezifische Hormone bei verschiedenen Säugetierspezies gehemmt wurde.[42] In Bezug auf die vorliegende Analyse ist entscheidend, dass diese neuen Arbeiten nicht nur in renommierten Fachzeitschriften erschienen, sondern die Forscherinnen, die am Anfang ihrer wissenschaftlichen Karriere standen, darüber hinaus in ihren Forschungsarbeiten von Bruce McEwen, Eberhard Fuchs und Charles Gross, alle etablierte und profilierte Wissenschaftler, unterstützt wurden. Die nachfolgenden Studien, auch aus anderen Laboratorien, profitierten in einem besonderen Masse vom methodischen Fortschritt in der Identifizierung von neu entstandenen Nervenzellen. Die Anwendung der nichtradioaktiven Substanz Bromdodeoxyuridine (BrDu) erleichterte die Darstellung von neu gebildeten Zellen im Nervensystem erheblich. Zudem konnte die Anwendung von BrDu mit dem Gebrauch von zelltypenspezifischen Markermolekülen kombiniert werden. Die Kombination dieser Markierungsmethoden mit neuen Arten der Lichtmikroskopie ermöglichte es den Forschenden, neu gebildete Zellen weitaus einfacher und präziser als Neuronen zu identifizieren. Dieser methodische Fortschritt bietet eine Erklärung für die rasch voranschreitende Entwicklung des Forschungsfeldes der adulten Neurogenese seit den 1990er Jahren.

Doch noch entscheidender für die Entwicklung des Gebiets war die Entdeckung von neuronalen Vorläuferzellen im adulten Nervensystem von Säugetieren, die mit der Renaissance der Erforschung der adulten Neurogenese im Säugetiergehirn zusammenfiel.[43] Die Isolierung und Kultivierung dieser Vorläuferzellen *in vitro* legte die Existenz von entsprechenden undifferenzierten Zellen auch *in vivo* nahe. Diese zwei anfänglich unabhängigen Forschungsprojekte erwiesen sich als komplementär und verstärkten sich, da die Identifizierung von neuronalen Stammzellen einen konzeptionellen Rahmen für die neuronale Erneuerung bot, der bis dahin nicht bestanden hatte. Erst damit wurde es möglich, den Mangel an Regeneration, den Ramón y Cajal der Differenzierung der Neuronen zugeschrieben hatte, anders einzustufen: Für die zelluläre Regeneration konnten nun Stamm- und Vorläuferzellen statt differenzierter Neurone verantwortlich gemacht werden. Im Zuge dieser Entwicklungen wurde das Gehirn zum jüngsten Mitglied der Familie derjenigen Organe, die sich durch das Vorkommen von Stammzellen auszeichnen.

[41] Heather A. Cameron et al., «Differentiation of Newly Born Neurons and Glia in the Dentate Gyrus of the Adult Rat», in: *Neuroscience* 56, 1993, S. 337–344, sowie Elizabeth Gould et al., «Adrenal Hormones Suppress Cell Division in the Adult Rat Dentate Gyrus», in: *Journal of Neuroscience* 12, 1992, S. 3642–3650.

[42] Zum Beispiel Elizabeth Gould et al., «Neurogenesis in the Dentate Gyrus of the Adult Tree Shrew Is Regulated by Psychosocial Stress and NMDA Receptor Activation», in: *Journal of Neuroscience* 17, 1997, S. 2492–2498, sowie dies. et al., «Proliferation of Granule Cell Precursors in the Dentate Gyrus of Adult Monkeys Is Diminished by Stress», in: *Proceedings of the National Academy of Science of the United States of America* 95, 1998, S. 3168–3171.

[43] Brent A. Reynolds und Samuel Weiss, «Generation of Neurons and Astrocytes from Isolated Cells of the Adult Mammalian Central Nervous System», in: *Science* 255, 1992, S. 1707–1710; L. J. Richards, T. J. Kilpatrick, P. F. Bartlett, «De novo generation of neuronal cells from the adult mouse brain, in: *Proceedings of the National Academy of Sciences of the USA* 89, S. 8591–8595.

Dies stellt eine entscheidende Veränderung in der Wahrnehmung des Säugetierhirns dar.⁴⁴

Ein weiterer Hinweis darauf, dass die 1990er Jahre ein weitaus fruchtbareres Klima für die Erforschung der adulten Neurogenese boten als die vorangegangenen Jahrzehnte, ist der Umstand, dass die ersten Arbeiten von Cameron, Gould und ihren Kolleginnen und Kollegen eine Reihe von Folgestudien zur adulten Neurogenese bei verschiedenen Säugetierspezies anregten. Ungeachtet dessen dauerten die Bemühungen, die Entwicklung des Primatengehirns als gesonderten Prozess innerhalb der Evolution des Gehirns zu begreifen, an. Die «neurobiologische Verteidigungslinie», die um den Menschen gezogen wurde, um ihn als die evolutionär am weitesten entwickelte Spezies hervorzuheben, zeigt sich in zwei unterschiedlichen Kategorisierungen: Entweder werden die Gehirne von evolutionär «weniger» entwickelten Spezies (wie zum Beispiel Vögel) als für strukturelle Plastizität empfänglicher beschrieben oder die evolutionär am weitesten entwickelten Areale des Gehirns von Primaten werden als weniger tolerant gegenüber struktureller Plastizität verstanden (wie zum Beispiel der Neokortex). Eine Besprechung der Fortschritte auf dem Gebiet der adulten Neurogenese von 1998 in der Zeitschrift *Science*⁴⁵ dokumentiert die zögerliche Haltung der wichtigen Vertreterinnen und Vertreter der Neurowissenschaften gegenüber diesem neuen Forschungsfeld. Neue empirische Beweise, die für das Vorhandensein adulter Neurogenese bei verschiedenen Primatenspezies sprechen, werden weiterhin gegen die evolutionäre Position der jeweiligen Spezies, dies bedeutet gegen ihre Nähe zur menschlichen Spezies, abgewogen. Dies wird deutlich in den Aussagen von Forschenden, die in der obgenannten Übersichtsarbeit zitiert werden. Der hartnäckige Einfluss des bestehenden Denkstils und seines prominentesten Vertreters wird in einem Zitat des bekannten Neurowissenschaftlers Fred Gage nachvollziehbar: "The idea that they can extrapolate on to humans is blocked in part by Rakic's results […]."⁴⁶ Ein grosser Teil der Entwicklungen des Forschungsfeldes zur adulten Neurogenese wurde und wird weiterhin in den oben formulierten evolutionären Kategorien verstanden und diskutiert. Im Neokortex, der aus anatomischer und funktioneller Sicht das menschliche Gehirn in besonderer Weise auszeichnet, wird offensichtlich ein ähnliches Ausmass an struktureller Plastizität, wie in evolutionär «primitiveren» Bereichen des Gehirns, ausgeschlossen. Befunde, die auf das Auftreten von Neurogenese im Kortex von Primaten hinwiesen,⁴⁷ wurden sofort durch eine methodisch vergleichbare Studie, die die Abwesenheit von Neurogenese in den gleichen Hirnstrukturen belegt, in Zweifel gezogen.⁴⁸ Ein Kommentar zu einer aktuelleren Untersuchung, die das Fehlen von adulter Neurogenese im menschlichen Kortex feststellt, trägt den Titel «Stable neuron numbers from cradle to grave». Der Autor argumentiert für eine konstante Zahl von Neuronen in ähnlicher Art und Weise wie Rakic 22 Jahre zuvor: "In short the cultural complexity of humans requires not only the constant acquisition of new facts and skills but also the retention of others, most notably language, for many decades, and a stable complement of neurons

---

44 Beatrix P. Rubin und Alison Kraft, «Changing Cells: the Emergence of Plasticity as a Central Concept in Stem Cell Biology», zur Veröffentlichung eingereicht.
45 Marcia Barinaga, «No-new-neurons Dogma Loses Ground», in: *Science* 279, 1998, S. 2041 f.
46 Ebd., S. 2042.
47 Elizabeth Gould et al., «Neurogenesis in the Neocortex of Adult Primates», in: *Science* 286, 1999, S. 548–552.
48 David R. Kornack und Pasko Rakic, «Cell Proliferation Without Neurogenesis in Adult Primate Neocortex», in: *Science* 294, 2001, S. 2127–2130.

in the neocortex would seem essential for these abilities. This could be a reason for the evolutionary choice for a stable cellular composition of our cognitive machinery over a more dynamic pattern."[49]

Wie für Rakic schliessen sich auch für diesen Autor Komplexität und strukturelle Plastizität gegenseitig aus. Die Konstanz des neuronalen Netzwerkes im Neokortex wird hier ebenfalls als eine wichtige Voraussetzung für die menschliche «Kulturleistung» verstanden.

Trotz der anhaltenden Kontroverse haben prominente Mitglieder der neurowissenschaftlichen Gemeinschaft, darunter der Nobelpreisträger Eric Kandel, in Bezug auf die Forschung zur adulten Neurogenese einen «Paradigmenwechsel» ausgerufen. Kandel betont, dass die Wissenschaftsgemeinde selbst erst eine Entwicklung durchlaufen musste, bevor es für sie möglich wurde, die neuen Arbeiten zur adulten Neurogenese zu rezipieren. In einem Artikel in der *New York Times* wurde er folgendermassen zitiert: "The scientific community can easily believe something it is 50 percent ready to absorb, but not something that comes out of the left field. But here we are prepared for it."[50] In diesem Zusammenhang kann der Begriff des Paradigmenwechsels, so wie er von den Neurowissenschaftlerinnen und Neurowissenschaftlern selbst verwendet wird, als eine Metapher für Wandel und Innovation verstanden werden. Wie Sabine Maasen und Peter Weingart[51] bereits für verschiedene wissenschaftliche Kontexte zeigen konnten, ist eine derartige Begriffsverwendung seitens der Forschenden üblich. Bemerkenswert ist, dass Charles Gross, zugleich Akteur, Chronist und Fürsprecher eines Paradigmenwechsels in der Forschung zur strukturellen Plastizität, auf einen historischen Versuch Bezug nimmt, das Menschsein mit einer anatomischen Besonderheit zu verknüpfen.[52] Er vergleicht die Bemühungen, die Absenz von adulter Neurogenese als spezifisch menschliches Merkmal zu designieren, mit einer anderen Episode in der Geschichte der Biologie. Kurz nach der Veröffentlichung von Darwins bahnbrechender Arbeit verkündete der damals berühmte britische Anatom Richard Owen die Existenz eines *hippocampus minor*, einer Hirnstruktur, die sich einzig im Gehirn des Menschen finden lasse. In einer öffentlich ausgetragenen Debatte mit Thomas Henry Huxley, einem vehementen Verteidiger der Darwin'schen Evolutionstheorie, musste Owen schliesslich eingestehen, dass er die Beweise gefälscht hatte und ein *hippocampus minor* nie existiert hat.[53] Anknüpfend an Darwins Lehre, stellt die neuere Forschung zur adulten Neurogenese die Einzigartigkeit des Menschen einmal mehr in Frage. Interessant aus analytischer Sicht ist, dass Gross die Bemühungen um das einzigartige menschliche Gehirn in einen historischen Kontext stellt und damit auf die immer wiederkehrenden Versuche innerhalb der Wissenschaftsgemeinde verweist, die darauf zielen, neurobiologische Alleinstellungsmerkmale zu identifizieren, die das menschliche Gehirn zu einem einzigartigen Organ machen, das den Menschen in besonderer Weise auszeichnet.

---

[49] Richard S. Nowakowski, «Stable Neuron Numbers from Cradle to Grave», in: *Proceedings of the National Academy of Sciences of the United States of America* 103, 2006, S. 12219 f., hier S. 12220.
[50] Kandel zitiert in Nicholas Wade, «Brain May Grow New Cells Daily», in: *The New York Times*, 15. 10. 1999.
[51] Sabine Maasen und Peter Weingart, *Metaphors and the Dynamics of Knowledge*, London 2000.
[52] Gross, «Neurogenesis in the Adult Brain».
[53] Charles Gross, *Brain, Vision, Memory. Tales in the History of Neuroscience*, Cambridge 1998, S. 136–178.

DIE DENKSTILUMWANDLUNG IST VOLLZOGEN: DIE LETZTE BASTION DER UNWANDELBARKEIT FÄLLT, AUCH DAS MENSCHLICHE GEHIRN IST PLASTISCH

1998 konnte eine internationale Studie unter der Leitung von Fred Gage den Nachweis erbringen, dass im Hippocampus des erwachsenen menschlichen Gehirns bis ins fortgeschrittene Alter neue Neuronen gebildet werden. Den diversen Bemühungen, das Primatengehirn – und damit auch das menschliche Gehirn – als strukturell nicht plastisch zu kategorisieren, wurde damit endgültig die Legitimation entzogen.[54] Diese internationale Studie kann im Wesentlichen als eine Wiederaufnahme der früheren, nicht erfolgreichen Versuche von Kaplans Forschungsgruppe in den 1980er Jahren, die Analyse der adulten Neurogenese auf das erwachsene menschliche Gehirn auszuweiten, verstanden werden.[55] Sie wurde in populären und wissenschaftlichen Übersichtsartikeln als bahnbrechende Untersuchung dargestellt, die der adulten Neurogenese als einer Eigenschaft des menschlichen Gehirns zu ihrem endgültigen Durchbruch verhalf.[56] Man kann sie auch als eine äusserst geschickte Intervention eines weithin bekannten Wissenschaftlers in die Forschungsdebatte werten: Gage ist nicht nur ein sehr angesehenes Mitglied der neurowissenschaftlichen Gemeinschaft, sondern er beteiligte sich wiederholt und erfolgreich an der öffentlichen Debatte zur Biomedizin. Die Publikation von 1998 setzte Gages Labor nicht nur an die Spitze eines neuen Denkkollektives zur Erforschung der adulten Neurogenese. Die Veröffentlichung der Studie und ihre breite öffentliche Rezeption besiegelten endgültig den Denkstilwandel. Das Konzept der strukturellen Plastizität im erwachsenen Gehirn konnte nun zum ersten Mal als universale Eigenschaft des Nervensystems verstanden werden.[57] Die grosse Dynamik des stetig wachsenden Denkkollektives, das sich seither um die Erforschung der adulten Neurogenese gebildet hat, zeigt sich in der wachsenden Zahl an Forschungsberichten anlässlich des jährlichen stattfindenden Treffens der American Society for Neuroscience. Im Rahmen einer der wichtigsten und der grössten Konferenzen in den Neurowissenschaften kommen ungefähr 25 000 Wissenschaftlerinnen und Wissenschaftler aus aller Welt zusammen. Von den im Jahre 2000 eingereichten Abstracts verwendeten 62 das Schlüsselwort «neurogenesis adult», im Jahre 2010 war diese Zahl bereits auf 298 gestiegen.

Vor diesem Hintergrund wird Gages zentrale Rolle noch deutlicher. Er kann als ein sehr dominanter Akteur bezeichnet werden, der über ein ausreichend grosses wissenschaftliches und mediales Kapital verfügte, um die «Vermenschlichung» der adulten Neurogenese voranzutreiben.[58] Der Beweis für die Bildung und Integration von neuen Zellen im erwachsenen menschlichen Hippocampus, der eine zentrale Funktion in der Gedächtnisbildung hat, eröffnete unvorhergesehene Möglichkeiten für therapeutische Interventionen. Der Erforschung der adulten Neurogenese im Zusammenhang mit neurodegenerativen Krankheiten und mit psychischen Störungen wie Depressionen wird eine grosse Bedeutung zugemessen.[59] Dies spiegelt sich auch in der Gründung von

---

54 P. S. Eriksson et al., «Neurogenesis in the Adult Human Hippocampus», in: Nature Medicine 4, 1998, S. 1313–1317.
55 Kaplan, «Environment Complexity Stimulates Visual Cortex Neurogenesis».
56 Sandra Blakeslee, «A Decade of Discovery Yields a Shock about the Brain», in: The New York Times, 4. 1. 2000.
57 In diesem Zusammenhang folge ich Flecks Aussage, dass Denkkollektiv und Denkstil untrennbar miteinander verknüpft sind: «Definieren wir ‹Denkkollektiv› als Gemeinschaft der Menschen, die im Gedankenaustausch oder in gedanklicher Wechselwirkung stehen, so besitzen wir in ihm den Träger geschichtlicher Entwicklung eines Denkgebietes, eines bestimmten Wissensbestandes und Kulturstandes, also eines besonderen Denkstiles.» Fleck, Entstehung und Entwicklung einer wissenschaftlichen Tatsache, S. 54 (Hervorhebung durch die Autorin).
58 Ein Hinweis auf die Relevanz des Nachweises der strukturellen Plastizität des menschlichen Gehirns ist die ausserordentliche Häufigkeit mit der die Arbeit «Neurogenesis in the Adult Human Hippocampus» (1998) von Eriksson et al. zitiert wird. Seit ihrer Publikation wurde sie 1679-mal zitiert. Die Untersuchung «Neuronal Production, Migration, and Differentiation in a Vocal Control Nucleus of the Adult Female Canary Brain» (1983) von Goldman und Nottebohm, die als erste die funktionale Rolle der adulten Neurogenese im Wirbeltiergehirn aufzeigen konnte, wurde im Vergleich dazu zwar ebenfalls sehr häufig zitiert, rund 453-mal, doch sie hat nicht dieselbe Resonanz ausgelöst. ISI Web of Knowledge, http://wok.mimas.ac.uk, http://apps.isiknowledge.com/full_record.do?product=UA&search_mode=GeneralSearch&qid=5&SID=R2g9@HbLhp57IiBOD97&page=1&doc=1&colname=WOS, 4. November 2009.
59 Helen E. Grote und Anthony J. Hannan, «Regulators of Adult Neurogenesis in the Healthy and Diseased Brain», in: Clinical and Experimental Pharmacology and Physiology 34, 2007, S. 533–545.

Brain Cells Incorporated (BCI) wider, einer Firma, die sich auf die Identifizierung therapeutisch wirksamer Substanzen spezialisiert hat. Diese sollen die adulte Neurogenese stimulieren und in Zukunft als neuartiges Therapeutikum für die Behandlung von Depressionen und anderen neurologischen Erkrankungen dienen. BCI zielt damit auf einen der wichtigsten pharmazeutischen Märkte. Der wissenschaftliche Beirat der Firma versammelt einige sehr prominente Mitglieder der neurowissenschaftlichen Gemeinschaft, darunter auch Gage und Kandel. Kandel ist zudem Mitbegründer von Neurogenix, eine Firma, die 2004 mit BCI fusioniert wurde. Es wird deutlich, dass mit der Ausweitung der Forschung zur adulten Neurogenese auf die menschliche Spezies der therapeutische Diskurs in mehrfacher Hinsicht grossen Einfluss gewinnt und sich von einem primär fachspezifischen Diskurs zu unterscheiden beginnt. Diese Veränderung ermöglicht es den Neurowissenschaften, mit unterschiedlichen sozialen Anforderungen in Bezug auf die Entwicklung ihrer Forschungsagenda umzugehen: Einerseits muss eine wissenschaftliche Entwicklung, die eine beachtliche Bedrohung für den bestehenden Denkstil darstellt, von der Wissenschaftsgemeinde sorgfältig beobachtet werden. Innerhalb des fachspezifischen Diskurses führte dies zu wiederholten Versuchen, die neuronale Erneuerung zwar als interessantes, jedoch nicht dominierendes Prinzip der Physiologie des erwachsenen Säugetiergehirns zu beschreiben.[60] Andererseits muss den therapeutischen Visionen und den ökonomischen Interessen einer florierenden Neurobiotechnologie Rechnung getragen werden. Innerhalb des therapeutisch orientierten Diskurses betont die Wissenschaftsgemeinde das therapeutische Potential dieses neuen Typs von Plastizität und verspricht nicht nur Heilung von zahlreichen Krankheiten und Hirnverletzungen, sondern suggeriert darüber hinaus auch die Möglichkeit eines «self healing brain».[61] Interessanterweise mischen sich diese zwei aufkommenden Diskurse in wissenschaftlichen Fachpublikationen, ohne dass sie einander direkt zu konkurrenzieren scheinen. Überlegungen zur heute noch weitgehend unbekannten physiologischen Rolle der strukturellen Plastizität finden sich Seite an Seite mit Beteuerungen ihres therapeutischen Potentials. Innerhalb ein und derselben Publikation wird die Notwendigkeit weiterer Forschung zum Ausmass und zur physiologischen Rolle der Neurogenese betont, während gleichzeitig Erwartungen für die therapeutische Anwendung geweckt werden.[62] Trotz den verbleibenden Unsicherheiten in Bezug auf die Funktion der adulten Neurogenese wird die Absicht, sich ihre regenerativen Kräfte zu Nutze zu machen, wie ein Mantra wiederholt: "The demonstration of active neurogenesis in adult humans not only shows the unforeseen regenerative capacity of the mature central nervous system, but also raises hopes for repairing the damaged adult central nervous system after injury or degenerative neurological disease."[63]

Auch in diesem Zitat wird deutlich, dass das neu erworbene Wissen über den Menschen aus Sicht der Autoren besondere Relevanz besitzt, da es den Anschluss an therapeutische Entwicklungen ermöglicht.

---

60 Im Rattengehirn umfassen die Regionen, in denen neue Neuronen gebildet werden, den Riechkolben, den Hippocampus sowie die subventrikuläre Zone. Das Vorkommen adulter Neurogenese in anderen Hirnbereichen, wie zum Beispiel im Neokortex, ist weiterhin umstritten, wie oben ausgeführt. Elizabeth Gould, «How Widespread is Adult Neurogenesis in Mammals?», in: *Nature Reviews Neuroscience* 8, 2007, S. 481–488. Für das menschliche Gehirn ist der Nachweis der Neurogenese im Hippocampus akzeptiert. Eriksson et. al., «Neurogenesis in the Adult Human Hippocampus».

61 Society for Neuroscience, «Adult Neurogenesis», in: Brain Briefings, Juni 2007, http://www.sfn.org/index.aspx?pagename=brainBriefings_adult_neurogenesis, 11. 1. 2011.

62 Vgl. dazu auch den Beitrag von Mike Michael in diesem Band.

63 Guo-li Ming und Hongjun Song, «Adult Neurogenesis in the Mammalian Central Nervous System», in: *Annual Review of Neuroscience* 28, 2005, S. 223–2250.

FAZIT

Anhand der vorliegenden Untersuchung zur Entwicklung der adulten Neurogenese lässt sich zeigen, dass sich ein Wandel des Denkstils in den Neurowissenschaften abzeichnet. Die Einstufung des menschlichen Gehirns als plastisch spielt darin eine zentrale Rolle. Sie konfrontiert die neurowissenschaftliche Gemeinschaft mit einem tiefgreifenden Dilemma. Sie muss die langgehegte Vorstellung eines komplexen und daher unveränderlichen menschlichen Gehirns zugunsten eines lebenslang wandlungsfähigen Gehirns aufgeben. Folglich sehen sich die Neurowissenschaften einmal mehr mit dem Umstand konfrontiert, dass Menschen, was ihre biologischen Eigenschaften betrifft, nicht so einzigartig sind. Es muss jedoch angemerkt werden, dass die Vorstellung von der Einzigartigkeit des Menschen, verknüpft mit dem Konzept eines spezifisch menschlichen Gehirns, über die hier diskutierte Entwicklung hinaus besteht bleibt. Die immer wieder neuen Demonstrationen und Diskussionen von neurobiologischen Alleinstellungsmerkmalen, die von spezifischen Verhaltensweisen bis hin zu zellulären Charakteristika des Gehirns reichen, bezeugen dies.

Auch in anderer Weise stellt das Konzept eines lebenslang plastischen menschlichen Gehirns die Neurowissenschaften vor grosse Herausforderungen. Sie können die Komplexität des menschlichen Gehirns nicht länger nur als Höhepunkt und Abschluss einer interaktiven Entwicklungsphase verstehen und beschreiben. Vielmehr müssen sie lernen, die Komplexität als das Resultat lebenslanger Plastizität zu begreifen. Dies wirft wichtige Fragen zur Heuristik auf, da sowohl in den experimentellen als auch in den theoretischen Ansätzen der Möglichkeit von Wandel und Anpassung des Nervensystems in angemessener Weise Rechnung getragen werden muss.

Der Denkstilwandel kann zwar im Hinblick auf das Feld der adulten Neurogenese als in weiten Teilen vollzogen gelten. Die Entwicklung dieses Gebiets ist jedoch nicht mit einer umfassenden Umsetzung des Konzepts der Plastizität in allen Teilbereichen der Neurowissenschaften gleichzusetzen. Vielmehr sind auch in anderen Gebieten der Neurowissenschaften weitreichende Veränderungsprozesse zu beobachten, die Anlass zu kontroversen Diskussionen geben. In der Folge dieser Kontroversen entwickeln sich gegenwärtig weitere Konzeptualisierungen der Plastizität. Es ist zu erwarten, dass diese nicht nur zu einer Differenzierung des Konzepts beitragen, sondern zugleich auch zu dessen Prägnanz und Wichtigkeit.[64] Die zu beobachtende Verbreitung und Vervielfältigung des Konzepts der Plastizität gibt Anlass zur Frage nach den Möglichkeitsbedingungen dieser epistemologischen Veränderungen.

Spannt man den Bogen weiter und nimmt auch andere gesellschaftliche Veränderungen in den Blick, so scheint sich das Plastizitätskonzept sehr gut in den fortdauernden Flexibilitätsdiskurs einzufügen. Emily Martin und andere haben gezeigt, dass seit den 1970er Jahren die Notwendigkeit für lebenslanges Lernen und Flexibilität zwei dominierende Themen der westlichen Gesellschaft sind. Martin verweist darauf, wie die Vorstellung der dauernden Ver-

[64] Beatrix P. Rubin und Alison Kraft, «Changing Cells: the Emergence of Plasticity as a Central Concept in Stem Cell Biology», zur Veröffentlichung eingereicht.

änderungsfähigkeit des Menschen sich mit der Erwartung verknüpft, dass das Individuum sich an immer neue Bedingungen anzupassen vermag: "Today it is not just that individuals circulate among different jobs or careers, nor just that the conditions of their work change over time. In addition, the individual comes to exist of potentials to be realized and capacities to be fulfilled: self-maximization and self-optimization are the watchwords. Since these potentials and capacities take their shape in relation to the requirements of a continuously changing environment, their content, and even the terms in which they are understood are also in constant change."[65]

Ein Individuum, dessen erwachsenes Gehirn lebenslang plastisch bleibt, sollte im besonderen Masse das Potential und die Fähigkeit besitzen, sich ständig neuen Anpassungen zu unterwerfen. Angesichts dessen überrascht der Widerstand der Neurowissenschaften gegen die Vorstellung eines auch strukturell plastischeren menschlichen Gehirns. Es stellt sich die Frage, warum sich ein neurowissenschaftlicher Denkstil, der Konzepte der strukturellen Plastizität favorisiert, nicht früher durchsetzen konnte, obwohl eindeutige empirische Befunde, die auf ein plastisches erwachsenes Gehirn hinweisen, vorhanden waren. Ohne eine direkte Antwort auf diese Frage zu geben, kann man, wie oben ausgeführt, argumentieren, dass ein plastisches menschliches Gehirn weitaus besser auf therapeutische Eingriffe reagieren kann als ein unveränderliches Gehirn. Dieser Umstand könnte Ende der 1990er Jahre ein entscheidender Faktor gewesen sein, der zur Durchsetzung des Denkstilwandels hinsichtlich der adulten Neurogenese beitrug. In den 1980er Jahren, als die ersten Vorschläge, die adulte Neurogenese im erwachsenen menschlichen Gehirn zu untersuchen, ohne Resonanz blieben, war der therapeutische Diskurs nicht in ähnlicher Weise präsent. Es lässt sich vermuten, dass der Wandel des Denkstils durch die grosse Nähe der heutigen biologischen Forschung zur medizinischen Anwendung entscheidend vorangetrieben wurde. Wie ich bereits anderweitig in Bezug auf die embryonale Stammzellenforschung zeigen konnte, ist die biologische Forschung nicht nur ein zentraler Träger des – wie ich es nenne – therapeutischen Versprechens, sondern wird durch dieses auch stark geprägt.[66]

Ein Denkstil, der das menschliche Gehirn als plastisch konzeptualisiert, korrespondiert auch mit denjenigen gesellschaftlichen Denkstilen, die Nikolas Rose als prägend für das «neurochemische Selbst» der Gegenwart beschreibt.[67] Eine solche Denkweise begreift das menschliche Gehirn als ein Organ, dessen angemessen geregelte Funktionen die organische Basis unserer Identität und unseres Wohlbefindens bilden. Dieses (Selbst-)Verständnis gewinnt in der gegenwärtigen Gesellschaft zunehmend an Plausibilität.[68] Zweifellos fügt die strukturelle Plastizität eine weitere therapeutische Dimension zum bereits existierenden neurowissenschaftlichen Katalog hinzu. Sie impliziert, dass nicht nur die Funktion der synaptischen Kontakte durch eine Behandlung mit Psychopharmaka moduliert werden können, sondern dass sich sogar ihre Existenz an sich durch therapeutische Massnahmen beeinflussen lassen.

---

[65] Emily Martin, *Bipolar Expedition. Mania and Depression in American Culture*, Princeton 2007, S. 42 f.

[66] Beatrix Rubin, «Therapeutic Promise in the Discourse of Human Embryonic Stem Cell Research», in: *Science as Culture* 17, 2008, S. 13–27.

[67] Rose, *The Politics of Life Itself*, S. 186–223.

[68] Sabine Maasen, «Selves in Turmoil: The Neurocognitive and Societal Challenges of the Self», in: J. Scott Jordan und Dawn McBride (Hg.), *The Concepts of Consciousness. Integrating an Emerging Science*, Special Issue of *The Journal of Consciousness* 14, 2007, S. 252–270.

Auf welche Weise diese und weitere Konzeptualisierungen der Plastizität des menschlichen Gehirns in den gesellschaftlichen Diskurs Eingang finden, ist eine wichtige Frage.[69] Sie gibt Auskunft darüber, inwieweit das Gehirn als das menschliche Organ, das als essentiell für das Überleben in der heutigen Gesellschaft angesehen wird, nicht nur als plastisch verstanden wird, sondern auch plastisch sein muss. Es bleibt die Feststellung, dass die Plastizität als Konzept des Wandels in den unterschiedlichsten Kontexten selbst Veränderungen unterworfen ist und sein wird.

---

69 Siehe hierzu die Arbeit von Tobias Rees, die die Konzeptualisierung der Plastizität im Kontext der französischen Neurowissenschaften der Gegenwart diskutiert. «Being Neurologically Human Today. Life and Science and Adult Cerebral Plasticity (An Ethical Analysis)», in: *American Ethnologist* 37, 2010, S. 150–166.

Priska Gisler

VOM GANZEN KÖRPER ZUM MOLEKULAREN OBJEKT
Das Serologische Museum an der Rutgers University 1948–1974

"Species are relationships between species – relationality is world-hood."[1]

Im Frühjahr des Jahres 1948 verkündete der Zoologe Alan A. Boyden (1897–1986)[2] in zwei renommierten Wissenschaftszeitschriften die Schaffung eines neuen Museums an der Rutgers University (New Jersey),[3] das sich dem Sammeln von Blut verschreiben werde. Auch im von ihm kurz zuvor gegründeten *Serological Museum Bulletin* wies er darauf hin und präzisierte die Absichten der neuen Institution:

> "The creation of the Serological Museum of Rutgers University has been announced in *Science* (1948, February 27) and in *Nature* (1948, March 20). It is dedicated to the principle that the proteins of the blood and other tissues of the bodies of organisms may be as characteristic of them in health and in disease as are any of their other constituents and are as worthy of preservation and study as their skins and skeletons."[4]

Das Ziel des Museums bestehe darin, eine Sammlung von Proteinen aller möglichen Arten von Organismen, ob jung oder alt, gesund oder krank, aufzubauen. Boyden betonte, es gehe ihm darum, die Konservierungsmöglichkeiten von Blutproben zu untersuchen und die Methoden, die es für den Vergleich von Proteinen brauche, zu studieren. Ebenso sollten Erkenntnisse über die Zusammensetzung und Eigenschaften der gesammelten Samples gewonnen und die serologischen Vergleiche auf mehr Gruppen von Organismen angewendet werden. Schliesslich sollten die gesammelten Proben mit Fachkräften im Feld der komparativen Proteinstudien ausgetauscht und geteilt werden.[5] Worauf Boyden auffällig wenig einging, war sein eigentliches wissenschaftliches Interesse: die serologische Taxonomie, die Bestimmung und Klassifikation der Lebewesen aufgrund der Analyse von Blut. Dazu gründete er 1948 das Serologische Museum, das bis Mitte der 1970er Jahre Bestand haben sollte.

---

[1] Eva Hayward (2008), «Lessons from a Starfish», in: Noreen Giffney und Mira J. Hird (Hg.), *Queering the Non/Human*, Aldershot 2008, S. 249–264, hier S. 254.
[2] Vgl. dazu Rutgers University Archives, R-Bio: Faculty Collection, Alan Boyden Biographical File.
[3] Ab 1956 hiess die Universität offiziell Rutgers, The State University, New Jersey, vgl. http://www.rutgers.edu/about-rutgers/brief-history, 7. 12. 2010.
[4] Alan A. Boyden, «Inception and Objectives of the Serological Museum», in: *The Serological Museum Bulletin* 1, 1948, S. 1.
[5] Ebd.

Boydens Unterfangen mit dem Ziel, Blut oder Seren von Menschen, Tieren und Pflanzen zu sammeln und an einem Ort aufzubewahren, um sie wieder an andere Forschende zu verteilen, war Mitte des 20. Jahrhunderts keineswegs evident. Das Wissen über Zellen, DNA oder Proteine und die serologischen Analysen in Bezug zu taxonomischen Fragen zu setzen, war für Boydens Zeitgenossen noch ebenso wenig üblich wie die Bestimmung von Verwandtschaftsgraden durch die Messung von Antigen-Antikörper-Reaktionen mittels bestimmter experimenteller Verfahren – vor diesem Hintergrund war denn das Sammeln der entsprechenden Materialien überaus legitimationsbedürftig.

Die Geschichte des Serologischen Museums situiert sich an der Kreuzung entscheidender Umbrüche in Bezug auf das Sammeln im 20. Jahrhundert einerseits, auf die Entwicklung und Ausdifferenzierung der biologischen Wissenschaften insbesondere ab der Jahrhundertmitte andererseits: Ausgedehnte naturhistorische Forschungsreisen wurden nur mehr selten durchgeführt, als Alan A. Boyden seine Sammlung von Blut und Blutbestandteilen anzulegen begann.[6]

Sowohl die Biowissenschaften selber als auch die Wissenschaftsforschung haben bisher der Konstituierung von Sammlungen und den Rollen, die diese zwischen Feld und Labor spielten, wenig Interesse entgegengebracht; dies, obwohl die Verschiebung des Verhältnisses zwischen Feldstation und Laborforschung in den biologischen Wissenschaften zumindest einen der Hintergründe zu diesen Entwicklungen bildete. Der vorwissenschaftliche Status, den Sammlungen und die damit verbundenen Sammelpraktiken für die biologischen Wissenschaften lange innehatten, mag zu dieser Vernachlässigung beigetragen haben.[7] Mit Ausnahmen wurde ihr Beitrag zur wissenschaftlichen Arbeit wenig untersucht, auch wenn ein gewisses Interesse von Seiten der Wissenschaftsgeschichte in Bezug auf Museen zu verzeichnen war.[8] Bis weit ins 20. Jahrhundert hinein war die längerfristige Aufbewahrung von biologischen Materialien, wie sie Seren darstellen, keine Selbstverständlichkeit gewesen.[9] Erst durch die Einführung neuerer Techniken der Konservierung biologischer Materialien in der zweiten Hälfte des 20. Jahrhunderts und deren kommerzielle und industrielle Anwendung wurde klar, dass die ökonomischen, politischen und sozialen ebenso wie die wissenschaftlichen Aspekte des Sammelns unter neuen Bedingungen zu studieren waren.[10] Der bemerkenswerte Fall des Serologischen Museums stellt unter diesen Vorzeichen ein sehr frühes Beispiel für eine Sammlung dar, die in der Überkreuzung verschiedener wissenschaftlicher Felder und deren Entwicklung eine prägende Rolle spielte. Insbesondere der Übergang von naturhistorischer Feldforschung zu Laborstudien kann am Beispiel des Serologischen Museums schön nachgezeichnet werden.[11]

Die Karriere des Serologischen Museums verlief vor dem Hintergrund einiger gewichtiger disziplinärer und institutioneller Veränderungen, die die biologischen Wissenschaften in der zweiten Hälfte des 20. Jahrhunderts prägten. Der Wissenschaftshistoriker Hans Jörg Rheinberger[12] konstatierte

---

6 Vgl. zum Beispiel Karen Rader und Victoria E. M. Cain, «From natural history to science: display and the transformation of American museums of science and nature», in: *museum and society* 6 (2), 2008, S. 152–171; auch Priska Gisler, «Collecting true blue blood: A journey to the heart of 1960s biology», in: *Endeavour* 33 (3), 2009, S. 112–116.

7 Zum Beispiel Henrika Kuklick und Robert E. Kohler, «Introduction», in: *Osiris*, 2nd Series 11 (Science in the Field), 1996, S. 1–14, hier S. 4; Robert E. Kohler, *All Creatures. Naturalists, Collectors, and Biodiversity, 1850–1950*, Princeton and Oxford 2006; Robert Kohler, «Finders, Keepers: Collecting Sciences, Collecting Practice», in: *History of Science* 45 (1), 2007, S. 428–454, hier S. 428.

8 Vgl. dazu wissenschaftshistorische und -soziologische Literatur zum wissenschaftlichen Sammeln, zum Beispiel Nicholas Jardine, James A. Secord und Emma C. Spary, *Cultures of Natural History*, Cambridge, 1996; Anke te Heesen und Emma C. Spary, *Sammeln als Wissen. Das Sammeln und seine wissenschaftsgeschichtliche Bedeutung*, Göttingen 2001; Sharon Macdonald, «Collecting Practices», in: Dies. (Hg.), *A Companion to Museum Studies*, New York, Oxford 2006, S. 81–96; zum Betrieb von Museen siehe ein Themenheft der wissenschafts-, medizin- und technikhistorischen Zeitschrift ISIS: *ISIS Focus* 96 (4), 2005, mit Sam Alberti zu Objekten, Sophie Forgan zum Museumsgebäude, Sally Gregory Kohlstedt zum Betrieb von Museen.

9 Vgl. dazu Michael Hummel und Michael Krawczak, «Biobanken im Spannungsfeld zwischen Forschung und Gesellschaft», in: *it* 49 (6), 2007, S. 335–338; John R. Hess und Paul J. Schmidt, «The first blood banker: Oswald Hope Robertson», in: *Transfusion* 40, Januar 2000, S. 110–113.

10 Zum Beispiel Bronwyn Parry, *Trading the Genome. Investigating the Commodification of Bio-information*, New York 2004; Dies., «The new Human Tissue Bill: Categorization and Definitional Issues and their Implications», in: *Genomics, Society and Policy* 1/1, 2005, S. 74–85. Neuere Arbeiten beschäftigen sich auch mit dem Umgang mit Körperteilen und anatomischen Präparaten, zum Beispiel Elisabeth Hallam, «Anatomists' Ways of Seeing and Knowing», in: Wendy Gunn (Hg.), *Fieldnotes and Sketchbooks. Challenging the Boundaries between Descriptions and Processes of Describing*, Frankfurt am Main, Berlin, Bern 2009, S. 69–107, beziehungsweise zu den Begleitumständen und Effekten des Sammelns von Nabelschnurblut Catherine Waldby, «Umbilical Cord Blood: from Social Gift to Venture Capital», in: *BioSocieties* 1/1, 2006, S. 55–70, oder zu der Barcoding-of-Life-Initiative, in der es darum geht, Spezies zu identifizieren, Rebecca Ellis, «Rethinking the value of biological specimens: laboratories,

dabei insbesondere für die Molekularbiologie als Gemengelage von Akteuren, Dingen, Institutionen – einer «Assemblage», wie er auf Rabinow verweisend sagt – zwei fundamentale Verschiebungen: Eine molekularbiologische Verschiebung situiert er zwischen den 1940er und den 1960er Jahren, eine gentechnologische Verschiebung stellt er für die 1970er Jahre fest – beide zusammen umfassen ungefähr die Zeitspanne des Bestehens des Serologischen Museums.

Die Entwicklung des Serologischen Museums von den späten 1940er bis in die frühen 1970er Jahre wurde von unterschiedlichen Kräften beeinflusst, die zwar nicht alle in die gleiche Richtung zogen, denen aber gemein war, dass sich die Aktivitäten der Protagonistinnen und Protagonisten zunehmend vom Sammeln aus taxonomischen Gründen hin zum Sammeln für die Forschenden der Biomedizin bewegten. Aufgrund der vorliegenden Quellen lässt sich erschliessen, dass der Schwung, den das Vorhaben zur Zeit der Gründung durch Alan A. Boyden und weit in die 1950er Jahre hinein aufwies, nicht aufrechterhalten werden konnte. Während sich anhand der Entwicklung des *Bulletins*, der Hauszeitschrift des Museums, in den ersten Jahren eine Professionalisierung des Museums nachzeichnen lässt, wird Ende der 1960er Jahre und definitiv dann in den 1970er Jahren deutlich, dass Boydens serologische Taxonomie im Umfeld der erstarkenden mikro- und molekularbiologischen Wissenschaften einen schweren Stand hatte. Die zahlreichen Nachrufe im *Bulletin* des Serologischen Museums machen deutlich, dass seine getreuen Mitarbeiter starben, während es Boyden selber nicht zu gelingen schien, jüngere Wissenschaftlerinnen und Wissenschaftler nachzuziehen, die als Zugpferde für das Serologische Museum eingetreten wären.

In diesem Beitrag wird der Frage nachgegangen, welches Verständnis vom Menschen in der spezifischen Assemblage von Akteuren, Praktiken, Dingen und Institutionen, die für die biologischen Wissenschaften in der zweiten Hälfte des 20. Jahrhunderts konstitutiv waren, hervorgebracht wurde. Dies wird anhand der Untersuchung einer Reihe von Charakteristika getan, die die Sammelaktivitäten des Serologischen Museums im Laufe seines Bestehens prägten und die für das Netz dabei involvierter Akteure, Aktivitäten und Objekte von Bedeutung waren. Damit soll gezeigt werden, dass mit den Veränderungen im Bereich des Sammelns und Aufbewahrens biologischer Materialien als Substanzen des Lebendigen ein Beitrag zur Rekonfiguration eines ganz bestimmten Verständnisses des Menschen geleistet wurde.

Zunächst folgt eine kurze Diskussion der historisch wahrnehmbaren Veränderungen, die die Biologie und die Medizin in der Nachkriegszeit bis in die Gegenwart erfahren haben, zudem wird das vorgefundene Quellenmaterial erläutert. Des Weiteren wird das Serologische Museum mit der für seine Entstehungszeit erstaunlichen Sammlung dargestellt. Die Angaben zum Kontext und dieses Porträt des Museums bilden den notwendigen Hintergrund zum Verstehen einer Reihe von Charakteristika, die für das Sammeln im Namen der Serologie in der zweiten Hälfte des 20. Jahrhunderts bedeutsam waren:

---

museums and the Barcoding of Life Initiative», in: *museum and society* 6 (2), 2008, S. 172–191.
11 Priska Gisler, «Instructions between the field and the lab: collecting blood for the ‹Serological Museum› in the 1950s», in: *museum and society* 8 (2), Juli 2010, S. 90–111.
12 Hans-Jörg Rheinberger, «What Happened to Molecular Biology?», in: *BioSocieties* 2008 (3), S. 303–310.

Besprochen werden die Technisierung, die Zentralisierung, die Distanzierung und die Übersetzung biowissenschaftlicher Praktiken, die im Zusammenhang mit dem Sammeln von Blutproben zum Einsatz kamen. Diese Aktivitäten beziehungsweise die Analyse ihres Zusammenwirkens sollen aufzeigen, wie durch das Sammeln biologischer Materialien ein ganz bestimmtes Bild des Menschen «assembliert» und mit Wirkkraft versehen wurde. Mit der Hilfe der genannten vier Charakteristika kann in einem bilanzierenden Abschnitt gezeigt werden, wie sich Alan A. Boydens Vorhaben von einem Museum über eine Sammlung zur gedanklichen Idee einer «Biobank» hinbewegte und wie sich dabei ganz unterschiedliche biologische Materialien zunehmend in den Dienst des Menschen stellen liessen.

VERÄNDERUNGEN DER BIOLOGISCHEN WISSENSCHAFTEN IN DER ZWEITEN HÄLFTE DES 20. JAHRHUNDERTS

1984 gab die Association of Systematics Collections, eine internationale Nonprofitorganisation, die von Institutionen, die biologische Sammlungen unterhalten, ins Leben gerufen worden war, eine Zusammenstellung von Anleitungen zur Verwaltung und zum Management bestehender Sammlungen heraus (Dessauer/Hafner, 1984).[13] Darin wurde auf die zunehmende Geschwindigkeit hingewiesen, mit der sich die biologische Forschung in den vorangegangenen Jahrzehnten der molekularen Ebene zugewendet hatte. In diesem Zusammenhang hätten Wissenschaftlerinnen und Wissenschaftler grosse Sammlungen von Gewebe einer weiten Bandbreite von lebenden Organismen zusammengetragen. Diese bildeten in der Zwischenzeit eine wertvolle, allerdings auch weitgehend brachliegende Ressource für die Grundlagen- und die angewandte Forschung, die es stärker zu nützen gelte.[14] Als Kontrapunkt in diesem Zusammenhang wiesen sie auf Alan A. Boyden[15] und Kollegen von der Rutgers University hin, die mit ihrem Serologischen Museum eine Pionierleistung in Sachen Sammlungen erbracht hätten. Diese seien in der Tat Initiatoren der «first formally organized collection of undenatured tissues» gewesen.[16] Damit benannten sie, womit Boyden jahrelang experimentiert hatte: Mittels des Serologischen Museums strebte dieser das Aufbewahren nichtdenaturierten Gewebes an, eines Materials also, dessen Proteine nicht verändert, sondern im ursprünglichen Zustand aufbewahrt werden konnten. Nicht vergessen werden darf, dass sich die *tissue collection managers* mit ihrem kleinen Handbuch selber auf wackligem Terrain bewegten. Die Association of Systematics Collections gab ihre Schrift just zu dem Moment heraus, für den Rheinberger eine Aufsplittung derjenigen Bereiche der Biologie, die sich mit der molekularen Ebene beschäftigten, in verschiedene Subdisziplinen beobachtete.[17]

Der Aufwind, den das Sammeln biologischer Materialien in der zweiten Hälfte des 20. Jahrhunderts erlebte, ging einher mit einer zunehmend molekular geprägten Blickrichtung, die nach den Proteinen zunehmend die DNA-

---

[13] Herbert C. Dessauer und Mark Hafner (Hg.), *Collections of Frozen Tissues. Value, Management, Field and Laboratory Procedures, and Directory of Existing Collections*. A report to the national Science Foundation by a special workshop panel of tissue collection managers, convened 24–26 may 1983 at the Academy of natural Sciences of Philadelphia. Sponsored by the Association of Systematics Collection, Lawrence, Kan., 1984; zur Association of Systematics Collections siehe Smithsonian Institution Archives, http://siarchives.si.edu/findingaids/FARU7459.htm#topofpage, 16. 8. 2010.
[14] Ebd., S. 1.
[15] Boyden wurde 1928 Mitglied der Fakultät, Ralph DeFalco und Douglass Gemeroy, zwei seiner langjährigen Mitarbeiter, wurden 1938 und 1939 zu Assistenten gewählt. Siehe http://lifesci.rutgers.edu/history/, 17. 7. 2010.
[16] Herbert C. Dessauer und Mark Hafner, *Collections of Frozen Tissues*, S. 1.
[17] Hans-Jörg Rheinberger, «What happened to molecular biology», S. 306.

Moleküle fokussierte. Die Entwicklung innovativer Techniken und einer neuen Art, die Untersuchungsobjekte zu bestimmen und Aussagen über sie zu machen, war zudem gebunden an veränderte medizin- und gesundheitspolitische Vorstellungen der Anwendung und der Bedeutung biologischen Wissens. Slater weist darauf hin, dass die Aufmerksamkeit für Moleküle in lebenden Systemen lange nicht auf bestimmte Disziplinen wie zum Beispiel die Molekularbiologie oder die molekulare Genetik beschränkt war. Erst eine reduktionistische Weltsicht, so Slater, die lebende Dinge in deren grundlegenden Bestandteilen als chemisch auffasste, brachte ein Verständnis für die tiefen Verbindungen zwischen allen Organismen sowie zwischen diesen und ihren Umwelten hervor.[18] Als breiter Trend habe diese Sicht vom Ende des 19. Jahrhunderts bis heute Einfluss auf Wissenschaft, Technik und Medizin genommen.[19]

Die Geschichte des Serologischen Museums situiert sich in dem Zeitabschnitt, den Rheinberger als deutlich konturierte molekularbiologische Ära mit Beginn in der Nachkriegszeit Mitte der 1980er Jahre zu Ende gehen sieht.[20] Tatsächlich lässt sich paradigmatisch dazu in den Quellen des Serologischen Museums eine sehr frühe Fokussierung auf die innerzellulären Vorgänge auf molekularer Ebene ausmachen. Diese Bemühungen standen irgendwo zwischen dem einstmals noch naturforschenden Interesse am ganzen Organismus und der zunehmend biochemischen und molekularen Taxonomie der Arten, während die DNA-Struktur erst allmählich in das Blickfeld rückte. Gleichzeitig waren sie Ausdruck eines Wandels, der sich durch verschiedene Faktoren auszeichnete: Zum einen war ein Bedeutungsanstieg des Experiments und der Konstruktion komplexer experimenteller Systeme zu verzeichnen,[21] zum anderen rückte in der Biologie und der Biomedizin zunehmend die Entwicklung von Modellsystemen und Modellorganismen in den Fokus.[22] Das Stattfinden, die mögliche Tiefe oder die wissenschaftliche Tragweite dieser Transformation wurden in der historischen und soziologischen Literatur breit diskutiert. Auf sie wurde als «molekulare Revolution» verwiesen.[23] Der Wandel wurde von Waldby und Mitchell aber auch deskriptiv – und für das vorliegende Kapitel sicher treffender – als Übergang «from gross anatomy to the body's biochemistry and cellular structure»[24] in den Biowissenschaften bezeichnet.

Wie bereits erwähnt, spricht Rheinberger[25] in Bezug auf die Molekularbiologie von zwei aufeinander folgenden Verschiebungen der Auslegeordnung von Akteuren, Dingen und Institutionen, die das wissenschaftliche Gefüge der biologischen Wissenschaften (und den entsprechenden gesellschaftlichen Umgang mit ihr) seit der Mitte des 20. Jahrhunderts prägten: Die erste Verschiebung, die er eine molekularbiologische nennt, siedelt er zwischen 1940 und der Mitte der 1960er Jahre an. Die Hinwendung zur Molekularbiologie sei damals durchdrungen gewesen von Konzepten wie *genetic programming* oder *genetic information*, einem eigentlich kybernetischen Verständnis, einer Vorherrschaft der zu dieser Zeit entstehenden Programmiersprachen und digitalen Codes. Was aber noch interessanter ist: Rheinberger sieht diesen Wandel geprägt von der Einführung einer ganzen Reihe neuer analytischer Techniken oder *research*

---

[18] Leo Slater, «Molecularization and Infectious Disease Research: The Case of Synthetic Antimalarial Drugs in the Twentieth Century», in: Caroline Hannaway, *Biomedicine in the Twentieth Century: Practices, Policies, and Politics*, Amsterdam 2008, S. 287–316, hier S. 288.

[19] Ebd., S. 307.

[20] Hans-Jörg Rheinberger, «What Happened to Molecular Biology», S. 306.

[21] Garland E. Allen, *Life Science in the Twentieth Century*, New York 1978, S. xiv; Hans-Jörg Rheinberger, «Von der Zelle zum Gen. Repräsentationen der Molekularbiologie», in: Ders., Michael Hagner und Bettina Wahrig-Schmidt (Hg.), *Räume des Wissens. Repräsentation, Codierung, Spur*, Berlin 1997, S. 265–279.

[22] Lynda Birke, Arnold Arluke und Mike Michael, *The Sacrifice. How Scientific Experiments Transform Animals and People*, West Lafayette 2007.

[23] Jordan und Lynch beziehen sich auf die molekularbiologische Revolution als fundamentaler Wandel der Perspektive und der Praktiken der Biologie, vgl. Kathleen Jordan und Michael Lynch, «The Mainstreaming of a molecular biological Tool. A Case Study of a new Technique», in: Graham Button (Hg.), *Technology in Working Order. Studies of Work, Interaction, and Technology*, London, New York 1993, S. 165 f.; Lily E. Kay schlägt vor, dass die Molekularbiologie eher in der Einführung einer Reihe unterschiedlicher Techniken als in einem Wandel theoretischer Kernannahmen zu sehen ist, vgl. Lily E. Kay, *The Molecular Vision of Life. Caltech, the Rockefeller Foundation, and the Rise of the New Biology*, New York 1993. Einige Autoren fokussieren anstelle der revolutionären Aspekte eher institutionelle und personale Rekonfigurationen und deren Bedeutung für wechselnde epistemische Ansätze, vgl. Soraya de Chadarevian und Bruno J. Strasser, «Molecular Biology in Postwar Europe», in: *Studies in the History and Philosophy of Biological and Biomedical Sciences* 33, 2002, S. 361–365; Daniel Kevles und Gerald Geison, «The Experimental Life Sciences in the Twentieth Century», in: *Osiris, 2nd Series* 10, 1995, S. 97–121; Pnina Abir-Am, «The molecular Transformation of twentieth-century Biology», in: *Science in the Twentieth Century*, London 1997, S. 495–524.

[24] Catherine Waldby und Robert Mitchell, *Tissue Economies: Blood, Organs and Cell Lines in Late Capitalism*, Durham and London 2006, S. 35.

[25] Hans-Jörg Rheinberger, «What Happened to Molecular Biology», S. 304.

technologies,²⁶ wie sie auch am Serologischen Museum zum Einsatz kamen und weiterentwickelt wurden. Ebenso kamen neue Modellorganismen wie Bakterien und Viren zum Tragen, schliesslich veränderten sich, wie oben angetönt, auch die Muster disziplinärer Kollaborationen, die nun über Biophysik, Biochemie und Genetik hinausführten²⁷ und die molekularbiologischen Forschungsfelder als Assemblage konstituierten.

Wie gezeigt werden wird, war Alain Boydens Vorhaben in Bezug auf eine molekularbiologische Wende eine zeitgemässe Auseinandersetzung mit Techniken der Bewahrung, des Umgangs und der Analyse von Blut und Blutbestandteilen. Dies wird deutlich, wenn es darum geht, das Sammeln von Blut überhaupt zu legitimieren und von der naturhistorischen Auseinandersetzung mit dem Tierreich abzuweichen, um einen serologischen Beitrag zur Taxonomie zu leisten. Damit konnte das gesammelte Blut zur Inspektion und Bestimmung der Arten genutzt werden.²⁸

Eine zweite Verschiebung, eine gentechnologische, konstatiert Rheinberger für die 1970er Jahre. Er bezog diesen zweiten Übergang auf die Bearbeitung, das *engineering*, der genetischen Bestandteile von Organismen. Biologie war in diesem Sinne zunehmend geleitet von Methoden, die auf molekularen Werkzeugen beruhen sollten. Diese wurden in immer stärkerem Masse in den lebenden Zellen selber gesucht²⁹ und im Sinne molekularer Maschinen eingesetzt.³⁰ Biologische Materialsammlungen wurden damit stärker als bisher für biomedizinische Forschungen relevant. Der Fokus verschob sich, die molekularen Maschinen sollten zur Bekämpfung von Krankheiten im Menschen eingesetzt werden.

Rheinberger postuliert also einen Wandel von der Aufmerksamkeit auf Instrumente und Techniken des Programmierens gleichermassen hin zu genetischen Konfigurationen, die im Organismus selber als Werkzeuge eingesetzt werden sollten. Die Entwicklung solcher Werkzeuge veränderte das Verständnis der Beziehung zwischen einzelnen Organismen, insbesondere des Mensch-Tier-Verhältnisses, nachhaltig, gerade auch in Bezug auf den Einsatz von Tieren für die Erforschung verschiedener Krebserkrankungen.³¹ Parallel dazu kann beobachtet werden, dass in einer ähnlichen Zeitspanne das Labor zu einer *conditio sine qua non* für die biologischen Wissenschaften wurde.³²

Die Entwicklung des Serologischen Museums fiel in eine Zeit, in der sich die Bedeutung naturhistorischer Museen veränderte beziehungsweise in der diese zunehmend aus ihrer einst zentralen Position als Schaukästen der geordneten Natur verdrängt wurden.³³ Wie konkrete Sammelpraktiken zur Produktion wissenschaftlichen Wissens³⁴ beziehungsweise der Konfiguration des Menschen durch die Forschung beitrugen, wird in der Literatur wenig besprochen: Die Sammelpraktiken selber veränderten sich über die Zeit hinweg nicht unbeträchtlich, die verbesserten Konservierungs- und Transportmöglichkeiten weckten Hoffnungen auf eine längerfristig geplante Zentralisierung von biologischen Materialsammlungen. Neue Diskurse entstanden, in denen beispielsweise vom *banking* der Materialien die Rede war, worauf später noch ein-

---

26 Hans-Jörg Rheinberger entlehnt den Begriff von Terry Shinn und Bernward Joerges, «The transverse science and technology culture: Dynamics and roles of research-technology», in: *Social Science Information* 41, 2002, S. 207–251. Detaillierter diskutiert Shinn dann die *research-technology*-Matrix in seinem Buch *Research-technology and Cultural Change. Instrumentation, Genericity, Transversality*, Oxford 2008. Hier definiert er *research technology* auch als eine Art materieller und intellektueller Arbeit.
27 Hans-Jörg Rheinberger, «What Happened to Molecular Biology», S. 304.
28 Die Weiterentwicklung dieser Technik trug als Verwandtschaftsanalyse Jahre später dazu bei, dass die «kingdoms of living beings» (R. E. Blackwelder, «The Kingdoms of Living Things», in: *Systematic Zoology* 13 Nr. 2, 1964, S. 74–75) neu und anders bestimmt werden mussten.
29 Hans-Jörg Rheinberger, «What Happened to Molecular Biology», S. 306.
30 Vgl. den Beitrag von Vivianne Otto in diesem Band.
31 Karen Rader, *Making Mice. Standardizing Animals for American Biomedical Research, 1900–1955*, Princeton 2004.
32 Wie Forschende in wissenschaftlichen Labors Evidenz erzeugen, wurde in den *science and technology studies* intensiv diskutiert. Vgl. dazu beispielsweise Bruno Latour und Steve Woolgar, *Laboratory Life. The Construction of Scientific Facts*, Beverly Hill 1979; Bruno Latour, *Science in Action. How to Follow Scientists and Engineers through Society*, Boston 1987; Karin Knorr-Cetina, *Die Fabrikation von Erkenntnis*, Frankfurt am Main 1984. Sicher nicht zufällig wandte sich das entstehende Feld von *science and technology studies* in den 1970er und 80er Jahren besonders konzentriert den Orten der Wissensproduktion zu. Jene widmeten sich der «in situ observation of scientific activity», vgl. Steve Woolgar, «Laboratory Studies: A comment on the state of the art», in: *Social Studies of Science* 12, 1982, S. 481–498, hier S. 482, aber auch den *big-science*-Anlagen der Physik, vgl. Caroline A. Jones, Peter Galison und Amy E. Slater, *Picturing Science, Producing Arts*, New York, London 1999, S. 498.
33 Karen Rader und Victoria E. M. Cain, «From natural history to science: display and the transformation of American museums of science and nature», S. 153.
34 Robert Kohler, «Finders, Keepers», S. 429.

gegangen werden wird. Während einerseits aber dem Labor, den komplexen Experimentalsystemen, verschiedenen zunehmend biomedizinisch ausgerichteten Forschungsinstitutionen eine gesteigerte Aufmerksamkeit zukam, fällt andererseits auf, dass die wissenschaftliche Bedeutung des Sammelmaterials, mit dem zunehmend gearbeitet wurde, und noch mehr diejenige von Sammlungen unklar blieb. Auch über den epistemischen Status, die *ways of knowing*[35] dieser Konglomerate wurde wenig nachgedacht oder gar geschrieben. Eher wurde zunehmend vom Werkzeugcharakter einer Sammlung ausgegangen, die der biomedizinischen Forschung zu Dienste stehen würde.[36]

Das Serologische Museum, die «first formally organized collection of undenatured tissues», kann deshalb als Indikator für diejenige Art von Organisationen innerhalb der molekular- und gentechnischen Wende untersucht werden, die dazu beitrugen, neue Materialien und Techniken für die emergente biomedizinische Forschung bereitzustellen. Es vermochte den Blick auf die Objekte des wissenschaftlichen Interesses zu prägen, und dazu beizutragen, einer bestimmten biomedizinischen Auslegeordnung des neuen Jahrtausends den Weg zu bereiten.

Zu den Grundlagen, die Auskunft über das Serologische Museum geben, gehört zum einen das von Boyden lancierte *Serological Museum Bulletin*, dessen erste Ausgabe kurz nach der Gründung des Museums im Oktober 1948 erschien. Die Zeitschrift hilft uns, die Geschichte des Museums quasi von innen zu verfolgen, hatte sie doch, wie das Museum, über fast drei Jahrzehnte Bestand. Das *Bulletin* erschien zweimal pro Jahr (mit unbekannter Auflagenhöhe), richtete sich an alle, die an komparativer Serologie interessiert waren, und wurde, wie später verkündet, gratis verteilt.[37] In den Archiven der Rutgers University fanden sich darüber hinaus biografische Akten, die sich auf das Leben und Wirken von Alan A. Boyden und seinem Nachfolger Ralph DeFalco bezogen.[38] Zu den Materialien kamen Artikel aus der US-amerikanischen Tagespresse ebenso wie wissenschaftliche Zeitschriften und Beiträge in Publikationen, die die Quellengrundlagen für den nachfolgenden Beitrag darstellen.

Weder ist das Erscheinen des serologischen *Bulletins* über den November 1974 hinaus belegt, noch kann über das Fortleben des Serologischen Museums nach Mitte der 1970er Jahre viel gesagt werden. Eine Mitarbeiterin der Rutgers University Special Collections and University Archives stellte einige Nachforschungen über den Verbleib der Sammlung des Serologischen Museums an, aus welchen die E-Mail-Korrespondenzen erhalten geblieben sind. Mit dem Statement einer der befragten Personen sind wir am Ende der Rheinberger'schen gentechnologischen Verschiebung angelangt und kommen damit auch zur eingangs zitierten Anleitung zum Umgang mit biologischen Sammlungen durch die Association of Systematics Collections zurück. Die Instruktionen der Association kamen sicher zeitig, allerdings nicht mehr früh genug für das Serologische Museum. Chuck Martin, ein Biologieprofessor an den Nelson Laboratories der Rutgers University, schrieb nämlich 2008 in einer persönlichen Mitteilung:

---

35 John V. Pickstone, *Ways of Knowing. A New History of Science, Technology and Medicine*, Chicago 2001.
36 Michael Hummel und Michael Krawczak, «Biobanken im Spannungsfeld zwischen Forschung und Gesellschaft».
37 Alan A. Boyden, «Zoological Expeditions and the Salvage of Animal Bloods for Comparative Serology», in: *Science* 118, 1953, S. 58.
38 Siehe dazu Rutgers University Archives, R-Bio: Faculty Collection, Alan A. Boyden Biographical File; Rutgers University Archives, R-Bio: Faculty Collection, Alan A. Boyden & Serological Museum Photograph; Rutgers University Archives, R-Bio: Faculty Collection, Dr. Ralph DeFalco (Successor to Boyden) Biographical File.

"As far as the Serological Museum: That is long gone. The refrigerator containing all of the samples was in my 'new' laboratory when I moved from Douglass in 1984. Someone had unplugged it and when I opened it the smell was awful, all of the bloods had deteriorated and were thrown away. There are no records that I have found other than one or two news articles in a Rutgers Bulletin."

Zu vermuten bleibt, dass die Samples nicht länger aufbewahrt wurden, und fest steht, dass das Archiv der Rutgers University keine Angaben über den Verbleib des Museums finden konnte.

Über die Fokussierung des Serologischen Museums auf die Blutseren an der Rutgers University ab Mitte der 1940er Jahre soll der folgende Abschnitt detaillierter Auskunft geben. Anschliessend wird dazu übergegangen, einige der Charakteristika, die als Indikatoren für den Wandel von der molekularbiologischen zur gentechnologischen Sichtweise in den biologischen Wissenschaften betrachtet werden können, darzustellen.

DAS SAMMELN UNSINNLICHER DINGE AM SEROLOGISCHEN MUSEUM DER RUTGERS UNIVERSITY

Obwohl im Namen von Museum die Rede ist, handelte es sich beim Serologischen Museum in erster Linie um eine Sammlung, denn es verfügte über keine öffentlichen Ausstellungsräume: Keine Schmetterlinge, Muscheln oder Paradiesvögel sollten einem interessierten und vielfältigen Publikum dauerhaft und systematisch gezeigt werden. Vielmehr stellten die Blutproben materielle Grundlagen für die sich konstituierenden wissenschaftlichen Felder der Serologie, der Immunologie, der Proteinchemie und weiterer biologischer Teilbereiche dar, die vor allem für analytische Zwecke gebraucht wurden.[39] Die Objekte des Serologischen Museums bestanden grösstenteils aus Glasfläschchen, die Seren enthielten, oder aus Filterpapieren, die mit Spuren davon getränkt waren. In einem Artikel, den er 1953 in *Science* publizierte, gab Boyden genaue Anweisungen, wie das Blut von Tieren im Feld gesammelt und aufbewahrt werden sollte. Die Fläschchen hatten ein Konservierungsmittel zu enthalten, das das Serum haltbar machte, und die Sammelnden mussten einem ganz bestimmten Temperaturregime folgen.[40]

Die Sammlung war in einen ganz spezifischen wissenschaftlichen Kontext eingebettet: Alan A. Boydens Leidenschaft galt der Tiersystematik, der Taxonomie. Als Zoologe entwickelte er sich nachgerade zu einem Pionier serologischer und immunologischer Techniken und entsprechender Analysen von Blut. Das wissenschaftliche Programm des Serologischen Museums sah die Bewahrung und Charakterisierung von Antigenen und Studien in komparativer Serologie verschiedener Gruppen von Lebewesen vor.[41] Boydens persönliches Ziel war die Verbesserung der systematischen Klassifikation, während er sich gleichzeitig

[39] Zur Geschichte der Serologie siehe Ilana Löwy, ««A river that is cutting its own bed». The Serology of Syphilis between Laboratory, Society and the Law», in: *Studies in History and Philosophy of Biological and Biomedical Sciences* 35, Nr. 3, 2004, S. 509–524.

[40] Vgl. dazu Priska Gisler, «Instructions between the field and the lab: collecting blood for the ‹Serological Museum› in the 1950s», S. 101.

[41] O. A., in: *The Serological Museum Bulletin* 2, 1948, S. 20 f.

für die Weiterentwicklung und Überprüfung bestehender Messtechniken stark machte.⁴²

Das Fach Biologie an der Rutgers University zeichnete sich zwischen den 1940er und den 1960er Jahren durch einen drastischen Ausbau der Forschung aus.⁴³ Anteil daran hatte das Bureau of Biological Research, dessen erster Vorsteher Alan A. Boyden war. Es handelt sich um eines der ältesten *life-sciences*-Institute in den USA überhaupt.⁴⁴ Das ihm zugeordnete Serologische Museum war ein früher Indikator für eine allmählich wachsende Zahl von Sammlungen und Repositorien, die dem Sammeln von Körperbestandteilen dienten. Nicht viele vor Boyden hatten sich dem Sammeln von Blut gewidmet,⁴⁵ auch Techniken der Blutanalyse entwickelten sich nur sehr zögerlich.⁴⁶ Deshalb ist es sicherlich bemerkenswert, dass dem Museum im Bureau ein bestimmter Platz zukam, auch wenn dieser bescheiden blieb. Neben Boydens Arbeitsraum war im 1962 eröffneten Nelson Laboratory ein Raum für das Serologische Museum sowie den dazu gehörigen Kühlraum reserviert,⁴⁷ der, wie Anfang der 1970er Jahre bilanziert wurde, aus allen Nähten zu platzen schien:

> "The museum devoted to the watery part of blood is physically a small refrigerated room. Wherever one looks, on shelves or counter tops or crowded into boxes, there are thousands of small bottles containing blood samples. Derived from many species of animals and man throughout the world, the samples are an impressive array of raw material for biologists."⁴⁸

Dem Gründer des Serologischen Museums war durchaus klar, dass er weniger ein klassisches Museum mit Ausstellungssälen, Objekten und einem breiten Publikum leiten als eine Sammlung von Blut oder Seren von unzähligen Tier- und Pflanzenarten ebenso wie von Menschen zusammentragen würde. Möglicherweise ging er davon aus, dass sein Vorhaben moderner sei, als es ein Museum sein konnte, auch wenn seine Institution, einem Museum gleich, das Studium, das Aufbewahren und Ordnen von Objekten durchaus ermöglichte. Boyden nannte seine Institution Museum, obwohl ihm die Differenz zu den Museen, die in naturhistorischer Tradition stehen, aufzufallen schien. Kurz nach der Gründung äusserte er sich explizit dazu:

> "The institution known as a 'museum' has evolved in historic times. At first it was a place to study – to muse – hence the appropriateness of the name *museum*. Later it became a place to study and to house the objects of study. And finally the museum has come to be popularly known as a place for exhibition. Fortunately, the problem of exhibition is of no great concern to us. Bottles of serum, fluid or dried, look like other bottles of serum. We shall not need great marble halls for the exhibition of our objects of study."⁴⁹

Das Serologische Museum also war der Musse gewidmet, um genau zu bleiben: dem Sinnieren und Studieren, auch wenn es eine Sammlung höchst unsinn-

---

42 Rutgers University Archives: Samuel Greif, «Serological Museum Completes First Year at University Here», in: *Sunday Times*, 13. 3. 1949.

43 William H. Cole, *An address read at the dedication of the Nelson Biological Laboratories*, 28. April 1962, S. 1–16, hier S. 10, siehe auch http://lifesci.rutgers.edu/history/index.html, 25. 10. 2010.

44 Das Bureau of Biological Research wurde 1936 von Mitgliedern der Departemente Bakteriologie, Botanik, Physiologie, Biochemie und Zoologie zum Zweck gegründet, «to promote biological research through the cooperative effort of its members». Es war eine der ersten Organisationen, die interdisziplinären, kollaborativen Austausch pflegten. Siehe auch http://lifesci.rutgers.edu/history/bureau_of_biological_research.htm, 17. 7. 2010. In einem der ersten Forschungsprojekte nahm Alan A. Boyden einen serologischen Vergleich zweier sehr nah verwandter Mäusearten vor. In diesem Vorhaben kooperierte Boyden mit dem Jackson Memorial Laboratory, Bar Harbor, Maine, aus dem das für die Pflege von Mauslinien noch heute berühmte Jackson Laboratory hervorging. Vgl. http://lifesci.rutgers.edu/history/bureau_of_biological_research1.htm, 17. 7. 2010.

45 Als wichtiger Vorläufer der systematischen Serologie kann sicherlich G. H. F. Nuttall, der an der Cambridge University arbeitete, genannt werden. Allerdings war auch die Rutgers University schon über ein Vierteljahrhundert in diesem Feld engagiert, bevor das Museum eröffnet wurde, vgl. Alan A. Boyden, «The Objectives and Scientific Program of the Serological Museum», in: *The Serological Museum Bulletin* 7, November 1951, S. 1. Nuttall wurde zur führenden Figur in Bezug auf die analytischen Methoden, auf denen Boyden aufbaute. Vgl. dazu Bruno J. Strasser, «Laboratories, Museums, and the Comparative Perspective: Alan A. Boyden's Serological Taxonomy, 1925–1962», in: *Historical Studies in the Natural Sciences* 40 (2), 2010, S. 149–182, hier S. 154.

46 Vgl. dazu Myriam Spörri, *Mischungen und Reinheit: Eine Kulturgeschichte der Blutgruppenforschung, 1900–1933*, Dissertation Universität Zürich, 2009.

47 Dies geht aus dem Grundriss hervor, der anlässlich des Neubaus erstellt wurde, vgl. http://lifesci.rutgers.edu/history/Nelson%20Blueprints/Nelson-A1.jpg, 15. 12. 2010.

48 Rutgers University Archives: Rutgers News Service, Joseph A. O'Rourke, 1971.

49 Alan A. Boyden, «Dedication of the New Cold Room», in: *The Serological Museum Bulletin* 7, November 1951, S. 5.

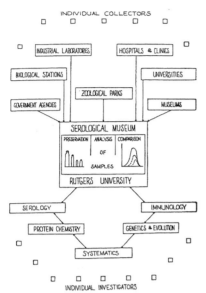

Abb. 1: Das Serologische Museum als Schaltstelle zwischen Sammelnden und Forschenden (Quelle: Alan A. Boyden, «Major Objectives», in: *The Serological Museum Bulletin* 4, Mai 1950, S. 1).

licher Objekte umfasste. So wird in Boydens Worten deutlich, dass es nicht in erster Linie darum gehen sollte, etwas zu sammeln, um es auszustellen, herzuzeigen, anderen vorzuführen. Für das Serologische Museum war die forschende Erkundung der Objekte, deren Einordnung trotz augenscheinlicher Gleichförmigkeit, deren Interpretation zentral. Deutlich wird damit, dass das Erschliessen neuer Objekte der Forschung mit einer neuen «Ordnung der Dinge» (Foucault) einherging. Wo die naturhistorischen Museen eine sichtbare Auslegeordnung anboten, die den Zuschauenden eine Reflexion über die vorhandenen Gegenstände ermöglichte, war nun offenbar hier die Interpretation wieder in Gang gekommen.[50] Das Serologische Museum bot ebenfalls eine Auslegeordnung, diese konnte allerdings erst durch bestimmte Techniken und analytische Verfahren sichtbar gemacht werden.

Das Serologische Museum war zwar kein Grosslabor, Unterstützung erhielt Boyden aber immerhin von einem Forschungsdirektor, einem Sekretär[51] und einer Reihe wechselnder Personen, die dem Museum beistanden. Auch Mabel Boyden – die Frau von Alan A. Boyden war ebenfalls Zoologin[52] – erwies sich als tatkräftige Mitarbeiterin, während ihr Ehemann das wissenschaftliche Zugpferd blieb, dessen Herz für die taxonomische Serologie schlug und dessen ganze Leidenschaft dem Museum gehörte, dem er fast dreissig Jahre vorstand.[53]

Zu Boydens Vorhaben gehörte es – dies zeigt sich in einer schematischen Darstellung aus den 1950er Jahren (Abb. 1) –, dass er aus dem Serologischen Museum eine Art Schaltstelle machen wollte. Es sollte ein Ort entstehen, an dem Samples aus der ganzen Welt gesammelt und von wo aus sie wieder verteilt würden – ganz gemäss den Interessen der Wissenschaftlerinnen und Wissenschaftler, die danach suchten.

Das Serologische Museum, so viel wird aus der grafischen Darstellung klar, würde bewahrende Tätigkeiten mit analytischen und vergleichenden verknüpfen und sicherlich nicht lediglich eine reine Sammlungsfunktion übernehmen.

Gleichzeitig fand eine Umbewertung der gesammelten Stoffe statt: Verschiedene Narrative kamen zum Einsatz, wenn es darum ging, die Sammelbestrebungen zu legitimieren. Die Erklärung, dass wertvolle Stoffe zu retten seien, die ansonsten dem Abfall und Verfall anheimfielen, durchzog mithin die diskursive Geschichte des Museums. Bereits 1953 versprach Boyden, als er in *Science* andere Forschende zum Sammeln für das Museum aufrief: "[B]loods which would otherwise have been lost may thus be salvaged."[54] Boydens Aufruf demonstriert, dass es dem Serologischen Museum keineswegs besonders leicht fiel, Blut zu sammeln und mittels eines «identification service»[55] als die Schaltstelle zwischen den individuellen Sammelnden und den empfangenden einzelnen Forschenden zu figurieren, die Boyden anfänglich vorgesehen hatte.[56] Tatsächlich zeigt die Geschichte des Museums, dass immer eigene Anstrengun-

---

50 Vgl. dazu Michel Foucault, *Die Ordnung der Dinge. Eine Archäologie der Humanwissenschaften*, Frankfurt am Main 2008; Beth Lord, «Foucault's museum: difference, representation, and genealogy», in: *museum and society* 4 (1), März 2006, S. 1–14, hier S. 6.
51 O. A., «Organization of the Serological Museum», in: *The Serological Museum Bulletin* 3, November 1949, S. 4.
52 In der Tat schloss Mabel Boyden ihr PhD gleichzeitig wie ihr späterer Ehemann 1925 an der University of Wisconsin ab. Priska Gisler, «Collecting true blue blood», S. 112.
53 Rutgers University Archives: Charles Q. Finley, «‹Blood museum› calls its founder back from farm», undatierter Zeitungsausschnitt.
54 Alan A. Boyden, «Zoological Expeditions and the Salvage of Animal Bloods for Comparative Serology», S. 57.
55 Ebd., S. 58.
56 Priska Gisler, «Instructions between the field and the lab».

Abb. 2: Alan A. Boyden (rechts) mit einem Mitarbeiter vor der Serumsammlung (Quelle: *The Serological Museum Bulletin* 14, Mai 1955, S. 8).

gen unternommen werden mussten, um die Bestände zu vermehren. Neben den Versuchen, andere dazu zu bewegen, ihnen Seren zuzusenden, blieben die Mitglieder des Museums vor allem mit der Organisation des Nachschubs und dessen Analyse beschäftigt, und so zeichneten sie sich durch rege Sammel- bei gleichzeitiger Labortätigkeit aus. Denn nicht nur das Sammeln selbst, sondern vor allem die Entwicklung von Analysetechniken, die Arbeit an der Bewertung der gesammelten Objekte, die Imaginierung künftiger Sammelstrategien, schliesslich die Erfüllung von Ansprüchen der medizinischen Forschung blieben, wie wir in den folgenden Abschnitten sehen werden, Antriebskräfte, die das Serologische Museum durch die über 25 Jahre seines Bestehens steuerten.

Deutlich wird, dass durch diesen Umbruch die Auslegeordnungen naturhistorischer Museen, die von räumlicher Präsenz geprägt waren, umgestülpt wurden. Neue Klassifikationsmuster wurden, wie wir sehen werden, nun stärker im Inneren der Organismen gesucht. Dazu war die Entwicklung bestimmter Techniken, die Zentralisierung der Samples, die Distanz zum Sammelnden und zur Fundstelle, schliesslich bestimmte Übersetzungsleistungen notwendig, die dazu zwangen, den Blick auf die Objekte des Lebendigen, und damit das Wissen über die Pflanzen, Tiere und Menschen neu zu lenken.

TECHNISIERUNG: DIE ARTEN IM BLUT ERKENNEN – EIN BEITRAG AN DIE NEUORDNUNG DER BIOLOGISCHEN WISSENSCHAFTEN

Die Entstehung und der Aufbau des Bureau of Biological Research an der Rutgers University können sicherlich in die Serie von Departementszusammenschlüssen eingereiht werden, wie sie zeitgleich die Botanik, die Zoologie, die Bakteriologie vieler Universitäten in den USA betrafen[57] und sich über mehrere Disziplinen erstreckten.[58] Während Ressourcenumverteilungen zugunsten der Mikro- und Molekularbiologie erfolgten, wurden insbesondere die systematische Biologie und selbst umfangreiche Sammlungen zunehmend hinterfragt.[59] In dieser Situation wurde das Experimentieren mit neuen Techniken der taxonomischen Analyse, den *research technologies*,[60] für die Zoologie gewollt oder ungewollt zu einer Überlebensstrategie.[61] Das Serologische Museum gehörte dank der experimentellen Beschäftigung mit Proteinen und Blutbestandteilen (Abb. 2) und der Entwicklung bestimmter methodischer Verfahren und Tests zu denjenigen Akteuren, die sich in dieser Situation gut positionieren konnten. Boydens taxonomische Studien und die Weiterentwicklung analytischer Messtechniken trugen neue Kenntnisse zur experimentellen Taxonomie bei.[62]

---

[57] Toby A. Appel, *Shaping Biology. The National Science Foundation and American Biological Research, 1915–1975*, Baltimore, London 2000.
[58] Hans-Jörg Rheinberger, «What Happened to Molecular Biology?», S. 305.
[59] Toby A. Appel, *Shaping Biology*, S. 216.
[60] Vgl. Anm. 32.
[61] Toby A. Appel, *Shaping Biology*, S. 218.
[62] Joe Cain, «Launching the Society of Systematic Zoology in 1947», in: David M. Williams and Peter L. Forey (Hg.), *Milestones in Systematics*, London, S. 19–48, hier S. 29 f.

Gemäss Cain war Boyden bestrebt, sich als praktischen, atheoretischen Taxonomen darzustellen, «anxious to promote experimental techniques as part of a broad program to set systematics on more secure epistemic foundations».[63] Gemeint sind Verfahren wie beispielsweise die Anwendung des Precipitintests zur Messung von Antikörpern,[64] Signifikanztests in Bezug auf serologische Korrespondenzen unter Proteinen,[65] der Gebrauch der so genannten Photronertechnik zur Visualisierung unterschiedlicher Blutbestandteile,[66] Agglutinationsprozeduren zum Erkennen von Verklumpungen von Blutkörperchen[67] und weitere. Diese gehörten zu den Techniken und Methoden, von denen das Museum fleissigen Gebrauch machte. Für die Precipitinmethode hatte sich Boyden beispielsweise bereits vor der Gründung des Museums eingesetzt: "Perhaps then the most important contribution to the study of animal relationships, aside from morphology, can be made through the use of precipitin reaction."[68] Die Precipitinmethode erwies sich dabei als eine der wichtigsten Techniken zur Differenzierung verschiedener Seren. Mittels Antigen-Antikörper-Reaktionen wurden immunologische Verwandtschaftsnachweise durchgeführt, die auf der mehr oder weniger starken Übereinstimmung zweier Organismen in Bezug auf deren Eiweisse aufbauten. Als Direktor des Serologischen Museums war Boyden an der Weiterentwicklung dieser Testmethode beteiligt. Er wandte sie zudem vielfach an: "A variety of precipitin techniques are available for particular needs. Where no more than a single drop of blood is available, as in the study of the blood meals of mosquitoes, the ring test procedure may lead to significant results."[69] Ein einzelner Tropfen Blut, so Boyden, machte es also möglich, Identität festzustellen.

Boyden war insbesondere an experimentellen serologischen Analysetechniken interessiert. In einem programmatischen Artikel, den er zusammen mit dem Taxonomen und Entomologen Richard E. Blackwelder für die Zeitschrift *Systematic Zoology* verfasste, bemühten sich die beiden Autoren darum, eine Definition der Systematik zu erreichen. Dies taten sie nicht zuletzt deshalb, weil sie ihrem Feld eine klare Stossrichtung geben wollten.

"A logical grouping or classification of the zoological sciences and in particular of the systematic fields may help to give us a proper perspective, as well as to show the scope and the importance of systematics in zoology."[70]

Die Bedeutung der Systematik in der Zoologie würde – so sahen es Blackwelder und Boyden – durch eine logische Anordnung, ja gar durch eine Klassifikation der zoologischen Forschungsrichtungen Klärung und womöglich Aufwertung erfahren. Mit anderen Worten, die Ordnung der wissenschaftlichen Felder hing ihrer Ansicht nach sogar unweigerlich mit der Ausrichtung und der Bedeutung einer Systematik der Lebewesen zusammen. Die Hoffnungen auf eine bedeutende wissenschaftliche Position, die die Träger des Serologischen Museums für die von ihnen favorisierte Systematik aufgrund ihrer serologischen Analysen artikuliert hatten, wurden zwar im Lauf der Zeit revidiert. Es bleibt

---

63 Ebd., S. 29.
64 Elizabeth Paulsen, «Techniques of Precipitin Testing with Special Reference to Rates of Reactions», in: *The Serological Museum Bulletin* 15, Oktober 1955, S. 5–8.
65 Alan A. Boyden, «The Measurement and Significance of Serological Correspondence among Proteins», in: *The Serological Museum Bulletin* 12, Mai 1954, S. 6.
66 Alan A. Boyden, Ralph DeFalco, Douglas Gemeroy, «Parallelism in Serological Correspondence», in: *The Serological Museum Bulletin* 6, Mai 1951, S. 6 f.
67 Ralph DeFalco, «Modifications and Uses of the Tannic-Acid-Treated, Antigen-Coated, Erythrocyte Agglutination Procedures», in: *The Serological Museum Bulletin* 19, Dezember 1957, S. 1–3.
68 Alan A. Boyden, «The Precipitin Reaction in the Study of Animal Relationships», in: *Biological Bulletin*, L, 2, 1926, S. 102 f.
69 Alan A. Boyden, «Problems of Protein Identification», in: *The Serological Museum Bulletin* 9, Oktober 1952, S. 1.
70 Richard E. Blackwelder und Alan A. Boyden, «The Nature of Systematics. Part I. The Classification of the Zoological Sciences», in: *Systematic Zoology* 1, Nr. 1, 1952, S. 26–29, hier S. 26.

aber bemerkenswert, dass sich der Einsatz der Mitarbeitenden des Serologischen Museums weit weniger auf stammesgeschichtliche Theoretisierungen als auf die Entwicklung von Verfahren zur Analyse des vorhandenen Materials bezog.

Boyden wies den Blutproben eine zentrale Rolle zu. Mittels bestimmter Analyseverfahren sollten sie quasi für sich, für die Genera, sprechen, Aussagen über Zugehörigkeiten in Abgrenzung zu anderen Blutproben ermöglichen. Im experimentellen Vergleich und Abgleich bestand ein Potential für Aussagen über das Material selbst beziehungsweise die Identität seines Trägers. Im Serologischen Museum wurden nun nicht mehr die Tiere in Reinstatur nebeneinandergestellt, sondern es wurden Blutproben verglichen, denen man die Differenzen nicht von aussen ansehen konnte. Die Techniken dienten mehr und mehr der Inspektion der biologischen Substanzen, die aufbewahrt wurden. Allerdings griffen die Zoologen rund um Boyden nach wie vor auf das «museale» und damit exponierende Wissen zum Aussehen, zu den Lebensweisen, zu den Umgebungen der Tiere zurück.

Während Boyden den Bedürfnissen der biologischen Umbruchsituation sehr wendig gefolgt zu sein scheint, fügte er sich weniger nahtlos in jene Sichtweise ein, die sich zunehmend stärker den genetischen Analysen der DNA zuwandte. Die Arbeiten am Serologischen Museum bezogen sich auf ein taxonomisches Konzept, das alles «that is known about animals, whether morphological, physiological, psychological, or ecological» umfassen sollte.[71] Damit wird deutlich, dass Boyden sich gegen eine zu einseitig auf die genetische Klassifikation fokussierte Sichtweise wehrte. Ein Statement Boydens zeigt, in welchem Spannungsfeld das Serologische Museum sich zu Beginn der 1970er Jahre bewegte:

> "There has been much discussion of these [classifications] but modern day taxonomists tend to discount phenotypes and raise inferred genotypes to the level of decisiveness in their taxonomic groupings. This in spite of the fact that organisms live and die by their somatic character expressions. Natural selection can act only on expressed characters of whatever kind: in other words evolution must deal directly through phenotypes in order to get to the genotypes."[72]

Diese Aussage steht in bemerkenswertem Zusammenhang dazu, dass Boyden seine Institution ein Museum nannte. Er folgte einer Tradition der Naturgeschichte, die lebende Wesen entlang morphologischen, physiologischen, psychologischen und ökologischen Kriterien ordnete. Während er Techniken und Instrumentarien der zunehmend auf die mikrozelluläre und molekulare Ebene orientierten Biologie mitentwickelte und nutzte, wehrte er sich gegen eine reduktionistische Sichtweise, die kein breites Spektrum an Kenntnissen über Organismen in die Analysen einbezog und Wissen über Gewohnheiten, Aussehen, Verhaltensweisen vernachlässigte.

---

[71] Alan A. Boyden, «Concerning the Specificity of Precipitin and Other Serological Reactions», in: *The Serological Museum Bulletin* 46, Dezember 1971, S. 1–7, hier S. 7. Boyden zitiert hier den Evolutionsbiologen und Neodarwinisten G. G. Simpson.

[72] Alan A. Boyden, «Perspectives in Zoology», in: *The Serological Museum Bulletin* 49, Dezember 1973, S. 3–6, hier S. 6.

Damit konnte er im Übergang zur von Rheinberger beschriebenen Ära der Gentechnologie und des *genetic engineering* kaum auf Gehör stossen. Ein Kennzeichen dafür ist möglicherweise, dass er die Besprechung seines Buches *Perspectives in Zoology*[73] 1973 im *Bulletin* eigenhändig verfasste. Als würde er sich mit der systematischen Serologie noch einmal und, wie er vielleicht ahnte, ein letztes Mal jenseits der erstarkenden genetischen Blickrichtung zu positionieren suchen, hielt er in seiner Besprechung an einer naturhistorischen und klassisch zoologischen Taxonomie fest, die er im Buch charakterisiert hatte:

> "[C]lassification should be based on the natures of the organisms, and not on any conjectures about their remote ancestry or their inherent 'genetic programs' etc."[74]

Sicher schien sich Boyden jedenfalls darin, dass er noch etwas anderes zu sehen im Stande war, denn er hielt diesem Programm entgegen, dass es ihm um die «natures of the organisms as they are» gehe.[75] Tatsächlich distanzierte sich Boyden nicht nur von einer phylogenetischen, sondern auch von derjenigen Sichtweise, die von Rheinberger als molekularbiologische beschrieben wurde und die in den 1960er Jahren einen Bedeutungsaufschwung erfahren hatte. In der Folge erhielt aber die Fokussierung auf die Proteine als taxonomische Charakteristika auch bei Schülern von Boyden durchaus Auftrieb.[76]

Trotz der Teilhabe an und Mitverantwortung für neue Techniken der biologischen Introspektion war und blieb Boyden Zoologe. Als solcher war seine Karriere und sein Wirken geprägt von den genannten Veränderungen, die auch die Zoologie seiner Zeit betrafen. Für die Taxonomen bedeutete dies, dass in den Nachkriegsjahrzehnten das Ausüben einer Dienstleistungsfunktion zunehmend zur Überlebensstrategie wurde. Die Ausbildung in Bezug auf spezifische Organismen, zum Beispiel in Entomologie oder vergleichender Anatomie, verlor gegenüber den allgemeinen biologischen Themen an Bedeutung, Taxonomen traten zunehmend in die Dienste der Medizin, des Gesundheitswesens und der Genetik.[77] Es bedurfte deshalb starker Selbstbehauptungsstrategien, um abzusichern, dass die Taxonomen im Feld der Biologie überhaupt anerkannt blieben.[78] Das Serologische Museum ist im Fahrwasser dieser Geschichte zu sehen. Die Entwicklung und Profilierung neuer Techniken gaben dem Museum die Möglichkeit, sich in dieser Situation zu behaupten und darin sogar eine gewisse Rolle zu spielen.

Erst vor diesem Hintergrund wird verständlich, weshalb neben dem Zurverfügungstellen seiner Proben sowie dem Angebot an Techniken zur Blutanalyse die im nächsten Abschnitt thematisierte Situierung in einem Netz von Organisationen für das Serologische Museum derart wichtig und zur Stärkung seiner Legitimität zwingend notwendig war.

---

73 Alan A. Boyden, «Perspectives in Zoology», Oxford 1973.
74 Ebd., S. 5.
75 Ebd.
76 Joel Hagen schreibt zum Beispiel über Morris Goodman, den Molekularbiologen und Evolutionstheoretiker, dessen Doktorvater Harold Wolfe ein Schüler Boydens gewesen war: "Because proteins were so closely related to genes, Goodman believed that they had a privileged status among taxonomic characters." Joel B. Hagen, «Chapter 5: Descended From Darwin? George Gaylord Simpson, Morris Goodman, and Primate Systematics», in: Joe Cain und Michael Ruse (Hg.), *Descended From Darwin. Insights into the History of Evolutionary Studies, 1900–1970*, American Philosophical Society, Philadelphia 2009, S. 93–109, hier S. 96.
77 Joe Cain, «Launching the Society for Systematic Zoology», S. 31.
78 Ebd., S. 33.

ZENTRALISIERUNG ALS UMBEWERTUNG: A WORLD CENTRE OF SEROLOGY

Dass sich Boyden in der Umbruchsituation der 1950er Jahre durchaus zu positionieren wusste, wird in seinen Vorstellungen in Bezug auf die Entwicklung des Museums deutlich. Boyden verknüpfte nicht gerade bescheidene Ziele mit seinem Vorhaben. Mindestens ein «world centre for the study of comparative serology» war zu errichten,[79] mit dem er die Analyse von Blutproben und den Einbezug weiterer Akteure aus der ganzen Welt ermöglichen wollte – und selbstverständlich positionierte er sich inmitten dieses bedeutenden Geschehens. Bereits im Jahr 1949 verkündete Boyden stolz, dass das Serologische Museum zu einem internationalen Zentrum des Sammelns und des Tauschs von Proteinen und Organismen gekürt worden sei.[80] Ebenso berichtete er, dass das Museum eine Unterabteilung der Section of Zoology der International Union of the Biological Sciences[81] geworden und vom United States Department of Agriculture zur «reception agency for animal bloods and sera from all parts of the world» gekürt worden sei.[82] Das heisst, Boyden porträtierte das Museum als einen hub für Blut in den USA und weltweit. Sein Vorhaben war, eine systematische und vollständige Sammlung an *einem* Ort zusammenzutragen. Dazu versuchte er, die Gunst der Stunde zu nutzen und so viele Akteure wie möglich für sein Vorhaben zu interessieren und darin einzubinden.[83]

Dem *Bulletin* kann man denn auch entnehmen, dass ein intensiver Kontakt zu Forschenden aus aller Welt gepflegt und über die serologischen Techniken rege Korrespondenz geführt wurde. Eine Reihe sorgfältig ausgewählter Persönlichkeiten bedeutender Institutionen unterstützte das Vorhaben eines serologischen Museums. Sein International Advisory Council setzte sich aus zehn Mitgliedern von naturhistorischen Museen, zoologischen Gesellschaften, privaten Labors, Medizininstituten aus den USA ebenso wie aus Europa und Australien zusammen.[84] 1953 wurde das Netzwerk noch erweitert, als über sechzig Forschungsorganisationen aus der ganzen Welt unter den «cooperating institutions» genannt wurden.[85] Diese begleiteten in den folgenden Jahren die Entwicklung und das Geschehen rund um das Museum, ihre Stimmen fanden Niederschlag in Artikeln und Kommentaren im *Bulletin* und sie partizipierten, vermutlich in unterschiedlicher Intensität, an der Zirkulation von Blutproben, an Wissen und Techniken (Abb. 3). Auf diese Weise suchte das Serologische Museum, sich als Schaltstelle für das Sammeln von Blutbestandteilen zu etablieren.

Die wachsende institutionelle Bedeutung des Museums wurde Anfang der 1950er Jahre auch räumlich sichtbar. Zu dieser Zeit stiftete die Rockefeller Foundation in Kooperation mit der Rutgers University dem Museum einen neuen Kühlraum, in dem die wachsende Sammlung untergebracht wurde.[86]

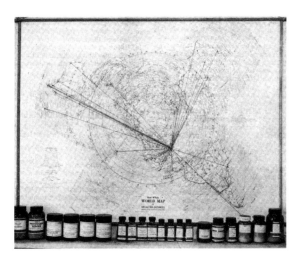

Abb. 3: Weltkarte mit den Orten, die zur Sammlung des Serologischen Museums beitrugen. Vor ihr steht eine Reihe von Glasfläschchen, die getrocknete Proteine enthalten (Quelle: *The Serological Museum Bulletin* 3, November 1949, S. 1).

79 Alan A. Boyden, «Zoological Expeditions and the Salvage of Animal Bloods for Comparative Serology», S. 58.
80 O. A., «Our Contacts grow», in: *The Serological Museum Bulletin* 3, 1949, S. 1.
81 Alan A. Boyden, «Zoological Expeditions and the Salvage of Animal Bloods for Comparative Serology», S. 58.
82 Ebd.
83 Susan Leigh Star und James R. Griesemer, «Institutional ecology, ‹translations› and boundary objects: amateurs and professionals in Berkeley's museum of vertebrate zoology, 1907–1939», in: *Social Studies of Science* 19, 3, 1989, S. 387–420, hier S. 389.
84 O. A., «Members from U. S. A.», «Members from other countries», in: *The Serological Museum Bulletin* 1, 1948, S. 2.
85 James B. Allinson, «The Bureau of Biological Research And the Serological Museum», in: *The Serological Museum Bulletin* 11, November 1953, S. 1 f., hier S. 2.
86 Alan A. Boyden, «Dedication of the New Cold Room», S. 5; Rutgers University Archives: Rutgers News Service, George H. Holsten, Jr., Director, 6./7. April, ohne Jahresangabe, ca. 1951.

Ausserdem erhielt es Laborräume, in denen die serologischen Studien durchgeführt werden konnten.[87]

Wenn die Sammlung kein Museum im klassischen, ausstellungstechnischen Sinne mehr war, so war sie auch noch keine Biobank, obwohl diese Ausgestaltung der Sammlung biologischer Materialien in die Nähe dessen rückte, was später unter dieser Bezeichnung verstanden wurde, nämlich eine systematisch angelegte Sammlung von Proben menschlicher Körpersubstanzen und den dazugehörigen personenbezogenen Daten.[88]

Das weit gespannte Netzwerk sollte das Vorhaben, biologische Materialien aus aller Welt zu sammeln, unterstützen. Während dieser Anspruch von verschiedenen Seiten begrüsst wurde, blieb gleichwohl eine gewisse Ambivalenz in Bezug auf das zu sammelnde Material spürbar. Deutlich wird, dass es gute Argumente brauchte, weshalb das Material der Sammlung inkorporiert werden sollte. Alan A. Boyden beispielsweise wies darauf hin, dass das Material verloren sei, wenn es nicht gesammelt würde.[89] Auch Mabel Boyden vertrat dieses Credo mit letzter Konsequenz.[90] Die Aussagen ihrer «Rettungsaktion» können als Hinweise darauf gedeutet werden: "Human blood, and that of common domestic animals are readily obtained, but the bloods of even the common wild animals are not." Sie plädierte gar dafür, sich vermehrt Kadavern, die am Strassenrand aufgefunden wurden, zu widmen und vom Blut von überfahrenen Tieren zu profitieren: "[I]n spite of all its difficulties and uncertainties, the studies of wild animals are being extended through the salvage of 'beasts of the road'."[91]

In Mabel Boydens Versuchen, die Kadaver ebenfalls der serologischen Forschung zuzuführen, kommt ein Paradox zum Vorschein, das den biologischen Materialien anhaftete: Das Gesammelte durfte für diejenigen, die dieses abgaben, keinen bleibenden Wert mehr haben. Andererseits musste es für diejenigen eine Bedeutung haben, die es an einem Ort zu sammeln planten. Erst durch die Verschiebung, aber nicht alleine durch das Nebeneinanderlegen, die räumliche Anordnung der Samples, sondern durch die analytischen Kennwerte stieg der Wert dieser Materialien wieder an. Interessiert an diesen Materialien waren zu dieser Zeit in erster Linie Angehörige der biologischen Wissenschaften und, wie den Unterlagen des Museums entnommen werden kann, zunehmend solche der Medizin.

Tatsächlich argumentierte Ralph DeFalco, der später Direktor des Serologischen Museums wurde, im Namen der Volksgesundheit für das Sammeln von Blut. Auch er mahnte, dieses nicht sorglos zu gebrauchen oder gar zu verschwenden. Dass die Idee einer Biobank gar nicht so fern lag, obwohl in den 1950er Jahren noch kaum solche Institutionen bestanden, zeigt ein Artikel, den er 1957 für das *Bulletin* verfasst hat.[92] Bereits der Titel, «The Blood Bank of the Future», spricht von der Bedeutung der Zentralisierung von gesammeltem Blut. Im Text wird der Bezug der gesammelten Substanzen zum Gesundheitsdiskurs angesprochen:

---

87 Ebd., S. 6.
88 Vgl. Michael Hummel und Michael Krawczak, «Biobanken im Spannungsfeld zwischen Forschung und Gesellschaft», S. 335; Schweizerische Akademie der Medizinischen Wissenschaften (SAMW), «Neue SAMW-Richtlinien Biobanken», in: *SAMW Bulletin* 2, 2006, S. 4.
89 Alan A. Boyden, «Zoological Expeditions and the Salvage of Animal Bloods for Comparative Serology», S. 58.
90 Mabel Boyden, «Beasts of the Road», in: *The Serological Museum Bulletin* 46, Dezember 1971, S. 8.
91 Ebd.
92 Das so genannte *blood banking* war insbesondere im Zweiten Weltkrieg mittels strenger Verfahren als Technik in grossem, «industriellem» Massstab entwickelt worden, vgl. Kim A. Janatpour and Paul V. Holland, «A brief history of blood transfusion», in: Christopher D. Hillyer (Hg.), *Blood Banking and Transfusion Medicine. Basic Principles and Practice*, Philadelphia 2007, S. 1–7.

"Blood is a very special juice. It must never be used carelessly or wasted. Everyone of its health-giving constituents should be recovered and banked for the day of need. New methods of preservation, new additions such as antibiotics may make the transfusions of the future truly life-saving and health-giving."[93]

Irgendwann in Zukunft also wäre die Verabreichung von Blut nicht alleine lebensrettend, sondern auch gesundheitsfördernd. Diese wissenschaftliche Vision, so DeFalco, entwickle sich vor dem Hintergrund eines Bankensystems. Sicher sprach er auch aus dem Bewusstsein heraus, dass die Bedeutung von Blutspenden nach dem Krieg noch stark in der kollektiven Erinnerung verankert war. Jedenfalls wies er darauf hin, dass sich in der Zwischenzeit der Austausch von Blut in «true bank fashion, with debits or credits» etabliert habe. "A complex banking system is developing to meet the needs of our society for particular kinds of human blood."[94]

Damit gesellte sich zur systematischen Bestimmung des gesammelten Blutes ein neuer Aspekt. DeFalco erwähnte in seinem Bericht, dass in Zukunft nicht Vollblut, sondern einzelne Bestandteile wie Plasma, Plasmaalbumin oder blutstreckende Substanzen Verwendung finden würden.[95] An seinen Aussagen wird deutlich, dass die neuen Analysetechniken zu einem veränderten Interesse an einzelnen Körperbestandteilen und hier insbesondere an der Entwicklung therapeutischer Möglichkeiten in Bezug auf immunologische Verfahren beitrugen. Die Blutbank der Zukunft, so DeFalco, habe eine zunehmend wichtige Rolle für die Gesundheit und Wohlfahrt der Gesellschaft zu spielen.[96] Die Verteilzentren hätten den individuellen Bedarf an Blutkomponenten und Blutprodukten zu decken.[97] DeFalco wies mit seinem Artikel implizit auf die Aktualität und Nützlichkeit der Tätigkeiten des Museums hin, auf die serologischen Analysen also und die Techniken und Geräte, die zu dem Zweck entwickelt und angewandt wurden. Er stellte damit die Aktivitäten des Museums in den Kontext einer Diskussion um die medizinische Entwicklung, wie sie auch im Rahmen des Blutspendediskurses geführt wurde.

Das Thema der Blutbanken verdeutlicht das Spannungsfeld, in dem die Mitglieder des Museums ihre Sammelaktivitäten betreiben. Eine die Objekte zentralisierende Sammlung, sprich eine Bank, hatte den Vorteil, dass sie ein breites Spektrum an Materialien zur Verfügung stellen konnte, die von anderen gesammelt worden waren. Gleichzeitig brachte sie den steigenden Wert der gesammelten Objekte zum Ausdruck. Therapeutische Verfahren ebenso wie biomedizinische Kenntnisse konnten von diesem Zentrum aus zirkulieren. Es ist vor diesem Hintergrund nicht erstaunlich, dass das Museum ein Vorhaben unterstützte, das eine solche Möglichkeit zu realisieren schien. Das im Folgenden skizzierte *bio-courier project* sollte den Erwerb von Informationen über biologische Substanzen ermöglichen, ohne dass das Sammeln, geschweige denn die Sammelnden dabei noch eine grosse Rolle gespielt hätten.

[93] Ralph DeFalco, «The Blood Bank of the Future», in: *The Serological Museum Bulletin* 18, Juni 1957, S. 6 f., hier S. 7.
[94] Ralph DeFalco, «The Blood Bank of the Future», S. 6.
[95] Ebd.
[96] Ebd.
[97] Ebd.

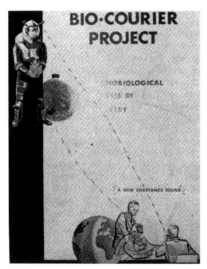

Abb. 4: Das *bio-courier project* (Quelle: *The Serological Museum Bulletin* 28, November 1962, S. 1).

DISTANZIERUNG: SAMMELN OHNE SAMMLER

Ralph DeFalcos Plädoyer für eine Blutbank der Zukunft ebenso wie das tatsächliche Unterfangen des Serologischen Museums, möglichst viele Blutproben zu sammeln, stellten eine Art Indikator für ein neues, gentechnologisch geprägtes Verständnis dar, das eine Zentralisierung und Umbewertung des Materials als wichtige, vielleicht gar notwendige Ausgangslage für bestimmte biologische Forschungsaktivitäten auf der molekularen Ebene verstand. DeFalcos Argumentation weist auf eine zunehmende Abtrennung des Sammelprozesses vom Arbeiten mit den gesammelten Materialien hin und ist deshalb besonders spannend, weil darin eine zukunftsgerichtete Neuorientierung an künftigen Bedürfnissen einer Biomedizin zum Ausdruck kam, die gerade erst am Entstehen war.

Diese Entwicklung war durch weitere Bestrebungen begleitet, Techniken und Materialien für Forschende bereitzustellen, die künftig eine flächendeckende Identifizierung ohne die Notwendigkeit des Zusammentragens der Materialien an einem Ort ermöglichten.

Eine entsprechende Aktivität, die mehrfach im *Bulletin* beschrieben wurde und genau auf denjenigen Techniken der Analyse beruhte, die das Museum weiterzuentwickeln bestrebt war, war das *bio-courier project*.[98] Dieses wurde in den frühen 1960er Jahren im Zusammenhang mit der Raumfahrtsmedizin entwickelt und sein Ziel war hochgesteckt. Tatsächlich sah das Projekt eine grossartige Erleichterung für Forschende vor: "[...] to free scientists from the tedium of field collecting, tiring travel, and the disadvantages of transporting certain biologic specimens."[99] Vertreten wurde dieses Vorhaben von keiner anderen Instanz als der United States Air Force beziehungsweise der dazugehörigen School of Aerospace Medicine, die seit den frühen 1960er Jahren eine Reihe von Versuchen durchführte.[100]

Beim *bio-courier project* ging es im Speziellen um «the role of immunobiologists in the aerospace future and the tools with which they can fulfil their eventual mission».[101] Mehr als bei anderen Vorhaben stand hier das Bedürfnis beziehungsweise vielleicht eher die Ahnung davon im Vordergrund, dass Wissen, das aus Biomaterialanalysen generiert werden konnte, noch zu vermehren und besser zu organisieren war.

Mit dem *bio-courier project* zielten die Initianten darauf ab, das Sammeln in entfernt gelegenen Feldstationen und sogar im Weltall zu ermöglichen. Die Bandbreite der Anwendungen wurde als gross eingeschätzt. Dazu gehörten «[i]nter-laboratory studies, preventive epidemiology, field operations in biosystematics, changes in various biological fluids in orbiting astronauts, and unmanned and manned probes of celestial bodies».[102]

Die Idee des *bio-courier project* bestand darin, an entlegenen Feldstationen so genannte Biotelescanner aufzustellen, die durch ein Verfahren der Zweiwegtelemetrie von der Erde her betrieben werden sollten. Ziel war, eine beliebige

---

98 *The Serological Museum Bulletin* 28, November 1962; 29, Juli 1963, und Bericht von William G. Glenn, 1968.
99 William G. Glenn, *The Telemetric Microbial Identification System (TAMIS) and Subsystems*, Review 1–68, USAF School of Aerospace Medicine, Aerospace Medical Division (AFSC), Brooks Air Force Base, Texas, Februar 1968, S. 1.
100 Die School of Aerospace Medicine war bereits 1918 gegründet worden. Siehe http://www.brooks.af.mil/library/factsheets/factsheet.asp?id=7570, 28. 8. 2010. Zu den Feldtests siehe William G. Glenn, *The Telemetric Microbial Identification System (TAMIS) and Subsystems*, S. 2 f.
101 William G. Glenn und William E. Prather, «The Bio-Courier Project: Comparative Immunobiological Analyses for Interplanetary Explorations», in Charles A. Leone, *Taxonomic Biochemistry and Serology*, International Conference on taxonomic biochemistry, physiology and serology, New York 1964, S. 191.
102 William G. Glenn, «Comparative Immunobiology Takes to the Air. The Bio-Courier Project», in: *The Serological Museum Bulletin* 28, November 1962, S. 1–3, hier S. 1.

Zahl unbekannter Substanzen zu erfassen und mittels immunochemischer Analysen zu identifizieren. Die Idee beruhte wiederum auf der Precipitinmessung: Über Radiowellen senden die Telescanner in der entfernten Station die Messresultate der Precipitinreaktionen in Form von Grafiken und Kurvendiagrammen zurück. In der Folge können die auf der Erde befindlichen Laboratorien die Aufzeichnungen auswerten. Eine Wissenschaftlerin oder ein Wissenschaftler alleine kann die Analysen verschiedener Stationen überwachen und die Messungen, die über die ganze Welt verteilt vorgenommen werden, vergleichen, aufbewahren und die Resultate weiterleiten,[103] ohne dass er oder sie – und dies wurde als der grosse Vorteil gesehen – die Materialien selber zur Hand haben muss.

Verglichen mit Feldexplorationen, wie sie im Zusammenhang mit den Sammelaktivitäten des Serologischen Museums durchgeführt wurden, stiess das *bio-courier project* in neue Gefilde vor: Noch vor der ersten Mondlandung wurde skizziert, wie ein Entdecker – in Abb. 4 wird ersichtlich, dass es sich um einen Astronauten handelt – in einer entfernt gelegenen Station mittels vorgepackter Antiserum-Agar-Mixturen an unbekannten Extrakten Tests durchführt.[104] Die Proben konnten, wo auch immer sie gefunden wurden, in den Scanner gelegt und die entsprechenden Reaktionen – dies war der Plan – von Laborforschenden auf der Erde gesehen und evaluiert werden. Diese hatten dann unmittelbar Empfehlungen oder Warnungen, auch Instruktionen in Bezug auf die Kultivierung oder auf zusätzliches Sammeln zu geben. Ein Gerät, ein so genannter *bio-transceiver*,[105] stellte das notwendige Kommunikationsbindeglied zwischen dem *operator* im Feld und dem Forschenden im Labor dar. Der forschende Sammler, die Sammlerin waren ihrer eigentlichen Aufgabe enthoben, Glenn ging sogar so weit, ein Gerät zu entwickeln, das selber sammeln würde. Es brauchte kein Vorwissen oder Interesse an den Objekten mehr, sondern (nur noch) jemanden, der die Geräte bedienen konnte. Radiofachleute sollten sodann, dem Plan gemäss, ausgebildet werden, um Signale zu erkennen und interpretierbare Methoden der Datengewinnung zu entwickeln.

Dazu passte, dass das telemetrische Sammeln nach ersten noch auf die Erde beschränkten Versuchen damit beworben wurde, dass es sich um einen einfachen Ansatz handle, geeignet «for semi-skilled assistants to collect and process samples and to initiate analyses at field sites».[106] Die, wie zu vermuten ist, hochgebildeten Mitglieder von «orbiting teams, space stations, and manned interplanetary explorations […] envisioned for the future» werden auf diese Weise zu Hilfskräften im Namen kollektiver Sammelanstrengungen. Die Bandbreite der gesammelten Objekte wird so vervielfacht. Das Sammeln selber ebenso wie das Material verlieren an Bedeutung. Das Zentrum als der Ort, wo die Analysen gemacht werden, hingegen rückt in den Fokus.

Mit anderen Worten: Die gesammelten Objekte sollten gemäss dieser Technik sogar am Fundort verbleiben können. An Gewicht gewannen in dieser Sichtweise das gemessene Datum und die Information, die über die Radiowellen ins Labor geschickt würden. Wissenschaftlerinnen und Wissenschaftler

103 Ebd.
104 William G. Glenn, «Comparative Immunobiology Takes to the Air. The Bio-Courier Project», S. 1. Die Unterschiede waren dabei entscheidend, denn die Reaktionen waren vorgängig durch die Laborforschenden auf der Erde charakterisiert worden. Die Forschenden, meistens Immunbiologinnen oder Immunbiologen, würden es dann mit nur einem unbekannten Reagens zu tun haben: dem entdeckten Material, dessen Eigenschaften so bestimmt werden konnten.
105 William G. Glenn, *The Telemetric Microbial Identification System (TAMIS) and Subsystems*, S. 4.
106 Ebd., S. 2.

waren von räumlichen Transportbemühungen entbunden, die Resultate stellten reine Informationen dar und waren sozusagen von ihrer materiellen Substanz, ihrem biologischen Gewicht befreit.

Unklar bleibt, ob das *bio-courier project* bei der ersten Mondlandung zum Einsatz kam.[107] Die Hoffnung, noch in den abgelegensten Weltgegenden wertvolle Substanzen zu entdecken, die der biologischen Forschung zugeführt werden können, konnte mit dem *bio-courier project* aber in technisch machbare Entwicklungen umgesetzt werden. Geldiffusionsmuster konnten nun in Radiosignale transformiert werden. Irgendwann werden sie über Telefon und Radiokanäle durch das Weltall und über Kontinente geschickt werden und in einem serologischen Labor enden, wo auf wundersame Weise aus unbekannten Substanzen der Natur reine Information hervorzugehen scheint. An einer zentralen Schaltstelle werden dann die Diagramme gespeichert und die Kenntnisse über die verschiedensten Arten aufbewahrt. Diese Schaltstelle – vielleicht die von DeFalco geschilderte Biobank der Zukunft, vielleicht eine der zahllosen zeitgenössischen Datenbanken der biotechnologischen und pharmakologischen Forschung – kann zur Drehscheibe der Informationen werden, auf die die entstehende Biomedizin gewartet zu haben scheint[108] und der es möglich ist, mit dem Inneren der Körper, mit dem Wissen über die Substanzen zu experimentieren. Es liegt auf der Hand, dass auch das *genetic engineering*[109] davon nicht mehr sehr weit entfernt war. Dieses beruht – idealerweise – auf einer Sammlung von Wissen, für die es keinen Sammler mehr braucht und für die das tatsächliche Material nicht mehr von Bedeutung ist. Eindrücklich aber ist der Grundton, der in den Artikeln aus den 1960er Jahren zum Vorschein kommt: Die Proben, Daten, Materialien sollen künftig für Erkenntnisse in Bezug auf Krankheiten, Infektionen und molekulare Veränderungen des menschlichen Körpers nutzbar gemacht werden können.

ÜBERSETZUNG: FORSCHUNG FÜR DEN MENSCHEN

Für die Endphase des Serologischen Museums wird deutlich, dass der analytische Blick auf das Blut ebenso wie die Kenntnisse über Aufbau und Funktionsweisen seiner kleinsten Bestandteile an Signifikanz gewannen, während der taxonomische Vergleich in den Hintergrund rückte. Das Wissen über Organismen wie Bakterien, Hefe, tierische Bestandteile und Moleküle wurde zunehmend auf den Menschen und die Forschung an ihm bezogen. Der von Rheinberger skizzierte gentechnologische Übergang war mit einem neuen Blick auf beziehungsweise in den Menschen begleitet, zu dem verschiedene Forschungsfelder, die auch im *Bulletin* Gehör fanden, beitrugen. Zunehmend stärker wurden die biologischen Materialien in neuen Konstellationen erprobt, wie dies am experimentellen Einsatz tierischer Proteine für die Humanmedizin zum Ausdruck kam.

Das Serologische Museum war zugleich Zeuge und Indikator für eine Umbewertung der Möglichkeiten biologischer Materialien. Die Rekonfiguration der bestehenden Ordnung von Forschungsprogrammen, multidisziplinären

---

107 Gewiss bleibt, dass verschiedene telemetrische Feldversuche durchgeführt wurden, vgl. dazu zum Beispiel William G. Glenn, *The Telemetric Microbial Identification System (TAMIS) and Subsystems*.
108 Robert Mitchell und Catherine Waldby weisen für den zeitgenössischen Umgang mit Biobanken darauf hin, wie das technische Vorgehen das medizinische und populäre Risikoverständnis in Bezug auf Krankheiten verändert hat. Siehe dazu Robert Mitchell und Catherine Waldby, «National Biobanks: Clinical Labor, Risk Production, and the Creation of Biovalue», in: *Science, Technology and Human Values, Values* 35 (3), 2010, S. 330–355.
109 Hans-Jörg Rheinberger, «What Happened to Molecular Biology», S. 305.

Forschungsorganisationen und auf den Menschen bezogenen Fragestellungen und Untersuchungsobjekten hatte auch damit zu tun, dass unterschiedliches Wissen über menschliches, pflanzliches, tierisches Leben, über Bakterien und Viren etc. stärker miteinander in Verbindung gebracht und in Forschungshinsicht aufeinander bezogen, ineinander übersetzt wurde. Das Serologische Museum war in vielfältige solcher Verständigungsaktivitäten involviert, und zwar nicht alleine dadurch, dass Angehörige unterschiedlicher Disziplinen miteinander regen Austausch pflegten und sich über ihre Forschungsgebiete austauschten, sondern auch durch die Vermittlung zwischen Untersuchungen an pflanzlichen, tierischen wie menschlichen Substanzen.

Ein Beispiel für die Interaktionen, die zwischen den Bestandteilen unterschiedlicher Organismen, wissenschaftlichen Akteuren und ihren Vorstellungen vom Menschen stattfanden, ist im Umgang mit dem Serum des *Limulus polyphemus*, des Pfeilschwanzkrebses, zu finden. Diese kostbare Substanz wurde vom Serologischen Museum gesammelt.[110] Obwohl das Tier als so genanntes *living fossil* für die systematische Serologie durchaus von Bedeutung war, wurde die jährliche Sammelaktion nicht alleine für das Museum und seine serologischen Vergleiche getätigt. In einem Essay, den Mabel Boyden im *Bulletin* veröffentlichte,[111] schilderte sie ausführlich die Hintergründe, die dazu geführt hatten, dass das Serum für das Serologische Museum ebenso wie für Forschende im Bereich der biomedizinischen, im Besonderen der Krebsforschung, von Interesse war. An diese wurde das Serum des Pfeilschwanzkrebses nicht nur abgegeben, sondern für sie wurde auch spezifisch gesammelt. Die Tagespresse kommentierte dieses Interesse in einem Artikel über das Museum:

"Horseshoe crab blood, which is bright blue when oxidized, is in great demand by medical researchers because the serum removes red corpuscles from human blood. This makes it easier to study diseases of white corpuscles such as leukemia."[112]

Bereits seit einiger Zeit war Mabel Boyden zusammen mit Ralph DeFalco, der Anfang der 1960er Jahre die Leitung des Museums übernommen hatte, an den Verklumpungseffekten des Limulus-Bluts interessiert.[113] Ihr Narrativ macht deutlich, dass die Nachfrage nach dem Serum zunächst vor allem aufgrund forschungsgenealogischer Gründe entstanden war – der Schüler ihres Mannes war in die Krebsforschung gewandert und entsann sich, als er die Bedeutung dieses spezifischen Serums gewahr wurde, der Bestände im Serologischen Museum. Im *Bulletin* schrieb sie dazu:

"The large amounts of serum which we collected were mainly for Dr. Cohen's researches and orders for additional amounts of serum have been received from him in every subsequent year. This is but one illustration of how the teaching of serology at Rutgers has contributed to the study of me-

---

110 Vgl. Priska Gisler, «Collecting true blue blood».
111 Mabel Boyden, «It's About Time», in: *The Serological Museum Bulletin* 37, Juni 1967, S. 7–10.
112 Anonym, «This Museum Banks on Blood», 2. 3. 1971, Rutgers University Archives, R-BIO: Faculty Collections.
113 Ebd., S. 10.

dical problems, and how the Serological Museum, founded by my husband in 1948, has played a part in these activities."[114]

Obwohl grosse Anstrengungen mit dem Sammeln dieses Serums verbunden und viel Fachwissen für das Gelingen der Sammelaktion vonnöten war, schienen Mabel und Alan A. Boyden bereit, diese Anstrengungen für andere zu unternehmen und einen beträchtlichen Teil der Substanz weiterzugeben. Mitte der 1960er Jahre fungierte damit das Museum nun tatsächlich als Schaltstelle, wenn auch weniger als geplant für die Systematik oder genetische und evolutionstheoretische Fragen als für medizinische Fragestellungen. Zumindest das Limulus-Blut wurde nicht alleine für die serologische Taxonomie, sondern auch für die Leukämieforschung eines ehemaligen Schülers verwendet. Das Blut des Limulus geriet so in einen veränderten Kreislauf, in einen biomedizinischen Anwendungskontext, in dem sich pharmazeutische Firmen ebenso wie Kliniken für das Material dieses Tieres interessierten.

Vielleicht ist es gerade für den Übergang zu einer gentechnologischen Sichtweise der biologischen Wissenschaften bezeichnend, dass die Position des Menschen in diesen neueren Untersuchungen noch unsicher war. Sein zunehmend direkter Bezug zu den verschiedenen Wissensgebieten der biologischen Wissenschaften war mit Unbehagen behaftet. Dies wurde jedenfalls in mehreren Artikeln im *Bulletin* zum Ausdruck gebracht: In Nebensätzen wurde dort verhandelt, was es bedeute, wenn das Serum eines Pfeilschwanzkrebses in den Dienst des Menschen gestellt wird. Zunächst allerdings schien Mabel Boyden selbst ganz rational mit diesem Saft umzugehen. Ohne Umschweife tat sie symbolische Überhöhungen der Substanz als Einbildung ab: "'Blue blood' is a figment of the imagination to most people – supposed to have something to do with special privileged lines of ancestry."[115] Um nichts Besonderes handle es sich bei diesem Serum, schien sie bestätigen zu wollen, auch wenn die meisten Leute damit eine besondere Herkunft verbinden würden. Und dennoch wies sie nur einige Sätze später selber darauf hin, dass man es gesehen haben müsse, dieses wunderbare Blau: "But unless the biologist frequents the seashore, and knows well the animals which live in the coastal waters, he may never have seen blood that is a deep blue, unmistakably so."[116] Als bekennende Naturhistorikerin bestand Mabel Boyden implizit darauf, dass es notwendig sei, die Tiere gut zu kennen, damit der Zugriff auf ihr Blut möglich ist. Tiefe Kenntnisse der Natur ermöglichen erst das Gewinnen der Substanz, bei der es sich um eine erneuerbare Ressource handelt. Als Biologin aber war Mabel Boyden an den Tieren interessiert, und sie sah in der Ausrichtung auf medizinische Studien – und damit die Anwendung auf den Menschen – ein Potential.

Keiner hätte dieses neue und noch etwas unheimliche Verhältnis zwischen dem Wissen über den Menschen und den zunehmend wissenschaftlich hergestellten Bezügen zu den verschiedensten Objekten und Materialien, die solches hervorbringen sollten, vielleicht besser auf den Punkt bringen können als der hauptsächliche Bezüger dieses Limulus-Serums selbst. Elias Cohen, Krebsfor-

114 Ebd.
115 Mabel Boyden, «It's About Time», S. 7.
116 Ebd.

Abb. 5: Pfeilschwanzkrebse während der Laichzeit an der Delaware Bay, New Jersey (Quelle: *The Serological Museum Bulletin* 37, Juni 1967, S. 9).

scher in Buffalo, New York, und ehemaliger Schüler Boydens, formulierte das Unbehagen, das er empfand, im *Bulletin* deutlich: "During such studies, one may reflect how ironic it is that the blood of crab-like creatures assists in the research of a disease that derived its name after 'Cancer' the crab."[117]

Am Pfeilschwanzkrebs forschen, aber die Krankheit Krebs im Menschen meinen, ist die Ironie, von der Cohen sprach. Als ironisch empfand er dies vielleicht auch, weil ein Fossil evolutionär kaum weiter vom Menschen entfernt sein kann: Im Vergleich zum Menschen hat der *Limulus polyphemus* nicht nur eine beträchtlich längere Frühgeschichte, sondern er lebt überdies vorwiegend im Wasser und hat mit seinem helmartigen Aussehen phänotypisch wenig mit dem Menschen gemein (Abb. 5). Während andere Arten als Forschungsobjekte viel umstrittener waren und immer noch sind, war es vielleicht gerade die Fremdheit, die befremdete, wenn es darum ging, mit Hilfe tierischer Substanzen den Krebs am Menschen zu erforschen.

Eine weitere Stimme artikulierte Unbehagen in Bezug auf die Bestandteile des *Limulus polyphemus*. James Reno, der im *Bulletin* auf Mabel Boydens Schilderung reagierte, tat dies keineswegs aus tierschützerischem Interesse, war er doch Vertreter der Firma Bioquest, Becton and Dickinson, die in den folgenden Jahren zu einem *global player* der Biotechnologie werden sollte.[118] Mitte der 1960er Jahre war die Firma an der Substanz interessiert, weil diese die zu erneuernde Grundlage für den von ihr verkauften LAL-Test darstellte.[119] Reno äusserte sich folgendermassen:

"It is paradoxical that man, who generally considers himself as the 'blue blood' of the animal world, may some day have his life saved due to a test which utilizes a true 'blue blood' of the sea-Limulus polyphemus, the 'horseshoe crab'."[120]

Noch wurde also der Rückgriff auf das blaue Blut des Pfeilschwanzkrebses als unerwarteter Widerspruch gesehen. Aber vielleicht deutet Renos Betonung des wahren und edlen blauen Blutes auf eine Art übersetzende Umwertung hin: Die Verwendung der Substanz stand zwar in einem unauflösbaren Kontrast – einem Paradox – zur herausragenden Position des Menschen, aber immerhin handelte es sich nicht um irgendeinen, sondern einen besonders kostbaren, um nicht zu sagen: aristokratischen Saft. Vor diesem Hintergrund wundert es aber auch wenig, dass eine möglichst distanzierte Umgangsweise mit diesen Materialien – also etwa eine vermittelte in Form von Daten, Diagrammen, Informationen – die Ironien und Paradoxien aufzuheben versprach.

---

[117] Elias Cohen, «A Biomedical Perspective of agglutinins of Limulus polyphemus (horseshoe crab)», in: *The Serological Museum Bulletin* 45, 1971, S. 4.

[118] Becton & Dickinson ist heute ein führendes Medizinaltechnologieunternehmen, vgl. Priska Gisler, «Collecting true blue blood», S. 116.

[119] Der Limulus-Amöbozyten-Lysat-Test (LAL) wurde Ende der 1960er Jahre von Bang und Levin entwickelt, zum Beispiel J. Levin und F. B. Bang, «Clottable protein in Limulus; its localization and kinetics of its coagulation by endotoxin», in: *Thrombosis et Diathesis Haemorrhagica* 19, S. 186–197. Der LAL-Test misst die Gerinnung des Lysats vom Pfeilschwanzserum, was auf das Vorhandensein von Endotoxinen hindeutet, und wird noch heute in der klinischen Forschung häufig eingesetzt.

[120] James Reno, «It's Again About Time», in: *The Serological Museum Bulletin* 49, 1973, S. 7.

Im Gegensatz zu den Träumen vom Wissen über die biologischen Substanzen, das zentral verwaltet und möglichst als reine Information weitergeleitet werden kann, wie sie im *bio-courier project* aufschienen, wird in der konkreten Analyse der Zirkulation von Serum mit diesen Aussagen klar, dass die Materialien selber für die biomedizinische Forschung zu sehr realen Substanzen geworden sind – und dass es sich bei dieser Art wissenschaftlicher Aktivität nunmehr vor allem um Forschung zu Gunsten des Menschen handelte.

VOM MUSEUM ÜBER DIE SAMMLUNG ZUR IDEE EINER BANK: SPEKULATIONEN ÜBER DAS ENDE DES SEROLOGISCHEN MUSEUMS

Erinnern wir uns: Boydens Serologisches Museum war in den 1980er Jahren, als sich die Zahl biologischer Materialsammlungen zu vervielfachen begann, als eine der ersten formal organisierten Sammlungen von «undenatured tissues» bezeichnet worden. Tatsächlich ist die Rutgers State University heute noch Betreiberin einer Proteindatenbank, die 1971 gegründet wurde (dem Jahr, als ein Mäzen der Universität zehn Millionen Dollar für die biologische Forschung hinterliess).[121] Dabei fällt allerdings auf, dass in dieser reinen Informationsdatenbank Boydens Idee des Museums als einer Schaltstelle auf den Kopf gestellt ist. Während Boyden darum bemüht war, möglichst viele Samples an einem Ort zu vereinen, baut die Proteindatenbank darauf auf, dass verschiedene Organisationen als Aufbewahrungs- und Verarbeitungsstellen der gesammelten Materialien amten, während die Datenbank die gesamten erhältlichen Informationen über die dreidimensionalen Strukturen von grossen Molekülen enthält. Es handelt sich bei diesen um «the molecules of life that are found in all organisms including bacteria, yeast, plants, flies, other animals, and humans».[122] Ebenso wird betont, dass diese dazu dienten, die Rolle bestimmter Strukturen in Bezug auf menschliche Gesundheit und Krankheiten aufzuklären.[123]

Ebenfalls 1971 publizierte das Serologische Museum eine seiner letzten Presseinformationen. Darin wurde noch einmal Auskunft gegeben über die Leistungen und Tätigkeiten der vergangenen Jahre. Das Museum habe mittels Blutanalysen Hilfe in kriminalistischen Problemstellungen geleistet, sei der Malaria in Afrika nachgegangen, habe Beziehungen im Tierreich ebenso wie die Pfade, die die Evolution genommen habe, studiert und zum Studium von Krankheiten beigetragen.[124]

Darüber hinaus war noch einmal von den über sechzig Institutionen die Rede, die mit dem Museum kooperiert hatten. Allerdings kann diese Mitteilung nicht darüber hinwegtäuschen, dass der Wirkungskreis abnahm und der Kreis der Forschenden, die sich für serologische Fragen interessierten, kleiner wurde. Die Mitglieder des Serologischen Museums wurden pensioniert oder verstarben. Boyden war bereits 1962 emeritiert worden,[125] musste aber aufgrund des Ablebens seines Nachfolgers noch einmal das Direktorium des

---

[121] http://ruweb.rutgers.edu/timeline/, 2. 11. 2010.
[122] http://www.rcsb.org/pdb/static.do?p=general_information/about_pdb/index.html, 1. 11. 2010.
[123] Angefügt wird, dass es sich bei diesen archivierten Strukturen um winzige Proteine ebenso wie um komplexe molekulare Maschinen wie das Ribosom handle.
[124] Rutgers University Archives: Rutgers News Service, Joseph A. O'Rourke, 1971.
[125] Rutgers University Archives: Rutgers News Service, George H. Holsten, Jr., Director, 15./16. Mai 1962.

Museums übernehmen. Neue Mitarbeitende oder Doktoranden kamen kaum mehr hinzu.

Die Nummer 50 vom November 1974 ist die letzte heute noch greifbare Ausgabe des *Bulletins* des Serologischen Museums. Boyden warnte darin seine Abonnenten und Abonnentinnen, dass es vermutlich nicht mehr möglich sei, das regelmässige Erscheinen der Zeitschrift zu gewährleisten.[126]

Die finanzielle Krise der wissenschaftlichen Förderung in den USA, die die biologischen Wissenschaften genauso wie die Physik traf und die das Ende des so genannten goldenen Zeitalters der US-amerikanischen Wissenschaftsförderung einläutete,[127] schien auch vor der Biologie an der Rutgers University nicht Halt zu machen. In dieser Situation konnten sich lediglich bestimmte biologische Forschungsrichtungen ihren Platz erhalten.[128]

Gewebekulturtechniken trugen Anfang der 1970er Jahre dazu bei, dass sich trotz der Krise bestimmte biologische Fachrichtungen, beispielsweise die Zellbiologie, in neue Richtungen entwickeln und erfolgreich positionieren konnten.[129] Und wie Rheinberger schreibt, wurde – während des gentechnologischen Shifts – grosses Gewicht auf die intrazelluläre Realisierung extrazellulärer Projekte gelegt, was mittels molekularer Technologien verfolgt wurde.[130]

Das Bureau of Biological Research an der Rutgers University, dem das Serologische Museum angehörte, hatte jedenfalls über die Krise hinaus Bestand. Im Rückblick wird deutlich, dass eine Ausrichtung auf medizinische Fragestellungen das Bureau seit den 1970er Jahren geprägt hatte. Im Nachhinein kann bestätigt werden, dass das Serologische Museum an der Entwicklung der biomedizinischen Ausrichtung der Universität mitgewirkt hatte. Darüber hinaus nahm es aber durchaus auch an einer molekularbiologischen Verschiebung der Biowissenschaften teil: Dies geschah durch eine Verschiebung des Fokus auf Technisierung, eine die Materialien umwertende Zentralisierung, die Haltung einer vom Sammeln befreienden Distanzierung und die vermittelnden Übersetzungen zwischen sehr unterschiedlichen gesammelten Entitäten und dem Wissen über diese. Der Beitrag versuchte zu skizzieren, dass gerade durch die technischen Zugänge zu den biologischen Substanzen und die Auseinandersetzung mit Seren verschiedenster Spezies Erkenntnisse produziert und Vorstellungen vermittelt worden waren, die im Bereich der Sammlung biologischer Materialien noch lange von Bedeutung waren. Das Changieren zwischen einem Museum, das eine traditionelle Auslegeordnung der Natur (nach Linné'schem Muster) noch zuliess, über eine Sammlung, die eine veränderte Interpretation der biologischen Dinge erlaubte, hin zu den Vorstellungen einer Bank, die den Objekten neuen Wert zuwies, konnte so nachgezeichnet werden. Deutlich wurde auch, dass bei den seit den 1970er Jahren auf eine intrazelluläre Bearbeitung des Menschen gerichteten wissenschaftlichen Aktivitäten ein direkter Beitrag des Museums nicht mehr möglich war.

---

126 Alan A. Boyden, «Let's Face It!», in: *The Serological Museum Bulletin* 50, November 1974, S. 7.
127 Toby A. Appel, «Shaping Biology», S. 239: "BMS [Biological and Medical Sciences, National Archives and Records Service, SNF] was never again able to support as high a ratio of applicants as it did in the years of post-Sputnik growth."
128 Dazu gehörte beispielsweise die *human cell biology*, der es gelang, sich durch den National Science Foundation Mittel zu sichern, obwohl es sich hierbei auf den ersten Blick keineswegs um Grundlagenforschung handelte, vgl. Toby A. Appel, *Shaping Biology*, S. 252.
129 Toby A. Appel, *Shaping Biology*, S. 252. Hilfreich für die Rutgers University war sicherlich der Nobelpreis, der 1952 an Selman Waksman für seine Entdeckung des Antibiotikums Streptomycin ging, was zur Gründung des Waksman Institute of Microbiology führte. http://waksman.rutgers.edu/about_history.php, 2.11.2010.
130 Hans-Jörg Rheinberger, «What Happened to Molecular Biology», S. 305.

SCHLUSSBEMERKUNGEN

Alan A. Boydens für die Zeit noch eher aussergewöhnliche und legitimationsbedürftige Beschäftigung mit Blut wurde in diesem Beitrag als ein früher Indikator für die biomedizinische Hinwendung zur molekularen Ebene gesehen. Die Aktivitäten des Serologischen Museums, die zunächst geprägt waren von der Notwendigkeit, die noch ungewöhnlichen Sammelobjekte zu legitimieren, standen nachgerade für das wissenschaftliche Interesse am Inneren der Körper, an zellulären beziehungsweise molekularen Bestandteilen und Mechanismen beziehungsweise deren methodische und instrumentengeleitete Erforschung. Schliesslich trug das Museum auch – indirekt – zu deren Bearbeitung und Einsatz in der medizinischen Forschung und entsprechend also am Menschen bei.

Die erwähnten Episoden aus der Karriere des Serologischen Museums an der Rutgers University skizzierten bestimmte Charakteristika, die sich als wechselseitig konstitutiv für die Institution erwiesen haben und die ihrerseits mit der Geschichte der Entwicklung der biologischen Wissenschaften verknüpft sind. Zunächst wurde gezeigt, wie die Fokussierung auf biologische Materialien, die Ausrichtung des biologischen Blickes auf das Innere, das Lesen im Blut dank der Entwicklung und Anwendung neuartiger Analysemethoden eine gewisse Technisierung an Bedeutung gewann. Ein nächster Abschnitt handelte von der Zentralisierung, dem Zusammentragen unterschiedlichster Proben durch Netzwerke von Akteuren für das Museum. Das zentral organisierte Sammeln, die für die Zukunft vorgesehene Bank, mit dem den gesammelten Blutbestandteilen eine potentielle Bedeutung zugewiesen wurde, deutete auf die Umwertung der zu sammelnden und gesammelten biologischen Substanzen hin. Des Weiteren wurde – skizziert am Beispiel des *bio-courier project* – der starke Wunsch sichtbar, dass die Materialien analytische Kennzahlen hergeben würden, ohne dass der Umstand, dass diese Materialien irgendwann und irgendwo gesammelt worden waren, eine Rolle spielen würde. Das Sammeln selber wurde auf diese Weise vernachlässigbar, unsichtbar gemacht. Durch Distanzierung wurde das Material vom Wissen darüber entfernt. Der letzte Abschnitt zur Übersetzung macht den veränderten Bezug zum Menschen sichtbar, der durch diese Materialien geschaffen worden ist. Anders noch als zu Zeiten des stärker taxonomisch orientierten Sammelns fokussierten die Sammelaktivitäten nun veränderte Bedürfnisse. Die Erkenntnisse, die aus den Substanzen destilliert wurden, sollen dem Menschen zur Verfügung stehen und insbesondere seiner Gesundheit dienen. In diesen Entwicklungen wurde ein Bild emergent, gemäss dem der Mensch einerseits mit den Materialien wenig zu tun hat, von diesen entfernt ist, andererseits die Erkenntnisse, die daraus gezogen werden, dem gleichen Menschen irgendwann zur Verfügung stehen sollen.

Entscheidende Unterschiede in der Erkenntnisproduktion (in Bezug auf Fragen wie: für wen? Mit welchen Materialien?) verliefen nun, wie sich am Beispiel des Limulus-Serums zeigen lässt, zwischen unterschiedlichen Beziehungen und Bedürfnissen des Lebendigen. Gleichzeitig blieb ein Paradox aus taxonomischen Zeiten bestehen, nämlich die Position des Menschen in der Ordnung des Lebendigen, der zwar in die Systematik eingeordnet war, aber sich doch irgendwie unterscheiden musste.

«Species means radical difference as well as logical classificatory kind», schreibt Donna Haraway. Arten seien *organic entities* ebenso wie *taxonomic conveniences*.[131] Nun können wir vermuten, dass Boyden auf Augenhöhe dachte, auch wenn er die Unterschiede ein bisschen anders konzipierte: "Perspective is one aspect of the quality of relatedness: it has to do particularly with the relative distances and directions of objects from the points of reference as seen by the observer."[132] Er bestand darauf, dass der Beobachter entscheidend war in Bezug darauf, wie die Differenzen und damit welche Beziehungen hergestellt würden. Damit gelangen wir zum Eingangszitat zurück, «relationality is worldhood»: Die Bezüge werden sozial hergestellt. Der Mensch allerdings wurde immer wieder über sich stetig verändernde taxonomische Übereinkünfte durch die sammelnden und interpretierenden Wissenschaften neu hervorgebracht. Die relativen Distanzen haben sich verschoben, Materialien oder das Wissen über sie wurden neu und anders zusammengestellt. Ein Unbehagen über die Unterschiede, die Frage nach den Referenzpunkten in Bezug auf den Beobachtenden, den Menschen, ist aber – wie ebenfalls gezeigt wurde – geblieben.

---

[131] Donna Haraway, «Foreword: Companion Species, Misrecognition, and Queer Worlding», in: Noreen Giffney und Mira J. Hird (Hg.), *Queering the Non/Human*, Aldershot 2008, S. xxiv–xxvi.

[132] Alan A. Boyden, «Perspectives in Systematic Serology», in: Charles A. Leone (Hg.), *Taxonomic Biochemistry and Serology*, New York 1964, S. 75–99, hier S. 75.

Capucine Matti

Die Materie

Der Mensch hat die Geheimnisse der Materie immer wieder erforscht, gejagt, zu bändigen versucht. Er wagt es, die Materie zu manipulieren und zu beherrschen, schöpft aus ihr neue Formen. Dabei sind zwei Motive leitend: der Wunsch, zu verstehen, und die systematische Einordnung des Wissens. Im wissenschaftlichen Umgang mit der Materie strebt der Mensch nach Einfachheit, macht aber Umwege ins Unvorstellbare. Man bewegt sich in fiktiven Realitäten, die nicht aus Beobachtungen der Natur abgeleitet sind, sondern abstrakten Konstruktionen entsprechen. Das Gebiet ist so komplex geworden, dass der Mensch selbst sich nicht mehr vorstellen kann, worüber er redet. Einzig die Mathematik ermöglicht noch die Beschreibung der Kenntnisse.
Solche Reflexion über das Unvorstellbare ist die Basis meiner visuellen Arbeit. Ich schlage hier eine intuitive Wahrnehmung der Materie vor - in ihrer ganzen Komplexität und Widersprüchlichkeit.
Genauso wie eine Wissenschaftlerin, die die Materie in ihrer unendlichen Kleinheit verfolgt, versuche ich anhand experimenteller Prozesse, die verwirrenden Vorstellungen der Materie auf Papier einzufangen. Ein so entstandenes Bild kann nicht völlig vorbestimmt sein; es entscheidet selbst mit, was es ans Licht bringen möchte. Ich habe mich für dieses Vorgehen entschieden, weil es dieser Art von wissenschaftlicher Jagd ähnlich ist: Das Ergebnis ist nicht durch unsere Erwartungen determiniert. In der Gestaltung wie in der Wissenschaft ist ein Resultat bewusst provoziert, bleibt aber trotzdem ein Ausdruck des Unbekannten.

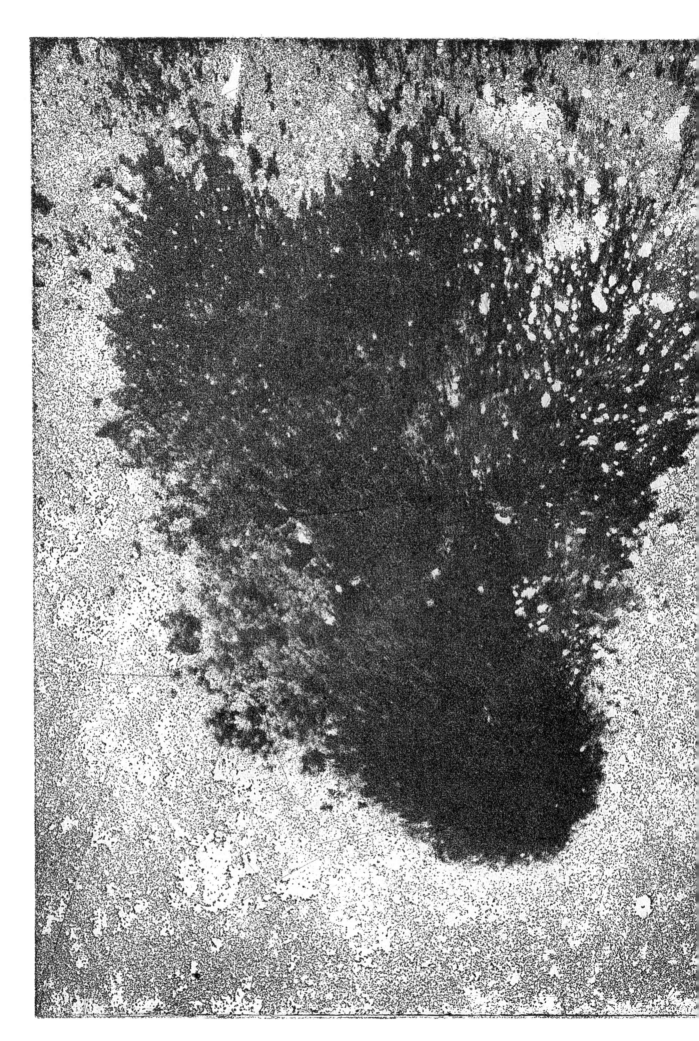

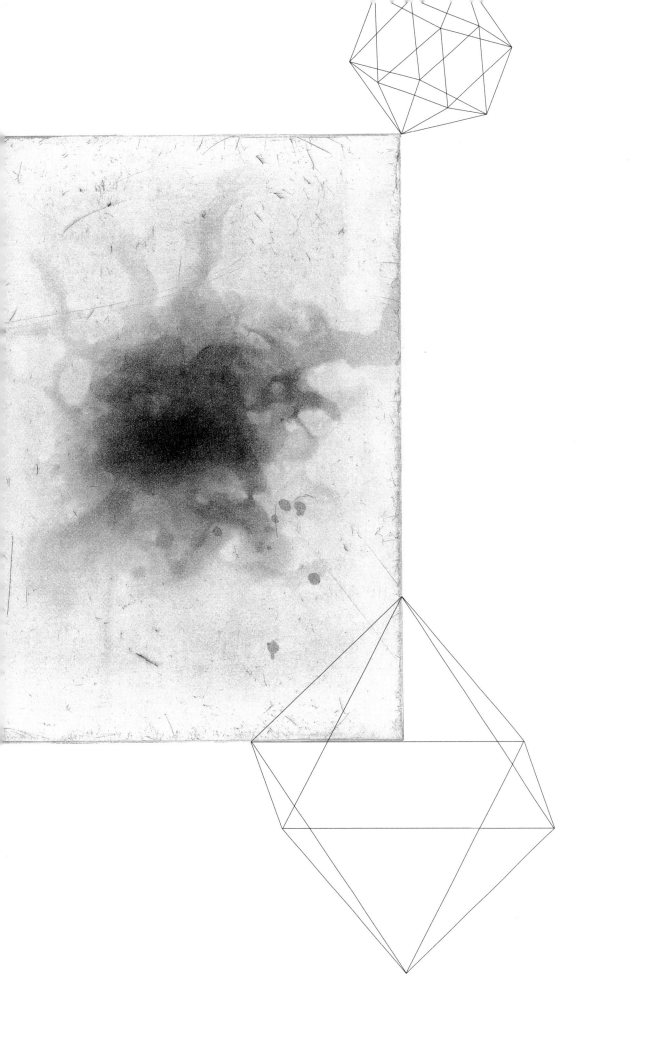

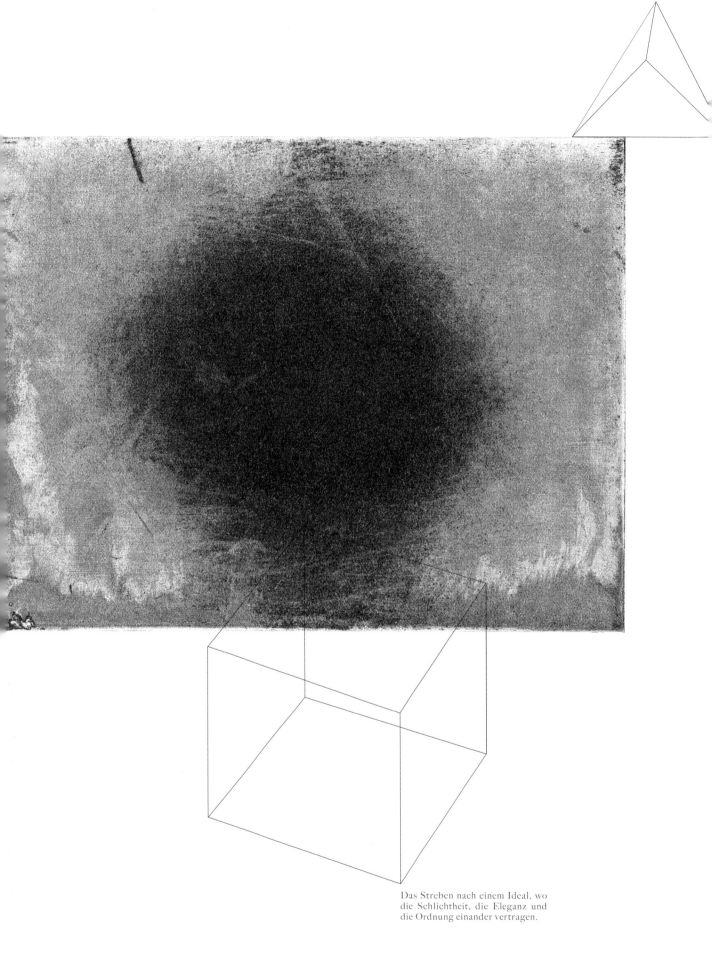

Das Streben nach einem Ideal, wo
die Schlichtheit, die Eleganz und
die Ordnung einander vertragen.

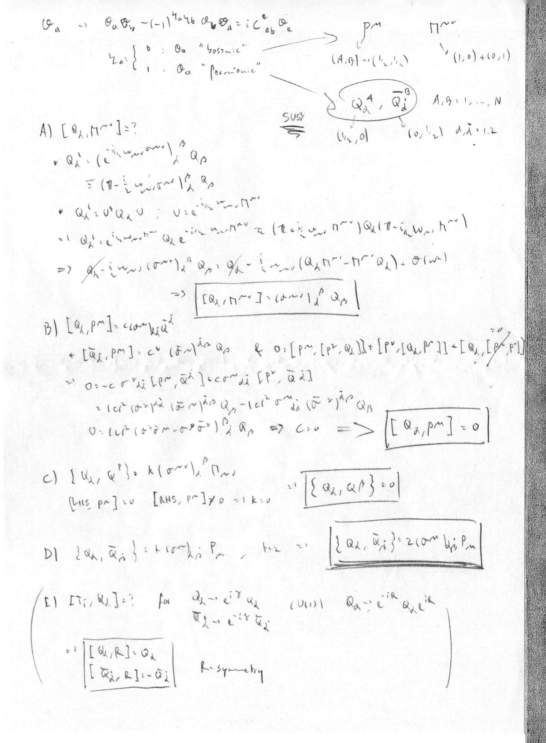

Wenn die Grenze der Wörter sich a u f l ö s t

Wie könnte man das Unfassbare konzipieren?

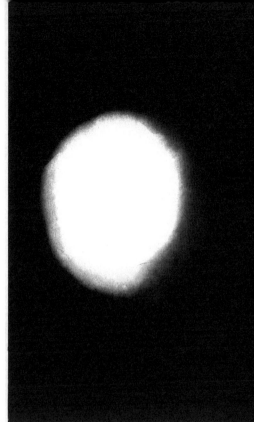

Sollen wir sie

verfolgen

oder
warten

bis sie in
Erscheinung
　　　　tritt?

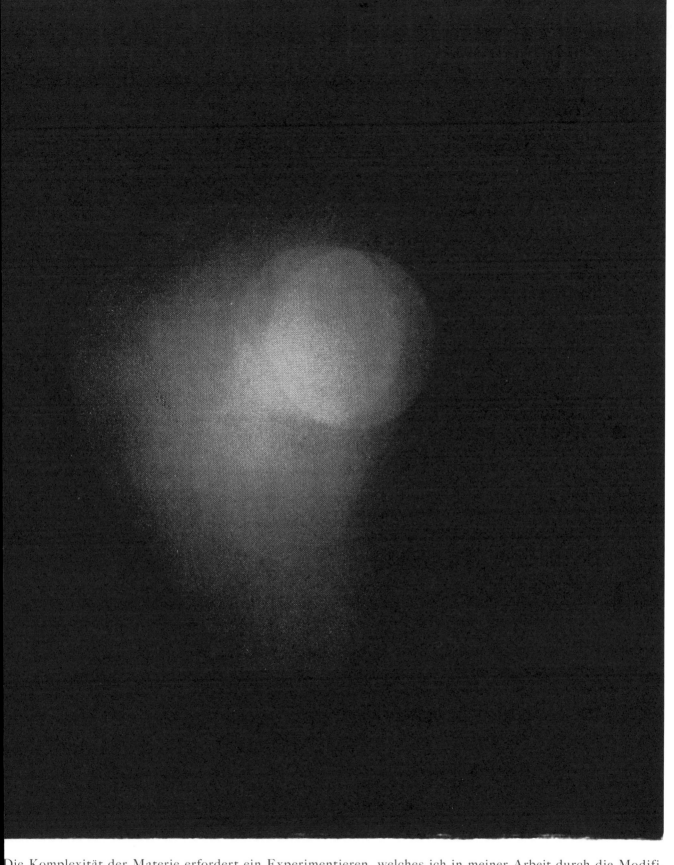

Die Komplexität der Materie erfordert ein Experimentieren, welches ich in meiner Arbeit durch die Modifi-
[ka]tion verschiedener traditioneller Druckverfahren umgesetzt habe. Um mit der Visualisierung von organischen
[Ma]terialien zu experimentieren, schien mir die Monotypie geeignet. Sie erlaubte mir, die verdünnte Farbe direkt
[mit] meinen Händen zu bearbeiten. Die Aquatinta hat es mir ermöglicht, mit der physischen Präsenz der Materie zu
[spi]elen – der Asphaltstaub, die Säure sowie das Feuer sind alles Elemente, die in diesem Druckverfahren eingesetzt
[wu]rden. Weiter versuchte ich, mit der UV-Licht-Empfindlichkeit einer Offsetdruckplatte und mittels zarter
[Grau]wertnuancen, die durch Auflegen einer Rasterfolie auf der Platte erzielt werden, das Licht einzufangen.
[Da]s Ziel war stets, mich überraschen zu lassen, was die verwendeten Elemente wohl zu enthüllen vermögen. Ich
[suc]hte ein subtiles Spiel von Absichten und Zufällen, ein Schweben zwischen Präzision und Unkontrollierbarem.

Martin Boyer

PAUL EHRLICHS CHEMOTHERAPIE
Die Anfänge des *rational drug design*

Die vorliegende Arbeit behandelt die Entstehungsgeschichte der Methode der spezifischen molekularen Einflussnahme auf Krankheiten. Nachgezeichnet wird die Geschichte anhand der Entwicklung der Forschungsschwerpunkte des Mediziners und Chemikers Paul Ehrlich (1854–1915), der durch die Ausarbeitung seiner «experimentellen» oder «spezifischen Chemotherapie» die Grundlage der «rationalen» Herangehensweise der Medikamentenentwicklung in der Pharmazie schuf. Auch war es abermals Ehrlich, dem mit der Entwicklung des Syphilistherapeutikums Salvarsan die erste erfolgreiche praktische Umsetzung eines «rational» entwickelten spezifischen Chemotherapeutikums gelang. Ehrlich gilt deshalb als Geburtshelfer dieser neuen Pharmazie, die sich spezifischen molekularen Zielen verschrieb.

Aus heutiger Sicht ist die Einführung der Chemotherapie und deren Entwicklungsgeschichte aus zwei Gründen von Bedeutung: Zum einen wurde mit der Einführung der Chemotherapie ein neues Paradigma in die Medikamentenentwicklung eingeführt, das bis heute in seinen Grundzügen für die Pharmazie Gültigkeit hat. Auf der Basis biochemischer Funktionszusammenhänge werden makroskopische Krankheitssymptome möglichst nur einer distinkten, molekular definierten Krankheitsursache zugeschrieben. Diese wiederum kann durch einen ebenso distinkten Wirkstoff beeinflusst werden. Unter der Bezeichnung *rational drug design* wird dieses Vorgehen der als rational ausgewiesenen Wirkstoffentwicklung in der zeitgenössischen Pharmazie zusammengefasst. Die in diesem Vorgehen postulierte Rationalität begründet sich darin, dass eine kausale Kette aufgebaut werden kann. Ein Krankheitssymptom wird einer messbaren Krankheitsursache zugeschrieben, welche wiederum durch einen spezifisch entwickelten Wirkstoff beeinflussbar gemacht werden kann.

Zum anderen wurde durch die Einführung der Chemotherapie eine weitere Stufe der Reduktion in die Pharmazie eingeführt: Ein körperlicher Krankheitszustand soll durch eine einzige, messbare, molekulare Komponente beschrieben werden und durch die chemische Manipulation dieser molekularen Krankheitsursache auch behandelt werden. Folgt man dieser Linie konsequent, werden nicht nur die äusseren Lebensumstände einer Patientin oder eines Patienten für die Beschreibung und Behandlung einer Krankheit vernachlässigbar, sondern bis auf die Krankheitsursache auch der Körper der Patientin oder des Patienten. Dieser Paradigmenwechsel macht eine Veränderung des Menschenbildes deutlich, welches nun den Menschen prinzipiell als auf allen Ebenen chemisch manipulierbare Maschine konzipiert.[1] Dies suggeriert nicht nur eine prinzipielle Austauschbarkeit von Komponenten, sondern auch die prinzipielle Manipulierbarkeit des Körpers unter der Voraussetzung der spezifischen Einflussnahme auf gewünschte molekulare Komponenten. Verstärkt richtete sich die Pharmazie seither am Ideal eines chemischen *engineering* aus.

Um diesen Paradigmenwechsel und seine weiteren Einflüsse nachzuzeichnen, sind hier allerdings nicht in erster Linie der Lebenslauf und die konkreten wissenschaftlichen Errungenschaften Ehrlichs von Belang. Vielmehr interessiert, welche konzeptuellen Veränderungen sich vollzogen, welche Erklärungsmuster benutzt wurden und wie das neue, «rationale» Verfahren der Medikamentenentwicklung gefestigt werden konnte, so dass sein Einfluss bis heute unverkennbar geblieben ist. Detailliert wird darauf eingegangen, wie Erklärungsmodelle und Techniken aus verschiedenen wissenschaftlichen Teildisziplinen – namentlich der Histologie, der Immunologie, der Mikrobiologie und der Chemie – in die Konzeptualisierung und die praktische Umsetzung der Chemotherapie eingeflossen sind. Insbesondere der bei der Einführung der Chemotherapie vollzogene Übergang, Krankheitsursachen zunehmend im Molekularen auszumachen und anzugehen, ist in dieser Arbeit von Interesse.

Die hier dargelegte Analyse beginnt mit einer Erörterung des Begriffs der Chemotherapie Ehrlichs und dessen Einbettung in die Pharmazie seiner Zeit, welche sich über die beiden ersten Abschnitte erstreckt. Diese bieten eine Einführung in die Chemotherapie und beschreiben die angedachten Möglichkeiten und Grenzen der neuen Arbeitsweise sowie deren Potential zur Therapie von Infektionskrankheiten. In den darauf folgenden Abschnitten wird die Entstehung der Definition von spezifischen Krankheitsursachen und deren Sichtbarmachung erörtert. Es soll gezeigt werden, wie diese Sichtbarmachung durch Farbstoffe zu ersten Therapieversuchen und schliesslich zu der ersten praktischen und spezifischen Umsetzung der Chemotherapie in der Syphilistherapie führte. Der letzte Abschnitt handelt davon, wie das in der Immunologie verwendete Konzept der Seitenkette als Rezeptor für die Erklärung der Medikamentenwirkung nutzbar gemacht wurde.

Der Ausstrahlungskraft von Ehrlichs Werk entspricht die Menge über ihn verfasster Arbeiten. Besonders sein 150. Geburtstag 2004 und die hundertste Jährung der Verleihung des Nobelpreises für seine Errungenschaften in der Immunologie 2008 waren Anlass zahlreicher Publikationen.[2] Der disziplinäre Hintergrund der Zugänge reicht von *life sciences* über die Medizingeschichte bis in die Wissenschaftsforschung. Vielen dieser Arbeiten ist aber gemein, dass

---

[1] Eine Vorstellung, welche Fritz Kahn in überspitzter Manier in seinen Lithografien darstellte, zum Beispiel *Der Mensch als Industriepalast* (1926), http://www.nlm.nih.gov/dreamanatomy/da_g_IV-A-01.html, 29. 11. 2010.

[2] Unter anderen J. Drews, «Paul Ehrlich: magister mundi», in: *Nature Reviews Drug Discovery* 3, 2004, S. 797–801; C. Friedrich, «Von der Immunologie bis zu Salvarsan», in: *Pharmazeutische Zeitung* 149, 2004, S. 16–22; F. Stern, «Paul Ehrlich: the founder of chemotherapy», in: *Angewandte Chemie. International Edition* 43, 2004, S. 4254–4261; K. Strebhardt und A. Ullrich, «Paul Ehrlich's magic bullet concept: 100 years of progress», in: *Nature Reviews Cancer* 8, 2008, S. 473–480; Timothy Lenoir, «A magic bullet: Research for profit and the growth of knowledge in Germany around 1900», in: *Minerva* 26, 1988, S. 66–88; Fritz Sörgel et al., «Vom Farbstoff zum Rezeptor: Paul Ehrlich und die Chemie», in: *Nachrichten aus der Chemie* 52, 2004, S. 777–782.

sie sich zumeist in einem heroisierenden Ton seinem Leben und Werk widmen und Ehrlich das Genie eines Erneuerers zuschreiben.³ Die vorliegende Arbeit nimmt sich dagegen primär der mit der Person Ehrlichs verbundenen Integration verschiedenster Konzepte an, die in die Konzeptualisierung der Chemotherapie mündete. Dies deshalb, weil sich die Chemotherapie noch immer in den Grundfesten der heutigen Medikamentenentwicklung zeigt und durch die heutige Tendenz, diagnostische und therapeutische Verfahren zusammenfassend als eine medizinische Strategie zu verkaufen, noch bestärkt wird.

EINFÜHRUNG IN DIE CHEMOTHERAPIE

Die Einführung des Begriffs «Chemotherapie» wird sowohl im Gedächtnis der *life sciences* wie auch in der Medizin- und Wissenschaftsgeschichte dem Mediziner und medizinischen Chemiker Paul Ehrlich zugesprochen.⁴ Erstmals genannt wurde der Begriff in einem von ihm verfassten Zeitungsartikel zur Eröffnung des für seine Forschung erbauten Georg-Speyer-Hauses in Frankfurt am Main 1906. In diesem Feuilletonartikel legte er auch gleich seine Vorstellung der «Aufgaben der Chemotherapie» dar, die im Fokus der Forschung des neuen Instituts stehen sollten: «Die wesentliche Aufgabe des neuen Instituts wird es nun sein, Substanzen und chemische Gruppierungen aufzufinden, welche eine besondere Verwandtschaft zu bestimmten Organen besitzen (organotrope Stoffe). Von besonderer Wichtigkeit wird es nun aber sein, solche gewissermaßen als Lastwagen fungierende Substanzen mit chemischen Gruppierungen von pharmakologischer oder toxikologischer Wirkung zu versehen, so dass sie gleichzeitig die ihnen anvertraute wirksame Last an die *geeigneten Stellen* befördern.»⁵

Ehrlichs Artikel ist zu entnehmen, dass nach Stoffen gesucht werden sollte, die vorgängig bestimmtes Gewebe spezifisch aufsuchen, um dort ihre Wirkung zu entfalten. Je nach Ziel des Medikamentes werden die «Lastwagen» chemisch so weit verändert, dass sie eine körpereigene Funktion fördern oder aber einschränken oder gar blockieren. Für den Fall der chemotherapeutischen Behandlung von durch Mikroorganismen verursachten Krankheiten hiesse das, ein Medikament zu finden, das sich spezifisch an einen Erreger bindet und zugleich dessen Lebensfähigkeit beeinträchtigt.

Ehrlich konzentrierte sich bei der Entwicklung von Chemotherapeutika auf Infektionskrankheiten. Er erwog zwar prinzipiell die Möglichkeit, diese Therapieform auch auf weitere Krankheitsfelder wie Krebs auszuweiten, doch blieb es bei theoretischen Überlegungen hierzu. Auf die Weiterentwicklung des Konzepts der Chemotherapie, wie sie heute mehrheitlich in der Krebstherapie verwendet wird, soll hier nicht eingegangen werden.

Dass diverse Substanzen bereits Teil des chemotherapeutischen Arzneimittelschatzes waren, stellte Ehrlich nicht in Abrede, wenn er schrieb: "From the very first beginnings of therapeutics chemiotherapy has, indeed, been in exis-

---

3 Fast durchgängig zitieren diese Würdigungen Ehrlichs aus dessen posthum erschienenen gesammelten Werken, welche 1956 erstmals herausgegeben wurden. *The Collected Papers of Paul Ehrlich*, hg. von Fred Himmelweit et al., London 1960. In dieser Edition wurden teilweise erhebliche sprachliche Anpassungen und Harmonisierungen vollzogen. So wurde unter anderem die von Ehrlich anfänglich gebrauchte Bezeichnung «Chemiotherapie» konsequent durch die später übliche Bezeichnung «Chemotherapie» ersetzt. Wo immer möglich, wurde für die vorliegende Arbeit auf die publizierten Originalarbeiten Ehrlichs zurückgegriffen, um dem damaligen Wortlaut treu zu bleiben. Hinzuweisen ist hierbei auf die nahezu komplette und frei zugängliche Sammlung von Ehrlichs originalen Arbeiten auf dem Internetportal des deutschen Paul-Ehrlich-Instituts (PEI): http://www.pei.de/nn_163900/EN/institute-en/paul-ehrlich-en/paul-ehrlich-publications-en.html, 15. 8. 2010.
4 John Parascandola, «The theoretical basis of Paul Ehrlich's chemotherapy», in: *Journal of the History of Medicine and Allied Sciences* 36, 1981, S. 19–43, hier S. 19; Henry H. Dale, «Introduction», in: *The Collected Papers of Paul Ehrlich*, hg. von Fred Himmelweit et al., London 1960, S. 1–18 hier S. 6 f.
5 Paul Ehrlich, «Die Aufgaben der Chemotherapie», in: *Frankfurter Zeitung und Handelsblatt*, Zweites Morgenblatt, 51, 4. 11. 1906, S. 1.

tence, as all the remedies which we employ are chemicals [...]."⁶ Doch grenzt er den Begriff zuweilen als «spezifische» oder «experimentelle Chemotherapie» ein und verweist auf deren historischen Rahmen: "[...] experimental chemiotherapy could only develop in modern times in a fruitful manner as a result of all this pioneer work."⁷ Ehrlich versprach sich von der Entwicklung spezifischer Chemotherapeutika für die Behandlung von Infektionskrankheiten nicht nur Wege zur «inneren Desinfektion»⁸ und hierdurch ein besseres Verständnis der zu Grunde liegenden Physiologie, sondern die Etablierung eines neuen medizinischen Forschungszweiges. Dieser unterscheidet sich klar von der Pharmakologie des 19. Jahrhunderts, die unter Mitwirkung eminenter Protagonisten wie Rudolf Buchheim (1820–1879) und Oswald Schmiedeberg (1838–1912) entstanden war.⁹ Ferner kann dies auch als Abkehr von der Virchow'schen Zellularpathologie gewertet werden, laut welcher Krankheiten auf einer Störung von Funktionen von Körperzellen beruhen. Neu war, dass versucht wurde, das Pathologische auf einer molekularen Ebene zu definieren.

Ehrlich wollte die vorhandenen und erfolgreichen, mehrheitlich auf die Symptombekämpfung ausgerichteten Behandlungen – wie zum Beispiel Schmerzmittel, Fiebersenker und Betäubungsmittel – durch spezifische, das heisst direkt auf die Krankheitsursache zielende, Medikamente erweitern:

> «Wenn auch der Nutzen dieser Art pharmakologischer Forschung evident ist und die schönen Erfolge, welche die Pharmakologie gezeitigt hat, von größter praktischer Bedeutung sind, so läßt sich doch nicht verkennen, daß die Mehrzahl der in den Arzneischatz übergegangenen Substanzen reine Symptomatika sind, die gewisse Krankheitssymptome günstig beeinflussen aber nicht gegen die Krankheit selbst oder ihre Ursache gerichtet sind. Es wird sich aber jetzt darum handeln, wirkliche Heilstoffe, organotrope oder ätiotrope wirksame Substanzen zu gewinnen.»¹⁰

Für Ehrlich sollten «wirkliche» Medikamente folglich nur in spezifischen Geweben wirksam werden, also «organotrop» sein oder aber direkt die Krankheitsursache angehen und demzufolge «ätiotrop» sein. Ehrlich unterschied diese Begriffe allerdings nicht strikt und verwandte auch «organotrop» mehrheitlich im Sinne von «ätiotrop».

NEUERUNG DURCH DIE CHEMOTHERAPIE

Die Einführung des Konzepts der Chemotherapie bedeutete eine Verschiebung in der Betrachtungsweise. Es wurde nun nicht mehr nach mehr oder weniger spezifischen Beeinflussungen des Organismus bezüglich makroskopischer Faktoren (Fiebersenkung usw.) gesucht, sondern nach einer singulär differenzierbaren Krankheitsursache (zum Beispiel einem Mikroorganismus), die durch ein spezifisches Therapeutikum, einer «inneren Desinfektion» gleich, neutra-

6 Paul Ehrlich, «Address in pathology, on chemiotherapy», in: *The British Medical Journal*, vol. 2, No. 2746, 1913, S. 353–359, hier S. 353.
7 Ebd.
8 Heinrich Bechhold und Paul Ehrlich, «Beziehungen zwischen chemischer Konstitution und Desinfektionswirkung», in: *Zeitschrift für Physiologische Chemie* 47, 1906, S. 173–199, hier S. 174.
9 Stanley Scheindlin, «A brief history of pharmacology», in: *American Chemical Society*, 2001, http://pubs.acs.org/subscribe/journals/mdd/v04/i05/html/05timeline.html, 18. 11. 2010. Zur Akademisierung der Pharmazie vgl. den Beitrag von Gerd Folkers in diesem Band.
10 Paul Ehrlich, «Die Aufgaben der Chemotherapie», S. 1.

lisiert werden konnte. Als Konsequenz wurden mehrere wichtige methodologische Neuerungen in den pharmazeutischen Medikamentenentwicklungsprozess eingeführt.

1. Die Chemotherapie soll laut Ehrlich auf dem Prinzip der selektiven Affinität beruhen, das eine hochselektive Interaktion des Arzneimittels mit der Krankheitsursache voraussetzt:

"The whole area is governed by a simple – I might even say natural – principle. If the law is true in chemistry that *Corpora non agunt nisi liquida*, then for chemotherapy the principle is true that *Corpora non agunt nisi fixata*. When applied to the special case in point this means that parasites are only killed by those materials to which they have a certain relationship, by means of which they are fixed by them. I call such substances 'parasitotropic'."[11]

Ehrlich übertrug hier die chemische Maxime, der zufolge Substanzen nur miteinander reagieren können, wenn sie in einem Lösungsmittel gelöst sind, auf die Pharmazie. Davon abgeleitet postulierte er, dass Substanzen, oder in diesem Fall Medikamente, nur wirken können, wenn sie auf der Oberfläche ihrer Zielstruktur, zum Beispiel dem Mikroorganismus, gebunden werden. Wie noch gezeigt wird, ist dieses Konzept der Wirkung durch die selektive Bindung von eminenter Bedeutung in der Entwicklung von Ehrlichs Chemotherapie.

2. Das neue Verfahren orientierte sich nicht mehr wie bis anhin an gesunden, sondern an künstlich mit Erregern infizierten Versuchstieren. Durch Techniken der Mikrobiologie, wie sie massgeblich durch Louis Pasteur (1822–1895) und Robert Koch (1843–1910) geprägt wurden, war es möglich geworden, Mikroorganismen aufzureinigen, zu identifizieren, *in vitro* zu kultivieren und mit ihnen Labortiere zu infizieren. Durch diesen Methodentransfer eröffnete sich eine Reihe von Möglichkeiten: Ein potentielles Medikament konnte zuerst im Reagenzglas auf seine Wirksamkeit gegen spezifische Erreger getestet werden. Bei Erfolg konnte anschliessend die Wirkstoffwirksamkeit in mit spezifischen Erregern infizierten Tieren unter kontrollierten Laborbedingungen getestet werden. Dies gab Aufschluss über die zur Therapie notwendige Dosis, deren Toxizität, den Verlauf der Abheilung sowie über allfällige unerwünschte Nebenwirkungen. Die Untersuchungen am Labortier galten als Ausgangslage zur Evaluierung der Wirksamkeit und Sicherheit des potentiellen Medikamentes für den Menschen.[12]

3. Gleichwohl war sich Ehrlich bewusst, dass sich die Spezifität einer Immunisierung oder einer Serumtherapie[13] durch die Gabe von den andersartigen, körperfremden, synthetischen kleinen Molekülen nicht leicht reproduzieren liess. Zudem müsse damit gerechnet werden, dass man nicht nur wie gewollt sein Ziel beeinflusse, sondern gleichzeitig auch dem Körper schaden könne:

11 Paul Ehrlich, «Address in pathology, on chemotherapy», S. 353.
12 Paul Ehrlich, «Chemotherapie», in: *Soziale Kultur und Volkswohlfahrt während der ersten fünfundzwanzig Regierungsjahre Kaiser Wilhelm II*, Berlin 1913, S. 345–356, hier S. 556; Silvia Berger, *Bakterien in Krieg und Frieden. Eine Geschichte der medizinischen Bakteriologie in Deutschland 1890–1933*, Göttingen 2009; Milton Wainwright und Joshua Lederberg, «History of microbiology», in: Joshua Lederberg (Hg.), *Encyclopedia of Microbiology*, Bd. 2, San Diego 1992, S. 419–437, hier S. 425; Joshua Lederberg, «Infectious history», in: *Science* 288, 2000, S. 287–293, hier S. 288.
13 Bei der Serumtherapie handelt es sich um ein Verfahren, bei welchem Tiere mit einem Erreger infiziert werden. Das gebildete Serum, das Antikörper enthält, wird in vitro aufgereinigt und dann zur Therapie desselben Erregers im Menschen verwendet. Dieses Verfahren der passiven Immunisierung wurde von Emil von Behring (1854–1917), einem Kollegen Ehrlichs an Robert Kochs Berliner Institut für Infektionskrankheiten, eingeführt. Brigitte Lohff, «Serumtherapie – Emil von Behring und die Anfänge der Immunitätsforschung», in: *Deutsche medizinische Wochenschrift* 124, 1999, S. 1321 f.

«Solche ‹Zentralschüsse›, wie sie die bakteriellen Antiprodukte gestatten, sind hier nicht mehr möglich, sondern wir werden uns bewusst sein müssen, daß alle diese Mittel immer und immer außer den Bakterien auch andere Teile des Körpers treffen und schädigen können.»[14]

Für Ehrlich ist somit die Spezifität von immunologischen Antikörpern eine anzupeilende Maxime, welche möglichst auch in der Chemotherapie zu erreichen ist. Doch weist er gleich auf die Limitierungen einer solchen Therapie bezüglich deren Spezifität hin und nimmt somit die Konzeptualisierung von mit der spezifischen Wirksamkeit assoziierten Nebenwirkungen vorweg. Die Eigenschaften eines Medikamentes sollten also entsprechend möglichst so eingestellt werden, dass sie den Krankheitserreger beeinträchtigen, ihn töten oder zumindest an der Vermehrung hindern; dies allerdings, ohne unvertretbare Nebenwirkungen im Körper zu erzeugen oder – in Ehrlichs Terminologie – unerwünschte «organotrope» Wirkung zu haben.[15]

4. Gemäss Ehrlich ist eine weitere Eindämmung der schädlichen Nebenwirkungen zu erreichen, indem man mehrere am gleichen Erreger wirksame Medikamente in geringeren Dosen abgibt, wobei der schädliche Einfluss auf den menschlichen Körper dadurch minimiert wird, dass sich die Last auf mehrere Organe verteilt.[16]

Nichtsdestotrotz sind im Sinne Ehrlichs immunologische Produkte als ideale Vorbilder für die Vorstellung einer spezifischen Chemotherapie zu betrachten: «Es sind diese Antikörper ausschließlich ‹parasitotrop›, nicht ‹organotrop›, und so kann es nicht wundernehmen, daß sie nach Art von Zauberkugeln ihr Ziel selbst aufsuchen. Auf diese Weise erkläre ich auch die zum Teil wunderbaren Heilerfolge dieser Richtung. Es ist daher eo ipso selbstverständlich, daß die Serummethode ceteris paribus eben durch die reine Parasitotropie der Heilstoffe jedem anderen Heilmodus überlegen sein muß.»[17]

Dass auch sein wichtigster Beitrag zur spezifischen Chemotherapie, das Medikament Salvarsan zur Therapie der Syphilis, den hohen Anforderungen der Unschädlichkeit für den Körper nicht gerecht werden kann und somit nicht als «Zauberkugel»,[18] «Lastwagen»,[19] «Freikugel des Freischütz»[20] oder «bewitched bullet»[21] bezeichnet werden kann, war ihm zwar bewusst. Doch wähnte er sich dem Ziel einer spezifischen Therapie wohl näher, als dies bei Salvarsan tatsächlich der Fall war: Das im Medikament enthaltene Arsen akkumuliert sich bei längerer Therapie zu toxischen Dosen im Gewebe. Die Wirkung wird dadurch «organotrop» und kann gravierende Nebenwirkungen nach sich ziehen. Die Ehrlich bekannte Nebenwirkung führte er generell auf die meist schon schlechte Verfassung jener Syphilispatienten zurück.[22] Dennoch zeigte er sich zuversichtlich, dass die Chemotherapie Früchte tragen werde, wie auch, dass die Anzahl entwickelter Chemotherapeutika in einfachem Verhältnis stehe zur Anzahl auf das Problem angesetzter Wissenschaftler:

---

14 Paul Ehrlich, «Über moderne Chemotherapie», in: Ders., *Beiträge zur experimentellen Pathologie und Chemotherapie*, Leipzig 1909, S. 167–202, hier S. 171.
15 Paul Ehrlich und Richard Gonder, «Experimentelle Chemotherapie», in: Stanislaus S. von Prowazek (Hg.), *Handbuch der pathogenen Protozoen*, Leipzig 1913, S. 752–779, hier S. 754.
16 Ebd., S. 772.
17 Paul Ehrlich, «Über moderne Chemotherapie», S. 170.
18 Ebd., S. 170.
19 Paul Ehrlich, «Die Aufgaben der Chemotherapie», S. 1.
20 Paul Ehrlich, «Biologische Therapie», in: *Internationale Wochenschrift für Wissenschaft, Kunst und Technik* 1, 1907, S. 125–132, hier S. 131.
21 Paul Ehrlich, «Address in pathology, on chemiotherapy», S. 355.
22 «Zwar sind 4 Todesfälle nach Anwendung des Mittels beschrieben worden, es handelt sich jedoch hier um Todeskandidaten mit schwersten Degenerationen des Zentralnervensystems, bei denen die Anwendung des Mittels von vornherein eine Gefahr bedeuten mußte und wohl nur noch als Ultimum refugium erfolgte.» Paul Ehrlich, «Die Chemotherapie der Spirillosen», in: *Zeitschrift für Immunitätsforschung und experimentelle Therapie*, Nr. 2, 1911, S. 1121–1138, hier S. 1135.

"But the chances in favour of finding a real cure, and so of winning the big prize, will naturally increase with the number of those who occupy themselves with their problem."[23]

Ehrlich versprach sich trotz aller Vorbehalte grosse Erfolge für die Chemotherapie. Diese machte er allein abhängig von den investierten technischen und personellen Ressourcen: Je mehr Forschung betrieben werde, desto mehr erfolgreiche Medikamente würden entwickelt werden. Ehrlich suggerierte eine rein lineare Beziehung zwischen Aufwand und Erfolg.

Um die Grundzüge von Ehrlichs Chemotherapie ausführlich zu diskutieren, soll auf zwei weitere Konzepte eingegangen werden: Zum einen handelt es sich um die «therapia sterilisans magna», die die Eliminierung eines Parasiten über eine einzelne Gabe des Medikamentes erreichen wollte, um so dem Parasiten die Möglichkeit zu entziehen, Resistenzen zu entwickeln. Hier bezog sich Ehrlich auf das alte therapeutische Axiom «Frapper fort et frapper vite» und fügte in der Folge an: «Und glücklicherweise hat sich herausgestellt, daß bei einer Reihe von Krankheiten schon die Befolgung des zweiten Teils der Forderung: ‹frapper vite›, vollkommen genügt.»[24] Ehrlich konnte seine Vorstellung allerdings nicht am Beispiel seiner eigenen Entwicklung einer Syphilistherapie, des Salvarsan, belegen.[25]

Zum anderen handelt es sich um die «Kombinationstherapie»: Zwei oder mehr Wirkstoffe mit möglichst verschiedenen Wirkmechanismen sollten in Kombination verabreicht werden, um eines Parasiten habhaft zu werden – oder nach Worten Ehrlichs: «getrennt marschieren, vereint schlagen». Jedes der zusammen verabreichten Medikamente sollte einen anderen Rezeptor binden:

«Vor allem muß hier bemerkt werden, daß man für die Kombinationstherapie solche Heilstoffe wählen muß, die im Parasiten verschiedenartige Chemozeptoren finden. […] Zwei verschiedenartige Heilstoffe können eventuell in sehr kleinen Mengen dem Organismus zugeführt werden, ohne ihn dabei zu schädigen, ohne aber auch ihre parasitiziden Eigenschaften einzubüßen. Im Gegenteil wird häufig das Verhältnis der Heildosis, *Dosis curativa*, und der toxischen Dosis, *Dosis toxica*, äußerst günstig und weit kleiner als wenn die einzelnen Heilstoffe ein jeder für sich in Aktion treten würden.»[26]

Ehrlich schlägt die Kombinationstherapie aus zwei Gründen vor. Demnach solle die Wirksamkeit der Therapie durch den Eingriff an mehreren Rezeptoren erhöht und gleichzeitig der Schaden für den Körper dadurch minimiert werden, dass die verschiedenen Wirkstoffe verschiedene Körpergewebe beeinflussen und in geringerer Dosis Anwendung finden. Auch bei diesem Vorgehen reduziere man die Wahrscheinlichkeit von Resistenzbildungen.

In den folgenden Abschnitten soll die frühe Geschichte der Chemotherapie entlang Ehrlichs Werdegang nachgezeichnet werden. Ehrlich konnte mit der

---

23 Paul Ehrlich, «Address in pathology, on chemiotherapy», S. 359.
24 Paul Ehrlich und Richard Gonder, «Chemotherapie», in: Wilhelm Kolle und August von Wassermann (Hg.), *Handbuch der pathogenen Mikroorganismen*, Jena 1913, S. 337–374, hier S. 361.
25 Paul Ehrlich, «Address in pathology, on chemiotherapy», S. 356; Paul Ehrlich and Sahachiro Hata (Hg.), *Die experimentelle Chemotherapie der Spirillosen: Syphilis, Rückfallfieber, Hühnerspirillosen, Frambösie*, Stuttgart 1910, S. 114–164, hier S. 160.
26 Paul Ehrlich und Richard Gonder, «Chemotherapie», S. 361.

Entwicklung des Medikamentes Salvarsan seine theoretischen Überlegungen erfolgreich in die Praxis umsetzen. Der behandelte Zeitraum erstreckt sich über vier Jahrzehnte, von den 1880er bis in die 1910er Jahre.

SICHTBARMACHUNG DES MEDIKAMENTENWIRKUNGSORTES

Anfang des 19. Jahrhunderts war man generell der Ansicht, dass Medikamente vor allem in und über die Nerven wirken. Später ging man davon aus, dass jeweils spezifische Organe durch die Medikamente angesprochen werden.[27] Ausserdem nahm man an, dass die spezifische Bindung an die jeweiligen Organe durch deren chemische Konstitution bestimmt sei.

Schon als Student interessierte sich Ehrlich für die selektive Verteilung und Wirkungsweise von Medikamenten und Toxinen.[28] Wie er selbst attestierte, waren im Besonderen die Arbeiten von Emil Heubel (1839–1912) für ihn wegweisend:[29] «In meinem dritten Semester kam ich durch die Lektüre der Arbeit von Heubel über Bleivergiftung auf die Idee, daß die Art und Weise, in der sich die Arzneimittel im Körper verteilen, von der größten Bedeutung für die rationale Ausbildung der Therapie sein müsse.»[30] Durch seinen Cousin Carl Weigert (1845–1904), einen Wegbereiter der histologischen Färbung, wurde Ehrlich animiert, die Verteilung von färbenden Substanzen in lebendem Gewebe zu untersuchen. So beschäftigte er sich bereits 1878 in seiner Doktorarbeit mit der Theorie und Praxis der histologischen Färbung, in welcher er sich mit der Selektivität von bestimmten Farbstoffen auseinandersetzte. Dabei unterstrich er die seiner Meinung nach für die Färbung wichtigere chemische Bindung und verwarf die Vorstellung der Färbung aufgrund von physikalischen Bindungen. Mangels theoretischer Alternativen konnte man sich eine chemische Interaktion zwischen Molekülen nur über kovalente oder ionische Bindungen erklären, welche sich schwer mit den experimentellen Resultaten vereinbaren liessen. Das Wirken in einzelnen Organen wurde über physikalische Parameter wie zum Beispiel verschiedene Löslichkeiten erklärt.[31]

In seiner 1885 eingereichten Habilitationsschrift führte Ehrlich seine Arbeiten zu Farbstoffen fort und untersuchte insbesondere die chemische Reaktionsfähigkeit gewisser Gewebe mit Farbstoffen. Diese Arbeit beschreibt Konzepte, welche für die später entwickelte «Seitenkettentheorie der Immunisierung» und für sein künftiges Denken über die Chemotherapie prägend war. Basierend auf der damaligen Vorstellung einer Zelle bestand das Protoplasma aus einem riesigen Molekül, welches je nach Zelltyp spezielle Seitenketten aufweist, welche die Funktionen der Zellen wahrnehmen.[32] Diese Seitenketten sind für die vitalen Prozesse der Zelle wie Zellatmung oder Nährstoffaufnahme verantwortlich. Durch die zufällige Ähnlichkeit von natürlich bindenden Stoffen und gewissen Farbstoffen reagieren Letztere mit diesen Seitenketten und färben diese ein. Auf diese Weise liess sich die spezifische Färbung von Geweben erklären.[33]

27 Melvin P. Earles, «Early theories of the mode of action of drugs und poisons», in: *Annals of Science* 17, 1961, S. 97–110, hier S. 110; A. H. Maehle et al., «The emergence of the drug receptor theory», in: *Nature Reviews Drug Discovery* 1, 2002, S. 637–641, hier S. 637.
28 John Parascandola, «The theoretical basis of Paul Ehrlich's chemotherapy», S. 22.
29 Er bezieht sich hierbei auf folgende Arbeit Heubels: Ernst Heubel, *Pathogenese und Symptome der chronischen Bleivergiftung. Experimentelle Untersuchungen*, Hirschwald 1871.
30 Paul Ehrlich, «Schlussbemerkungen», in: Paul Ehrlich and Sahachiro Hata (Hg.), *Die experimentelle Chemotherapie der Spirillosen*, S. 114.
31 Paul Ehrlich, «Ueber die Beziehungen von chemischer Constitution, Verteilung und pharmakologischer Wirkung», in: Paul Ehrlich (Hg.), *Gesammelte Arbeiten zur Immunitaetsforschung*, Berlin 1904, S. 573–628, hier S. 574; John Parascandola, «The controversy over structure activity relationships in the early twentieth century», in: *Pharmacy in History* 16, 1974, S. 54–63, hier S. 57.
32 Hans-Jörg Rheinberger, «Von der Zelle zum Gen. Repräsentationen der Molekularbiologie», in: Ders., Michael Hagner und Bettina Wahrig-Schmidt (Hg.), *Räume des Wissens. Repräsentation, Codierung, Spur*, Berlin 1997, S. 265–279, hier S. 270; Paolo Mazzarello, «A unifying concept: the history of cell theory», in: *Nature Cell Biology* 1, 1999, S. E13–E15, hier S. E14.
33 Paul Ehrlich, *Das Sauerstoff-Bedürfniss des Organismus. Eine farbenanalytische Studie*, Berlin 1885, S. 4.

Ehrlich ging davon aus, dass farblose Derivate von Farbstoffen ähnliche Bindungseigenschaften aufweisen wie diese Farbstoffe.[34] Bedeutsam ist das in der Folge deshalb, weil durch die chemische Veränderung der Farbstoffe – durch welche häufig erst eine physiologische Wirkung erzeugt werden konnte – oft Moleküle entstehen, die keine färbenden Eigenschaften besitzen.

Auf Grund seiner in den Jahren 1885 bis 1894 entstandenen Schriften zur Wirkungsweise von Iod,[35] Thallin,[36] Methylenblau[37] und Kokain[38] wird deutlich, dass sich Ehrlich Konzepte und Methoden für den Umgang mit dem Problem der Affinität und der Verteilung von Wirkstoffen im Körper erarbeitete. Diese waren für seine späteren Arbeiten zur Behandlung von Trypanosomenkrankheiten[39] und der Syphilis von grosser Nützlichkeit. Diese Arbeiten, insbesondere seine Studien zur klinischen Behandlung von durch Nerven verursachten Schmerzen (Neuralgie) durch Methylenblau, verstärkten seine Annahme, dass Wirkstoffe durch die Zellen gebunden werden müssen, um ihre Wirkung zu entfalten; dies, da Methylenblau in lebendem Gewebe spezifisch Nerven einfärbt.[40] Ehrlich schlug Methylenblau auch für die Behandlung von Malaria vor, da deren Erreger, das Plasmodium, sich ebenfalls hierdurch einfärben liess.[41] So bot sich durch diese spezifische Sichtbarmachung eines Gewebes anhand der Färbung die Möglichkeit, den Wirkungsort eines potentiellen, aus dem Farbstoff abgeleiteten Medikamentes einzugrenzen und folglich die gewünschte Spezifität zu erreichen. Man konnte zuvor zwar makroskopisch beobachten, wie ein Medikament wirkt, doch blieb im Dunkeln, wie und wo dieses seine Wirkung entfaltete. Da Ehrlich in Berlin und somit ausserhalb des Malariagebietes arbeitete, musste er es trotz vielversprechender Resultate bei zwei Versuchen der Malariatherapie durch Methylenblau am Menschen bewenden lassen. Diese Versuche waren Ehrlichs Einstieg in die spezifische Chemotherapie zur Behandlung von Infektionskrankheiten. Ferner weckten diese Untersuchungen sein Interesse für den Zusammenhang von pharmakologischer Wirkung und chemischer Konstitution, eine Fragestellung, die seit 1840 diskutiert wurde.[42]

SEITENKETTENTHEORIE DER IMMUNISIERUNG

Ab 1890 lenkte Ehrlich sein Augenmerk vermehrt auf das aufkommende Feld der Immunologie. Er verliess allerdings nur vorübergehend das Forschungsfeld der Therapie durch an Farbstoffe angelehnte Wirkstoffe. Durch seine Arbeiten auf dem Gebiet der immunologischen Forschung entwickelte er seine zuvor schon erwähnte berühmte und vielfach zitierte «Seitenkettentheorie der Immunisierung»,[43] welche für seine chemotherapeutischen Forschungen von Bedeutung wurde und für welche er 1909 den Nobelpreis erhielt.

Um den Prozess der Immunisierung zu erklären, griff er auf eine frühere Vorstellung der Seitenketten bei der Zellatmung in Zusammenhang mit der Tetanusvergiftung zurück: Die für die Zellatmung verantwortlichen Seiten-

---

34 Paul Ehrlich, «Beiträge zur Theorie und Praxis der histologischen Färbung» (1878), in: Ders., *Gesammelte Arbeiten*, Bd. 1, hg. von Fred Himmelweit, Berlin 1956, S. 29–64.

35 Paul Ehrlich, «Ueber Wesen und Behandlung des Jodismus», in: *Charité-Annalen* 10, 1885, S. 129–135.

36 Paul Ehrlich, «Beobachtungen über Thallinwirkung», in: *Berliner klinische Wochenschrift* 163, 1886, S. 163.

37 Paul Guttmann und Paul Ehrlich, «Über die Wirkung des Methylenblau bei Malaria», in: *Berliner Klinische Wochenschrift* 39, 1891, S. 953–956.

38 Kokain taucht hier als einzige nicht färbende Substanz auf, da es sich um einen gut untersuchten Stoff handelt, welcher, als lokales Anästhetikum verwendet, «specifische und höchst charakteristische Organveränderungen hervorrief, insofern als sich so die Möglichkeit bot, eventuelle Beziehungen zwischen der chemischen Constitution, localer Schädigungen und anästhetischer Wirkung aufzufinden». Paul Ehrlich, «Studien in der Cocainreihe», in: *Deutsche medizinische Wochenschrift*, Nr. 16, 1890, S. 717–719, hier S. 717; Paul Ehrlich und A. Einhorn, «Ueber die physiologische Wirkung der Verbindungen der Cocainreihe», in: *Berichte der Deutschen Chemischen Gesellschaft* 27, 1894, S. 1870–1873, hier S. 1871.

39 Diese Krankheiten werden ausgelöst durch Flagellaten, welche zumeist durch Insekten übertragen werden und vor allem Wirbeltiere befallen. Diese Flagellaten sind verantwortlich für Krankheiten wie die Changas-Krankheit und die afrikanische Schlafkrankheit wie auch Tierseuchen wie Nagana und die Surra.

40 Paul Ehrlich und Arthur Leppmann, «Über schmerzstillende Wirkung des Methylenblau», in: *Deutsche medizinische Wochenschrift* 16, 1890, S. 493–494, hier S. 493.

41 Paul Guttmann und Paul Ehrlich, «Über die Wirkung des Methylenblau bei Malaria», S. 953.

42 William F. Bynum, «Chemical structure und pharmacological action: a chapter in the history of 19th century molecular pharmacology», in: *Bulletin of the History of Medicine* 44, 1970, S. 518–538, hier S. 521.

43 Paul Ehrlich, «A general review of the recent work in immunity», in: *Collected Studies on Immunity*, 1906, S. 577–586; Paul Ehrlich, Julius Morgenroth: «Die Seitenkettentheorie der Immunität», in: R. Emmerich und H. Trillich (Hg.), *Anleitung zu hygienischen Untersuchungen*, 3. Auflage, München 1902, S. 381–394.

ketten einer Zelle hätten *zufällig* die chemische Konstitution, dass sie nicht nur ihr angestammtes Nährstoffmolekül bänden, sondern dass sie auch eine hohe Affinität für das Tetanustoxin aufwiesen. Durch die Bindung des Toxins verliere die Seitenkette ihre Funktion, worauf die Zelle weitere Seitenketten ausbilde, um dem Funktionsausfall entgegenzuwirken. In der Regel führe das zu einer Überproduktion dieser Seitenketten, wobei sich der Überschuss von der Zelle löse, ins Blut gelange und die freien Toxine abfange und somit unschädlich mache.[44]

Ehrlich unterschied zwischen toxischen («toxophoren») und bindenden («haptophoren») Gruppen eines Toxins. Wiederum liess er sich von den Farben inspirieren, bei welchen man die färbenden von den am Material bindenden Gruppen unterschied. Trotz seiner Überlegungen zur Immunisierung gegen das Tetanusgift übertrug er das Konzept nicht umgehend in die praktische Anwendung in der Chemotherapie. Die bekannten Unterschiede im Verhalten von Toxinen und Medikamenten dürften dafür verantwortlich gewesen sein: (1) Medikamente liessen sich durch Lösungsmittel wieder aus dem Gewebe lösen. (2) Ihre beobachtbare Wirkung war meist nur von begrenzter Dauer. (3) Es konnte keine Immunisierung gegen Medikamente festgestellt werden. Hieraus wurde gefolgert, dass die Bindungseigenschaften von Medikamenten und Toxinen verschieden sein müssen. Auch war daraus zu schliessen, dass es sich nicht um schwer lösliche chemische oder ionische Bindungen handeln konnte, sondern dass diese eher durch die physikalischen Eigenschaften des Moleküls erklärt werden mussten. Ob nun chemische oder physikalische Eigenschaften für die präzise Verteilung wie auch die charakteristische Wirkung einer Substanz verantwortlich seien, ist eine sich durch das 19. Jahrhundert ziehende Diskussion.[45] Von Relevanz ist sie deshalb, weil die Bindung, welche die Wirkung eines Wirkstoffs vermittelt, mit den damals bestehenden Konzepten chemischer Bindungen nicht erklärbar war.

VON FARBEN ZU CHEMOTHERAPEUTIKA

Ab 1898 widmete sich Ehrlich wieder intensiv dem Studium von Farbstoffen für die Chemotherapie insbesondere von Infektionskrankheiten. So nahm er sich zuerst der Trypasomeninfekte an, welche experimentell in Versuchstieren erzeugbar waren, und versuchte, diese mit Farbstoffen der Benzopurpurine und deren Derivaten zu behandeln. Dabei stiess er auf einen roten Farbstoff, Trypan rot, welcher zwar den Infekt im Mausmodell beseitigte, aber bei anderen Labortieren, wie der Ratte, seine Wirkung nicht entfaltete.[46]

Des Weiteren versuchte er sich an Arsenverbindungen. Diese waren bereits bei der Therapie von Krankheitssymptomen zum Einsatz gekommen, bevor diese Symptome einer Infektion durch Trypanosomen zugeschrieben werden konnte. Ehrlich testete Atoxyl, eine synthetische Arsenverbindung, erfolgreich *in vitro*, doch konnte er die dabei nachgewiesene desinfizierende Wirkung

44 Paul Ehrlich, «Die Wertbestimmung des Diphtherieheilserums und deren theoretische Grundlagen», in: *Klinisches Jahrbuch* 6, 1897, S. 299–326, hier S. 311.
45 William F. Bynum, «Chemical structure und pharmacological action: a chapter in the history of 19th century molecular pharmacology», S. 522; John Parascandola, «Structure-activity relationships – the early mirage», in: *Pharmacy in History* 13, 1971, S. 54–63, hier S. 55.
46 Paul Ehrlich und Kiyoshi Shiga, «Farbentherapeutische Versuche bei Trypanosomenerkrankung», in: *Berliner klinische Wochenschrift* 12, 1904, S. 329–362, hier S. 234.

in der Folge in Versuchstieren nicht reproduzieren. Erschwerend kam hinzu, dass Atoxyl für eine erfolgreiche Behandlung Dosen erforderte, die den Sehnerv schädigten. Ehrlich versuchte, diese Wirkung auf den Sehnerv zu verringern und gleichzeitig die therapeutischen Eigenschaften zu verbessern, indem er systematisch die funktionellen Gruppen des Moleküls variierte.[47]

ERSTER PRAKTISCHER ERFOLG DER CHEMOTHERAPIE: SALVARSAN

Als 1905 schliesslich *Spirochaeta pallida* als Erreger der Syphilis identifiziert wurde, der Ähnlichkeiten zu Trypanosomen hat, wurden sogleich Arsenverbindungen als mögliche Syphilistherapeutika in Betracht gezogen. Ehrlich überliess das Testen von Arsenverbindungen zur Syphilistherapie zunächst seinem Freund Albert Neisser (1855–1916) und betraute 1909 seinen neuen Assistenten Sahachiro Hata (1873–1938) mit den Versuchen zur Syphilis.[48] Dieser testete eine Reihe von Molekülen und wurde bei einem zuvor als unwirksam deklarierten Stoff fündig, der hernach berühmt gewordenen Verbindung Nummer 606, dem Arsphenamin.[49] Die Wirksamkeit dieses Wirkstoffs wurde zunächst in Tieren und danach auch in Versuchen an Patienten nachgewiesen.[50] Im April 1910 konnte Ehrlich seine Errungenschaft an einem Ärztekongress der Öffentlichkeit vorstellen. Die neue Syphilistherapie wurde mit grosser Begeisterung aufgenommen.[51] Es dauerte nicht lange, bis Ehrlichs hauseigene Chemiker die Nachfrage nach Arsphenamin nicht mehr zu decken im Stande waren. So wandte sich Ehrlich an die Farbwerke Höchst, welche die Substanz 606 als Medikament unter der Markenbezeichnung Salvarsan in grossen Mengen auf den Markt brachten. Bezeichnend hierbei ist nicht nur, dass ein aus einem Farbstoffmolekül entwickeltes Produkt zu Therapiezwecken wieder in die Grossproduktion der Farbchemieindustrie zurückfloss, sondern vielmehr, dass der grosse medizinische wie finanzielle Erfolg von Salvarsan eine neue, bis heute gängige Forschungsrichtung etablierte.

VON DER SEITENKETTE ZUM CHEMOREZEPTOR

Den Mechanismus der Medikamentenwirkung zu verstehen, galt für Ehrlich als Fundament für «rational» entwickelte Medikamente. Daher unterschied er «experimentelle» von rein empirisch, sprich durch reines *trial and error*, gefundenen Medikamenten.[52]

Durch Experimente, welche die Bildung von Resistenzen durch die wiederholte Gabe desselben Stoffs in Trypanosomen zeigte, wurde Ehrlich angeregt, seine zuvor für die Immunisierung entwickelte Seitenkettentheorie für die Wirkungsweise von Medikamenten zu adaptieren.[53] Ausserdem wurde festgestellt, dass sich eine Resistenz nicht nur auf eine chemische Konstitution beschränkt, sondern sich auch auf Moleküle der gleichen Stoffklasse ausdehnt.

47 Paul Ehrlich und Alfred Bertheim, «Über p-Aminophenylarsinsäure», in: *Berichte der deutschen chemischen Gesellschaft* 40, 1907, S. 3292–3297.
48 Paul Ehrlich, «Schlussbemerkungen», S. 119.
49 Alex C. Hüntelmann, «1910 – Transformationen eines Arzneistoffes – vom 606 zum Salvarsan», in: Nicholas Eschenbruch et al. (Hg.), *Arzneimittel des 20. Jahrhunderts. Historische Skizzen von Lebertran bis Contergan*, Bielefeld 2009, S. 17–51.
50 Paul Ehrlich, «Chemotherapie von Infektionskrankheiten», in: *Zeitschrift für ärztliche Fortbildung* Nr. 23, 1909, S. 721–733, hier S. 730.
51 Paul Ehrlich, «Allgemeines über Chemotherapie», in: *Verhandlungen des Deutschen Kongresses für Innere Medizin* 27, 1910, S. 226–234, hier S. 227–229.
52 Paul Ehrlich, «Address in pathology, on chemiotherapy», S. 353.
53 Paul Ehrlich, «Über moderne Chemotherapie», S. 189.

Die Wirkung anderer Substanzklassen ist hingegen nicht von der Resistenzbildung betroffen:

> «Wenn wir diese Erscheinung präziser fassen wollen, so werden wir uns vorstellen müssen, dass das Protoplasma der Trypanosomen und überhaupt aller Zellen ganz *verschiedene Angriffsstellen hat, von denen jede einzelne einem besonderen Typus eines Heilstoffes entspricht und zu ihm Verwandtschaft hat.* Beim höheren Organismus, bei dem die Organe differenziert sind, ist ja eine solche Vorstellung etwas selbstverständliches; aber auch bei einer Amöbe oder bei einem niederen einzelligen Wesen müssen im Protoplasma eine grosse Reihe verschiedener Gruppierungen von differenter therapeutischer Angriffsfähigkeit vorhanden sein.»[54]

In den vielzitierten *Harben Lectures* am Royal Institute of Public Health von 1907 erläuterte Ehrlich erstmals sein von der Seitenkettentheorie der Immunisierung abgeleitetes Konzept der «Chemoreceptoren».[55] Diese Chemorezeptoren müssen etwas einfacher gebaut sein als die der Toxine, zumal man im Gegensatz zu Letzteren keine Immunisierung feststellen konnte. Die Chemorezeptoren, so die Annahme, übernehmen auf der Zelloberfläche wichtige Funktionen wie Zellatmung oder Nährstoffaufnahme, welche durch das spezifische Binden von einem Medikament in ihrer Funktion gehemmt werden. Ehrlich nahm an, dass diese Chemorezeptoren in ähnlicher Ausführung auf Zellen des infizierten Organismus zu finden seien. Somit müsse damit gerechnet werden, dass das Medikament nicht nur den zu bekämpfenden Parasiten schade, sondern auch dem infizierten menschlichen Körper. Das Ziel war folglich, die «parasitotrope» Wirkung zu verstärken und gleichzeitig den «organotropen» Effekt – heute spricht man von Nebenwirkungen – auf ein vertretbares Minimum zu reduzieren.[56]

Die Optimierung der spezifischen Wirkung sollte durch eingebrachte, weggelassene, ausgetauschte oder modifizierte Residuen am Wirkmolekül vollzogen werden. Ehrlich vermutete, dass sich die Bindung des Moleküls am Chemorezeptor in Schritten vollzieht und dass somit unterschieden werden könne zwischen einem primären und einem sekundären «Haptophoren»:

> «Der Arzneistoff wird gewissermaßen in seinen verschiedenen Gruppierungen sukzessive von besonderen Fangen des Protoplasmas gefesselt, gleich wie ein Schmetterling, dessen einzelne Teile mit verschiedenen Nadeln fixiert werden. Genau wie der Schmetterling erst am Rumpf und dann sukzessive an den Flügeln aufgespannt wird, gilt das auch von den komplizierter gebauten Arzneistoffen. Auch hier können wir häufig eine Gruppierung experimentell festlegen, die die primäre Verankerung vermittelt. Ich nenne eine solche Gruppe das primäre Haptophor, die anderen die sekundären Haptophore.»[57]

---

54 Paul Ehrlich, «Chemotherapeutische Trypanosomen-Studien», in: *Berliner klinische Wochenschrift* 11, 1907, S. 323–344, hier S. 342.
55 Zuweilen finden man auch die Bezeichnung «Chemoceptor». Paul Ehrlich, «Chemotherapie von Infektionskrankheiten», S. 727.
56 Paul Ehrlich und Richard Gonder, «Experimentelle Chemotherapie», S. 754.
57 Paul Ehrlich, «Chemotherapie von Infektionskrankheiten», S. 726.

In Analogie zur Immunologie verwendete Ehrlich also das Haptophor-Toxophor-Konzept für die Medikamentenwirkung am Rezeptor. Um in eine wirksame Wechselwirkung mit einem gewünschten Rezeptor zu treten, bedürfe es eines Moleküls, welches aus zwei distinkten Teilen bestehe. Die erste Bedingung sei die chemische Komplimentarität von Wirkstoff und Rezeptor, welche eine feste Bindung sicherstelle. Dieser Teil des Wirkstoffs wurde von Ehrlich als «Haptophor» bezeichnet und galt als essentielle Vorbedingung für dessen Wirksamkeit; dies zumal viele Substanzen einen Erreger binden können, ohne eine sichtbare Wirkung zu entfalten. Bei der zweiten Komponente handle es sich um die toxische oder «toxophore» Gruppe, welche für die lebensbeeinträchtigende Wirkung einer Substanz verantwortlich sei. Für komplexe synthetisierte Wirkstoffe vermutete Ehrlich, dass die beiden Komponenten auch räumlich eindeutig getrennt seien und durch eine der Seitenketten verwandte, einfache chemische Brücke verbunden seien. Mit dem vergifteten Pfeil findet sich in den Schriften Ehrlichs eine weitere eingängige Metapher, welche die Medikamentenwirkung aus seiner Sicht beschreibt:

> "In this way we come naturally to this, that chemiotherapeutic agents, built up in a complicated manner, may be compared to a poisoned arrow; the fixing group of the drug which anchors itself to the chemioreceptor of the parasite corresponds to the point of the arrow, the binding member is the shaft, and the poisonous group is the poison smeared on the arrow's head. Corresponding to this scheme in the case of salvarsan (dioxydiamidoarsenobenzol) the benzol group would correspond to the shaft, the orthoamidophenol group to the point, and the trivalent arsenic group would correspond to the toxophoric group on the head of the arrow."[58]

Durch die Einführung des Rezeptorkonzeptes verlagerte sich der als ideal betrachtete Angriffsort ins Molekulare; während Ehrlich früher eine «organotrope» Ausrichtung von Wirkstoffmolekülen vorschlug, verlagerte er diese nun auf den Rezeptor als zentrale Angriffsfläche. Somit wurde es unumgänglich, die Rezeptoren eines Mikroorganismus zu erforschen und dabei möglichst diejenigen ausfindig zu machen, welche nur bei der einen spezifischen Art vorkommen und welche dadurch gezielt angegangen werden können. Ehrlich selbst äusserte sich zu seiner Vorstellung eines idealen Medikamentes mit folgenden Worten:

> "A remedy provided with such a haptophoric group would be completely innocuous in itself, not being fixed by the organs. It would, however, strike the parasite with full intensity, and in this sense it would correspond to the immune productions, the antisubstances discovered by Behring, that fly in search of the enemy after the manner of a bewitched bullets. Let us hope that it will be possible chemiotherapeutically to hit the bull's eye in this manner also."[59]

[58] Paul Ehrlich, «Address in pathology, on chemiotherapy», S. 354.
[59] Ebd., S. 355.

Doch Ehrlich war sich bewusst, dass ein solches Medikament nur schwer zu realisieren und es deshalb unumgänglich sei, sich der feinen Einstellung von «dosis toxica» und «dosis tolerata» zu verschreiben, um in der Praxis nützliche Medikamente herzustellen:

"I do not consider this all out of question, as it may be proved in certain diseases – spirillosis in hens, for example – that from the fiftieth to the hundredth part of the *dosis tolerata* of salvarsan entirely frees the animal from the parasite and leads to cure. [...] But such favorable conditions have only very rarely been discovered up to the present; we shall have to be satisfied if we can succeed in obtaining therapeutic results with the tenth or even fifth or sixth portion of the *dosis tolerata*."[60]

SCHLUSS

Für Ehrlich stellte diese Weise der Entwicklung eines Chemotherapeutikums insofern ein Novum dar, als es sich um ein rationales oder – gegenüber früheren Verfahren – zumindest rationaleres Vorgehen handelte. «Rational» sei diese Herangehensweise deshalb, weil die eindeutige Anfärbung auf den Krankheitsherd hindeute, worauf derselbe Farbstoff in einem iterativen Prozess so verändert wird, dass er bei gleichen oder verbesserten Bindungseigenschaften auch noch möglichst gezielt die Lebensfähigkeit eines Erregers beeinträchtigt, und dies bei zu minimalisierendem Schaden für den menschlichen Körper.

Der frühe praktische Erfolg der Chemotherapie in der Behandlung von Infektionskrankheiten löste eine Welle der Begeisterung aus. Man wähnte, das Ende der Entwicklung erreicht zu haben, da man glaubte, alle krankheitsbedingten Geiseln der Menschheit auf diesem Weg der Chemotherapie tilgen zu können:

"Hardly at any time in the history of modern medicine has there existed a more intense excitement and a more absorbing interest among the medical fraternity than at present. One of the greatest scourges of humanity – perhaps the most insidious and cruel of all, since it so often places its victims beyond the pale of human sympathy, to be loathed rather than pitied – is on the point of being eradicated."[61]

So frohlockte ein Autor 1910 in der Fachzeitschrift *Science* über die Vorzüge von Ehrlichs Chemotherapie. Ehrlich selbst äusserte sich nicht weniger zuversichtlich über die Möglichkeiten der Chemotherapie:

«Es kann keinem vorurteilsfreien Beobachter entgehen, daß diese Richtung des pharmakologischen Denkens und Arbeitens Probleme aufzustellen und

60 Ebd.
61 H. Schweitzer, «Ehrlich's Chemotherapy – A new science», in: *Science* 32, 1910, S. 809–823, hier S. 809.

ihrer Lösung näher zu bringen gestattet, welche die bisherige Forschung so gut wie gar nicht berücksichtigt hat. Gewiß handelt es sich vorläufig noch um eine Pionierarbeit. Sie hat jedoch bereits vielversprechende Resultate gezeitigt, die die Anerkennung zahlreicher Pharmakologen gefunden hat. Und es ist zu hoffen, daß die eingeschlagene Forschungsrichtung sich allmählich zu der in der Arzneimittellehre herrschenden emporringen wird.»[62]

Die Entwicklung der spezifischen synthetischen Chemotherapie bewegte sich im Spannungsfeld verschiedener, sich gegenseitig beeinflussender konzeptueller wie technologischer Möglichkeiten. Die Grenzen der relevanten Rahmenbedingungen abzustecken und die wichtigsten Elemente einer Entwicklungsgeschichte in einen linearen Erzählstrang zu fassen, ist immer problematisch.[63] Dennoch lassen sich aus dem oben Dargelegten in fünf Punkten massgebliche Faktoren der Entwicklungsgeschichte der Chemotherapie herausstreichen und in eine grobe Reihenfolge bringen:

– An den Anfang dieser Geschichte der Chemotherapie kann die Entwicklung der Farbstoffchemie gestellt werden, um welche sich zunächst in Deutschland eine bedeutende Industrie entwickelte. Dieser war es möglich, aus Farbstoffen entwickelte Medikamente in den nötigen grossen Mengen herzustellen.

– Synthetische Farbstoffe wurden zum Grundstein der Histologie. Bestimmte Gewebe liessen sich mit bestimmten Farben färben. So konnte man nicht nur Gewebeunterschiede herausarbeiten, sondern auch gewisse Mikroorganismen anfärben und somit bestimmen und isolieren.

– Durch die mikrobiologische Forschung wurde es möglich, Mikroorganismen spezifisch *in vitro* zu züchten, sie eingehend zu studieren und ihre Eigenschaften zu beschreiben.

– Die Modulierung der funktionellen Gruppen der Farbstoffmoleküle erlaubte es, Stoffe herzustellen, die nicht nur spezifisch binden, sondern den Erreger auch an der Vermehrung hindern oder ihn gleich abtöten. In einer ersten Näherung konnte die Wirksamkeit der Wirkstoffe an den *in vitro* gezüchteten Erregern getestet werden.

– Das Züchten von Erregern *in vitro* ermöglichte es, Labortiere in kontrollierter Umgebung gezielt zu infizieren. Dies gestattete, sowohl die nötige Menge Erreger für eine Infektion zu bestimmen als auch den Infektionsverlauf und die Verteilung der Erreger im Körper detailliert zu studieren. Die im *in-vitro*-Test wirksamen Substanzen konnten am infizierten Labortier auf ihre Effektivität hin überprüft werden; dies als letzte Vorstufe vor dem Versuch am Menschen.

Massgeblich wurden diese Entwicklungen unterstützt und wechselseitig beeinflusst durch die Immunologie und die die Färbung erklärenden Modelle. Dies führte zur Ausarbeitung des Rezeptorkonzeptes, das die spezifische Medikamentenwirkung erklärbar machte.

Die hier dargestellte Transformation der Medikamentenherstellung, welche sich ab 1880 über vier Jahrzehnte erstreckte und massgeblich durch Paul

[62] Paul Ehrlich, «Biologische Therapie», S. 132.
[63] Der Wissenschaftsphilosoph Ludwik Fleck bringt diese Problematik folgendermassen auf den Punkt: «Wir müssen die zeitliche Stetigkeit der beschriebenen Gedankenlinien immer wieder unterbrechen, um andere Linien einzuführen; vieles weglassen, um die idealisierte Hauptlinie zu erhalten. Ein mehr oder weniger gekünsteltes Schema tritt dann an die Stelle der Darstellung lebendiger Wechselwirkungen.» Ludwik Fleck, *Entstehung und Entwicklung einer wissenschaftlichen Tatsache* (1935), Neuauflage, Frankfurt am Main 1994, S. 23.

Ehrlich geprägt wurde, widerspiegelt die zunehmende Verschiebung der Krankheitsherde von den Organen auf die Seitenketten und schliesslich auf die Rezeptoren – der pharmazeutische Fokus wanderte demnach vom Systemischen ins Molekulare. Krankheitsursachen wurden mit dem Auftreten von partikulären Entitäten wie Mikroorganismen in Verbindung gebracht. Diese Vorstellung wurde in der Folge erweitert auf das Vorhandensein oder die Absenz beziehungsweise den funktionalen Zustand von bestimmten biochemischen Strukturen wie zum Beispiel Rezeptoren. Ehrlich beschrieb dies in seiner Nobelpreisrede und wies auf die neue Möglichkeit der chemischen Ausrichtung der Pharmazie hin:

> "Now, at this moment, the time has come to penetrate into the most *subtle chemism* of cell life and to break down the concept of the cell *as a unit* into that of a *great number* of individual specific *partial functions*. But since what happens in the cell is *chiefly* of a *chemical* nature and since the configuration of chemical structures lies beyond the limits of the eye's perception we shall have to find other methods of investigation for this. This approach is not only of great importance for a *real* understanding of the life processes, but also the basis for a truly rational use of medicinal substances."[64]

Ehrlich unterstreicht hier noch einmal in aller Deutlichkeit die Wichtigkeit des Eintauchens in «the most *subtle chemism*» und des Aufbrechens des Zellkonzeptes in individuelle, spezifische Einzelfunktionen als Voraussetzung für ein reales Verständnis der Lebensprozesse und als Fundament für einen rationalen Gebrauch von Wirkstoffen.

In der heutigen Pharmazie ist dieses rationale Verfahren der Medikamentenentwicklung als das zentrale Paradigma der Forschung erhalten geblieben; wenngleich sie sich heute nicht mehr zwingend der Farbstoffe bedienen muss, da raffinierte bildgebende Verfahren in Theorie sogar ein computergestütztes *de-novo*-Design von Medikamenten zulassen. Auch wenn die damaligen und heutigen Visualisierungsmedien und Vorstellungen der biochemischen Zusammenhänge wenig gemein haben mögen, ist das Verfahren in seinen Grundzügen dasselbe: Ein eindeutiger Krankheitsherd wird ausgemacht und dieser sollte möglichst nur durch einen hochselektiven Wirkstoff beeinflusst werden. Weiterhin sind trotz der «rationalen» Medikamentenentwicklungsmethoden wirklich nebenwirkungsfreie Medikamente im heutigen Arzneimittelschatz nicht die Regel.

Das Dargelegte zeigt weiterhin, dass es sich beim Entstehungsprozess dieser «experimentellen Chemotherapie» nicht um eine wissenschaftliche Revolution handelte, zumal sie sich aus einem zwischen Disziplinen pendelnden Prozess des Denk- und Machbaren herauskristallisiert hat, wobei Konzepte weitergereicht wurden und erweitert wieder ihren Weg zurück ins wissenschaftliche Ausgangsfeld gefunden haben.

64 Paul Ehrlich, «Partial cell functions», S. 304.

Was sich durch die Einführung von Ehrlichs Chemotherapie aber massgeblich verändert hat, ist die Wahrnehmung des Menschen aus pharmazeutischer Sicht. Das Individuum mit einem individuellen Körper und dessen Einbettung in die Lebenswelt verlor als Betrachtungsebene bei der Beurteilung von Krankheiten an Bedeutung, zumal das Pathologische in molekularer Auflösung bestimmt und spezifisch chemisch angegangen werden konnte. Durch das Postulieren einer Krankheitsursache, die sich spezifisch und mit sichtbarem Erfolg angehen liess, wurden soziokulturelle Faktoren als für die Therapie unbedeutend erachtet und deshalb auch weitgehend ignoriert. Im Fall von Infektionskrankheiten wurde von nun an der Krankheitsauslöser als eindeutig diagnostizierbar und spezifisch therapierbar betrachtet.

Gerd Folkers

VON DER UMKEHRUNG DER PYRAMIDE
Menschenbilder in Medizin und Pharmazie

«Ein Arzt, dessen Horizont sich einzig und allein um die historische Kenntniß der Maschine dreht, der die gröberen Räder des seelenvollsten Uhrwerks nur terminologisch und örtlich weißt, kann vielleicht vor dem Krankenbette Wunder thun, und vom Pöbel vergöttert werden; – aber Euer Herzogliche Durchlaucht haben die Hippokratische Kunst aus der engen Sphäre einer mechanischen Brodwissenschaft in den höheren Rang einer philosophischen Lehre erhoben. Philosophie und Arzneiwissenschaft stehen unter sich in der vollkommensten Harmonie: Diese leihet jener von ihrem Reichthum und Licht; jene teilt dieser ihr Interesse, ihre Würde, ihre Reize mit.»
Friedrich Schiller (1780)[1]

In vielen Bereichen von Wirtschaft, Politik und auch Wissenschaft ist die Pyramide das Symbol einer hierarchischen Machtstruktur, die durch Top-down-Prozesse charakterisiert ist. Ich verwende diese Metapher im Folgenden, um die Erkenntniswege, Forschungsstrukturen und Beschreibungsarten der Disziplinen Medizin und Pharmazie bezüglich ihres Menschenbildes zu untersuchen. Beiden ist eine empirische Vorgehensweise eigen, die sie in ihrer heutigen modernen Ausprägung des molekularen Paradigmas auf weiten Strecken teilen.[2] Die Einführung der «Rationalität» in die biologische, später medizinische Betrachtung des Menschen, beispielsweise aus der Extrapolation chemischer Färbereaktionen an Zellen und in Geweben, spiegelt die von Peter Janich als Baukastenmentalität[3] bezeichnete Haltung wider, die einerseits zu erfolgreichen Medikamenten wie den Antibiotika geführt hat, andererseits mit dem Versuch, die Tumorentstehung über korrelative Zusammenhänge hinaus grundsätzlich zu verstehen, scheitert.

Wo also lokalisiert sich der Mensch als Objekt der Beobachtung in den pyramidalen Strukturen der beiden Disziplinen und welche Blickrichtung haben sie auf den Menschen als den zentralen Gegenstand ihres Interesses? Aus der Sicht der Medizin befindet sich an der Spitze der Pyramide der einzelne Mensch. Von der Spitze aus schaut die Medizin ins Innere. Darunter verbirgt sich eine sich immer weiter öffnende Physiologie, Biochemie und schliesslich, an der Basis, die Chemie und die Physik.[4] Auf dieser Betrachtungsebene erscheinen die Elektrolyte der Zellen, die Aminosäuren, die DNA-Bausteine, die Metalle im Innern der Enzyme, Zucker, Fettsäuren und das energiereiche Adenosintriphosphat. Wie

---

[1] Aus der Vorsatzwidmung Friedrich Schillers an seinen Landesherrn vom 30. November 1780, in: *Versuch über den Zusammenhang der thierischen Natur des Menschen mit seiner geistigen. Eine Abhandlung welche in höchster Gegenwart Sr. Herzoglichen Durchlaucht, während den öffentlichen akademischen Prüfungen vertheidigen wird Johann Christoph Fridrich Schiller, Kandidat der Medizin in der Herzoglichen Militär-Akademie*. Stuttgard gedruckt bei Christoph Friedrich Cotta, Faksimile-Druck nach einem Exemplar der Württembergischen Landesbibliothek Stuttgart, Ingelheim 1959.

[2] Vivianne Otto nimmt in ihrem Beitrag im vorliegenden Band explizit zum Menschenbild aus molekularer Perspektive Stellung und beleuchtet die Konsequenzen, wenn die Erkenntnisse, die auf molekularer Ebene gewonnen wurden, auf die Patientinnen und Patienten treffen.

[3] Peter Janich, *Kleine Philosophie der Naturwissenschaften*, München 1997, S. 108 f.

[4] Damit ist in der Abstufung nicht einem «Baum der Wissenschaft und Erkenntnis» das Wort geredet, sondern der operativen Praxis der Hierarchie.

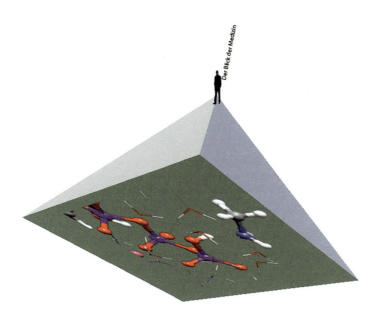

Abb. 1: Der Blick der Medizin: Sie richtet ihre Betrachtung durch den Menschen hindurch auf die Bestandteile seines Körpers bis hinab zu den Molekülen.

weit dringt der Blick der Ärztin, des Arztes? Wie entlang einer Leiter dringt der Blick auf die historische Entwicklung der Medizin zur modernen *life-science*-Forschung immer tiefer. Er verweilt nicht mehr beim Blut, bei den Ausscheidungen, beim Organ oder beim Gewebe, sondern dringt heute immer zur Basis vor, betrachtet die Gene und ihre Produkte, die Eiweisse, die Informationen vermitteln und Stoffe transformieren.

Der Blick der Pharmazie kehrt die Pyramide um. Die Spitze der Pyramide ist auf ein einzelnes Molekül gerichtet, dem das forschende Interesse momentan gilt. Von dort aus eröffnet sich dem Blick zur Basis ein immenser Raum der Möglichkeiten an Chemie, Biochemie, Physiologie, chemischen Beziehungen und resultierendem systemischem Verhalten. Die Pharmazie schaut durch die Substanz auf den Menschen nicht als Individuum, sondern als normierten Durchschnitt.

Die beiden Pyramiden haben nichtsdestoweniger den Menschen im Fokus, also den gleichen Gegenstand des Interesses zum Inhalt. Beide Disziplinen versuchen eine Interpretation des Menschen. Sie verweilen deshalb im gleichen Raum, sind aber, der Metapher folgend, invertiert. Der Einen Basis ist der Anderen Spitze. Öffnet sich die Medizin zu einer Gesamtschau der chemisch-physikalischen Zusammenhänge ausgehend von einem Menschen, so umfasst die Sicht der Pharmazie die Gesamtheit aller erkrankten Menschen aus dem Blickwinkel eines Moleküls des möglichen Therapeutikums.

Wie jede Metapher hat auch diese ihre Verkürzungen und Vereinfachungen. In der Realität durchmischen sich grosse Bereiche der beiden Disziplinen Medizin und Pharmazie. Viele Methoden wie beispielsweise die Analytik sind ihnen gemeinsam, Strategien zur Entwicklung neuer Medikamente sehr ähnlich und Forschungsziele wie die Erkenntnis kausaler Zusammenhänge von Krankheiten manchmal identisch.

Im Folgenden wird untersucht, welche Triebkräfte den molekularen Blick in der historischen Entwicklung befördert haben und die Ehrlich'schen Paradigmen durchsetzten.[5] Ausgehend von diesem Ansatz entstand in logischer

---

[5] Zu Paul Ehrlichs Chemotherapie und zur Frühgeschichte des *rational drug design* siehe den Beitrag von Martin Boyer in diesem Band.

Konsequenz der Gedanke der rein stofflich-analytischen Definition der Krankheit, der in das *drug design* als synthetische Antwort auf eine Fehlfunktion des Körpers zum Zweck seiner Therapie mündete. Abschliessend soll versucht werden, *drug design* als Methode in seinen Möglichkeiten und Grenzen innerhalb der modernen Medizin und Pharmazie zu positionieren, Schlüsse zu ziehen und Massnahmen vorzuschlagen, die den gesamten Menschen wieder in den Blickpunkt der Disziplinen zurückholen.

DER MOLEKULARE BLICK WIRD AKADEMISCH

Zweifellos ist dieser molekulare Blick auf den Menschen der Akademisierung der praktischen Pharmazie geschuldet. Wie die Wissenschaftsgeschichte der Pharmazie[6] aufzeigt, verbanden die zunächst privaten Pharmazieschulen von Trommsdorff[7] und Liebig[8] das wissenschaftliche und kommerzielle Interesse ihrer Gründer mit dem Streben nach akademischen Ehren. So wurden schliesslich privat finanzierte Ausbildungsstätten für Warenkunde durch die Anerkennung einer Universität zu Instituten mit diplomierten Apothekern. Liebig wurde 1824 zum ausserordentlichen Professor für Chemie und Pharmazie ernannt. Für Liebig lag der Schwerpunkt der Ausbildung in der Chemie. Darin spiegelt sich nicht nur eine wissenschaftliche Hypothese, sondern auch handfeste Machtpolitik, wie William H. Brock in seiner umfassenden Liebig-Biografie vermerkt:

> «Mit der Entwicklung reinerer und wirkstofffreier Arzneimittel und einem besseren Verständnis für ihren chemischen Aufbau mussten Ärzte und medizinische Institute die Pharmazie wesentlich ernster nehmen. Und natürlich war die Pharmazie nicht mehr *materia medica* und das Auswendiglernen einiger Rezepturen, sondern ein Lehrfach, das durch die Organische Chemie geprägt worden war [...].»[9]

Man schlug zwei Fliegen mit einer Klappe: Die Chemie war wie die Pharmazie als akademisches Fach eine völlige Randerscheinung und quasi nur als Hilfswissenschaft für Medizin, Bergbau und Wirtschaftslehre akzeptiert. Humphry Davy, einer der herausragendsten Chemiker des frühen 19. Jahrhunderts und Präsident der Royal Society, beklagt in seinen philosophischen Altersschriften:

> "The higher mathematics and pure physics appear to me to offer much more noble objects of contemplation and fields of discovery; and, practically considered, the results of the chemist are much more humble, belonging principally to the apothecary's shop and the kitchen."[10]

Es bedurfte eines öffentlichen Bedürfnisses nach praktischer Ausbildung in Chemie, um das Fach besser zu positionieren. Dies wurde auch prompt gelie-

---

6 William H. Brock, *Justus von Liebig*, Braunschweig 1999.

7 Johann Bartholomäus Trommsdorff (1770–1837) gilt als der Begründer eines akademischen Ausbildungskonzeptes für (deutsche) Pharmazeutinnen und Pharmazeuten. Der gelernte Apotheker und studierte Mediziner gründete 1795 die «Chemisch-physikalisch-pharmaceutische Pensionsanstalt für Jünglinge», eine zuerst private Ausbildungsstätte für angehende Apotheker, die in Physik, Chemie und Pharmazie eine besondere Ausbildung erhielten. Berühmt ist seine Antwort auf Napoleons I. Frage nach dem berühmtesten Chemiker seiner Zeit: «Die Chemie hat kein grosses Haupt mehr, seit Lavoisier das seinige verloren.» Antoine Laurent de Lavoisier 1794 war während der Französischen Revolution durch die Guillotine hingerichtet worden. Aufgrund seiner Antwort verlor Trommsdorf sein Vermögen und seine akademischen Würden. Wolfgang Götz und Christoph Friedrich, «Johann Bartholomäus Trommsdorff: Forschungen zu Leben und Werk», in: *Pharmazeutische Zeitung* 140, 1995, S. 4009–4016.

8 Justus von Liebig (1803–1873) gilt als einer der Gründerväter der organischen Chemie. Sein Schaffen widerspiegelt sich in seiner intensiven literarischen Tätigkeit. Die *Chemischen Briefe* popularisierten die Chemie, die *Annalen* wurden zur massgeblichen chemischen und pharmazeutischen Fachzeitschrift. Liebig formulierte grundlegende chemische Theorien, entdeckte und produzierte das Backpulver, den Mineraldünger und den Fleischextrakt. Seine Verdienste um die Pharmazie entsprangen nicht uneigennützigen Motiven. Seine Professur war so schlecht ausgestattet, dass er 1827, dem Beispiel Trommsdorfs folgend, eine Pharmazieschule gründete, um «Drittmittel» für seine Forschung zu generieren. Sein bahnbrechendes Lehrkonzept in der Verschränkung von Theorie und Laborpraxis trug der Schule rasch internationales Renommee ein.

9 Brock, *Justus von Liebig*, S. 3 f.

10 Humphry Davy, *Consolations in Travel. Or, The Last Days of a Philosopher*, hg. von John Murray, London 1830, hier zitiert nach der 5. Auflage, London 1851, S. 20.

Abb. 2: Der Blick der Pharmazie: Sie betrachtet den Menschen durch ein bestimmtes Molekül ihres Interesses und nimmt ihn im statistischen Mittel wahr.

11 Bernhard Henry Gustin, *The Emergence of the Chemical Profession 1790–1867*, Dissertation, University of Chicago 1975, S. 24.
12 Ingrid Noll, *Die Apothekerin*, Zürich 1994, verfilmt 1997 unter der Regie von Rainer Kaufmann mit Katja Riemann in der Hauptrolle.
13 Johann Christian Wiegleb (1732–1800) erfuhr in Dresden eine Apothekerausbildung und leitete in seiner Heimatstadt Langensalza bis 1796 eine Apotheke. Er gründete 1779 die erste private Lehranstalt zur Apothekerausbildung. Wiegleb war einer der einflussreichen Naturwissenschaftler der Aufklärung. Er entdeckte die Oxalsäure.
14 Karl Wilhelm Gottlob Kastner (1783–1857) absolvierte eine Apothekerlehre in Swinemünde und studierte Chemie an der Universität Jena. Als Professor für Chemie in Heidelberg, Bonn und Erlangen war er einer der Lehrer und Förderer Liebigs.

fert, und zwar von den deutschen Apothekern, die zu Beginn des 19. Jahrhunderts daran interessiert waren, das wissenschaftliche Niveau der Pharmazie wesentlich anzuheben. Sie erhofften sich dadurch eine Befreiung von der allzu strengen Aufsicht durch die Ärzte, die sich im 18. Jahrhundert etabliert hatte, und gleichzeitig ein Wiedererstarken des Ansehens ihres Berufsstandes in der Gesellschaft.[11] Der Apothekerstand befand und befindet sich noch heute in einem Dilemma. Ihm wird *cum grano salis* ein Geschäftemachen mit der Gesundheit angelastet, während der Ärztin oder dem Arzt der Heilerfolg zugebilligt wird und wurde. Diese Tatsache spiegelt sich auch in Literatur und Kunst. Schon in Shakespeares *Romeo und Julia* verkauft der krämerische Apotheker tödliches Gift mit dem Hinweis auf seine missliche finanzielle Lage. Der Giftmord ist wiederum das Sujet im zeitgenössischen Roman *Die Apothekerin*, der hohe Auflagen erlebte und mit einer Verfilmung «geadelt» wurde.[12]

Die Gründung akademischer Institute für die pharmazeutische Ausbildung mit der Leitdisziplin organische Chemie vermochte also beiden Interessen, der Durchsetzung der Chemie sowie der Differenzierung der Pharmazie von der Medizin und dem Krämerladen, dienen. Johann Wiegleb[13] in Langensalza, Johann Trommsdorff in Erfurt und schliesslich Justus von Liebig zusammen mit seinem Lehrer aus Bonn und Erlangen, dem bekannten Chemiker Karl Wilhelm Gottlob Kastner,[14] gründeten in den Nebenräumen von Apotheken private Ausbildungslaboratorien – vorzugsweise in Universitätsstädten, wo billige Lehrkräfte zu haben waren –, die privat finanziert, deren Absolventen aber zunehmend staatlich anerkannt wurden.

Es entstand ein neuer Blick auf den Menschen: Die Pyramide wurde invertiert und die Pharmazie betrachtete den Menschen zunehmend durch die Brille der organischen Chemie. Die Beweggründe für die Blickumkehr sind nicht nur im Anspruch reiner Wissenschaft zu finden, sondern, wie immer, in einer Gemengelage aus Wissenschaft, kommerzieller Anwendung,

Politik und individueller Profilierung. Die Umkehr wirkt bis heute und hat grundlegende Konsequenzen gehabt, von denen die Gründung einer «pharmazeutischen Industrie» eine der bedeutendsten ist. Dies nicht nur der kommerziellen Erfolge wegen, sondern auch wegen der Einführung und festen Etablierung – nicht zuletzt aufgrund der wirtschaftlichen Erfolge – des von Liebig und seinen Zeitgenossen eingeführten chemischen Reduktionismus.[15] Liebig hatte 1831 mit dem Chloral das erste Arzneimittel synthetisiert, jedoch nicht mit der Zielsetzung, ein Schlafmittel zu erfinden, sondern um die chemischen Eigenschaften einfacher organischer Verbindungen zu untersuchen. Die schlafen machende Wirkung des Chlorals wurde erst um 1870 von Oskar Liebreich in der Psychiatrie eingesetzt. Dies aufgrund der falschen Hypothese, das Chloralhydrat zerfalle im Körper zu Chloroform, dessen narkotische Wirkung bekannt war.[16] Trotzdem fand in dieser Periode ein Paradigmenwechsel statt. Schlaf war nun auch einem synthetischen, nicht natürlich zu findenden Produkt zu verdanken. Dessen Herstellung war nicht mehr abhängig von den Launen der Natur, die Pflanzen für eine Extraktion gedeihen liess – das Produkt war auf Bestellung schnell zu haben.[17] Damit erlangte der Mensch Kontrolle über einen Teil seiner Physiologie durch ein von ihm selbst verfertigtes Produkt, das in seiner Herstellung einfach genug und damit kontrollierbar war, und reduzierte seine Abhängigkeit von den Gegebenheiten der Natur. Dass die Wirkung des Moleküls erst später entdeckt und zur Anwendung gebracht wurde, stört nicht. Im Gegenteil, dieses Faktum betont die Potentialität der synthetischen Chemie, für jedes Leiden ein Pülverchen herzustellen. Seine Wirkung musste nur entdeckt werden.

Diese Potentialität der Moleküle wiederum erlaubt einen naturwissenschaftlichen Zugang zur Medizin und damit zur Quantifizierung des kranken Menschen, der in der modernen Analytik seinen vorläufigen Kulminationspunkt findet. Die Vorteile des momentan herrschenden Paradigmas sind unbestreitbar, und es wäre völlig naiv, sich diesen zu verschliessen. Niemand möchte ohne die Möglichkeit des Zugreifens auf moderne Antibiotika und Impfstoffe leben, niemand wird sich ernsthaft die Zeit vor der Insulinherstellung zurückwünschen. Und ebenso wenig ist die Notwendigkeit der gentechnologischen Herstellung des Insulins in Frage zu stellen, weil sonst weltweit zusätzlich Millionen von Kälbern und Schweinen pro Tag zur Gewinnung des Therapeutikums aufgezogen und «verarbeitet» werden müssten, mit entsprechenden Folgen für Futtermittelproduktion und Wasserversorgung, Transport und Abfall.

Der technische und kommerzielle Erfolg, den die chemische Grundlagenforschung von Liebig und seinen Zeitgenossen durch die Überführung in anwendbare Produkte wie Arzneimittel hatte, verfestigte natürlich die akademische Position der Chemie und damit die Anwendung der molekularen Theorie auf die Therapie von Erkrankungen. Zweifellos schwingt auch im rein akademischen Ideal immer ein Nützlichkeitsgedanke mit, der dazu verwendet werden kann, Investitionen in die eigene Disziplin leichter zu rechtfertigen.

---

15 Marc Fontecave, «Das Leben molekular verstehen. Reduktionismus gegen Vitalismus», in: *Angewandte Chemie* 122, 2010, S. 4108–4112.
16 Florian Holsboer, Gerhard Gründer und Otto Benkert (Hg.), *Handbuch der Psychopharmakotherapie*, Heidelberg 2010, S. 17 f.
17 Zur soziologischen Bedeutung des «synthetischen» Schlafs vergleiche den Beitrag von Emily Martin im vorliegenden Band.

Der Preis der Verfestigung jedoch ist die gewonnene Sichtweise des menschlichen Subjekts. Im Schnittraum der Pyramiden kristallisierte die Idee, dass der Mensch «in erster Näherung» auf eine komplizierte Maschinerie aus biochemischen, also molekular definierbaren Prozessen zurückzuführen sei und dass diese Prozesse einem Zugriff durch Chemotherapeutika im Sinne einer Reparatur zugänglich seien. Der Gedanke ist konsequent und steht in der cartesianischen Tradition. Er ist von pragmatischer Qualität, die erst einmal nach dem «Machbaren» schaut und das vorläufig Vernachlässigte «im Hinterkopf behält», um später darauf zurückzukommen, sobald es machbar erscheint. Das Verfahren der ersten Näherung stammt aus der Mathematik und wurde von Isaac Newton (1669) und Joseph Raphson (1690) eingeführt. Über einen iterativen Prozess nähert man sich der Lösung eines Problems. De facto entsprechen die Schritte dieses Prozesses einer Modellierung mit stufenweiser Verfeinerung des Modells, bis dieses im Konvergenzpunkt die reale Lösung wiedergibt. In der Übernahme dieses Vorgehens in die Umgangssprache kann man komplexe Probleme stufenweise bis zum oder zumindest nahe an den Konvergenzpunkt bringen, indem zuerst stark vereinfachte Modelle zur Beschreibung verwendet werden, die nach vielen Verfeinerungsschritten die beobachtete Realität in genügender Genauigkeit repräsentieren. Die Toleranz ist Gegenstand des wissenschaftlichen Diskurses. In der Anwendung auf chemische Probleme bedeutet dies konsequenterweise, dass nur die Prozesse, die einer chemischen Analytik und danach einer wissenschaftlichen Formulierung zugänglich sind, sich wiederum durch eine wissenschaftliche Methode, hier die Chemie, beeinflussen lassen.

Der französische Physiker und Essayist Lévy-Leblond erarbeitete den Unterschied zwischen gesprochener Rede in den Wissenschaften und ihrer schriftlichen Formulierung, die eine Disziplin etabliert.[18] Die gesprochene Rede über die Erkrankung und den Zustand eines menschlichen Organismus mag alle Unwägbarkeiten der chemischen Analytik zur Beschreibung seines Daseins enthalten, wogegen die schriftliche Formulierung den Zustand auf chemische Reaktionen und Messwerte der Konzentration bestimmter Moleküle reduziert. Dies mag eine Warnung vor einer Überinterpretation der Systembiologie sein. Letztere liefert beispielsweise im Metabolom eine Momentaufnahme aller in einer Zelle zum Zeitpunkt X gebildeten Reaktionsprodukte. Das sagt zweifellos etwas über die Normalfunktion dieser Zelle aus, liefert aber keine Kausalität für den Allgemeinzustand des Individuums. Das Metabolom korreliert bestenfalls mit dem mittleren Zustand einer Population von Menschen, die an den gleichen Symptomen leiden. Die in der Sprache der Chemie und Physik schriftlich niedergelegten Befunde und ihre Korrelation mit einem Krankheitsphänomen rufen aber förmlich danach, über eine Korrekturmöglichkeit der «falschen Werte» nachzusinnen. Natürlich sollte diese Korrektur möglichst nur diejenigen Parameter betreffen, die sich statistisch signifikant mit einem oder mehreren Symptomen verknüpfen lassen. Auch liegen Korrelationen vor, keine Kausalitäten. In der schriftlichen Formulierung der wissenschaftlichen

[18] Augusto Carli und Emilia Calaresu, «Die Sprachen der Wissenschaft. Die wissenschaftliche Kommunikation im heutigen Trend zur monokulturellen Einsprachigkeit», in: *Sociolinguistica* 20, 2006, S. 22–48.

Veröffentlichungen, die in den *life sciences* aufgrund des Überangebotes kurz und prägnant sein müssen, scheinen sich die Korrelationen irgendwie in Kausalitäten zu verwandeln, da aufgrund des beschränkten Raums und damit einer eher verkürzten Ausdrucksweise viele Annahmen nicht mehr expliziert werden. Es steht nicht mehr hinter jedem Befund: «Das ist nur ein statistischer Zusammenhang.» Auf diese Weise werden Möglichkeiten zu Fakten. Als Beispiel für diesen Schritt mag die Meyer-Overton-Korrelation dienen. Um die vorletzte Jahrhundertwende beobachteten Charles Overton[19] in Zürich und Hans Meyer in Marburg unabhängig voneinander, dass die Narkosewirkung chemischer Substanzen umso höher ist, je besser fettlöslich sie sind:

> «Die verhältnismäßige Wirkstärke solcher Narkotica muss abhängig sein von ihrer mechanischen Affinität zu fettähnlichen Substanzen einerseits, zu den übrigen Körperbestandteilen, d. i. hauptsächlich Wasser andererseits; mithin von dem Theilungskoeffizienten, der ihre Vertheilung in einem Gemisch von Wasser und fettähnlichen Substanzen bestimmt.»[20]

Aus dieser Beobachtung wurden schnell mechanistische Vorstellungen über eine Lipidtheorie der Narkotika entwickelt, die die Forschung auf diesem Gebiet über das gesamte 20. Jahrhundert prägten. «In erster Näherung» beschrieb der Verteilungskoeffizient zwischen Öl und Wasser die Wirkungseigenschaften der Narkotika. Heutige moderne Narkosemittel machen die Lipidtheorie unhaltbar, sie fällt in sich zusammen und wird zu dem, was sie einmal war: eine Korrelation. Erhalten geblieben ist der Verteilungskoeffizient, der besonders in der Umweltanalytik eine Renaissance feiert. Dabei wird seine Geschichte als Modellmass oft vergessen, und die erhaltenen Korrelationen werden als Kausalitäten betrachtet, denn mit der Zeit verfestigt sich das in erster Näherung einmal Machbare zum Paradigma.[21] Mit korrelativen Beschreibungen von Wirkstoffeigenschaften durch einfache Modelle wie den Verteilungskoeffizienten wurde in der Mitte des 20. Jahrhunderts das moderne *drug design* begründet.

DRUG DESIGN: DIE LOGISCHE KONSEQUENZ DER BLICKRICHTUNG

Das erste schriftliche Zeugnis zur Erkenntnis über einen Zusammenhang zwischen der molekularen Welt und der Welt der Phänome, die wir wahrnehmen, wird uns von Lukrez überliefert. In *De rerum natura* spekuliert der antike Autor im ersten Jahrhundert vor Christus über die Unterschiede in der Viskosität von Öl und Wein.[22] Er erklärt das unterschiedliche Verhalten der beiden Stoffe durch Grösse, Form und Wechselwirkung der jeweiligen «Wein- und Ölatome». Seine scharfsinnigen Schlüsse vor 2000 Jahren stimmen verblüffend mit unserer heutigen Vorstellung eher runder Wassermoleküle (Wein besteht im Mittel zu 87 Prozent aus Wasser) und eher langgestreckter Fettmoleküle überein. Bis

---

19 Ernest Charles Overton, *Studien über die Narkose*, Jena 1901.
20 Hans Horst Meyer, «Zur Theorie der Alkoholnarkose», in: *Archiv für experimentelle Pathologie und Pharmakologie* Nr. 42, 1899, S. 109–118.
21 Kai-Uwe Goss, «Der Oktanol/Wasser Verteilungskoeffizient – Das Allheilmittel der Umweltchemie?», in: *Umweltwissenschaften und Schadstoff-Forschung* 15, 2003, UWSF-ESPR-Beitragsserie: Persistente Organische Schadstoffe (POPs), S. 273–279.
22 «[…] et quamquis subito per colum vina videmus / perfluere, at contra tardum cunctatur olivom, / aut quia ni mirum maioribus est elementis, / aut magis hamatis inter se perque plicatis, / atque ideo fit uti non tam diducta repente / inter se possint primordia singula quaeque / singula per cuiusque foramina permanare.»
«Oder warum fließt wunderbar rasch durch die Seihe der Wein ab, / Aber das Baumöl tropft nur zaudernd hinab in die Kufe? / Offenbar bildet sich Öl aus größeren Urelementen / Oder sie sind auch verhäkelt und mehr miteinander verflochten; / Und so kommt's, daß nur langsam die einzelnen Urelemente / Sich voneinander zu scheiden vermögen und winzige Tröpfchen / Einzeln durch einzelne Löcher der Seihe versickernd hindurchgehn.» Titus Lucretius Carus, *De rerum natura*, hg. und übers. von Hermann Diels, München 1993, S. 391–397.

zur Neuzeit fielen diese Gedanken der Vergessenheit anheim. Lukrez' Manuskript wurde erst in der Renaissance wiederentdeckt, und die Chemie als Wissenschaft musste sich erst im 17. Jahrhundert mit Boyle[23] den Molekülbegriff schaffen, um an Lukrez anknüpfen zu können.[24]

Vor rund hundert Jahren, 1894, publizierte dann Emil Fischer seinen berühmten Aufsatz «Einfluß der Konfiguration auf die Wirkung der Enzyme» in den hoch angesehenen *Chemischen Berichten*.[25] Die Veröffentlichung erhält auch deshalb besondere Bedeutung, weil hier ein bisher als biologisch betrachtetes Phänomen, nämlich das Verhalten von Enzymen, damals noch als «Fermente» bezeichnet, die aus der Natur isoliert wurden, in das Wissenschaftsgebäude der Chemie Eingang fanden. Von zentraler Bedeutung ist jedoch die mechanistische Metapher vom «Schlüssel und Schloss», mit Hilfe derer Emil Fischer seinen Chemikerkollegen verdeutlichte, wie seiner Meinung nach ein Wirkstoff oder allgemeiner ein biologisch aktives Molekül mit einem körpereigenen Eiweiss in Wechselwirkung tritt. Wenig später, 1900, übersetzte eine andere bedeutende Figur der modernen Lebenswissenschaften, Paul Ehrlich, die Gedanken Fischers in die Medizin und formulierte die zentrale These: «Corpora nisi sunt fixunt, non agunt.»[26] Das Konzept molekularer Erkennung und der dazu nötigen Bindung von Teilchen an Oberflächen führte zur Rezeptortheorie und zu ersten Vorstellungen über Antigen-Antikörper-Wechselwirkungen und darf nach allgemeiner Auffassung als Geburtsstunde des *drug design* angesehen werden.[27]

Diese grundlegenden Annahmen der beiden Nobelpreisträger Emil Fischer und Paul Ehrlich sind die Basis unserer heutigen gezielten Arzneimittelentwicklung, die sich auch als *one-disease-one-target*-Konzept formulieren lässt.[28] Es ist immer noch die Idee der Ehrlich'schen «Zauberkugel», der *magic bullet*, in heutiger Umschreibung vielleicht eine *cruise missile*, welche den für die Krebszelle tödlichen Wirkstoff ins Ziel trägt und keinen Kollateralschaden anrichtet.[29] Vereinfacht ergibt sich daraus für die gezielte Entwicklung neuer Arzneistoffe die folgende Vorgehensweise:

- Korreliere das Auftreten einer Erkrankung mit dem Auftreten einer bestimmten molekularen Änderung im Körper.

Unter der Prämisse, dass alle Eigenschaften der Zelle, des Gewebes und mithin des menschlichen Körpers molekular erklärbar sind, bedeutet eine molekulare Abweichung – ein Molekül mit einer Struktur, die von der in der Regel beobachteten abweicht – eine potentielle Fehlerquelle für die zelluläre Funktion. Ohne dass bereits eine Kausalität gegeben wäre, ist die Koinzidenz des Auftretens einer «falschen» molekularen Struktur und einer körperlichen Fehlfunktion bereits ausreichend für eine Idee für ein neues Arzneimittel, dessen Aufgabe es wäre, die «falsche» molekulare Struktur zu ersetzen oder die von ihr vermutlich ausgehenden «falschen» Signale an die Zelle zu kompensieren. Häufig sind allerdings einfach quantitative Abweichungen gemeint wie beispielsweise der Anstieg des Glukosespiegels im Blut, der auf eine Blutzuckererkrankung hinweist. Hier ist das «Falsche» die Menge eines körpereigenen

---

23 Ursula Klein, *Verbindung und Affinität. Die Grundlegung der neuzeitlichen Chemie an der Wende vom 17. zum 18. Jahrhundert*, Basel 1994, S. 94 f.

24 Robert Boyle (1627–1692) war Mitbegründer des modernen Elementbegriffs in Physik und Chemie.

25 Emil Fischer (1852–1919) formulierte die Schlüssel-Schloss-Hypothese, um die Wechselwirkung zwischen einem kleinen Molekül und einem grossen Eiweissmolekül zu erklären: «Um ein Bild zu gebrauchen, will ich sagen, dass Enzym und Glucosid wie Schloss und Schlüssel zueinander passen müssen, um eine Wirkung auf einander ausüben zu können.» Zitiert und diskutiert in Gerhard Klebe, *Wirkstoffdesign. Entwurf und Wirkung von Arzneistoffen*, 2. Auflage, Heidelberg 2009, S. 50 ff. Diese Metapher wird heute zur Verdeutlichung der molekularen Wirkungsweise von Arzneistoffen verwendet, von denen man annimmt, dass sie über eine Wechselwirkung mit grossen Empfängermolekülen, in der Regel Eiweisse, zelluläre Signale modifizieren. Fischer erhielt 1902 den Nobelpreis für Chemie «als Anerkennung des außerordentlichen Verdienstes, das er sich durch seine Arbeiten auf dem Gebiet der Zucker- und Purin-Gruppen erworben hat». Vgl. «The Nobel Prize in Chemistry 1902», http://nobelprize.org/nobel_prizes/chemistry/laureates/1902, 30. November 2010.

26 Paul Ehrlich (1854–1915) gilt als Begründer der Immunologie, eine Tatsache, für die er 1908 zusammen mit Ilja Iljitsch Metschnikow den Nobelpreis für Medizin und Physiologie erhielt. Zentrales Element ist die Seitenkettentheorie, eine Theorie über die Antikörperbildung und ein Vorläufer der heutigen Selektionstheorien der Immunabwehr. Sie gründet auf der Annahme, dass jede Zelle eiweisshaltige Substanzen und eine Serie von Seitenketten oder Rezeptoren besitzt, welche Nährstoffe sowie bestimmte giftige Substanzen aufnehmen. Ehrlich entwarf das erste spezifisch wirkende Medikament der Geschichte, Salvarsan gegen Syphilis, und darf deshalb als einer der Väter des *drug design* angesehen werden.

27 Details zur historischen Fundierung sind im Beitrag von Martin Boyer im vorliegenden Band behandelt.

28 Zur Bedeutung der Chemie in der Pharmazie (*medicinal chemistry*) siehe auch T. Hoffmann und C. Bishop, «The Future of Discovery Chemistry. Quo vadis? Academic to Industrial. The Maturation of Medicinal Chemistry to Chemical Biology», in: *Drug Discovery Today* 15, 2010, S. 260–264.

29 F.W. Lichtenthaler, «Hundert Jahre Schlüssel-Schloss-Prinzip. Was führte Emil Fischer zu dieser Analogie?», in: *Angewandte Chemie* 106, 1994, S. 2456–2467.

Moleküls pro Zeiteinheit oder Volumen. Die Veränderung in der Konzentration und ihr Einhergehen mit körperlichen Gebrechen dienen als korrelatives Mass, als Surrogatparameter.

• Identifiziere die molekularen Eigenschaften der Änderung und ernenne sie zum *target*. Ein *target* kann beispielsweise ein Enzym, ein Rezeptor, ein Ionenkanal, eine DNA-Sequenz oder ein Membranbaustein sein.
Während Surrogatparameter nur eine Krankheit anzeigen, wird von *targets* verlangt, dass sie in ursächlichem Zusammenhang mit der Auslösung einer Erkrankung stehen. Jüngstes prominentes Beispiel, das im vorliegenden Buch gesondert besprochen wird, ist das Enzym, das «gutes» und «böses» Cholesterin im Organismus ausbalanciert und solchermassen ein geeignetes Ziel für einen molekularen Eingriff zur Behandlung von Krankheiten, die mit Cholesterinüberschuss in Verbindung gebracht werden, darstellt.[30] Hier wird deutlich, dass der *target*-Begriff mehrere Hypothesen vereinigt. So gibt es einen monokausalen Zusammenhang zwischen bestimmten Veränderungen und körperlichen Symptomen, wobei dieser Zusammenhang «in erster Näherung» nicht mit weiteren (bis dato unbekannten) zellulären Funktionen rückgekoppelt ist und eine Intervention zum gewünschten Ergebnis führt. Diese Zusammenhänge werden in der Regel korrelativ erfasst und statistisch abgeprüft. Die statistische Signifikanz sagt dabei aber nur etwas über die Realität aus, wenn die Grundannahme richtig ist, die zu diesem Zeitpunkt aber noch nicht verifiziert ist. Ansonsten schliesst man falsch, ein Effekt, der in der Logik als «the fallacy of the transposed conditional» bekannt und die Krux vieler Studien ist.[31]

• Entwerfe ein Molekül – vorzugsweise metabolisch stabil und mit einem Molekulargewicht von bis zu 600, damit es peroral verabreicht werden kann und keine unlösbaren pharmakokinetischen Probleme auftreten –, das mit dem *target* agonistisch, inhibitorisch oder antagonistisch wechselwirkt.
Die überwiegende Zahl von Arzneimitteln wird oral eingenommen. Dies fördert die Therapietreue (*compliance*). Ziel einer Arzneimittelentwicklung ist daher in der Regel die Tablette oder Kapsel. Eiweisse und andere hochmolekulare Verbindungen werden vom Körper vor dem Erreichen des Wirkortes zerlegt und über einen gesonderten Kreislauf ausgeschieden. Sie können deshalb nur injiziert werden. Empirische Regeln besagen, dass metabolische, stabile Moleküle eine bestimmte Masse nicht überschreiten dürfen und ein bestimmtes Löslichkeitsverhalten aufweisen müssen. Am Zielort angelangt, kann der Arzneistoff die Wirkung des *targets* vervielfachen (agonistisch), ihr entgegenwirken (antagonistisch) oder sie stoppen (inhibitorisch).

• Etabliere einen *in-vitro*-Test, der das *target* isoliert enthält, zur Weiterentwicklung des Moleküls.
In einem komplexen System wie dem Menschen oder nur schon in einer seiner Zellen existieren zu viele funktionelle Abhängigkeiten, um grundlegende Zu-

---

30 Siehe dazu den Beitrag von Vivianne Otto in diesem Band.
31 Stephen T. Ziliak und Deirdre N. McCloskey, *The Cult of Statistical Significance*, Ann Arbor 2008, S. 155–164.

sammenhänge in der Wirkung einzelner Wirkstoffe auf einzelne Eiweisse auf molekularem Niveau überprüfen zu können. In der Regel isoliert man deswegen das *target* aus seiner zellulären Umgebung und versetzt es in eine artifizielle Laborumgebung *(in vitro)*, die empirische Studien mit einem vernünftigen Signal-Rausch-Verhältnis erlaubt und damit die molekularen Effekte direkt sichtbar macht. Das ermöglicht die strukturelle Optimierung eines Wirkstoffs, mit dem Nachteil, dass dieser für die in-vitro-Situation zwar optimal ist, sein Potential *in vivo*, im kompletten Organismus, jedoch erst noch zeigen muss. An diesem Sprung scheitern sehr viele hoffnungsvolle Entwicklungsprojekte, oder es offenbaren sich ganz neue, unerwartete Konzepte.

Es scheint mir nun für das weitere Verständnis des Menschenbildes in Pharmazie und Medizin mit ihren unterschiedlich reduktionistischen Sichtweisen unerlässlich, auf einige Grundannahmen und Modelle einzugehen sowie die daraus entstandenen Prozesse der Forschungspraxis kurz näher zu beleuchten. Erst dann wird verständlich, dass diese forschungsanleitenden Menschenbilder nicht mehrheitlich einer strategischen Absicht – einer weltanschaulichen Intention –, sondern dem momentan Machbaren («in erster Näherung»), dem ethischen Zwang zum Handeln sowie dem Vertrauen auf eine lineare Weiterentwicklung der Erkenntnis im gültigen Paradigma geschuldet sind.

Will man nun die Konzepte von Fischer und Ehrlich anwenden, so muss man molekulare Kräfte berechnen, um molekulare Strukturen zu konstruieren. Prinzipiell werden quantenchemische Verfahren oder ein so genanntes Kraftfeldmodell angewendet.

Quantenchemische Verfahren wären die Methode erster Wahl, weil diese die elektronischen Wechselwirkungen berücksichtigen und somit die molekularen Eigenschaften besser modellieren. Die Anwendung so genannter *first principles* der Physik (das heisst die Berechnung auf der Basis grundlegender physikalischer Gesetze ohne zusätzliche Anpassungen) hätte den Vorteil, fast voraussetzungslos zu sein und nicht schon Modelle in die Theorie der Atome und Moleküle hineinstecken zu müssen, deren Eigenschaften wir ja eigentlich erst berechnen oder messen und dann ändern wollen.[32] Dazu bedient man sich des so genannten Kraftfeldmodells, das, wie jedes Modell, Schwächen hat, aber für bestimmte Zwecke funktioniert. Hier konstruiert man eine Atom- und Molekülwelt, wie wir sie aus den Schulunterrichtsbaukästen kennen. Alle Atome sind mehr oder weniger kugelförmig, haben typabhängig eine Masse und ein bestimmtes Volumen und sind in den Molekülen durch Bindungen zusammengehalten, die kleinen Federn gleichen. Dieses einfache Modell kann man nun perfekt im Sinne der klassischen Newton'schen Physik behandeln.

Die modellhaften Annahmen des klassischen Verhaltens, die im atomaren Bereich so nicht gelten, werden mit einem Korrekturfaktor versehen, der aus physikalischen, meist spektroskopischen Experimenten stammt.

So gelingt es, durch den stetigen Vergleich zwischen Experiment und Vorhersage in genügenden Parametrisierungsschritten im Computer ein so genanntes Kraftfeld aufzubauen. Diese Software hat einen Parametersatz, der es erlaubt,

---

32 Unglücklicherweise steigt der Rechenaufwand in einer Potenz von mehr als n^4 für die Anzahl der Atome in einem Molekül. Möchte man beispielsweise ein Eiweiss mit 5000 Atomen und seine Wechselwirkung mit einem potenziellen Arzneistoff simulieren (und noch 20 000 Wasseratome darum herum berücksichtigen), muss man deshalb auf andere, einfachere Verfahren zurückgreifen.

die meisten Moleküle, mit denen man in der Arzneimittelentwicklung zu tun hat, grafisch darzustellen, zu verändern und ihre physikochemischen Eigenschaften, vor allem ihre dreidimensionale Gestalt, ausreichend genau zu berechnen. Der Bildhaftigkeit kommt eine besondere Bedeutung zu.[33] Offensichtlich sind Bilder machtvolle Instrumente der Sinnerzeugung. Ihr reger Gebrauch in jedem Bereich, ja eine regelrechte Bilderflut zeugt davon.[34] Auch hier ist das Bild nur Medium, nicht Realität. Aber wie leicht wird es als Realität angesehen, ohne zu hinterfragen, welche Botschaft es transportiert und wie diese Botschaft durch die Konstruktion des Bildes gegenüber der Realität, die uns nicht vollständig zugänglich ist, durch die Interpretation der Erzeugenden (im hier diskutierten Fall diejenige der Programmierenden und des Computers) verändert wurde.

Die Schwäche des Kraftfeldmodells liegt in der mangelhaften Behandlung der elektronischen Eigenschaften. In der Regel wird das einfache Ladungsmodell nach Coulomb verwendet. Dieses beschreibt die Kraft zwischen zwei kugelsymmetrisch verteilten Ladungen. Damit werden aber die Struktur-Wirkungsbeziehungen bereits auf der Stufe der Wechselwirkung der Moleküle nur sehr unvollkommen modelliert. Die Übertragung auf systemische Eigenschaften bei Zellen, Geweben, Organen oder sogar Organismen ist nur noch über statistische Korrelationsverfahren und nicht mehr kausal möglich.[35]

Für die Berechnung von Wechselwirkungen zwischen einem Arzneistoffmolekül und seinem bindenden Eiweiss, beispielsweise einem Rezeptor, sind damit genauere Aussagen über Spezifität oder Selektivität kaum möglich. Ebenso scheitert in der Regel ein *scoring*, also die Vorhersage von gut oder schlecht bindenden Wirkstoffmolekülen aus einer grösseren Auswahl von Strukturen. Der Vorteil, den die Kraftfeldmethode liefert, nämlich dass viel grössere Systeme untersucht werden können, muss mit starken Einschränkungen «erkauft» werden und verlangt eine rigorose experimentelle Begleitung mit Verfahren wie Kernresonanzspektroskopie, Röntgenkristallografie und Titrationskalorimetrie. Dort lassen sich molekulare Wechselwirkungen messen und zu den Modellen in Beziehung setzen.

Semiempirische Methoden, die bestimmte quantenmechanische Rechenschritte durch experimentelle Annahmen (Parameter) ersetzen, stellen für einige Fälle die Kompromisslösung zwischen der Newton'schen und der Quantenwelt dar. Durch die Vereinfachung, dass hauptsächlich die Valenzelektronen bei Wechselwirkungen die entscheidende Rolle spielen, lassen sich präzisere Aussagen über das Verhalten eines Arzneistoffmoleküls an seiner Bindungsstelle treffen.

Hierbei bleibt immer noch unberücksichtigt, dass keine Wechselwirkung zwischen Arzneistoffmolekül und seiner Bindestelle im Vakuum und bei null Grad Kelvin stattfindet. Um diese Defizite aus empirischen Werten (zum Beispiel Spektroskopie) zu kompensieren, werden in die Gleichungen bestimmte Parameter eingesetzt. Enthalpische und entropische Beiträge als Resultate oder Auslöser von Konformationsänderungen oder der Desorption von Wasser sind in den Modellen nicht erfasst. Moderne moleküldynamische Methoden,

---

[33] Siehe dazu Gerd Folkers und Samuel Zinsli, «Bildeffekte in wissenschaftstheoretischer Perspektive», in: Philipp Stoellger (Hg.), *Iconoclashs. Präsenz und Entzug*, erscheint 2011.

[34] Wie das genau passiert, ist Gegenstand grosser interdisziplinärer Forschungsprojekte. Es sei besonders auf *eikones* in Basel verwiesen. http://www.eikones.ch, 13. 10. 2010.

[35] Fast im Sinne von Ludwik Flecks Denkkollektiven scheint es so, als ob man die Korrelationen so lange weiter transportiert, interpretiert und transformiert, bis sich eine scheinbare Kausalität zwingend ergibt. Wahrscheinlich lässt sich nicht genau sagen, wer sie wann herstellt, sondern ganz viel verschiedene Akteure, Interessen, Modellierungen etc. erzeugen sie zusammen. Vgl. dazu Ludwik Fleck, *Entstehung einer wissenschaftlichen Tatsache. Einführung in die Lehre vom Denkstil und Denkkollektiv* (1935), Frankfurt am Main 1980. Der Autor dankt der Herausgeberin Beatrix Rubin für diesen wertvollen Hinweis.

die auch molekulare Wasserhüllen simulieren, versuchen diese Lücke zu füllen. Mit gemischten quantenmechanischen und kraftfeldartigen Behandlungen kann die Entwicklung von bis zu einigen Zehntausend Atomen eines Systems über eine Zeit von einer Nanosekunde beobachtet werden.

Um in der bildhaften Sprache Emil Fischers zu bleiben: Die wesentlichste Eigenschaft der Schlüssel – der zukünftigen Arzneistoffe –, ist, dass sie ins Schloss passen. Dazu müssen sie an das Rezeptorprotein oder an das Enzym binden. Ihre wissenschaftliche Bezeichnung ist Liganden. Sie sind in der Regel «kleine Moleküle» mit einem Molekulargewicht von bis zu 600 Einheiten. Sie müssen sich aber nicht nur an ihr *target* binden, sondern auch dorthin gelangen. Dafür sind Eigenschaften erforderlich, die es erlauben, die natürlichen Resorptionsbarrieren unseres Körpers zu überwinden, wie das Darmepithel, die Blut-Hirn-Schranke, die Plazentarschranke oder die Zellwand. Gleichzeitig sollten sich die Liganden aber auch aktiver Transportwege bedienen können. Diese bisher nicht zu leistende, komplexe Optimierung wurde in den 1990er Jahren durch eine sehr erfolgreiche Daumenregel ersetzt, die *the rule of five* oder Lipinski-Regel genannt wird.[36] Die Regel beschreibt rein statistisch den Zusammenhang zwischen Pharmakokinetik und Struktur durch eine Bandbreite an hydrophilen Wechselwirkungen (Wasserstoffbrücken und Ladungen) für die erfolgreichen (!) Wirkstoffe auf dem Markt.

Innerhalb dieser Grenzen (Molekulargewicht, Löslichkeit, Transporteigenschaften) lassen sich heute Liganden aus einem Satz atomarer Koordinaten im Computer wie in einem Baukasten erstellen. Zweidimensionale Zeichnungen werden automatisch in Drei-D-Modelle übersetzt und die Programme schlagen, je nach gewähltem *target* – basierend auf Parametrisierungen –, bereits strukturelle Variationen vor. Während das Verhalten kleiner Moleküle seit mehr als 200 Jahren in der Chemie erforscht und sehr gut verstanden wird,[37] sind die Einflüsse grosser biologischer Strukturen, speziell ihre Energiekorrelationen, für die Bindung von Wirkstoffen und Metaboliten noch Bestandteil aktueller Forschung.

Die biologischen Zielstrukturen der Arzneistoffe – oder eben der Schlüssel – sind die Schlösser, heute *targets* genannt. Ohne Molekularbiologie und Gentechnologie sowie deren Koevolution mit der Informationstechnologie und Robotik wäre unser Kenntnisstand bezüglich der biologischen Zielstrukturen der Arzneimittel sehr bescheiden. Die grammweise Produktion reiner Eiweisse, in allen möglichen Varianten, mit posttranslationaler Modifikation und zunehmend auch im korrekten Glykosylierungszustand hat eine Strukturaufklärung grosser Systeme bis hin zu Membrantransportern oder ganzen Viruspartikeln ermöglicht.[38] Im Zusammenwirken biophysikalischer Methoden wie Proteinkristallografie, Kernresonanzspektroskopie und Massenspektrometrie mit Informationsverarbeitung lassen sich im virtuellen Raum selbst Systeme rekonstruieren, die nur in Fragmenten zugänglich sind, wie die *nuclear pore*, ein Transporter in den Zellkern, der aus mehr als 500 einzelnen und kooperierenden Proteinen besteht.[39] Die Daten dieser Modelle sind in der Regel frei ver-

---

36 Nach der Analyse grosser Datensätze von oral bioverfügbaren Arzneistoffen formulierte Christopher A. Lipinski 1997 die *rule of five*. Diese Faustregel wird heute weltweit in der Arzneistoffentwicklung angewendet, um die *druglikeness* einer Substanz abzuschätzen. Eine schlechte orale Bioverfügbarkeit ist wahrscheinlich, wenn die Substanz mehr als fünf Wasserstoffbrückenbindungs-Donoren hat, mehr als zehn Wasserstoffbrückenbindungs-Akzeptoren hat, ein Molekulargewicht > 500 Dalton aufweist und einen Verteilungskoeffizienten logP > 5 hat. Diese Regeln gelten nicht für Substrate von biologischen Transportern (zum Beispiel Antibiotika, Vitamine, Digitalisglykoside, Antimykotika). Nach C. A. Lipinski et al., «Experimental and Computational Approaches to Estimate Solubility and Permeability in Drug Discovery and Development Settings», in: *Advanced Drug Delivery Reviews* 46, 2001, S. 3–26.

37 H. B. Bürgi und J. D. Dunitz (Hg.), *Structure Correlations*, Weinheim 1994, sowie H.-D. Höltje, «Molekular Obital Berechnungen zur Struktur des Muscarin-Pharmakophors», in: *Archiv der Pharmazie* 307, 1974, S. 969–972.

38 R. E. Babine und S. S. Abdel-Meguid, «Protein Crystallography in Drug Discovery» (*Methods and Principles in Medicinal Chemistry*, Bd. 20), Weinheim 2003, sowie C. A. Davey et al., «Solvent Mediated Interactions in the Structure of the Nucleosome Core Particle at 1.9. Å Resolution», in: *Journal of Molecular Biology* 319, 2003, S. 1097–1113.

39 F. Alber et al., «Determining the Architectures of Macromolecular Assemblies», in: *Nature* 450, 2007, S. 683–694.

fügbar, beispielsweise unter http://www.wwpdb.org (Worldwide Protein Data Bank). Die Verfügbarkeit wird durch kommerzielle Interessen eingeschränkt. Weil die detaillierten molekularen Strukturen der targets einer der wesentlichen Startpunkte der drug-discovery-Phase einer jeden modernen Arzneimittelentwicklung sind, stehen sie innerhalb der Wertschöpfungskette weit oben und unterliegen bezüglich der Veröffentlichung sehr rigiden Regulierungen hinsichtlich der Rechte geistigen Eigentums.

Dem Ehrlich-Fischer-Paradigma folgend ist in der Regel immer noch die stereochemische Komplementarität zweier wechselwirkender Moleküle der Leitgedanke der Arzneimittelentwicklung. Alle Substituenten eines bioaktiven Moleküls, die zu seiner Wirkung beitragen, werden als Pharmakophor bezeichnet. Dieses Konzept wurde in den letzten Dekaden allerdings zunehmend selektiv interpretiert benutzt. Ursprünglich aus Tierversuchen und aus Experimenten mit isolierten Organen abgeleitet, wird es immer häufiger zu einem molekularen Muster der Wechselwirkung an der Bindungsstelle und damit auf eine rein pharmakodynamische Betrachtungsweise reduziert, anstatt alle Transportprobleme (insbesondere die pharmakokinetischen Prozesse, also die Vorgänge von der Arzneimitteleinnahme bis zum Erreichen des targets durch den Arzneistoff) mit zu berücksichtigen. Diese konzeptuelle Änderung resultiert aus den beschriebenen hochauflösenden Strukturbestimmungsverfahren und der Möglichkeit, «kontextfrei» in-vitro-Experimente mit den isolierten target-Eiweissen zu machen. Konsequenterweise werden diese Experimente mit «atomarer Auflösung» mit der physikalischen Chemie der Ligand-target-Wechselwirkung korreliert.

Daraus resultiert logischerweise der Ansatz, hochaffine Liganden zu konstruieren oder auszuwählen, weil diese mit hoher Spezifität an ihre Ziele binden und sich damit off-target-Reaktionen, die zu Nebenwirkungen führen könnten, zumindest theoretisch ausschliessen lassen. Aktuelle drug-design-Prozesse basieren in ihrem Konzept damit immer auf einer Eins-zu-eins-Wechselwirkung mit dem Zielprotein und einer Maximierung der Bindungsenergie. In Kombination mit moderner Laborautomation können so heute pro Tag Tausende von Bindungsexperimenten zwischen Wirksubstanzsammlungen und Zielproteinsammlungen, so genannten libraries, durchgeführt werden. Diese Experimente werden auch als high throughput screening bezeichnet, da sehr schnell sehr grosse Datenmengen generiert werden können. Diesem Sprung von der qualitativ-analytischen zur quantitativ-stochastischen Vorgehensweise liegt wiederum eine Vereinfachung zugrunde, weil innerhalb eines solchen Designs komplexe Verhaltensmuster innerhalb dieser Wechselwirkung nicht berücksichtigt werden. Dazu gehören Konformationsänderungen, Assoziierung weiterer Moleküle, multiple Wechselwirkungen an mehreren Orten auf dem Zielprotein oder die Rolle des Wassers. Natürlich ist es Anliegen der Forschung, diesem Missstand abzuhelfen. Die sehr intelligenten, aber komplizierten und langwierigen Verfahren zur Klärung der Sachverhalte lassen sich aber wiederum nur für kleine, in der Praxis vielleicht nicht relevante Systemgrössen anwenden.[40]

40 Y. Tanida, M. Ito und H. Fujitani, «Calculation of Absolute Free Energy of Binding for Theophylline and its Analogs to RNA Aptamer Using Nonequilibrium Work», in: Chemical Physics 337, 2007, S. 135–143; R. W. Zwanzig, «High-temperature Equation of State by a Perturbation Method .1. Nonpolar Gases», in: Journal of Chemical Physics 22, 1954, S. 1420–1426; J. G. Kirkwood, «Statistical Mechanics of Fluid Mixtures», in: Journal of Chemical Physics 3, 1995, S. 300–313, sowie I. Massoval und P. A. Kollman, «Computational Alanine Scanning to Probe Protein-Protein Interactions. A Novel Approach to Evaluate Binding Free Energies», in: Journal of the American Chemical Society 121, 1999, S. 8133–8414.

• Nutzen und Grenzen von Ligand-Design und *drug design* – oder: Ein Ligand ist kein Wirkstoff, ist kein Arzneistoff, ist kein Medikament.[41]

Während die beschriebenen Methoden der computergestützten Arzneimittelentwicklung (*computer assisted drug design* [CADD]) und der auf den Strukturen der biologischen *targets* basierenden Arzneistoffentwicklung (*structure based drug design* [SBDD]) heute bereits Standardanwendungen im Entwicklungsprozess für Medikamente sind, haben sie die erhoffte Vorreiterrolle, sprich Vorhersagbarkeit der Wirkung, (noch) nicht erreicht. Die notwendige Reduktion unserer biologischen Komplexität auf einfachere Modelle stellt im Gegenteil die Frage nach der Relevanz der kreierten Artefakte. Sehr häufig erweisen sich hoffnungsvolle Kandidaten unter den Liganden als toxisch, im Menschen unwirksam, haben Langzeitnebenwirkungen oder sind einfach nicht genügend wasserlöslich. Hier greift der zuvor angesprochene Blick durch die Substanz auf den Menschen zu kurz. Die Komplexität unseres Organismus wurde bisher zwar anerkannt, doch als ein nachträglich korrigierbarer Faktor angesehen. Die hochkomplizierten *targets* der Gegenwart, die Bestandteil hocheffizienter molekularer Signalketten lebenswichtiger zellulärer Prozesse sind, belehren uns eines Besseren. In einem neuen Paradigma, zumindest doch in einem abgewandelten, gilt es, den Endpunkt der Entwicklung, nämlich den komplexen humanen Organismus, zum frühesten nur vorstellbaren Zeitpunkt mit einzubeziehen. Das ist nur unvollständig gelungen. Stattdessen wird durch eine noch engere Verschränkung aller Techniken versucht, diesem Faktum abzuhelfen. Trotzdem wären wir, auch retrospektiv, kaum in der Lage gewesen, diese hochwirksamen Arzneistoffe zu finden, die durch zufällige, glückliche Befunde (*serendipity*) heute in allen Therapiegebieten zur Verfügung stehen.[42] Komplizierte *targets*, auf die wir heute fokussieren müssen, wie Ionenkanäle und G-Protein-gekoppelte Rezeptoren, verfügen über viele Bindungsstellen für Liganden und binden oft mehrere gleichzeitig. Nur selten wissen wir etwas über Art und Abfolge. Wesentliche Fortschritte, trotz aller Erfolge, sind deshalb in der Strukturbeschreibung der Zielstruktur selbst als ein komplexes dynamisches System nötig.

Während dies noch Gegenstand aktueller Forschung ist, haben als Kompromisslösung ganz einfache, aber intelligente Simulationssysteme ihren Weg in die Praxis gefunden, die in der Lage sind, mehrere Bindungsstellen am selben *target* über ein Wirkstoffmolekül zu verknüpfen. Zwar folgt dies der «alten» *one-ligand-one-target*-Philosophie, hat jedoch den Vorteil, über einigermassen rationale Zugänge zu Liganden hoher biologischer Wirksamkeit zu gelangen. Die *SAR by NMR technology* basiert auf der Verknüpfung nahe zueinander positionierter kleiner Liganden und ist ein empirischer Ansatz unter Beobachtung der Bindung durch Kernresonanzspektroskopie.[43] Hier sollten sich sogar entropische Effekte einbeziehen lassen. Eine ähnliche, allerdings virtuelle Methode ist LUDI, ein regelbasiertes System zur automatischen Erzeugung von Strukturvorschlägen für Enzyminhibitoren.[44] Selbst der Rückgriff auf die Pharmakophor-Beschreibung scheint in einigen Fällen sehr erfolgreich. Die Kombina-

---

41 Nach Gertrude Stein: «Rose is a rose is a rose is a rose» im Gedicht «Sacred Emily». Gertrude Stein, *Geography and Plays*, Boston 1913, S. 178–188.

42 Unter dem Begriff *serendipity* versteht man den Effekt einer zufälligen Entdeckung innerhalb einer geplanten Suche mit abweichender Zielsetzung. Das Wort leitet sich aus einem alten persischen Märchen ab und wurde erstmals von Horace Walpole am 28. 1. 1754 in einem Brief an seinen in Florenz lebenden Freund Horace Mann verwendet: "It was once when I read a silly fairy tale, called 'The Three Princes of Serendip': as their highnesses travelled, they were always making discoveries, by accidents and sagacity, of things which they were not in quest of: for instance, one of them discovered that a mule blind of the right eye had travelled the same road lately, because the grass was eaten only on the left side, where it was worse than on the right – now do you understand serendipity? One of the most remarkable instances of this accidental sagacity (for you must observe that no discovery of a thing you are looking for, comes under this description) was of my Lord Shaftsbury, who happening to dine at Lord Chancellor Clarendon's, found out the marriage of the Duke of York and Mrs. Hyde, by the respect with which her mother treated her at table." *The Letters of Horace Walpole, Earl of Orford*, Bd. 2, http://www.gutenberg.org/ebooks/4610, 6. 12. 2010. Bekannte Beispiele für solche Entdeckungen sind die Entdeckung des Penizillins (Alexander Fleming beobachtete, dass auf einer verunreinigten Bakterienkultur während seiner Ferien ein Schimmelpilz gewachsen war; statt die Kultur als Abfall zu entsorgen, schaute er noch einmal genauer hin: interessanterweise war in der Umgebung des Pilzes das Bakterienwachstum stark beeinträchtigt) und die Beobachtung der Auswirkungen von Phosphodiesterase-5-Hemmern auf die erektile Dysfunktion von Probanden. Diese Arzneistoffklasse war ursprünglich zur Behandlung von Angina Pectoris entwickelt worden. Ein Beispiel für *serendipity* ausserhalb der pharmazeutischen Welt ist die Entdeckung von Amerika – Kolumbus wollte eigentlich einen Seeweg nach Indien finden.

43 T. Oltersdorf et al., «An Inhibitor of Bcl-2 Family Proteins Induces Regression of Solid Tumours», in: *Nature* 435, 2005, S. 677–681, sowie S. B. Shuker et al., «Discovering High-affinity Ligands for Proteins. SAR by NMR», in: *Science* 274, 1996, S. 1531–1534.

44 H. J. Böhm, «LUDI. Rule-based Automatic Design of New Substituents for Enzyme Inhibitor Leads», in: *Journal of Computer-Aided Molecular Design* 1992, S. 593–606.

tion der Pharmakophore verschiedener Liganden lässt sich in *LigandScout* als Designprinzip verwenden.⁴⁵

Die Kombination solcher Methoden hat in der jüngsten Vergangenheit tatsächlich zu einigen Arzneistoffen geführt, die sich bei näherer Betrachtung dennoch als komplizierter erwiesen, als vermutet. Wie im folgenden Abschnitt erläutert, gilt auch hier die *serendipity* oder das «*right for the wrong reasons*» als begleitendes Designprinzip und zeigt die Grenzen der Simulation.

Die modernen Tumormedikamente Imatinib (Glivec) und Sunitinib (Sutent), Inhibitoren der Rezeptortyrosinkinase, mögen als Beispiele für *drug design* im Fischer-Ehrlich-Paradigma dienen.⁴⁶ Was uns Sunitinib lehrt, das als klassischer *one-ligand-one-target*-Wirkstoff entwickelt wurde – und sich letztlich als Molekül herausstellte, das in seiner wasserlöslichen Form mit Hunderten von Kinasen interagiert – ist, dass, abgesehen von Spezialfällen wie den Antiinfektiva, die multimodale Aktivität von Liganden wohl eher die Regel als die Ausnahme ist.

Das Sunitinib-Beispiel zeigt, dass es vorteilhafter sein mag, mit mehr als einem Zielprotein innerhalb dieser Reaktionskaskade zu interagieren, um eine Wirkung des Liganden zu verstärken und Umgehungsmöglichkeiten zu vermeiden, wenn das *target* Bestandteil einer metabolisch mehrfach rückgekoppelten Kette von Signalübertragungsreaktionen ist. Denn nicht alle *targets* in einer solchen Reaktionskette sind zur gleichen Zeit in gleicher Konzentration vorhanden. Manche werden durch Rückkopplungseffekte erst erzeugt.

Sunitinib – *pars pro toto* – als aktiver Ligand gegen eine ganze Reihe von Rezeptortyrosinkinasen galt nach den strengen Konzepten des klassischen *drug design* als so genannte *dirty drug*.⁴⁷ Nun stellen sich seine Vorteile heraus und machen es zu einem unverzichtbaren Bestandteil in der Nierenkrebstherapie. Entsprechend haben sich die Begrifflichkeit und Darstellung in der Öffentlichkeit geändert. Der Wirkstoff wird nun selbst von der amerikanischen Zulassungsbehörde Food and Drug Administration (FDA) angesehen als «an oral, small-molecule, multi-targeted receptor tyrosine kinase (RTK) inhibitor that was approved by the FDA for the treatment of renal cell carcinoma (RCC) and imatinib-resistant gastrointestinal stromal tumor (GIST) on January 26, 2006». Die FDA konstatiert weiter: "Sunitinib was the first cancer drug simultaneously approved for two different indications."⁴⁸

Kleine Wirkstoffmoleküle, die eine nach heutigem Sprachgebrauch *rich pharmacology* zeigen, also gegen mehr als nur ein *target* gerichtet sind, könnten die Zukunft für die Therapie sehr komplizierter Erkrankungen wie Tumore darstellen.⁴⁹ Obwohl es theoretisch durchaus vorstellbar ist, ein Wirkstoffmolekül zu entwerfen, das in verschiedenen Kontexten unterschiedliche, sogar einander unterstützende Funktionen aufweist, ist die Designpraxis von ihrem Ziel weit entfernt. Seit den 1950er Jahren wird versucht, multiple Wirkstoffe zu profilieren. Synthetische Peptide und Peptidomimetika galten als Hoffnungsträger. Letztlich scheiterten die Ansätze wahrscheinlich an der oben angeführten komplexen Regulation der Zielproteine.

---

45 G. Wolber und T. Langer, «LigandScout. 3-D Pharmacophores Derived from Protein-bound Ligands and Their Use as Virtual Screening Filters», in: *Journal of Chemical Information and Modeling* 45, 2005, S. 160–169.

46 Als einer der ersten hochselektiven Proteinkinase-Inhibitoren war der Erfolg von Imatinib (Glivec) in klinischen Studien für chronische myeloide Leukämie (CML) ein Meilenstein in der rationalen, an molekularen Zielstrukturen orientierten Entwicklung kleiner Wirkstoffmoleküle. Bereits 1960 wurde bekannt, dass eine Mutation auf dem Chromosom 22 (bekannt geworden als Philadelphia-Chromosom) bei 95 Prozent aller Patienten mit CML zu finden ist. Zum ersten Mal konnte eine genetische Anomalie mit einer bestimmten Krebsart in Verbindung gebracht werden. In den 1980er Jahren stellten Forscher fest, dass beim Ablesen des Philadelphia-Chromosoms ein verändertes onkogenes Protein entsteht. Dieses wird als BCR-ABL bezeichnet und ist auch das Zielprotein von Imatinib. BCR-ABL ist ein Fusionsprotein aus Teilen des Proteins der Bruchstellenregion (*breakpoint cluster region*, BCR) und der Tyrosinkinase ABL. Die Entdeckung dieser Zusammenhänge ermöglichte es, mit einer gezielten Suche nach Hemmstoffen für ein einzelnes Protein eine effektive Behandlungsmöglichkeit für CML zu entwickeln. Als stärkste Wirkstoffe stellten sich die dualen Inhibitoren der ABL- und der PDGFR-Kinasen heraus wie beispielsweise Imatinib und Sunitinib. Im Gegensatz zu Imatinib greift Sunitinib nicht an einem einzelnen Protein an, sondern bindet sich als Inhibitor an mehrere Zielproteine. Sunitinib stellt damit einen Vertreter einer neuen Klasse von Wirkstoffen dar, die mit ihrer *rich pharmacology* ein neues Paradigma des *multitargeted approach* einläuten sollen. Hintergrund dieser Entwicklung ist die Erkenntnis, dass eine Krebszelle viele abnormale Signalwege aktiviert hat und deshalb für eine effektive Behandlung nicht nur an einer einzelnen Stelle, sondern an mehreren Punkten gleichzeitig angegriffen werden sollte.

47 Als *dirty drug* bezeichnet man im pharmakologischen Sprachgebrauch ein biologisch aktives Molekül, das sich an mehrere Arten von Zielproteinen bindet, anstatt nur einen einzelnen Typ von Enzymen zu blockieren oder ein einziges Rezeptorprotein zu beeinflussen. Dadurch entsteht eine Vielfalt von Wirkungen, die zum Teil unerwünscht sind.

48 FDA Press releases, http://www.fda.gov/bbs/topics/news/2006/NEW01302.html, 21. 9. 2010.

49 Das vielseitig einsetzbare Schweizer Armeemesser muss bereits als Metapher für solche Arzneistoffe herhalten. In: C. G. Wermuth, «Multitargeted Drugs. The End of the ‹One-target-one-disease› Philosophy?», in: *Drug Discovery Today* 9, 2004, S. 826 f.

Ein vielversprechenderer reduktionistischer Ansatz basiert genau auf solchen Wirkstoffen, die als multimodale Liganden bekannt waren. Dabei war es das Ziel, durch gezielte Strukturvariation einen der Wirkungsmodi (messbar an den Nebenwirkungen) zu separieren. Was für einen Cytokinregulator tatsächlich gelang, scheiterte aber bisher beispielsweise beim Morphin, dem wohl am intensivsten bearbeiteten Wirkstoff in der Geschichte der Arzneimittelentwicklung.[50]

Die neue Forschungsrichtung der Systembiologie wird hier grosse Fortschritte bringen. Innerhalb der Systembiologie versucht man, biologische Organismen in ihrer komplexen Gesamtheit zu verstehen. Mittels der Systembiologie zeigen sich zum ersten Mal Quantifizierungsmöglichkeiten aller interessanten Metaboliten auf zellulärem Niveau, und mit Hilfe der nötigen Mathematik kann eine Simulation komplexer Reaktionswege versucht werden.[51] Innerhalb dieser Simulation biochemischer Reaktionswege in der Zelle sollten sich die kritischen Angriffspunkte für die Unterbrechung eines Signalweges darstellen lassen. Der analytische Befund, dass ein bestimmtes Signalmolekül in der Zelle vorhanden ist, sagt ja erst einmal nichts über dessen Lebenszyklus aus. Die Auf- und Abbauraten zellulärer Botenstoffe sind teilweise sehr hoch. Es gilt deshalb, zur richtigen Zeit am richtigen Ort zu intervenieren und nicht wie bisher ein Signal permant an- oder abzustellen, weil Rückkopplungs- und Kompensationsmechanismen den Effekt zunichte machen oder gar unerwünschte Wirkungen auslösen. Als Bespiel mag die aktuelle Diskussion um die Antiangiogenese-Therapie dienen.[52] Es besteht der begründete Verdacht, dass durch die Einschränkung der Blutversorgung eines Tumors dieser zwar am Wachstum gehindert wird, er aber gleichzeitig ein Signal erhält, neue Metastasen in anderen Organen zu setzen.[53]

Beide, adverse und erwünschte Aktivitäten eines Medikamentes sind letztlich genetisch (und mithin epigenetisch) codiert. Die Pharmakogenomik korreliert die Aktivität eines Wirkstoffs und seine unerwünschten Wirkungen mit der individuellen Genetik. Interindividuelle genetische Variationen wie Allele vermögen unterschiedliche biologische Reaktionen auf die Einnahme eines Medikamentes auszulösen. Bekanntes Beispiel sind die genetisch codierten Unterschiede im Metabolismus bestimmter Arzneistoffe (*fast metabolizer, slow metabolizer*). Während die Pharmakogenomik den Einfluss der Gesamtheit der Gene auf eine bestimmte biologische Reaktion oder die Wahrscheinlichkeit einer Krankheitsentstehung untersucht, versucht die Pharmakogenetik einzelne Gene, Genkombinationen, -aberrationen oder -modifikationen mit einer speziellen Erkrankung zu verknüpfen. Trotz der grossen Erfolge des Humangenomprojekts ist ein *drug-design*-Prozess auf der Basis von Populationsgenetik oder individueller Genetik noch weit von einer Routine entfernt. Natürlich gilt es hier, auch ethische Aspekte zu bedenken, wenn auf der Basis von genetischer Information versucht wird, Krankheit oder Gesundheit zu definieren. Aufgrund der komplexen genetischen Regulation, die letztlich unsere Individualität in einer auch vom Kontext bestimmten Bandbreite liefert,

---

50 T. Hanano et al., «Novel Phenylpiperazine Derivatives as Dual Cytokine Regulators with TNF-Suppressing and IL-10 Augmenting Activity», in: *Bioorganic and Medicinal Chemistry Letters* 10, 2000, S. 875–879.

51 K. Takahashi, S. N. Vel Arjunan und M. Tomit, «Space in Systems Biology of Signaling Pathways – Towards Intracellular Molecular Crowding in Silico», in: *FEBS Letters* 579, 2005, S. 1783–1788, sowie A. Guffanti, «Modeling Molecular Networks. A Systems Biology Approach to Gene Function», in: *Genome Biology* 3, 2002, S. 4031.1–4031.3.

52 P. S. Steeg, «Angiogenesis Inhibitors. Motivators of Metastasis?», in: *Nature Medicine* 9, 2003, S. 822 f.

53 S. Loges, T. Schmidt und P. Carmeliet, «Mechanisms of Resistance to Anti-Angiogenic Therapy and Development of Third-Generation Anti-Angiogenic Drug Candidates», in: *Genes and Cancer* 1, 2010, S. 12–25.

fehlt jeglicher Referenzpunkt. Es sei denn, man würde diesen über Prozesse gesellschaftlicher Akzeptanz schaffen und so Gefahr laufen, eine Art ethnische Typisierung im Gesundheitssystem vorzunehmen.

Der Fall ist, auch in ethischer Hinsicht, einfacher bei der Pharmakogenetik:

"A key selling point of pharmacogenetics is the genetic stratification of either patients or diseases in order to target the prescribing of medicine. The hope is that genetically 'tailored' medicines will replace the current 'one-size-fits-all' paradigm of drug development and usage."[54]

«Personalisierte Medizin» wird als Königsdisziplin des *drug design* angesehen. Ein solcher *drug-design*-Ansatz auf der Basis pharmakogenetischer Daten unter Einbezug der Systembiologie sollte in der Lage sein, individuelle kausale Pharmakotherapien vorzuschlagen. Wie immer hat auch diese Medaille zwei Seiten: Ein Medikament als «Massanzug» bedingt natürlich während der Therapie eine strikte Lebensführung, weil sonst der Massanzug bald einmal nicht mehr passt. Diese präventive Einschränkung wird sich von Therapie zu Therapie stark unterscheiden. Beispielsweise muss die Begleitung bei der Behandlung mentaler Erkrankungen mit einem personalisierten Therapeutikum – wenn überhaupt möglich – noch viel umfassender sein als bei einer Tumortherapie oder einer Behandlung einer Infektionskrankheit. Diese Entwicklungen sind zwar für die tägliche Praxis noch Zukunftsmusik, haben aber aktuelle Forschungsfragen als Grundlage.

Ein Gebiet, in dem am meisten Erfahrung bezüglich *drug design* gesammelt wurde, ist die HIV-Therapie. Es besteht wegen der hohen Infektions- und Mortalitätsraten ein hoher ökonomischer wie auch ethischer Druck, neben einer nachhaltigen Prävention auch eine nachhaltige Therapie zu entwickeln. Eine solche Therapie muss auch für die Ärmsten zahlbar sein. Innerhalb dieser Rahmenbedingungen wurde in weniger als einer Dekade eine sehr effiziente Chemotherapie entwickelt, die mit verschiedenen *targets* im HI-Virus und individuell abgestimmten Therapieplänen die Todesangst vor einer HIV-Infektion (leider) beseitigen konnte. Gutes *drug design* hat hier dazu geführt, dass das Risikobewusstsein – im Glauben, man habe die Krankheit «im Griff» – drastisch abnimmt. Erfolgreiches *drug design* ist also letztlich auch an Patientenverhalten gekoppelt. Mangelnde *compliance* oder hohes Risikoverhalten können ein erfolgreiches Therapeutikum nutzlos machen. Viele politische und wissenschaftliche Institutionen glauben deshalb, dass für HIV nur ein (präventiver) Impfstoff eine sinnvolle Lösung sein kann.

Hier hat der betroffene Mensch, die potentiellen Patientinnen und Patienten selber, die molekularen Sichtweisen der beiden ineinanderfliessenden invertierten Pyramiden übernommen. Das Risiko einer Ansteckung wird zwar wahrgenommen, aber situativ verdrängt, weil der Glaube an eine wirksame Therapie im Hinterkopf steckt. Die Identifizierung des Virus, die Aufdeckung seiner Schwachstellen auf molekularer Ebene und die daraus

[54] A. Smart, P. Martin, M. Parker, «Tailored Medicine. Whom Will it Fit? The Ethics of Patient and Disease Stratification», in: *Bioethics* 18, 2004, S. 322–342.

erfolgte Konstruktion wirksamer Therapeutika verändern willentlich oder unwillentlich die Verhaltensweisen in Bezug auf eine mögliche Ansteckung. Hier spielen die Kräfte des Marktes in der erhöhten Nachfrage der Medikation, um ein bestehendes Paradigma zu festigen. Die bisherigen Erfolge liefern die Rechtfertigung, nicht mehr über Alternativen nachzudenken, so wenig realistisch (zum Beispiel sexuelle Enthaltsamkeit) sie auch anfangs erscheinen mögen. Weil eine HIV-Therapie erhebliche Kosten verursacht, zeigt sich ein solches Verhalten primär in den Teilen der Welt, die sich mit Krankenversicherungen und relativ hohem Einkommen ein solches Verhalten leisten können.

So konvergieren die Forschungsanstrengungen der Einzeldisziplinen zu einem gigantischen *drug-design*-Prozess, in dem die Einflussfaktoren menschliche Natur und menschliches Verhalten an Nichtregierungsorganisationen, Sozialwerke, Entwicklungsorganisationen und kirchliche Initiativen delegiert werden. Dieser Prozess hat sogar in den *public private partnerships* eine neue Form der Finanzierung für diese extrem teure und aufwändige Arzneimittelentwicklung gefunden. Seit der Publikation einer aktuellen grossen Studie in Südostasien gibt es auch dort wieder eine kleine Hoffnung.[55]

Die vor hundert Jahren hoch gesteckten Ziele von Ehrlich und Fischer zur Konstruktion der Arzneimittel vom Reissbrett sind einer Normalität gewichen. Sie werden in jedem Entwicklungsprozess eines neuen Arzneimittels angewandt. Noch nie konnte die menschliche Kultur – dank der damals entworfenen Konzepte – auf eine epidemische Bedrohung so schnell und umfassend reagieren wie heute. Bei aller Kritik an Schweine- und Vogelgrippetherapien hat sich erwiesen, dass eine umfassende rationale Antwort auf Erkrankungen inklusive präventiver und nachsorgender Massnahmen immer besser möglich wird. Der Einbezug der Sicht des Einzelnen auf seine Erkrankung in die Entwicklung einer «rationalen» Therapie stellt den nächsten Schritt der Herausforderung des *drug design* dar.

GEHT ES AUSSER DEM MOLEKÜL AUCH DEM MENSCHEN BESSER?

Bei allen theoretischen Einwänden gegen die Baukastenmentalität und den molekularen Reduktionismus führt diese konsequente Denkweise zu neuen Arzneimitteln. Sie bringen zwar in vielen Fällen nicht den Durchbruch, den die Theorie erhoffen liess, haben aber unwiderlegbar zu einem Stand der menschlichen Gesundheit geführt – zumindest was die gebrechensfreien Lebensjahre angeht –, der in der Geschichte unerreicht ist. Warum also sind wir dennoch unzufrieden mit der Situation? Es ist der Anspruch der Unbedingtheit, dem jetzt eingeschlagenen Weg folgen zu müssen.

Das Dilemma des Paradigmas *drug design* – hervorgegangen aus der Verschränkung der Sichtweisen von Pharmazie und Medizin – liegt nämlich in seinen Pfadabhängigkeiten. Die Erfolge moderner molekularer Therapie

[55] S. Rerks-Ngarm et al., «Vaccination with ALVAC and AIDSVAX to Prevent HIV-1 Infection in Thailand», in: *New England Journal of Medicine* 361, 2009, S. 2209–2220.

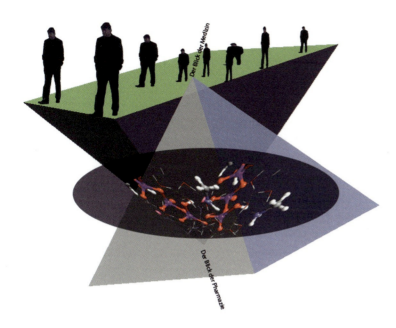

Abb. 3: Im aktuellen Paradigma sind die pyramidalen Sichtweisen ineinandergeschoben. Gemeinsam fokussieren sie auf die molekularen Eigenschaften des Menschen.

56 Dies ist begründet in der okzidentalen philosophischen Tradition des Ursprungsmodells und zieht die Notwendigkeit einer begründenden Kausalität einer Erkrankung nach sich, die sich in unserem Zeitbegriff verbirgt. Aristoteles definiert als Erster in seiner «Physik» die Zeit. Er verknüpft sie untrennbar mit einem Prinzip der Quantifizierung von Veränderungen, beispielsweise beim Wuchs einer Pflanze. Wir messen die auftretende Zahl an Veränderungen und bestimmen ein «Vorher» und «Nachher». Klassisches aristotelisches Beispiel ist die Bewegung der Sonne, eines Pfeils oder eines Läufers. Dies zwingt zur Definition «vorher» gesund, nachher «krank», nach einer Intervention wieder «gesund». Andere Philosophien fokussieren auf ein ewiges Wirk- oder Schöpfungsprinzip, das von der Polarisierung (Yin und Yang) lebt. Es «ist» und «wird» nicht. Die griechischen Schöpfungsprinzipien schaffen aber aus dem Chaos einen definierten Anfang. Heute fungiert der Urknall als «Schöpfungsmythos» und «Eschatologie» mit einer klaren Zeit/Energie-Abfolge vom Anfang bis zu unserem vermutlichen Ende (Entropie-Zeit-Korrelation). Die chinesische Philosophie kennt dagegen nur einen marginalen Bezug auf die Götter und keine Schöpfung oder eine Zeitenwende. Siehe auch François Jullien, Über die «Zeit». Elemente einer Philosophie des Lebens, Zürich, Berlin 2004, S. 29 f.

gestatten kaum noch eine Richtungsabweichung von den in den letzten hundert Jahren etablierten Denkmodellen und Vorgehensweisen. Beispielsweise lehrt uns unsere westliche geistesgeschichtliche Tradition einen Tier-Mensch-Abstand, der es gerechtfertigt erscheinen lässt, Tiere als Modelle innerhalb der evolutionären Stufenleiter für das komplexe System Mensch anzunehmen. Was mechanistisch für lebenserhaltende Physiologie vernünftig ist, lässt aber ausser Acht, dass Individualität mit Wahrnehmungsfähigkeit, sozialen Strukturen, Überzeugungen und Wünschen ein wesentlicher Faktor von Gesundheitsempfinden ist und referenziert stattdessen auf ein statistisch gemitteltes Menschenbild und eine strenge Kausalbeziehung für die Entstehung von Krankheit.[56]

Es wäre also auch die Veränderung aller Lebensumstände zur Therapie einer Erkrankung in Betracht zu ziehen, statt auf einzelne molekulare Parameter zu fokussieren, die nur dienlich sind innerhalb der Genauigkeitsgrenzen ihrer Bestimmung und nicht der Relevanz für das Individuum in seiner Gesamtheit.

Zweifellos wird jeder gute Arzt und jede gute medizinische Chemikerin genau diese Punkte im Kopf haben, wenn sie oder er über die Heilung von Krankheiten nachdenkt. Es stellt sich aber die Frage, ob es ihr oder ihm erlaubt ist, sich nach eigenen Idealen zu bewegen, oder ob die Möglichkeit besteht, dieselben adäquat umzusetzen. Ein etabliertes Schema von als «wahr» klassifizierten Befunden verleiht der aktuellen Sicht auf den Menschen eine hohe Trägheit. In der Wissenschaft gilt der persönliche *track record*, der Leistungsausweis innerhalb des Systems, mehr als Originalität. Inkrementelle Verbesserungen werden eher belohnt als radikal andere Ansätze. Wirtschaftlichkeit, Machbarkeit, Statistik und Prognostik sowie politische Korrektheit prägen die aktuellen Sichtweisen entscheidend, neben disziplinärer Treue und disziplinären Belohnungssystemen.

Es wäre beim Klagen über das Fehlen des Menschen in der modernen Therapie bei weitem zu einfach, auf die «Mechanisierung» des Menschen als Folge des industriellen Zeitalters zu verweisen. Darüber hat bereits La Mettrie gespottet.[57] Es gilt stattdessen, den Versuch des Menschen zu hinterfragen, mit dem er den Menschen sucht. Die «Transparenz des Körpers», die das Darunterliegende offenbart,[58] hat bis zu den Molekülen hinab nicht zum Ziel geführt.

Als Beispiel seien neuere Entwicklungen in der Hirnforschung angeführt. In ihr sind erste Ansätze sichtbar, in denen die Forscher scheinbar die Leiter wieder hinaufsteigen, um die Genotyp-Phänotyp- Korrelation aufzulösen. Nicht die Neurotransmittermoleküle selbst sind die neuen *targets*, sondern die synaptischen Netzstrukturen und besonders deren Plastizität,[59] die sie als Boten zu schaffen helfen. Der nationale Forschungsschwerpunkt der Schweiz «Synaptische Grundlagen psychischer Krankheiten» tritt vor allem mit dem Ziel an, eine «neue Generation von Psychiatern auszubilden»,[60] die klinische Kompetenz mit Neurowissenschaften verbinden. Es wird interessant sein zu beobachten, ob hier die Psychiatrie in die Neurowissenschaften mit ihrer molekularen Ausrichtung eingepasst werden soll oder ob tatsächlich Raum für eine neue Bedeutungszuschreibung der Auflösungsebenen (Molekül, Zelle, Gewebe, Organ, Organismus) gegeben wird.

Sollte dies der Fall sein, so wäre damit eine Massnahme identifiziert, mit der öffentliche und private Geldgeberinnen und Geldgeber es in der Hand haben, mit mutigen Entscheiden eine kluge Hinterfragung aktueller Denk- und Sichtweisen zu fördern, ohne ein global etabliertes Wissenschaftssystem zu zerstören oder der Esoterik geziehen zu werden.

Eine weitere Massnahme generiert sich selbst aus den Kreisen der Betroffenen, den Patientinnen und Patienten. Die Organisation PatientsLikeMe führt über das Medium Internet viele Menschen mit den gleichen, zum Teil hoffnungslosen Diagnosen auf einer Austauschplattform zusammen. Vor allem aber bietet sie Hochschul- und Industriepartnerschaften «more innovative ways to learn from real-world patient experiences» an.[61] Hier ist die klare Zielsetzung, von Modellierungen des Menschen innerhalb aller wissenschaftlichen, disziplinären Definitionen wieder zurückzufinden und den Menschen vom *homme moyen* zum Individuum im Sinne eines biopsychosozialen Krankheitsmodells zurückzuführen.

Die beiden Pyramiden der Medizin und Pharmazie stecken nun also so ineinander, dass die Spitze der Einen die Grundfläche der Anderen berührt. Mensch und Molekül, Molekül und Mensch sind auf der jeweiligen Basisebene zusammengekommen. Die Symmetrie des entstandenen Würfels bietet nun die besten Bedingungen, disziplinäre Hierarchien aufzulösen und den ganzen Rauminhalt zu erforschen. Die methodischen Grenzüberschreitungen haben bereits stattgefunden. Traditionelle Denkmuster der Heilung, Refokussierung auf den einzelnen Menschen und reduktionistische Konzepte haben jetzt die Möglichkeit, vielleicht an ungewöhnlichen Orten wie im virtuellen Raum des Internets, neue Legierungen zu bilden.

---

[57] Ursula Pia Jauch, *Jenseits der Maschine. Philosophie, Ironie und Ästhetik bei Julien Offray de La Mettrie (1709–1751)*, München 1998.

[58] *Il corpo trasparente*, Convegno internazionale a cura die Victor I. Stoichita, Université de Fribourg, Instituto Svizzero di Roma, 11.–2. 7. 2010.

[59] Siehe dazu den Artikel von Beatrix Rubin im vorliegenden Band.

[60] Eidgenössisches Departement des Innern (EDI), Staatssekretariat für Bildung und Forschung (SBF), Nationale Forschung, http://www.myscience.ch, 15. 4. 2010.

[61] http://www.patientslikeme.com, 12. 10. 2010.

Vivianne Otto

WENIGER «SCHLECHTES» UND MEHR «GUTES» CHOLESTERIN – WENIGER HERZINFARKTE?
Vom Versuch, menschliche Krankheit auf einfache molekulare Prozesse zu reduzieren

Krankheiten werden heute in den *life sciences*, wenn immer möglich, auf molekularer Ebene erklärt. Diesem Ansatz folgend entsteht eine Krankheit, wenn bestimmte molekulare Prozesse im Organismus nicht optimal gesteuert werden oder nicht richtig funktionieren. Dadurch werden Stoffwechselprodukte in zu hohen oder zu tiefen Mengen bereitgestellt. Dies beeinträchtigt Organfunktionen, die psychische Befindlichkeit oder führt gar zu wahrnehmbaren körperlichen Veränderungen. Aus der molekularen Betrachtungsweise von Krankheit folgt, dass sich diese durch die Messung von Stoffwechselprodukten erkennen und beobachten lässt. Das Stoffwechselprodukt wird zum Surrogatmarker, zu einem quantifizierbaren, molekularen Zeichen, das Auskunft gibt über das Vorhandensein und das Ausmass eines Krankheitsprozesses.

Die molekulare Betrachtungsweise von Krankheit legt zudem nahe, dass diese therapiert werden kann, indem der fehlgesteuerte oder nicht richtig funktionierende Prozess durch ein Arzneimittel gezielt angegangen und normalisiert wird. Stoffwechselprozesse beruhen auf der Tätigkeit von «molekularen Maschinen» – von Enzymen, Rezeptoren, Ionenkanälen, Transporteiweissen und anderem mehr. Indem ein Arzneistoff an eine solche molekulare Maschine andockt, kann er deren Tätigkeit hemmen oder fördern. Die molekulare Maschine wird dadurch zum Angriffspunkt, zur Zielscheibe, zum so genannten Target, des Medikamentes.

Will man aus diesem Erklärungsansatz für menschliche Krankheiten und deren medikamentöse Behandlung eine Vorstellung vom Menschen ableiten, so wäre es wohl die eines komplizierten biochemischen Systems. Eines Systems, das zerlegt werden kann in kleinere und kleinste Subsysteme, die im Idealfall isoliert betrachtet werden können. In ihnen laufen die Stoffwechselprozesse ab, die zum Leben notwendig sind. Und diese Stoffwechselprozesse wiederum können einzeln analysiert und verstanden werden, um dann einer gezielten medikamentösen Beeinflussung zugänglich gemacht zu werden.

CHOLESTERINSPIEGEL UND HERZINFARKTRISIKO

Das wohl bekannteste Stoffwechselprodukt, dem krankmachende Eigenschaften – insbesondere in der industrialisierten Welt – nachgesagt werden, ist das Cholesterin. Es wurde erstmals im 18. Jahrhundert als Bestandteil von Gallensteinen beschrieben. Diesem Umstand verdankt es seinen Namen, der sich aus dem Griechischen *chole* für Galle und *stereos* für fest ableitet. Cholesterin ist einerseits ein wichtiger Bestandteil der menschlichen Zellmembranen, andererseits eine Vorstufe in der Synthese der Steroidhormone (Östrogen, Testosteron, Cortison, Aldosteron usw.). Es wird mit der Nahrung aufgenommen, vor allem aber in der Leber synthetisiert. Ausgeschieden wird Cholesterin in Form von Gallensalzen. Dies geschieht wiederum über die Leber und über die Galle.

Der Chemiker und spätere Nobelpreisträger Adolf Windaus entdeckte 1910, dass Cholesterin in atherosklerotischen Gefässablagerungen enthalten ist.[1] Die Cholesterinkonzentrationen in diesen Ablagerungen waren zwanzigmal höher als diejenigen in normalen Blutgefässen. Atherosklerotische Plaques gelten als ein wesentlicher Risikofaktor für Herzinfarkte und Schlaganfälle. In den 1950er Jahren trennte der Chemiker John Gofman in Berkeley das im Blut enthaltene Cholesterin durch Ultrazentrifugation[2] in mehrere Fraktionen auf.[3] Er stellte fest, dass die Personen, bei denen die Cholesterinfraktion mit der kleinsten Dichte am grössten war, das höchste Risiko hatten, einen Herzinfarkt zu erleiden. Die Framingham-Heart-Studie erweiterte diese Beobachtung in den 1970er Jahren. Sie bestätigte zum einen, dass Personen mit erhöhtem Herzinfarktrisiko mehr Cholesterin niederer Dichte, so genanntes LDL-Cholesterin (*low density lipoprotein cholesterol*), in ihrem Blut haben. Zum anderen zeigte sie auf, dass diese Personen auch geringere Mengen der Cholesterinfraktion hoher Dichte, des so genannten HDL-Cholesterins (*high density lipoprotein cholesterol*), aufweisen als die gesunden Probandinnen und Probanden.[4] Damit war die Basis für die Verwendung der Cholesterinwerte als Surrogatmarker – als messbare Signale für die Wahrscheinlichkeit eines Herzinfarktes – geschaffen.

Cholesterin ist eine Substanz mit fettähnlichen Eigenschaften, denn es ist unlöslich in Blutserum. Cholesterin kommt deshalb im Blutkreislauf nur an verschiedene Trägerpartikel gebunden vor. Diese Trägerpartikel, Lipoproteine genannt, sind komplexe Konglomerate aus Proteinen, Phospholipiden, Cholesterin, Cholesterinestern und Triglyceriden (Abb. 1). Verglichen mit den HDL-Partikeln haben LDL-Partikel einen tieferen Proteingehalt, einen höheren Lipidgehalt und somit eine geringere Dichte. Dementsprechend lassen sich die im Serum enthaltenen Lipoproteine nach ihrer Dichte auftrennen. Im diagnostischen Labor wird der Cholesteringehalt jeder dieser Fraktionen gemessen. LDL-Cholesterin ist dann die Cholesterinkonzentration in den Lipoproteinen niederer Dichte und HDL-Cholesterin entsprechend jene in den Lipoproteinen hoher Dichte.

---

[1] Adolf Windaus erhielt den Nobelpreis für Chemie 1928 in Anerkennung seiner Arbeiten zum Cholesterin und den mit ihm verwandten Vitaminen. http://nobelprize.org/nobel_prizes/chemistry/laureates/1928/windaus.html, 28. 9. 2010.

[2] Es handelt sich dabei um Zentrifugation bei sehr hohen Umdrehungszahlen. Sie wird zur Auftrennung gelöster Makromoleküle aufgrund unterschiedlicher Sedimentationsgeschwindigkeiten beziehungsweise Dichten verwendet.

[3] N. K. Kapur, D. Ashen und R. S. Blumenthal, «High Density Lipoprotein Cholesterol. An Evolving Target of Therapy in the Management of Cardiovascular Disease», in: *Vascular Health and Risk Management* 4, 2008, S. 39–57.

[4] W. B. Kannel, W. P. Castelli und T. Gordon, «Cholesterol in the Prediction of Atherosclerotic Disease. New Perspectives Based on the Framingham Study», in: *Annals of Internal Medicine* 90, 1979, S. 85–91.

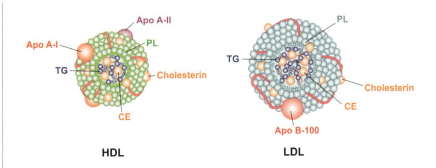

Abb. 1: Die Lipoproteine sind komplexe Konglomerate aus Proteinen (zum Beispiel Apolipoprotein A-I [Apo A-I], Apo B-100) und diversen Lipiden (Phospholipide [PL], freies und verestertes [CE] Cholesterin, Triglyceride [TG]). Je höher der Proteinanteil und je kleiner der Lipidanteil, umso höher die Dichte eines Lipoproteins. Das Hauptprotein der Lipoproteine hoher Dichte (*high density lipoproteins* oder HDL) ist das Apo A-I, dasjenige der Lipoproteine niederer Dichte (*low density lipoproteins* oder LDL) das Apo B-100.

«SCHLECHTES» UND «GUTES» CHOLESTERIN

Die Resultate der Framingham-Heart-Studie begründeten eine neue Betrachtungsweise von Herz-Kreislauf-Erkrankungen. In die Umgangssprache übersetzt lautete sie: Es gibt ein «schlechtes» und ein «gutes» Cholesterin. Je mehr vom «schlechten» und je weniger vom «guten» Cholesterin ein Mensch hat, desto höher ist sein Herzinfarktrisiko.[5] Diese eingängige Aussage ist zu einem eigentlichen Glaubenssatz geworden.[6] Sie wird von Pharmafirmen, Ärztinnen und Ärzten, ihren Patientinnen und Patienten und populärwissenschaftlichen Publikationen bis heute immer und immer wieder beschworen. Die Wortwahl ist allerdings problematisch. Man beachte, dass hier, ausgehend von einer reinen Korrelation zwischen Blutwerten und Krankheitsrisiko – den Blutwerten als Anzeichen für ein erhöhtes Risiko –, eine Metapher gewählt wurde, die einen kausalen Zusammenhang suggeriert: Schlechtes Cholesterin schadet, gutes schützt. Ein solcher kausaler Zusammenhang konnte aber bis heute nicht nachgewiesen werden.

EINE NEUE ÄRA IN DER VORBEUGUNG VON HERZINFARKTEN BRICHT AN

Die Resultate der Framingham-Heart-Studie lösten eine intensive Suche nach Wirkstoffen aus, die ungünstige Cholesterinwerte korrigieren sollten. Als Target wurde ein Enzym, das an der Herstellung von Cholesterin in der Leber beteiligt ist (HMG-CoA-Reduktase), gewählt. Als Medikamente, die die Tätigkeit dieses Enzyms hemmen können, wurden die so genannten Statine entwickelt. Diese vermindern die Cholesterinsynthese in der Leber und senken den LDL-Cholesterin-Spiegel, das «schlechte» Cholesterin, im Blut. Klinische Studien zeigten, dass die Statine tatsächlich das Herzinfarktrisiko von Patienten mit hohen LDL-Cholesterin-Werten um gut dreissig Prozent reduzieren.[7] Die Hypothese, dass eine Reduktion des «schlechten Cholesterins» mit einem vermin-

---

[5] A. Opar, «Where Now for New Drugs for Atherosclerosis?», in: *Nature Reviews Drug Discovery* 6, 2007, S. 334 f.
[6] J. Couzin, «Clinical Trials and Tribulations. Cholesterol Veers off Script», in: *Science* 322, 2008, S. 220–223.
[7] J. Shepherd et al., «Prevention of Coronary Heart Disease with Pravastatin in Men with Hypercholesterolemia. West of Scotland Coronary Prevention Study Group», in: *The New England Journal of Medicine* 333, 1995, S. 1301–1307.

derten Herzinfarktrisiko einhergeht, schien sich damit – zumindest teilweise und im Rahmen einer Statintherapie – zu bestätigen.

Die Statine wurden zu den kommerziell erfolgreichsten Medikamenten aller Zeiten. Der Spitzenreiter Atorvastatin (Handelsname Lipitor in den USA, Sortis in Europa) beschert der Herstellerfirma Pfizer Umsätze von dreizehn Milliarden US-Dollar jährlich.[8] Es ist somit nicht nur ein Blockbuster,[9] es ist ein Blockbuster der Extraklasse. Die dreizehn Milliarden US-Dollar entsprechen der Hälfte des Gesamtumsatzes von Pfizer. Der Patentschutz für Atorvastatin wird voraussichtlich im Jahr 2011 aufgehoben.

ANKNÜPFEN AN DEN GROSSEN ERFOLG DER STATINE

Das Bedürfnis nach Präparaten in der Nachfolge der Statine oder als Ergänzung zu ihnen ist dementsprechend gross. Ein von mehreren Firmen gewählter Ansatz ist, zusätzlich zu der durch die Statine erzielten Senkung des «schlechten» LDL-Cholesterins eine Erhöhung des «guten» HDL-Cholesterins zu erwirken. Als mögliches Target, um dies zu bewerkstelligen, wurde das Cholesterinester-Transferprotein (CETP) gewählt. Eine Begründung hierfür war, dass cholesterinreiche Nahrung bei Spezies, die kein CETP haben (zum Beispiel Mäuse), kaum zu Atherosklerose führt, während andere Spezies mit aktivem CETP wie beispielsweise Kaninchen, Affen und Menschen zu Atherosklerose neigen.[10] CETP kommt im Blut gebunden an HDL-Partikel vor und erlaubt diesen, ihr Cholesterin auf LDL- und VLDL (*very low density lipoprotein*)-Partikel zu übertragen (Abb. 2). Wird dieser Prozess gehemmt, sollte mehr Cholesterin in den HDL-Partikeln bleiben und weniger in den LDL-Partikeln auftauchen. Welche Rolle CETP bei der Entstehung von Atherosklerose spielt, konnte allerdings nicht eindeutig geklärt werden. Studien an transgenen Mäusen und an Menschen mit genetischen CETP-Mutationen zeigten Atherosklerose fördernde ebenso wie Atherosklerose hemmende Effekte.[11] 1994 entwickelte die Firma Pfizer eine Substanz, die die Funktion von CETP hemmt: Torcetrapib. Versuche an Kaninchen zeigten eine therapeutische Wirkung: Die durch cholesterinreiche Nahrung ausgelöste Atherosklerose der Kaninchen konnte durch die Gabe von Torcetrapib wirksam verhindert werden.

TORCETRAPIB: VOM KANINCHEN ZUM MENSCHEN

Die Resultate aus den Kaninchenversuchen nährten die Hoffnung, dass Torcetrapib auch Menschen vor cholesterinbedingter Atherosklerose schützen könnte. Für die Arzneistoffentwicklung wäre es eine enorme Erleichterung, könnten Resultate aus Tierversuchen (hier insbesondere die aus den Kaninchenversuchen) ohne weiteres als für den Menschen gültig betrachtet werden. Da das Ausmass der Übereinstimmung jedoch kaum voraussagbar ist, sind in

8 Zum Vergleich: Der gesamte weltweite Umsatz des Pharmamarktes betrug 2009 808 Milliarden US-Dollar. IMS Health, http://www.imshealth.com/portal/site/imshealth/menuitem.a953aef4d73d1ecd88f611019418c22a/?vgnextoid=bb96790ob55a5110VgnVCM10000071812ca2RCRD&vgnextfmt=default, 29. 9. 2010.
9 Der Begriff wurde seit den 1970er Jahren für sehr erfolgreiche Kinofilme gebraucht, später auch für Medikamente, die jährliche Umsätze von mehr als einer Milliarde US-Dollar generieren.
10 A. R. Tall, «Plasma Lipid Transfer Proteins», in: *The Journal of Lipid Research* 27, 1986, S. 361–367.
11 T. Joy und R. A. Hegele, «Is Raising HDL a Futile Strategy for Atheroprotection?», in: *Nature Reviews Drug Discovery* 7, 2008, S. 143–155.
12 Klinische Studien werden in vier aufeinanderfolgenden Phasen durchgeführt, die jede darauf angelegt ist, eine eigene Forschungsfrage zu beantworten. Phase I: Ein neues Medikament wird erstmals an einer kleinen Gruppe von Personen angewendet, um seine Sicherheit zu bewerten, einen sicheren Dosisbereich zu bestimmen und Nebenwirkungen zu erkennen. Phase II: Das Medikament wird einer grösseren Personengruppe verabreicht, um seine Wirksamkeit zu prüfen und seine Sicherheit weiter zu bewerten. Phase III: Das Medikament wird einer grossen Zahl von Personen verabreicht, um seine Wirksamkeit zu bestätigen, Nebenwirkungen zu verfolgen, es mit bestehenden Medikamenten zu vergleichen und weitere Informationen zur sicheren Anwendung zu sammeln. Phase IV: Nach der Marktzulassung werden weiterhin Informationen gesammelt, insbesondere zur Verwendung des Medikamentes durch verschiedene Bevölkerungsgruppen und zu Nebenwirkungen, die bei der Langzeitanwendung auftreten. http://www.nlm.nih.gov/services/ctphases.html, 28. 9. 2010.
13 ILLUMINATE steht für «investigation of lipid level management to understand its impact in atherosclerotic events».

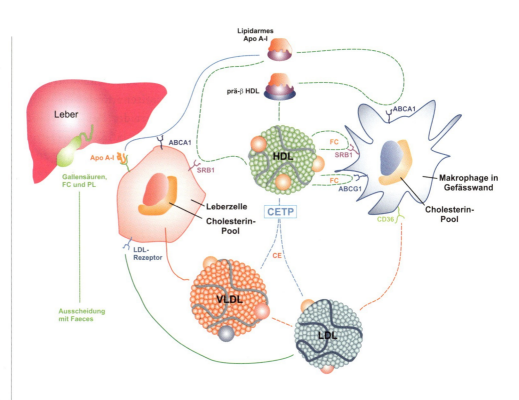

Abb. 2: Wichtige Schritte des Cholesterinstoffwechsels. Das in der Leber synthetisierte Cholesterin wird von Lipoproteinpartikeln niederer Dichte (VLDL und LDL) aufgenommen, im Blut transportiert und an Zellen in den Gefässwänden (zum Beispiel Makrophagen) abgegeben. Von diesem Prozess nimmt man an, dass er Atherosklerose fördert. LDL kann aber auch Cholesterin in die Leber zurückbringen, in dem es an die hepatischen LDL-Rezeptoren bindet – ein Prozess, der der Atherosklerose entgegenwirken sollte. Das für HDL typische Protein Apo A-I wird in der Leber synthetisiert und verlässt diese als lipidarmes Apo A-I. Dieses kann überschüssiges Cholesterin aus Zellen in den Gefässwänden aufnehmen und wird schliesslich zum reifen, kugeligen HDL-Partikel. Dieses kann weiteres Cholesterin von den Zellen der Gefässwände abholen. Das Cholesterin des HDL kann dann einerseits durch Bindung an den Scavenger-Rezeptor B1 (SR-B1) an Zellen der Leber abgeliefert werden. Dieser Prozess wird als reverser Cholesterintransport (RCT) bezeichnet und als günstig für die Vermeidung von Atherosklerose angesehen. Anderseits kann das Cholesterin des HDL, vermittelt durch das Cholesterinester-Transferprotein (CETP), auf (V)LDL übertragen werden. FC: freies Cholesterin; CE: Cholesterinester; gestrichelte Pfeile: Lipidtransfer; rote Pfeile: Prozesse, von denen man annimmt, dass sie die Entstehung von Atherosklerose begünstigen; grüne Pfeile: Prozesse, die der Atherosklerose entgegenwirken sollten. Zeichnung in Anlehnung an S. E. Nissen et al., «Effect of Torcetrapib on the Progression of Coronary Atherosclerosis», in: *The New England Journal of Medicine* 356, 2007, S. 1304–1316.

der Arzneistoffentwicklung die klinischen Studien, die nach den Tierversuchen durchgeführt werden, unabdingbar und bilden den entscheidenden Prüfstein für ein neues Medikament. Die frühen Phasen (I und II) der klinischen Studien passierte Torcetrapib schnell und erfolgreich.[12] Es war gut verträglich und führte zu eindrücklichen Erhöhungen des «guten» HDL-Cholesterins. 2003 startete Pfizer die gross angelegte Phase-III-Studie mit dem wohlklingenden Namen ILLUMINATE.[13] Es wurde eine grosse Zahl Probandinnen und Probanden rekrutiert, da Torcetrapib später an sehr vielen Patientinnen und Patienten angewendet werden sollte. Insgesamt nahmen 15 067 Personen mit erhöhtem Herzinfarktrisiko an der Studie teil. Das Studiendesign sah vor, dass eine Kombination von Torcetrapib und Atorvastatin verglichen werden sollte mit der alleinigen Anwendung von Atrovastatin. Dies, um durch Atorvastatin das «schlechte» LDL-Cholesterin zu reduzieren und durch Torcetrapib gleichzeitig das «gute» HDL-Cholesterin zu erhöhen. Für die Wahl dieses Studiendesigns spielte wohl auch der Umstand eine Rolle, dass im Erfolgsfall die Kombination der beiden Pfizer-Medikamente zur Therapie zugelassen worden wäre. Dies wäre finanziell attraktiv, könnten doch die Verkaufszahlen und der Preis von Atorvastatin als Teil der Kombinationstherapie auch nach Ablauf des Patentschutzes für die Monotherapie hoch gehalten werden. Das Studiendesign sah zudem vor, dass die Studie gestoppt würde, sollten unter der Torcetrapib-Kombinationsbehandlung mehr Patientinnen und Patienten sterben als unter der Atorvastatinbehandlung. Als Entscheidungskriterium wurde festgelegt, dass sich die Zahl der Sterbefälle in der Torcetrapib/Atorvastatin-Gruppe mit einer statistischen Irrtumswahrscheinlichkeit von weniger als einem Prozent (p < 0,01) von derjenigen in der Atorvastatin-Kontrollgruppe unterscheiden müsse.[14] Ähnliche statistische Kriterien waren in früheren grossen Studien zur kardiovaskulären Morbidität und Mortalität angewendet worden.

Erste Auswertungen der Studie ergaben, dass die Kombinationstherapie innerhalb von zwölf Monaten nicht nur zu einer eindrücklichen Erhöhung des HDL-Cholesterins (um 72 Prozent) führte. Sie bewirkte, verglichen mit der Atorvastatin-Monotherapie, auch eine weitere Senkung der LDL-Cholesterinwerte (um 25 Prozent). Die Kombinationstherapie führte, wie schon in den früheren klinischen Studien festgestellt, auch zu einer mittleren Erhöhung des systolischen Blutdruckes um 5,4 mm Hg.[15] In Anbetracht der günstigen Veränderungen der Cholesterinwerte stufte man diesen Befund als vernachlässigbar ein,[16] wenngleich erhöhter Blutdruck auch ein wichtiger Risikofaktor für Herzinfarkte und Schlaganfälle ist.

Von den 7533 Personen, die mit der Torcetrapib-Kombinationstherapie behandelt worden waren, waren bis im September 2005 elf (0,2 Prozent) verstorben, bis im Juli 2006 52 (0,69 Prozent).[17] Von den 7534 Personen, die nur Atorvastatin erhalten hatten, waren im September 2005 sieben (0,13 Prozent) gestorben, im Juli 2006 waren es 34 (0,45 Prozent). In der Gruppe der mit der Torcetrapib-Kombination behandelten Patientinnen und Patienten wurden bis im Sommer 2006 somit achtzehn zusätzliche Sterbefälle verzeichnet. Die Wahrscheinlichkeit, dass dieser Unterschied auf Zufall beruhte, betrug 5,2 Prozent. Am 2. Dezember 2006 war die Irrtumswahrscheinlichkeit dann unter das im Studiendesign festgelegte eine Prozent gefallen. Von den Personen, die mit der Kombinationstherapie behandelt worden waren, waren 82 (1,09 Prozent) verstorben, von jenen, die nur Atorvastatin erhalten hatten, 51 (0,68 Prozent). Die Zahl der klinischen Ereignisse, die Torcetrapib eigentlich hätte verhindern sollen – Todesfälle durch Herz-Kreislauf-Versagen, Herzinfarkte, Schlaganfälle und Angina-Pectoris-Anfälle –, traten in der Torcetrapib-Gruppe gar mit einer Irrtumswahrscheinlichkeit von einem Promille gehäuft auf.

EINE HERBE ENTTÄUSCHUNG

Die Phase-III-Studie wurde sofort abgebrochen. Pfizer stand vor einem Scherbenhaufen. Dieser bestand zum einen aus einem finanziellen Desaster. Die Pfizer-Aktien verloren am ersten Handelstag nach Bekanntwerden des Studienabbruchs fünfzig Prozent ihres Wertes, insgesamt 21 Milliarden US-Dollar.[18] Zum anderen war dies auch ein Desaster für die Cholesterinhypothese. Die Erhöhung des Surrogatmarkers HDL-Cholesterin hatte eine therapeutische Wirkung und eine Gesundung der Patienten vorgespiegelt, die nicht eingetreten war. Möglicherweise war die Vorstellung vom «schlechten» und vom «guten» Cholesterin, diese so einleuchtende molekulare Erklärung für die Entstehung

---

14 K. Hedenmalm, H. Melander und G. Alvan, «The Conscientious Judgement of a DSMB-statistical Stopping Rules Re-examined», in: *European Journal of Clinical Pharmacology* 64, 2008, S. 69–72.
15 P. J. Barter et al., «Effects of Torcetrapib in Patients at High Risk for Coronary Event», in: *The New England Journal of Medicine* 357, 2007, S. 2109–2122.
16 A. Behrenson, «Pfizer Ends Studies on Drug for Heart Disease», *The New York Times*, 3. 12. 2006, sowie B. M. Psaty und T. Lumley, «Surrogate End Points and FDA Approval. A Tale of 2 Lipid-altering Drugs», in: *Jama* 299, 2008, S. 1474–1476.
17 Hedenmalm, Melander und Alvan, «The Conscientious Judgement of a DSMB-statistical Stopping Rules Re-examined», S. 69–72.
18 M. Wadman, «When the Party's Over», in: *Nature* 445, 2007, S. 13.

von Atherosklerose, doch zu einfach, um die tatsächlichen Zusammenhänge zu widerspiegeln.

Da klinische Studien doppelblind durchgeführt werden, wussten weder die Firma Pfizer noch die behandelnden Ärztinnen und Ärtze, noch die Teilnehmenden, wer Torcetrapib erhalten hatte und wer ein Scheinmedikament. So wusste nur das unabhängige Data Safety Monitoring Board[19] um die zunehmende Zahl der Sterbefälle unter den Patientinnen und Patienten, die neben Atorvastatin auch Torcetrapib eingenommen hatten. Dennoch ist es bemerkenswert, dass der Präsident von Global Research & Development von Pfizer, John L. LaMattina, noch am 30. November 2006 (zwei Tage vor dem Abbruch der Studie) verkündete, Torcetrapib sei die seit Jahren wichtigste neue Entwicklung in der Behandlung von Herz- und Gefässkrankheiten.[20]

WIE GUT MUSS DAS «GUTE» CHOLESTERIN SEIN, UM GUT ZU TUN?

Seit Dezember 2006 sind weit über hundert wissenschaftliche Arbeiten erschienen, die sich mit den möglichen Gründen für das Scheitern von Torcetrapib auseinandersetzen. Die Frage, ob es am Wirkstoff lag oder am Wirkmechanismus, ist insbesondere für die Firmen Merck und Roche von grosser Bedeutung, sind doch beide Firmen daran, eigene CETP-Hemmer (Roche: Dalcetrapib, Merck: Anacetrapib) zu entwickeln. Bisher scheint es, dass die Blutdruckerhöhungen eine «Spezialität» von Torcetrapib waren.[21] Inwiefern sie zu den Todesfällen beigetragen haben, kann im Nachhinein nicht mehr geklärt werden. Komplexer und schwieriger zu beantworten ist die Frage nach der Richtigkeit der Hypothese zum Wirkmechanismus. Tatsächlich weiss man über die Rolle, die HDL im Cholesterinstoffwechsel spielt, noch weit weniger als über die des LDL. Welchen prognostischen Wert der HDL-Cholesterin-Wert im Blut hat, ist kaum untersucht. Als alleiniger und unabhängiger Surrogatmarker für Atherosklerose und das Herzinfarktrisiko ist er gemäss neueren Berichten jedoch ungeeignet.[22] Bei den mit Torcetrapib behandelten Patienten konnte mittels bildgebender Verfahren denn auch kein Rückgang der Menge und Grösse der atherosklerotischen Plaques festgestellt werden.[23] Aufgrund der vielfältigen Komponenten der HDL-Partikel werden ihnen verschiedenste Funktionen im Organismus nachgesagt. Diese reichen vom Rücktransport von Cholesterin zur Leber über die Beteiligung an der Regulierung von Entzündungsprozessen und der Bekämpfung von Infektionen sowie antioxidativen und die Blutgefässe schützenden Eigenschaften bis hin zu Funktionen in der Blutgerinnung.[24] Möglicherweise ist deshalb die Funktionstüchtigkeit der HDL-Partikel, ihre Qualität, der entscheidende Faktor. Diese wird jedoch durch die Messung des Cholesteringehaltes der HDL-Partikel nicht erfasst.[25] Offen ist auch, welche Rolle dem Target von Torcetrapib, dem CETP, zukommt. Diese molekulare Maschine ist an Prozessen, von denen man annehmen kann, dass sie Atherosklerose fördern, ebenso beteiligt wie an solchen, die Atherosklerose hemmen soll-

---

19 Das Data Safety Monitoring Board (DSB) besteht aus drei bis sieben Mitgliedern, die unabhängig sind von der Firma, die das Medikament entwickelt hat. Das DSB kommt alle drei bis sechs Monate zusammen, um die entblindeten Daten statistisch auszuwerten, zu analysieren und zu überprüfen. Das DSB ist ermächtigt, aufgrund seiner Analysen den Abbruch einer klinischen Studie zu empfehlen. Gründe für den Abbruch können Sicherheitsbedenken, eine ausserordentlich gute Wirksamkeit des Studienmedikaments oder auch dessen Wirkungslosigkeit sein.
20 http://media.pfizer.com/files/investors/presentations/LaMattina_Intro_112906_part1.pdf, 28. 9. 2010.
21 T. R. Joy und R. A. Hegele, «The Failure of Torcetrapib. What Have We Learned?», in: *British Journal of Pharmacology* 154, 2008. S. 1379–1381; J. A. Kuivenhoven et al., «Effectiveness of Inhibition of Cholesteryl Ester Transfer Protein by JTT-705 in Combination with Pravastatin in Type II Dyslipidemia», in: *The American Journal of Cardiology* 95, 2005, S. 1085–1088, sowie R. Krishna et al., «Effect of the Cholesteryl Ester Transfer Protein Inhibitor, Anacetrapib, on Lipoproteins in Patients with Dyslipidaemia and on 24-h Ambulatory Blood Pressure in Healthy Individuals. Two Double-blind, Randomised Placebo-controlled Phase I Studies», in: *Lancet* 370, 2007, S. 1907–1914.
22 Couzin, «Clinical Trials and Tribulations» sowie A. von Eckardstein, «HDL – A Difficult Friend», in: *Drug Discovery Today. Disease Mechanisms* 5, 2008, S. e315–e324.
23 S. E. Nissen et al., «Effect of Torcetrapib on the Progression of Coronary Atherosclerosis», in: *The New England Journal of Medicine* 356, 2007, S. 1304–1316; M. L. Bots et al., «Torcetrapib and Carotid Intima-media Thickness in Mixed Dyslipidaemia (RADIANCE 2 Study). A Randomised, Double-blind Trial», in: *Lancet* 370, 2007, S. 153–160, sowie J. J. Kastelein et al., «Effect of Torcetrapib on Carotid Atherosclerosis in Familial Hypercholesterolemia», in: *The New England Journal of Medicine* 356, 2007, S. 1620–1630.
24 Couzin, «Clinical Trials and Tribulations».
25 Von Eckardstein, «HDL – A Difficult Friend».

ten (Abb. 2).[26] Durch die medikamentöse Beeinflussung der CETP ein gesundes Gleichgewicht zu schaffen, dürfte – im besten Fall – schwierig sein.

DER GLAUBE AN DAS «GUTE» CHOLESTERIN LEBT WEITER

Bei so vielen offenen Fragen wäre anzunehmen, dass die Forschungsanstrengungen der grossen Pharmafirmen, insbesondere von Roche und Merck, nun auf eine gründliche Analyse und Aufklärung des Cholesterinstoffwechsels zielen würden. Dies geschieht jedoch nicht. Der tief verwurzelte Glaube an die so einsichtige Cholesterinhypothese, das Gewicht des durch die Pharmafirmen bereits investierten Geldes und die Verlockung, mit etwas Glück doch einen künftigen Blockbuster auf den Markt zu bringen, ist grösser. Dalcetrapib und Anacetrapib werden zurzeit in gross angelegten klinischen Studien der Phase III getestet.

Als wissenschaftliche Begründung wird die Beobachtung herangezogen, dass die CETP-Inhibitoren, Dalcetrapib und Anacetrapib, im Gegensatz zu Torcetrapib den Blutdruck nicht erhöhen.[27] Zudem wurden die Daten der ILLUMINATE-Studie im Nachhinein, nach dem Scheitern von Torcetrapib, noch einmal untersucht. Dabei sei zu Tage getreten, dass bei den Patienten, deren HDL-Cholesterin am stärksten angestiegen war, auch die Zahl der Herzinfarkte am kleinsten war.[28] Auch wenn diese nachträgliche Aussage aus methodischen Gründen mit grosser Unsicherheit behaftet ist,[29] hängt die Hoffnung auf positive Effekte des durch CETP-Inhibition erhöhten «guten» HDL-Cholesterins nun an ihr.

---

26 Kapur, Ashen und Blumenthal, «High Density Lipoprotein Cholesterol. An Evolving Target of Therapy in the Management of Cardiovascular Disease».
27 Joy und Hegele, «The Failure of Torcetrapib»; Kuivenhoven et al., «Effectiveness of Inhibition of Cholesteryl Ester Transfer Protein by JTT-705 in Combination with Pravastatin in Type II Dyslipidemia» sowie Krishna et al., «Effect of the Cholesteryl Ester Transfer Protein Inhibitor, Anacetrapib, on Lipoproteins in Patients with Dyslipidaemia and on 24-h Ambulatory Blood Pressure in Healthy Individuals».
28 Barter et al., «Effects of Torcetrapib in Patients at High Risk for Coronary Event».
29 Nissen et al., «Effect of Torcetrapib on the Progression of Coronary Atherosclerosis».

Pierre Thomé
Wir sind, was wir sehen
Als Menschen sind wir, was wir sehen, weil wir das glauben, was wir sehen. Die Wissenschaften aber fordern und behaupten, die hinter dem Augenscheinlichen verborgenen Muster und Gesetze zu entdecken. Als einzige Referenz steht den Menschen jedoch die Welt in ihrer zeitlich linearen und räumlich dreidimensionalen Wahrnehmung zur Verfügung. Bereits Plato verstand, dass unsere Sicht auf die Welt unvollkommen sein muss, weil das Sehen selbst als solches unvollkommen ist. Die Unendlichkeit, der Ursprung des Universums, das Ende der Zeit, die vierte Dimension – Dinge dieser Art bleiben für unser Gehirn unvorstellbar.

Im Austausch zwischen Wissenschaft und anderen gesellschaftlichen Domänen – aber auch im Dialog der Disziplinen untereinander – übernimmt das Visuelle eine immer wichtigere Rolle. Die Sprache der Bilder ist unmittelbarer als jene der Wörter. Um zu verstehen, zu übersetzen und zu vermitteln, sind Gestaltung und Bildexpertise gefordert, die mit verschiedenen Sichtweisen umgehen können. Sowohl in der Gestaltung als auch in der Wissenschaft hat sich Zeichnen als Prozess des Sichaneignens und Verstehens bewährt. Zeichnen entschleunigt das Sehen, der Zugang zu neuen Erkenntnissen erfolgt tastend und impliziert die dem Zeichner und der Zeichnerin vertraute Erkenntnis, dass eine Zeichnung nie wirklich «abgeschlossen» sein kann: Ihr haftet immer etwas Unvollendetes an, sie bleibt der Frage immer näher als der Antwort. Eine Zeichnung kann nur bedingt Information vermitteln, aber sie ermöglicht es den Betrachtenden, Vertrautes durch fremde Augen neu zu sehen.

Heute hat die Technik die Sichtweisen des Menschen radikal erweitert. Die Menschen schauen auf unendlich Kleines und unendlich Grosses, dehnen und verkürzen die Zeit. Roboteraugen generieren mittlerweile im Laufe eines Jahres mehr Bilder, als alle Menschen dieser Welt in allen Zeiten vorher je geschaffen haben. Die Masse der sich anhäufenden Bilddaten sprengt die Kapazitäten der leistungsstärksten Datenspeicher. Überfordert überlassen wir den Rechnern und ihren Algorithmen das Auswerten der Bilddaten. Die Bilder der Wissenschaft riskieren dadurch in dem Mass irreführend zu werden, wie die Erzählungen, die aus den Entstehungsprozessen entstehen, im Verborgenen bleiben. Es ist wohl so, als brauche die Welt neben dem Bild das Sprechen und Nachdenken über ebenjene Bilder und darüber hinaus auch das Verstehen der Entstehungsprozesse hinter jenen Bildern. Denn nur diejenigen, die wissen, wie ein Bild entstanden ist und wie es bearbeitet und wahrgenommen wird, haben die Möglichkeit, etwas über den dargestellten Gegenstand und die (manchmal nötigen) Manipulationen erfahren. Eine Möglichkeit, über Bilder nachzudenken, besteht darin, neue Bilder und Bildvariationen zu erschaffen – denn Worte allein können das Wesen von Bildern nur unvollkommen erfassen.

Der Dialog zwischen Wissenschaft und Kunst hat erst begonnen, und er wird sich als umso ergiebiger erweisen, je mehr er neben dem Bilderverstehen das Bewusstsein für das Ästhetische und Kreative in der Wissenschaft selbst fördert.

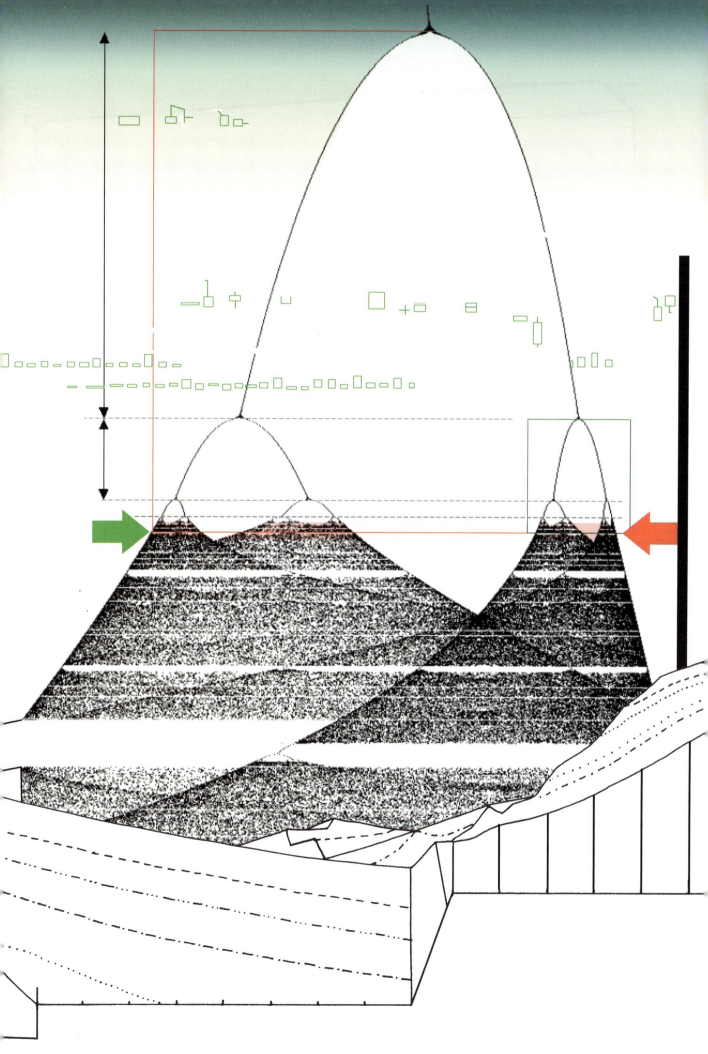

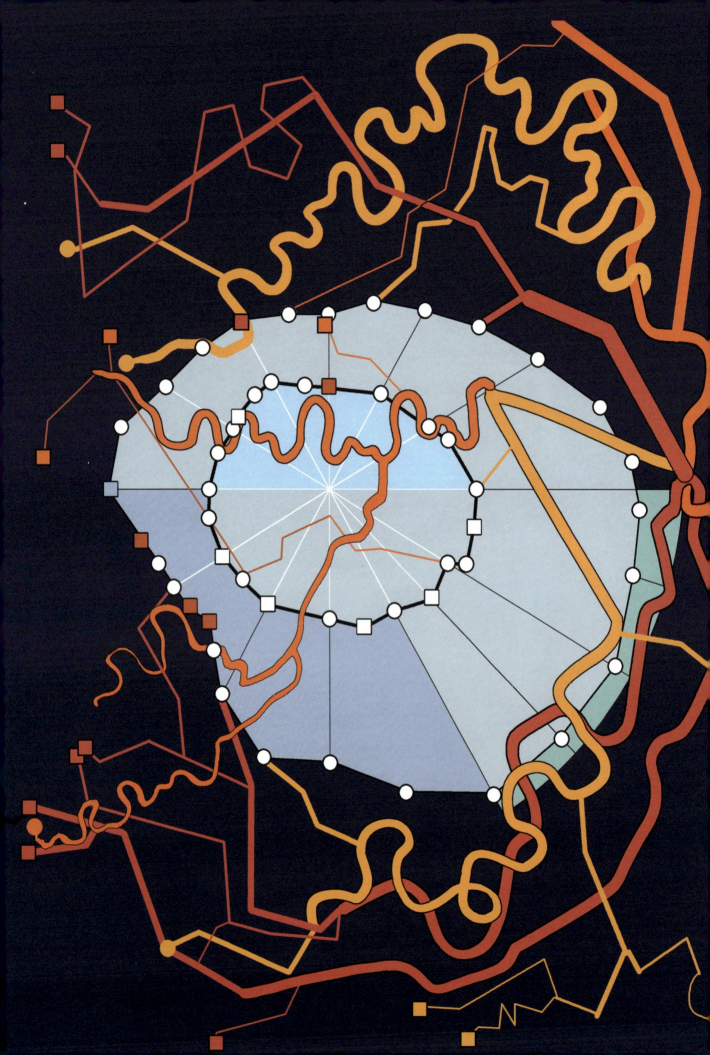

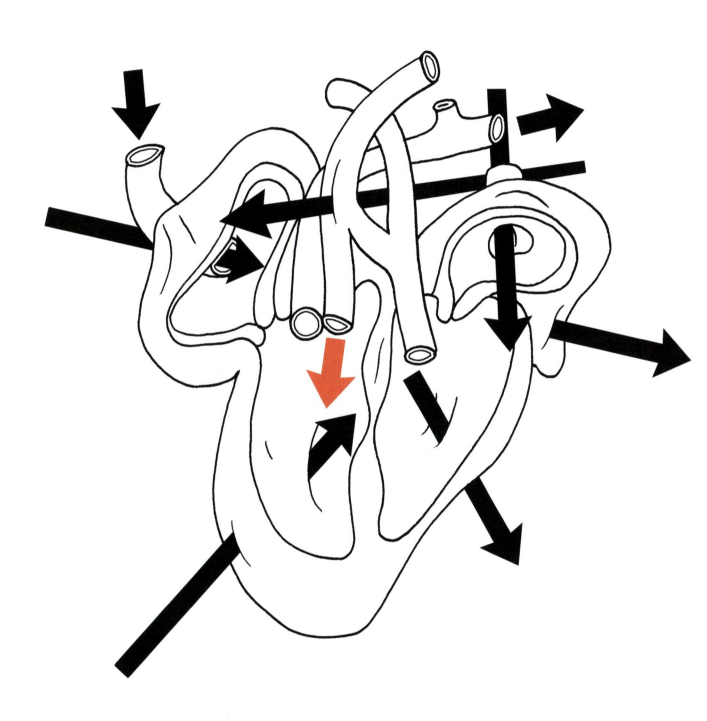

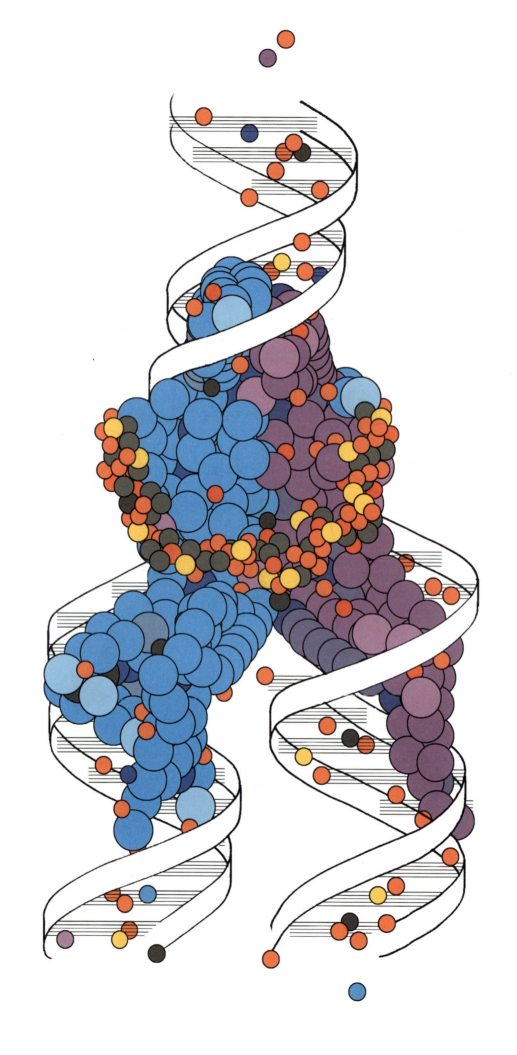

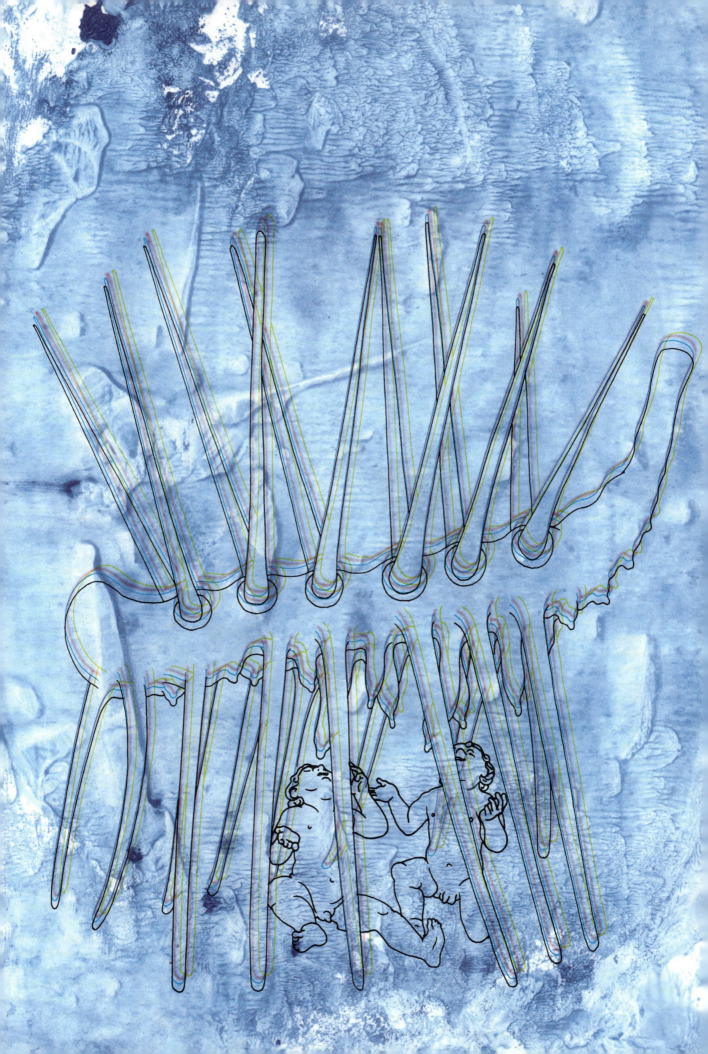

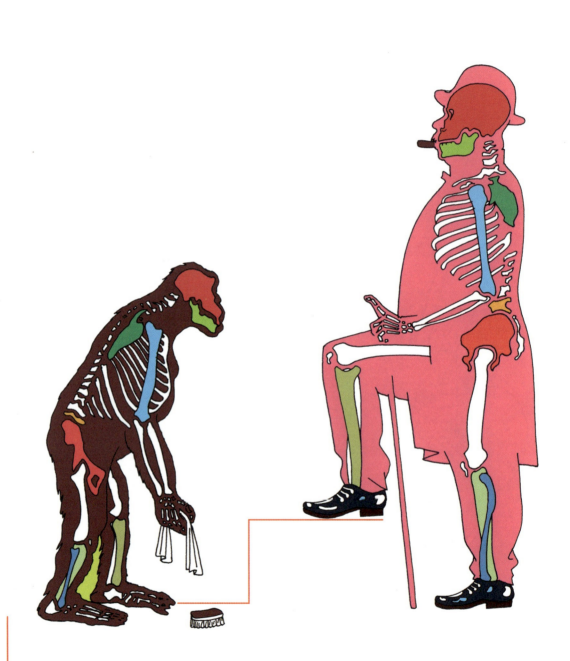

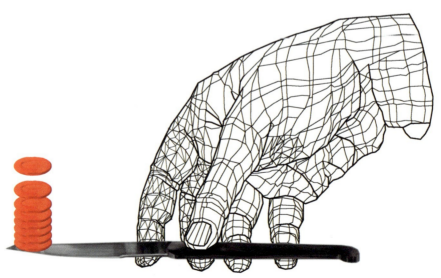

Bildlegenden

1. Ansicht des Feigenbaum-Diagramms im Stil der japanischen Holzdrucke.

2. Bei diesem Bild kommt es darauf an, den Dalmatiner nicht zu sehen. Nachdem man ihn erkannt hat, scheint dies nahezu unmöglich.

3. Die beiden Motive in den Kreisen oberhalb des Kopfes sind von Ernst Mach und stellen den Versuch dar, ein Abbild der Wirklichkeit – wie aus dem Inneren des Kopfes heraus gesehen – als Zeichnung festzuhalten. Unsere Augen schicken keine Bilder ins Hirn, weil da oben niemand sitzt, der diese anschauen könnte.

4. Hybride Karte des Gesichtsfeldes des linken Auges mit Angiogenese, dargestellt als National- und Hauptstrassen.

5. Es ist ein alter Traum, dem Hirn beim Denken zuzuschauen. Die Bilder aus dem MRI bleiben trotz immer präziseren Daten letztlich diffus. Der Blinde aus Descartes' «Dioptrique» fasst den aktuellen Erkenntnisgewinn mit den Worten des Physikers Enrico Fermi zusammen. Dieser soll so geantwortet haben, als man ihn nach seiner Meinung über die neue Orbitalvorstellung der Atome befragte.

6. Mendelsche Variation

7. Jeder Pfeil verweist nicht nur auf sich selbst, sondern antizipiert eine Richtung. Dargestellt ist das Herz eines Krokodils mit einem Hang, sich schnell zu verlieben.

8. Fortpflanzungsfuge

9. Was die meisten Leute an Darwin zu stören scheint, ist die Feststellung, dass der Mensch vom Affen abstammt. Das Buch «Good Natured» von Frans de Vaal, in welchem Verhaltensweisen von Affen beschrieben werden, welche er als «moralisch» beschreibt, ruft heute immer noch heftige Gegenreaktionen hervor. Dass der Mensch einen Teil seiner DNA mit der Hallucigenia – einer ausgestorbenen Tierart aus dem mittleren Kambrium – teilt, dürfte die Sache nicht leichter machen.

10. Robert Rivers schreibt: «Shortly after Darwin's work, social darwinists argued in favour of 19th century capitalism the following sort of way: ‹The poor are less fit than the rich because they have already lost out in competition for resources. (That is, because they are poor.) Therefore, the rich should do nothing to ameliorate the condition of the poor since this would interfere with natural selection and, therefore with nature's plan.›»

11. Anomalien, Rassetypen, Feuchtpräparate, Moulagen, Statistiken, Gipsabgüsse usw. – das neunzehnte Jahrhundert kann man als Blütezeit der Schubladisierung bezeichnen.

12. Moderne und computergenerierte Darstellungen vermitteln in der Öffentlichkeit einen Eindruck von Kontrolle über den menschlichen Körper und seine Prozesse. Das einzige, was wir in Wirklichkeit kontrollieren können, sind die Bilder.

Literatur:
Natalie Angier, *The Canon. A Whirligig Tour of the Beautiful Basics of Science*, 2007.
Peter Blegvad, *Imagine, Observe, Remember* (Part 1 of the Psychonaut's Friend, A Handbook for Travellers), Warwick 2009.
J.M. Bourgery, N. H. Jacob, *Atlas of Human Anatomy and Surgery. Complete Edition of the Coloured Plates (1831-1854)*, Köln 2005.
Mary Helen Briscoe, *Preparing Scientific Illustrations. A Guide to Better Posters, Presentations, and Publications*, New York 1996.
Max Brockman, *What's next? Dispatches on the Future of Science*, New York 2009.
Chen Chaomei, *Mapping Scientific Frontiers. The Quest for Knowledge Visualization*, London 2003.
Richard Dawkins, *The Oxford Book of Modern Science Writing*, Oxford 2008.
James Elkins, *Visual Practices Across the University*, Paderborn 2007.
Patricia Fara, *Science. A Four Thousand Year History*, Oxford 2009.
Ludwik Fleck, *Entstehung und Entwicklung einer wissenschaftlichen Tatsache*, Frankfurt 1980.
Charles G. Gross, *Brain, Vision, Memory. Tales in the History of Neuroscience*, Massachusetts 1999.
Karsten Heck (Hg.), «Bildendes Sehen», *Bildwelten des Wissens. Kunsthistorisches Jahrbuch für Bildkritik 7,1*: Berlin 2009.
Martin Heßler, Dieter Mersch (Hg.), *Logik des Bildlichen. Zur Kritik der ikonischen Vernunft*, 2009.
David H. Hubel, *Brain and Visual Perception. The Story of a 25-Year Collaboration*, Oxford 2005.
Nicola Lepp, Martin Roth, Klaus Vogel (Hg.), *Der Neue Mensch. Obsessionen des 20. Jahrhunderts*, Stuttgart 1999.
Lynn Margulis, Dorion Sagan, *Leben. Vom Ursprung zur Vielfalt*, Berlin 1999.
David Norman, *Ursprünge des Lebens* (mit Ill. von John Sibbick), München 1994.
Fritz Kahn, *Der menschliche Körper* (Knaurs Naturgeschichte in Farben), München, Zürich 1967.
Kenneth V. Kardong, *Vertebrates. Comparative Anatomy, Function, Evolution*, Washington 1995.
V. S. Ramachandran und William Hirstein, «The Science of Art. A Neurological Theory of Aesthetic Experience», *Journal of Consciousness Studies 6*, 1999, S. 15–51.
Harry Robin, *The Scientific Image from Cave to Computer*, New York 1992.
Alexander Roob, *Alchemie und Mystik. Das hermetische Museum*, Köln 1996.
Gerlinde Schuller, *Designing Universal Knowledge* (The World as Flatland – Report 1), Baden 2008.
Stephen Wilson, *Art + Science. How Scientific Research and Technological Innovation Are Becoming Key to 21st-Century Aesthetics*, London 2010.
Bastiaan Cornelis Van Fraassen, *Scientific Representation. Paradoxes of Perspective*, Oxford 2008.

Forschungsgruppe «Tracking the Human»

INTER- UND TRANSDISZIPLINARITÄT IM KONTEXT: ARBEITSWEISEN UND SCHLÜSSE

In diesem Bericht wird das drei Jahre dauernde Projekt (2007–2010) der Forschungsgruppe «Tracking the Human»,[1] die mit einem transdisziplinären Anspruch und in entsprechender Konstellation[2] angetreten war, hinsichtlich der Arbeitsform, der Forschungs- und Lernprozesse und der daraus entstehenden Resultate kritisch reflektiert und evaluiert. Dabei wird mit Bezug auf den institutionellen Kontext und die Zusammensetzung der Forschungsgruppe dargestellt, wie sich die spezifischen Bedingungen einerseits auf die einzelnen Teilprojekte, andererseits auf die gemeinsame Forschungspraxis und damit die Wissensproduktion ausgewirkt haben. Im Vordergrund steht die Frage, wie die Zusammenarbeit zwischen den Disziplinen der Geistes-, Sozial- und Naturwissenschaften fruchtbar gemacht werden konnte. Im vorliegenden Beitrag soll überblicksartig dargestellt werden, inwiefern die Möglichkeiten des transdisziplinären Austausches genutzt wurden, wo Chancen lagen und wo den Forschenden Schwierigkeiten begegneten.

Vorauszuschicken ist, dass unter dem Begriff der Transdisziplinarität eine besondere Konstellation des wissenschaftlichen Austausches verstanden wird. Während die Konzepte der Inter- und Multidisziplinarität relativ unumstritten sind und sich eindeutig auf Wissenspraktiken innerhalb des akademischen Fächerkanons beziehen, ist die Begrifflichkeit der Transdisziplinarität Gegenstand von anhaltenden Kontroversen. Der Wissenschaftstheoretiker Jürgen Mittelstrass etwa, der die Einführung des Begriffs für sich beansprucht, konzipiert Transdisziplinarität als problembezogene Überschreitung von – historisch bedingten und je nachdem hinderlichen – Fachgrenzen durch akademische Fachleute. Transdisziplinarität wendet sich damit gegen die zunehmende Aufsplitterung von akademischen Wissensbeständen in Spezialwissen und reklamiert eine «Einheit der wissenschaftlichen Rationalität».[3] Andere Positionen sehen als zentrales Element der Transdisziplinarität das Überschreiten der Aussengrenzen des Akademischen: Sie wenden sich «lebensweltlichen Realproblemen»

---

[1] Zur Projektgruppe «Tracking the Human» gehörten Martin Boyer, Rainer Egloff, Gerd Folkers, Priska Gisler, Beatrix Rubin, assistiert von Lou-Salomé Heer und den Mitarbeitenden des Collegium Helveticum.

[2] Das Forschungsteam war dezidiert multidisziplinär zusammengesetzt: Neben einem Biologen, einem Historiker und einem pharmazeutischen Chemiker waren eine Wissenschaftsforscherin mit neurowissenschaftlichem Hintergrund und eine solche soziologisch-historischer Herkunft vertreten.

[3] Jürgen Mittelstrass, «Transdisziplinarität», in: ders. (Hg.), *Enzyklopädie Philosophie und Wissenschaftstheorie*, Bd. 4, Stuttgart 1996, S. 329; ders., «Methodische Transdisziplinarität», in: *Technikfolgenabschätzung – Theorie und Praxis*, Nr. 2, 2005, S. 18–23.

zu und beziehen bewusst nichtakademische Akteure in den Prozess der Wissensgenerierung mit ein.[4] Ohne die rationale Einheit im Sinne von Mittelstrass als enge Richtschnur zu nehmen, haben sich die Mitglieder der Projektgruppe «Tracking the Human» vor dem Hintergrund ihrer individuellen Forschungsprojekte zum Ziel gesetzt, ein gemeinsames Themengebiet zu umgrenzen und zu bearbeiten. Dieses wurde aus unterschiedlichen Wissenspositionen – im Sinne von Donna Haraways Konzept des *situated knowledge* – heraus verfolgt und reflektiert.[5] Dabei fand auch ein Austausch mit der Öffentlichkeit statt: Die Mitglieder der Forschungsgruppe haben bewusst und dezidiert Chancen zu Auftritten und Interaktionen mit Kreisen wahrgenommen, die über den herkömmlichen akademischen Rahmen hinausgingen.[6]

Das Zusammenkommen und Generieren von Kompetenzen, welche die Grenzen traditioneller disziplinärer Ausbildung übersteigen, erlaubte im raum-zeitlichen Gefüge des Projekts eine originäre Form des Austausches. Dafür war entscheidend, dass die am Projekt «Tracking the Human» beteiligten Forschenden sich in ihrem wissenschaftlichen Feld schon längere Zeit relativ frei bewegt hatten und sich nicht davor scheuten, einen eng umrissenen disziplinären Rahmen zu verlassen. Damit verbunden war und ist ein gewisses karrieretechnisches Wagnis, da wissenschaftliche Tätigkeit ausserhalb der disziplinär definierten Karrierewege in beruflich prekären Positionen resultieren kann. Mit diesen gehen auf der einen Seite Verunsicherungen einher, andererseits können sie aber auch als Zugewinn gesehen werden, da eine Distanz zu den Gepflogenheiten der Heimatdisziplinen und eine gewisse Offenheit neue Erfahrungen und damit auch neue Erkenntnisse ermöglichen. Durch eine intensive Zusammenarbeit und die wiederholte Reflexion über den Austausch zwischen den Gruppenmitgliedern hat sich die «Tracking the Human»-Gruppe im Laufe des Projekts zu einem Fleck'schen Denkkollektiv entwickelt, von dessen spezifischer Ausgestaltung in einem späteren Abschnitt die Rede sein wird.

Zunächst aber wird der Stand der Dinge im gegenwärtigen Wissenschaftssystem in Bezug auf transdisziplinäre Arbeitsweisen und -möglichkeiten dargestellt und auf eine Reihe von Problemen hingewiesen, die mit dem Anspruch auf Transdisziplinarität verbunden sind. Sodann wird die theoretische Perspektive Ludwik Flecks als analytischer Rahmen eingeführt und das hier zur Debatte stehende Forschungsprojekt im Kontext des Collegium Helveticum verortet. Dieser Rahmen sowie weitere generelle Strukturbedingungen des Wissenschaftsbetriebs und die vorgängigen Erfahrungen der Forschenden stellten Grundlagen für die Arbeitsweise der Forschungsgruppe dar. Einige der Prämissen werden ausgeführt, um die Erwartungen an das Projekt und seinen Möglichkeitsraum zu umreissen. Mit dem Ziel, die Erfahrungen und Problemkonstellationen nachvollziehbar zu machen, werden exemplarisch Aspekte des Arbeits-, Forschungs- und Kommunikationsprozesses dargestellt. Die daraus gezogenen Schlüsse verstehen sich als Denkanstösse, wie transdisziplinäre, aber auch interdisziplinäre Forschungs- und Kommunikationsprozesse verstanden, beurteilt und nachhaltig(er) gestaltet werden können.

---

4 Helga Nowotny, «Transdisziplinäre Wissensproduktion – Eine Antwort auf die Wissensexplosion?», in: Friedrich Stadler (Hg.), *Wissenschaft als Kultur. Österreichs Beitrag zur Moderne*, Wien 1997, S. 177–195. Für eine knappe Kartierung unterschiedlicher Definitionen von Transdisziplinarität siehe Franz Schaller, «Erkundigungen zum Transdisziplinaritätsbegriff», in: Frank Brand, Franz Schaller und Harald Völker (Hg.), *Transdisziplinarität, Bestandsaufnahme und Perspektiven*, Göttingen 2004, S. 33–45, sowie Christian Pohl und Gertrude Hirsch Hadorn, *Gestaltungsprinzipien für die transdisziplinäre Forschung*, München 2006, S. 68–92.
5 Donna Haraway, «Situated Knowledges. The Science Question in Feminism and the Privilege of Partial Perspective», in: *Feminist Studies* 14, Nr. 3, Herbst 1988, S. 575–599.
6 Projektmitglieder sind als Referierende, Kommentierende und Moderierende unter anderem an Tagungen zur Wissensgesellschaft und zur Ethik des Tierversuchs aufgetreten und waren beratend sowie wissenschaftsjournalistisch aktiv. Bezüglich medialer Öffentlichkeitsinteraktion ist etwa die regelmässige Teilnahme von Priska Gisler als Gesprächsgast im Sendegefäss «Wissenschaft im Gespräch» von Schweizer Radio DRS 2 hervorzuheben.

DAS TRANSDISZIPLINÄRE «PARADOX»: SITUATIONSANALYSE

Wenn man die zeitgenössische Wissenschaftslandschaft und die unterschiedlichen Positionen, die das disziplinäre und das transdisziplinäre Denken und Forschen darin einnehmen, betrachtet, gewinnt man folgenden Eindruck: Inter- und Transdisziplinarität wird heute zwar forschungs- und hochschulpolitisch vielerorts hochgehalten und gefordert.[7] Nichtsdestotrotz muss konstatiert werden, dass transdisziplinäre Projekte im akademischen Rahmen nach wie vor eine Rarität darstellen und die propagierte Transdisziplinarität mit fundamentalen systemischen Hindernissen und Widersprüchen konfrontiert bleibt, die ihre Entstehung und Entwicklung behindern. Diese paradoxe Situation lässt sich forschungsökonomisch sowohl aus der individuellen Nutzen maximierenden Sicht wie vor dem Hintergrund der strukturellen beziehungsweise institutionellen Umweltbedingungen beleuchten. Noch immer ist der universitäre Wissenschaftsbetrieb grundsätzlich disziplinär aufgebaut. Seine kompetitive disziplinäre Ökologie führt dazu, dass die Produktion neuen Wissens von wenigstens einer Disziplin adoptiert werden muss, womit diese Wissensproduktion als disziplinäre legitimiert wird. Oder aber die entsprechende Wissenspraxis wird abgelehnt oder ignoriert, womit sie keine Überlebensfähigkeit innerhalb der Universität besitzt.

Auch ist im Wissenschafts- und Universitätsbetrieb der Druck auf die knappe Ressource Zeit in den letzten Jahren nicht geringer geworden. Die Qualität von Forschung bemisst sich nicht selten an der Aktualität von Resultaten und an der Geschwindigkeit, in der diese hervorgebracht werden. Zeit, über das eigene Vorgehen aus einer anderen als der gewohnt disziplinären Perspektive nachzudenken, fehlt häufig. Bereits im Studium machen sich fehlende Anreize, aber auch die begrenzten zeitlichen Möglichkeiten, in fremden Gärten – über den disziplinären Zaun hinweg – zu grasen, bemerkbar. Je mehr der Druck auf die Auszubildenden wächst, möglichst schnell und effizient ihr Studium zu absolvieren, desto weniger kann Bereitschaft zur inter- beziehungsweise transdisziplinären Abschweifung erwartet werden. Gefässe für hybrides, disziplinenübergreifendes Wissen bieten allenfalls einzelne interdisziplinäre Zentren, die spezifische Forschungsthemen und Ansätze in ihrer Arbeit verfolgen. Solche Institutionen sind jedoch oft wenig in den Lehrbetrieb integriert. Allenfalls bieten sie Masterstudien und Doktorate an. Jedenfalls bauen sie auf genuin disziplinär gewonnenen Kompetenzen auf und bringen diese häufig rein additiv zusammen. Inter- und transdisziplinäre Zugangsweisen werden im Studium also – wenn überhaupt – erst zu einem späten Zeitpunkt kennengelernt und meist nur im Einzelfall erprobt. Obwohl inter- und transdisziplinäre Kompetenz von den Forschenden erwartet wird, bietet die Universitätsausbildung grundsätzlich nur in Ausnahmefällen entsprechende Möglichkeiten.[8] Damit werden die universitär ausgebildeten Forschenden auf ein Fach beziehungsweise auf eine Fachkombination (die sich in der Schweiz normalerweise auf eine einzelne Fakultät beschränkt) «geeicht». Sie werden als Mitglieder in die Kultur dieser Fächer «initiiert» und

---

[7] So wurde vom Schweizerischen Nationalfonds mit der Kommission für Interdisziplinarität (KID) ein Gefäss für inter- beziehungsweise transdisziplinäre Projektförderung eingerichtet. Seit einigen Jahren besteht mit dem td-net auch eine der Akademie für Naturwissenschaft und Technik angegliederte Interessenorganisation und Austauschplattform für transdisziplinär orientierte Forschende. Im Weiteren sind in jüngerer Zeit an mehreren Fachhochschulen Institute beziehungsweise Koordinationsfunktionen und Ausbildungsgänge mit dezidiert transdisziplinärer Programmatik entstanden.

[8] Selbstverständlich bietet das Haupt- und Nebenfachsystem der Geistes- und Sozialwissenschaften einen gewissen Spielraum für interdisziplinäre Erfahrungen bei den Studierenden. Interfakultäre Fachkombinationen werden im eng getakteten Bolognasystem noch immer – wenn nicht sogar verstärkt – behindert. Explizit transdisziplinär ausgerichtete Lehre findet sich an der ETH Zürich etwa im Bereich der umweltwissenschaftlichen Nachhaltigkeit, wo Fallstudien mit realen («lebensweltlichen») Problemstellungen und verschiedenen involvierten Interessengruppen durchgespielt werden. Roland Scholz et al., «Transdisciplinary case studies a means of sustainability learning. Historical framework and theory», in: *International Journal of Sustainability in Higher Education* 7, Nr. 3, 2006, S. 226–251. Da solche Praxis allerdings einzelfachbezogen funktioniert, wurde bereits wiederum ihre Disziplinartigkeit beziehungsweise ihre notwendige Disziplinierung moniert. Harald A. Mieg, «Warum wir EINE Umweltwissenschaft brauchen und Interdisziplinarität (nur) eine nützliche Fiktion ist», in: Stefan Baumgärtner und Christian Becker (Hg.), *Wissenschaftsphilosophie interdisziplinärer Forschung*, Marburg 2005, S. 73–86.

übernehmen das entsprechende Wertsystem und eine bestimmte Weltanschauung, ohne dass sie dieser eine andere disziplinäre Sichtweise gegenüberstellen könnten. Sie beziehen aus ihrer Fachzugehörigkeit einen Teil ihrer Identität, und sie praktizieren und reproduzieren den damit verbundenen disziplinären Ethnozentrismus, der die Eigensicht als rational und korrekt empfindet, dagegen anderen Weltauslegungen nicht nur befremdet, sondern potentiell abwertend gegenübersteht.[9] Durch solch disziplinäre Innigkeit wird inter- und transdisziplinärer Austausch erschwert – sein Gewinn liegt nicht ohne Weiteres nahe.

Damit hängt ein weiteres Problem zusammen: Das wissenschaftliche Anreiz- und Belohnungssystem ist disziplinär ausgelegt. Wenn überhaupt, werden auch die Meriten für inter- und transdisziplinäres Arbeiten disziplinär ausgegeben und abgebucht. Kaum je wird Fachgrenzen überschreitende Leistung höher bewertet als disziplinkonforme, die auf disziplinär strukturierten Wissenschaftsarbeitsmärkten und für akademische Karrieren die eigentlich erfolgversprechende bleibt.[10]

Umgekehrt sind transdisziplinäre Investitionen mit grossen Mühen und Risiken behaftet. Sie tragen häufig experimentelle Züge, weisen Pioniercharakter auf und erlauben kein Vorgehen gemäss einem wissenschaftlichen Standardprozedere – ein solches existiert nicht. Es fehlt eine eigentliche Resonanzgruppe von peers beziehungsweise diese muss zuerst aufgebaut werden. Entsprechend müssen transdisziplinäre Forschungsgruppen in hohem Masse auf Selbstevaluation abstellen beziehungsweise Begutachtung wiederum disziplinär delegieren.[11] Transdisziplinäre Zeitschriften mit hoher Reputation[12] oder gar eigentliche transdisziplinäre Karrierestrukturen fehlen weitgehend. Grundsätzlich ist es schwierig, längerfristige Stabilisierungen transdisziplinärer Arbeitsweisen überhaupt zu konzipieren: sie selbst würden ein Paradox gegenüber der Tatsache bilden, dass sich wissenschaftliche Disziplinen gerade durch regelmässige Lehrangebote, ihnen attribuierte Lehrstühle, Fachzeitschriften und wissenschaftliche Gesellschaften definieren. Sobald solche Strukturen jedoch für interdisziplinäre Themengebiete entstehen würden, wäre davon auszugehen, dass hier eine neue wissenschaftliche Disziplin dabei wäre, sich zu etablieren.[13] Angesichts dieser Paradoxie zwischen wissenschaftspolitischem Desiderat einerseits, akademischer Realität andererseits ist festzustellen, dass es sich bei Transdisziplinarität eher um eine prozessuale als um eine bestimmte Themen- oder Problemkontexte substantiell charakterisierende Bestimmung des wissenschaftlichen Arbeitens handelt.

DAS *BOTTOM-UP*-PRINZIP IN DER TRANSDISZIPLINÄREN FORSCHUNG

Das Collegium Helveticum wurde 1997 von der ETH Zürich «für den Dialog der Wissenschaften» gegründet und wird seit 2004 gemeinsam mit der Universität Zürich getragen. Seit 2004 steht – nun unter dem Suffix «Laboratorium für Transdisziplinarität» – ein dezidiert forschungsorientierter Modus mit einer

---

[9] Der vom Soziologen William Graham Sumner geprägte Ethnozentrismusbegriff bezeichnet die die Eigenidentität stabilisierende kognitive Einstellung einer Gruppe anderen Gruppen gegenüber, die von Selbstüberhöhung und Herabminderung des Andern geprägt ist. Zum disziplinären Ethnozentrismus vgl. Rainer Egloff und Johannes Fehr, «Das wilde Denken und das Kochen – Überlegungen zur inter- und transdisziplinären Pragmatik», in: Frédéric Darbellay und Theres Paulsen (Hg.), *Au miroir des disciplines. Réflexions sur les pratiques d'enseignement et de recherche inter- et transdisciplinaires. Im Spiegel der Disziplinen. Gedanken über inter- und transdisziplinäre Forschungs- und Lehrpraktiken*, Bern 2011, S. 49–63, hier S. 53–55.

[10] Zu vermuten ist allerdings, dass gerade für ausserwissenschaftliche Arbeitsmärkte inter- und transdisziplinäre Erfahrungen von Vorteil sind.

[11] Zum Problem der Begutachtung transdisziplinärer Forschung siehe Christian Pohl und Susanne Stoll-Kleemann, «Inter- und transdisziplinäre Forschung auf dem Prüfstand», in: dies. (Hg.), *Evaluation inter- und transdisziplinärer Forschung: Humanökologie und Nachhaltigkeitsforschung auf dem Prüfstand*, München 2007 (Humanökologie 5), S. 7–22.

[12] Christoph Kueffer et al., «Towards a publication culture in transdisciplinary research», in: *GAIA* 16, Nr. 1, 2007, S. 22–26.

[13] Die interdisziplinär zusammengesetzten *science and technology studies* gehen heute in diese Richtung. Neben der Etablierung von Fachgesellschaften wie der European Association for the Studies of Science and Technology (EASST) und Zeitschriften wie den *Social Studies of Science* oder *Science, Technology and Human Values* gibt es inzwischen eine wenn auch bescheidene Anzahl entsprechender Lehrstühle in Europa ebenso wie den Vereinigen Staaten und Kanada.

Gruppe von jeweils für fünf Jahre gewählten Fellows im Zentrum.[14] Die im Rahmen eines Teilzeitpensums am Collegium tätigen Fellows aus unterschiedlichsten Disziplinen – je drei Professorinnen und Professoren von Universität Zürich und ETH Zürich – erarbeiten während ihres Turnus zunächst ein gemeinsames Thema, das sie sodann in verschiedenen Kooperationsbeziehungen untereinander sowie unterstützt durch projektbezogen rekrutierte Doktorierende und weiteres wissenschaftliches Personal bearbeiten.[15]

Neben dem periodisch wechselnden Fellowprojekt bestehen am Collegium weitere Forschungsprojekte, zu denen prominent und mit dreijähriger Laufzeit auch die «Tracking the Human»-Gruppe gehörte. Ein Schwergewicht der Forschung am Collegium Helveticum liegt im weiten Bereich von Pharmazie und Medizin und dessen wirtschaftlichen, politischen, sozialen und kulturellen Kontexten. Dabei ist es das erklärte Ziel, ausgetretene disziplinäre Pfade zu verlassen, innovative Projekte zu lancieren und Wissen zu generieren, um Phänomenen und Tendenzen, die aus zeitdiagnostischer Perspektive als kritisch betrachtet werden, mit Lösungsvorschlägen zu begegnen.

Am Collegium Helveticum ist seit 2005 zudem das Ludwik Fleck Zentrum angesiedelt, das den Nachlass des Mediziners und Mikrobiologen Ludwik Fleck verwaltet und sich mit dessen Leben und Werk auseinandersetzt. Das Zentrum wendet sich mit seinen Veranstaltungen und Publikationen auch an eine breitere Öffentlichkeit, pflegt wissenschaftstheoretische Debatten und speist Fleck'sche Positionen und Perspektiven nicht zuletzt auch in die Projekte des Collegium ein. Flecks Theorien zur Wissenschaftspraxis und Erkenntnistheorie bilden eine wichtige konzeptionelle Stütze und Inspiration für die Arbeits- und Forschungsgruppen am Collegium Helveticum. Als weitere Subinstitutionen gehören das Denklabor Garbald sowie der gemeinsam mit der Bank Sarasin & Cie. AG getragene Thinktank W. I. R. E. (Web for Interdisciplinary Research and Expertise) zur Struktur des Collegium.[16]

Die genannten Organisationseinheiten und Projekte widmen sich allesamt nicht nur dem Ausloten neuer Formen der Wissensproduktion, sondern auch der gezielten Vermittlung des neu erworbenen Wissens an sehr unterschiedliche Zielgruppen. Sie überschreiten dabei notwendigerweise traditionelle akademische und zumal disziplinäre Grenzen, erproben neue Formate und fügen sich in ihrer Gesamtheit zu einem dichten Gewebe einer spezifischen transdisziplinären Kultur zusammen.

Der vom Collegium vertretene Ansatz ist derjenige des *Bottom-up*-Prinzips der Transdisziplinarität. Dieser epistemologische Ansatz geht nicht von einem etablierten Wissensgebäude aus, aus dem und für welches neue Erkenntnisse abgeleitet und gewonnen werden. Im Gegenteil, er erlaubt kategorisch, jegliche Wissensbestände in Frage zu stellen, und ermöglicht damit neue Momente der Kontextualisierung und Verknüpfung von disziplinär unhinterfragbaren und unhinterfragten Wissensbeständen.

Zu den Grundlagen des Collegium Helveticum zählt die Einsicht, dass inter- und transdisziplinäre Verständigung zwangsläufig mit Kollisionen von diszip-

---

[14] Für einen Überblick siehe Johannes Fehr, «Das Collegium Helveticum: ein Laboratorium für Transdisziplinarität», in: Frédéric Darbellay und Theres Paulsen (Hg.), *Le défi de l'inter- et transdisciplinarité. Concepts, méthodes et pratiques innovantes dans l'enseignement et la recherche. Herausforderung Inter- und Transdisziplinarität. Konzepte, Methoden und innovative Umsetzung in Lehre und Forschung*, Lausanne 2008, S. 261–272.

[15] Die 2009 zu Ende gegangene Fellowperiode stand unter dem Dachthema «Die Rolle der Emotionen: ihr Anteil bei menschlichem Handeln und bei der Setzung sozialer Normen». Für die seit Herbst 2009 laufende zweite Fellowperiode mit Vertreterinnen und Vertretern aus den Fächern Verkehrsplanung, Rechtswissenschaft, Chemie/Biologie, Veterinärpathologie, Psychiatrie, Radiopharmazie und Mathematik wurde das Thema «Reproduzierbarkeit, Vorhersage, Relevanz» erarbeitet. Eine Anzahl von Forschenden ist als Doktorierende und Postdocs direkt der Collegiumsdirektion unterstellt. Mit Prof. Gerd Folkers, der auch Teil der «Tracking the Human»-Gruppe war, leitet ein Fachvertreter aus der pharmazeutischen Chemie das Collegium Helveticum.

[16] Das Denklabor Garbald erarbeitet Projekte, in welchen Natur- und Geisteswissenschaften sowie die Künste interagieren. Angeschlossen ist ein kleines Tagungszentrum, die Villa Garbald im Bergell, das sich zum Ziel gesetzt hat, den regionalen und überregionalen Austausch zwischen Kunst, Kultur und Wissenschaft zu fördern. W. I. R. E. verbindet Fragen der *life sciences* und des Gesundheitswesens mit wirtschaftlichen Fragen und evaluiert gemeinsam mit Stakeholdern aus den genannten Bereichen Trends und Entwicklungsmöglichkeiten.

linären Sichtweisen und im besten Fall mit der Relativierung beziehungsweise Modifikation eigener Perspektiven einhergeht. Transdisziplinäres Wissen kondensiert, wenn es sich auf konsensfähige beziehungsweise von allen Beteiligten anerkannte Beobachtungs- und Kommunikationsformen stützen kann. Solche Formen entstammen einerseits dem Kanon akademischer Allgemeinbildung, andererseits wurzeln sie im Erfahrungsschatz kulturell geteilten Alltagsverhaltens und -verstehens der beteiligten Personen. Schliesslich entwickelt sich die gemeinsame Wissensbasis entlang gegenseitigen Lehr- und Lernmöglichkeiten in der Diffusion spezifischen Fachwissens innerhalb des multidisziplinären Verbunds.[17] Angestrebt wird dabei bewusst keine Orientierung an einer «Leitwissenschaft» oder gar die Integration in eine umfassende «Einheitswissenschaft». Gepflegt werden sollen vielmehr – bescheidener und anspruchsvoller zugleich – lokale Synergien, wissenschaftliche Vielstimmigkeit und der produktive Umgang mit disziplinärer Verunsicherung.[18]

«TRACKING THE HUMAN» – EIN TRANSDISZIPLINÄRES EXPERIMENT

Das Projekt «Tracking the Human» wurde als Grundlagenforschung initiiert, bei der es um transdisziplinäre Wissensproduktion und deren Kontexte gehen sollte. Inhaltlich war keine enge Zielvorgabe definiert. Vielmehr sollte im Sinne eines Experiments eine gemeinsame Fragestellung parallel zur Arbeit an den bei Projektbeginn bereits konzipierten Einzelprojekten zunächst entwickelt und dann transdisziplinär verfolgt werden. Diese Vorgehensweise wird nun an dieser Stelle wiederum als Fallstudie selbst reflektiert und auf die Befruchtung der einzelnen Projektstränge hin befragt. Bewusst war die Bandbreite der Einzelprojekte, deren disziplinäre Einbettung und die Diversität analytischer Zugänge und möglicher Projektziele gross gewählt. Damit sollten disziplinäre Engführung vermieden und paradigmenhöriger Normalwissenschaft[19] Alternativen aufgezeigt werden. Als Mehrwert wurde die Entstehung von Wissen erhofft, das nicht in einer der beteiligten Disziplinen allein aufhebbar ist, das also überrascht und nur aufgrund der inter- und transdisziplinären Kooperation als emergentes, als über- beziehungsweise vordisziplinäres Wissen entstehen kann.

Mit diesen Ausgangsbedingungen und Zielsetzungen unterschied sich das Projekt einerseits von vielen gängigen transdisziplinären Programmen, die sich als pragmatische Strategie zur anwendungsorientierten Lösung vorgegebener, komplexer Probleme – zum Beispiel im Umweltbereich – konstituieren. Andererseits fügte sich das Projekt damit gut in die von der Dachinstitution Collegium Helveticum gepflegte Inter- und Transdisziplinaritätskultur ein.

---

[17] Zur Reflexion der Entstehungs- und Entwicklungsbedingungen von transdisziplinären Praxiszusammenhängen am Collegium Helveticum ausführlicher Egloff und Fehr, «Das wilde Denken und das Kochen – Überlegungen zur inter- und transdisziplinären Pragmatik».
[18] Johannes Fehr, «Das Collegium Helveticum: ein Laboratorium für Transdisziplinarität», S. 269 f.
[19] Zum Konzept der paradigmengeleiteten Normalwissenschaft siehe Thomas Kuhn, *Die Struktur wissenschaftlicher Revolutionen*, 2., rev. und um das Postskriptum von 1969 erg. Auflage, Frankfurt a. M. 1991. Kuhn vergleicht diesen Modus routinierter Wissensproduktion – innerhalb dessen trotz Akkumulation vieler kleiner Erkenntnisse nichts fundamental Neues herausgefunden wird, mit dem Geschicklichkeit erfordernden Zusammensetzen eines Puzzles. Er unterscheidet davon die Phasen revolutionärer Wissenschaft, in der die Grundlagen des eigenen wissenschaftlichen Vorgehens selbst zur Debatte stehen beziehungsweise von einem neuen Modus herausgefordert und verdrängt werden. Kuhns Modellierung bleibt explizit der Wissensentwicklung in «paradigmafähigen» Naturwissenschaften, insbesondere der Physik, vorbehalten, kann also nach der Intention des Autors zum Beispiel nicht auf die «weichen» Geistes- oder Sozialwissenschaften übertragen werden. Demgegenüber kennt Ludwik Fleck keine solch kategorischen Abgrenzungen verschiedener Wissensfelder. Auch aus diesem Grund eignet sich seine Konzeption von Wissenschaft und Wissensentwicklung besser für das Verständnis und die Reflexion inter- beziehungsweise transdisziplinärer Forschungsverbände wie «Tracking the Human». Ludwik Fleck, *Entstehung und Entwicklung einer wissenschaftlichen Tatsache. Einführung in die Lehre vom Denkstil und Denkkollektiv*, Frankfurt a. M. 1980 (Erstausgabe Basel 1935).

DIE ENTSTEHUNG EINES DISZIPLINÜBERGREIFENDEN DENKKOLLEKTIVS

Wie oben bereits erwähnt, handelte es sich beim Projektteam «Tracking the Human» um eine Gruppe von Forschenden, die vor Beginn des Projekts nur punktuell miteinander kooperiert hatten. Ein Denkkollektiv mit eigenständiger Identität stabilisierte sich erst im Laufe der Zeit und über lange Auseinandersetzungen hinweg. Damit handelte es sich um ein wissenschaftliches Denkkollektiv *in the making*, dessen transdisziplinärer Verständigungsprozess während des Projektverlaufs mitreflektiert werden konnte.

Fleck definiert Denkkollektiv als «Gemeinschaft der Menschen, die im Gedankenaustausch oder in gedanklicher Wechselwirkung stehen».[20] Das Denkkollektiv ist als soziale Grösse «Träger geschichtlicher Entwicklung eines Denkgebietes, eines bestimmten Wissensbestandes und Kulturstandes, also eines besondern Denkstiles».[21] Gemäss Fleck entsteht ein Denkkollektiv, sobald zwei oder mehrere Menschen in einen Gedankenaustausch treten.[22] Je stärker und langfristiger sich der Austausch stabilisiert, desto mehr vermag er den Mitgliedern des Kollektivs eine «bestimmte Stimmung», eine «Bereitschaft für selektives Empfinden und entsprechend gerichtetes Handeln», «für gerichtetes Wahrnehmen und entsprechendes – gedankliches und sachliches – Verarbeiten des Wahrgenommenen» zu vermitteln, gar aufzuzwingen.[23] Ein beständiges Denkkollektiv – das zum Beispiel von Angehörigen einer wissenschaftlichen Disziplin gebildet wird – übt also epistemisch-kognitiv nicht nur eine integrative, sondern auch eine disziplinierende Wirkung auf das Denken und Forschen seiner Mitglieder aus.[24] Entscheidend ist, dass damit eine denkstilgemässe Selektion von zugelassenen Problemstellungen und Forschungsinhalten stattfindet.[25]

Die Frage ist, ob besagte Harmonisierung und Disziplinierung des Denkens auch in multidisziplinär zusammengesetzten, der Inter- beziehungsweise Transdisziplinarität verpflichteten Forschungsgruppen stattfindet – wenn sie genügend lange Bestand haben. Fleck unterscheidet einen «intrakollektiven Denkverkehr», der den Denkstil innerhalb eines Denkkollektivs (hier Disziplin) bestärkt und bestätigt, vom «interkollektiven Denkverkehr», welcher zwischen unterschiedlichen Denkkollektiven (Disziplinen) zirkuliert und so zu Veränderungen – Innovationen – im jeweiligen Denkstil führen kann.[26] Mit Fleck gedacht wäre also die Intensität und Qualität des Denkverkehrs zwischen den im Forschungsprojekt versammelten Disziplinvertreterinnen und -vertretern entscheidend, um zu einem eigenen, kollektiven Denkstil zu gelangen. Dabei würde dann eine doppelte Wirkung realisiert: Einerseits entstünde ein neues Denkkollektiv, das sich durch intrakollektiven Denkverkehr in Richtung neuer spezifischer und gemeinsamer Erkenntnisse bewegt. Interkollektiv werden diese gesellschaftlich relevant, wenn sie in andere Kollektive rückübertragen würden, also beispielsweise in die Kollektive der jeweiligen Herkunftsdisziplin der Forschenden oder in die Mediendebatten. Doch wenn überhaupt, wie entsteht eine solche gemeinsame «Stimmung», wie kommt es bei

---

[20] Fleck, *Entstehung und Entwicklung einer wissenschaftlichen Tatsache*, S. 54.
[21] Ebd., S. 55.
[22] Ebd., S. 60.
[23] Ebd., S. 121, 130, 187.
[24] Mit Fleck lässt sich konstatieren, dass, je «ausgebauter» und «entwickelter» ein «Wissensgebiet» – also zum Beispiel ein wissenschaftliches Fach –, desto grösser die durch «Tradition, Erziehung und Gewöhnung» gewonnene «Bereitschaft für stilgemässes, d. h. gerichtetes und begrenztes Empfinden und Handeln» und desto kleiner die Meinungsverschiedenheiten. Vgl. ebd., S. 110 f. Eine solche Betrachtung schliesst nicht Schulenstreitigkeiten beziehungsweise radikale Antagonismen oder gar Ansätze zum Schisma innerhalb einer Disziplin aus. Solche finden eben gerade auf einer Basis geteilter und konsentierter disziplinärer Hintergrundannahmen statt. Wenn die Divergenz allerdings allzu weit geht, kommt es zur Ausdifferenzierung einer neuen Disziplin. Umgekehrt können und müssen homogenisierende Tendenzen beziehungsweise solche zur Konvergenz zwischen Disziplinen nicht ausgeschlossen werden.
[25] «Die organische Abgeschlossenheit jeder Denkgemeinde geht parallel einer stilgemässen Beschränkung der zugelassenen Probleme: es müssen immer viele Probleme unbeachtet oder als unwichtig oder sinnlos abgewiesen werden. Auch die moderne Naturwissenschaft unterscheidet ‹wirkliche Probleme› von unnützen ‹Scheinproblemen›. Daraus entsteht spezifische Wertung und charakteristische Intoleranz: gemeinsame Züge jeder abgeschlossenen Gemeinschaft.» Fleck, *Entstehung und Entwicklung einer wissenschaftlichen Tatsache*, S. 137.
[26] Ebd, S. 139–145.

entsprechender Koordination oder intensivem Austausch gar zur Konvergenz von Wahrnehmungsdispositionen? Oder weniger emphatisch gefragt: Welche gemeinsame Praxis eignet sich als Basis für einen gemeinsamen Denkstil beziehungsweise wie müsste diese aussehen? Und noch einmal mit Fleck gefragt: Wie entsteht gerichtetes Wahrnehmen und dessen Verarbeitung während eines Forschungsprozesses, der gleichzeitig offen für Neues bleiben muss? Und wie wird mit wiederholten interdisziplinären Irritationen umgegangen?[27] Wie sind demgegenüber umgekehrt die bilateralen Interaktionen zwischen den Disziplinen und damit lokal interdisziplinäre Effekte und Rückwirkungen auf den jeweiligen disziplinären Denkstil zu gewichten?

GEGEN ZU ENGE DISZIPLINARITÄT «ANDENKEN» – EINIGE DISTANZIERUNGSVERFAHREN

Das System disziplinärer Wissensorganisation ist ein markantes und erfolgreiches Charakteristikum moderner westlicher Gesellschaften.[28] Es ist unbestritten, dass aus diesem System der Disziplinen[29] heraus im Laufe der letzten zweihundert Jahre immer wieder gesellschaftlich relevantes Wissen generiert und vermittelt wurde. Seit den 1960er Jahren wird diese Produktions- und Vermittlungsform von Wissen dennoch immer mehr kritisiert und in der Folge aufgebrochen.[30] Dies hatte gerade damit zu tun, dass das neue Wissen allzu häufig im Kreise eines engen Expertentums verhaftet blieb und die Erkenntnisse den Weg in die Öffentlichkeit nicht zu finden schienen. So ist seit dieser Zeit ein verstärkter Mitspracheanspruch der Öffentlichkeit, aber auch disziplinenferner Felder in Bezug auf die Produktion wissenschaftlichen Wissens zu beobachten.[31] Disziplinierte Wissenspraxis wird seither nicht mehr nur positiv – als Voraussetzung rationaler Erkenntnisakkumulation – konnotiert, sondern wegen ihrer beharrenden, traditionalen, rigiden und damit innovationsfeindlichen Qualitäten auch negativ begriffen.[32]

Einer der Vorwürfe geht in die Richtung, dass eine einseitig disziplinäre Eichung und die Beschränkung auf eine intensive Forschung auf einer einzelnen Linie den Forschenden zwar Professionalität und Fachexpertise gewährleisteten, diese aber auch eine Art Betriebsblindheit mit sich brächten, welche die Selbstreflexion bezüglich des wissenschaftlichen Arbeitens erschwere. Die disziplinär konditionierte Sicht, die die Wahrnehmung bestimmter «Gestalten» nahelegt, wird zur unhintergehbaren Normalität einer Welt, die so ist, wie sie ist, gerade weil durch eine disziplinäre Sozialisation das Sehen dieser Gestalten einstudiert und damit erst möglich, aber schliesslich auch für die Forschenden unabweisbar wird.

Es kommen verschiedene Verfahren in Frage, um die Voraussetzungen dafür zu schaffen, dass eine gewisse Distanz zum disziplinären Denken möglich wird und es gelingt, die disziplinäre Sozialisation zumindest für eine bestimmte Zeit in Frage zu stellen. Fraglos wird sich eine solche Distanzie-

27 Für «Tracking the Human» ist dabei seine im Vergleich mit anderen Forschungsprojekten wohl die als von «mittlerer Dauer» zu taxierende Laufzeit von drei Jahren zu berücksichtigen.
28 Johan Heilbron, «Das Regime der Disziplinen. Zu einer historischen Soziologie disziplinärer Wissenschaft», in: Hans Joas und Hans G. Kippenberg (Hg.), *Interdisziplinarität als Lernprozess*, Göttingen 2005, S. 23–45.
29 Disziplinbildung und Entwicklung kann als spezifische Form wissenschaftlicher Institutionalisierung verstanden werden. Der Soziologe Rudolf Stichweh definiert die wissenschaftliche Disziplin als ein «aus einer Ordnung gesicherten Wissens für Zwecke der Lehre» spezialisiertes «Sozialsystem […] wissenschaftlicher Forschung und Kommunikation», das als solches in einer Infrastruktur akademisch-wissenschaftlicher Berufe verankert ist. Rudolf Stichweh, «Professionen und Disziplinen. Formen der Differenzierung zweier Systeme beruflichen Handelns in modernen Gesellschaften», in: *Wissenschaft, Universität, Profession. Soziologische Analysen*, Frankfurt a. M. 1994, S. 278–336, hier S. 279.
30 Julie T. Klein, *Interdisciplinarity. History, Theory and Practice*, Detroit 1990.
31 Jürgen Gerhards, «Der Aufstand des Publikums», in: *Zeitschrift für Soziologie* 30, Nr. 3, 2001, S. 163–184.
32 Die Ambivalenz zwischen Befähigung und Zwang im akademischen Fachbegriff «Disziplin» wird durch die diskursanalytische Wortverwendung Michel Foucaults besonders deutlich, der *Disziplin* auch jenseits des Universitären als unpersönliches System von sozial gesetzten Regeln begreift, einen «Bereich von Gegenständen, ein Bündel von Methoden, ein Korpus von als wahr angesehenen Sätzen, ein Spiel von Regeln und Definitionen, von Techniken und Instrumenten», das die Kriterien zur Bildung neuer legitimer Sätze zur Verfügung stellt. Michel Foucault, *Die Ordnung des Diskurses*, Frankfurt a. M. 1991, S. 22.

rung beziehungsweise die Fähigkeit, sich von Zeit zu Zeit von eingefleischten, habitualisierten Denkmustern zu befreien, nicht von alleine einstellen. Ihre Genese kann vor dem geschilderten Hintergrund nur als Resultat expliziter Bemühungen angesehen werden.[33] Die Projektgruppe «Tracking the Human» wandte wechselweise verschiedene Vorgehensweisen an.

Ein naheliegendes Verfahren – und dies wurde durchaus auch bei der Projektgruppe so gesehen – liegt darin, interdisziplinäre Verfremdungseffekte, die durch eine unterschiedliche Sozialisation zustande kamen, in der Interaktion mit Angehörigen anderer Fächer zu nutzen. Der oder die Andere fungiert dann vielleicht als Ethnologe oder Ethnologin, der oder die einen Stamm untersucht und andere darüber unterrichtet. Man kann sich auch ein Missionsszenario vorstellen, bei dem sich eine disziplinäre Sichtweise andern aufdrängen und daher erklären, illustrieren, attraktiv machen will. Wenn die Mission problemlos gelingt (oder gelänge), ergibt sich kein Anlass zu Selbstzweifeln. Wenn sich jedoch das zu missionierende Subjekt renitent zeigt, bietet gerade solcher Widerstand Gelegenheit, über die eigene Heilsbotschaft und deren fachspezifische Differenzierungen und Argumentationsmuster nachzudenken: Warum glaubt er oder sie mir nicht? Warum macht er oder sie nicht, was ich ihm oder ihr aufgrund meiner disziplinären Überzeugung empfehle?

Eine weitere Selbstdistanzierung wird in der historischen Analyse von früher für selbstverständlich Genommenem gewonnen, von einst bereitwillig Geglaubtem, das aus aktueller Perspektive nicht mehr opportun erscheint. Eine solch historisch distanzierende Vorgehensweise hat Fleck neben der soziologischen Relativierung als mögliches Remedium gegen kritiklose Denkstil-Innigkeit und – als ideologiekritisches Mittel in der Wissenschaftsreflexion – vorgeschlagen und programmatisch ausgeführt.[34] Ähnlich könnte man sich eine Distanzierung in einer möglichen Zukunft denken: Wie werden unsere Nachgeborenen über aktuell Selbstverständliches denken – und wie selbstverständlich ist es eigentlich überhaupt? Verfremdungen der eigenen Sicht, um derart Reflexion eigener Perspektivität zu ermöglichen, lassen sich durch ein vielfältig denkbares Anderes leisten. Sie wurden durch ein In-Beziehung-Treten mit anderen Fächern, Fachpersonen, Ansätzen und Praktiken erzielt.

Für das Projekt «Tracking the Human» wurde einerseits auf einer Verfremdung aufgebaut, von der man sich erhoffte, durch differente Binnensichten einen Abstand zu generieren. Andererseits ermöglichte zeitlicher Abstand Erkenntnisse über die Gewordenheit disziplinärer Selbstverständlichkeiten. Angenommen und erlebt wurde schliesslich, dass durch die Verfremdungs- und Distanzierungsbewegungen die Möglichkeit gewonnen wurde, andere Gestalten wahrzunehmen, Gestalten eben, die quer oder jenseits disziplinärer Umgangsweisen – hier mit dem Menschen – zu finden waren. Die transdisziplinäre Gruppenkonstellation wurde hierfür als vielversprechend angesehen. Im Folgenden wird detaillierter ausgeführt, wie diese Konstellation in der Praxis gelebt und erfahren wurde.

---

[33] Allerdings bleibt die Intention der disziplinären Selbstdistanzierung insofern fragwürdig, als sie etwas will, das nicht gewollt werden kann. Genauso wie sich Schlaf nicht willentlich erzwingen lässt, sondern einem quasi zufällt, lassen sich Habitualisierungsänderungen, die die eigene Wahrnehmungspsychologie betreffen, rational nur indirekt erzielen. Zum «Wollen, was nicht gewollt werden kann», vgl. Jon Elster, *Subversion der Rationalität*, Frankfurt a. M. 1987.

[34] Fleck, *Entstehung und Entwicklung einer wissenschaftlichen Tatsache*. Zur Exemplifizierung historisch vergleichender Denkstilreflexion siehe insbesondere das abschliessende Kapitel 4.5.

DEBATTEN, SENSIBILISIERUNGEN, VERDICHTUNGEN – EINSICHTEN UND SCHLÜSSE AUS DER TRANSDISZIPLINÄREN ZUSAMMENARBEIT

Die Forschungsgruppe «Tracking the Human» versuchte von Beginn ihrer Zusammenarbeit an, dem bereits diskutierten *Bottom-up*-Prinzip in ihrer transdisziplinären Arbeit gerecht zu werden und eine gemeinsame Fragestellung zu entwickeln. Die Hoffnung, dass durch einen interdisziplinären Austausch zu den gewählten Forschungsfragen in Verbindung mit einer übergreifenden Thematik neues Wissen entstehe, wurde zwar optimistisch geäussert; wie es dazu kommen sollte, war hingegen mehr als ungewiss. Im Folgenden wird anhand einer Analyse der detaillierten Protokolle, die während der dreijährigen Projektzeit zu den Meetings erstellt wurden, Einblick in die prozessuale Entwicklung der transdisziplinären Forschungsgruppe gegeben.

Phase 1: Entwicklung einer gemeinsamen Fragestellung
Um einen kontinuierlichen und umfassenden Austausch zu ermöglichen, wurde ein Turnus mit zweiwöchentlichen Treffen (der nach einem Jahr auf monatliche Treffen ausgedehnt wurde) festgelegt. Im ersten Projektjahr waren diese Treffen der Verständigung über die unterschiedlichen Forschungsinteressen und den sich daraus ableitenden Forschungsfragen gewidmet. Diese erste Phase war geprägt von kritischem Austausch von Fachwissen. Dabei führte die Gruppe intensive Gespräche zu Themen, die für die einzelnen Gruppenmitglieder aus den Sozial- und Geisteswissenschaften beziehungsweise der pharmazeutischen Chemie, den Neurowissenschaften und der Biologie unterschiedlich evident beziehungsweise «eingefleischt» waren.

Zunächst wurde entschieden, mit Hilfe der Stichwörter «Sammeln», «Ordnen» und «Vergleichen» die jeweiligen Arbeitsinteressen der beteiligten Forschenden zu einer gemeinsamen Thematik in Bezug zu setzen, auch wenn sich die Einzelprojekte mit so unterschiedlichen Inhalten wie dem Sammeln biologischer Materialien, *rational drug design*, *culture and personality studies* und der Plastizität des Gehirns beschäftigten. Dieses Ringen um Kohärenz schlug sich in der Diskussion um den Projekttitel nieder. Zu Beginn der Zusammenarbeit war im Titel des Gesamtprojekts der Bezug auf die wissenschaftlichen Repräsentationen des Menschen noch nicht artikuliert. Inhaltlich liefen die Diskussionen aber bereits auf eine solche Fokussierung hin, wie ein Auszug aus dem Protokoll zeigt:

«‹Techniken des Wissens – Sammeln, Ordnen, Vergleichen (Interdisziplinäre Wissensforschung)›

Zu Beginn der Sitzung wurde klar, dass sich alle Projekte aus verschiedenen Perspektiven mit dem Menschen und mit verschiedenen Formen seiner Bearbeitung durch wissenschaftliche Denkweisen und Techniken beschäftigen. Das Projekt sieht vor, sich diesen verschiedenen wissenschaftlichen Feldern ethnographisch, historisch, via Interviews oder Dokumenten- und

Datenanalysen anzunähern. Den untersuchten Forschungsbereichen – so eine unserer Grundannahmen – sind kulturell und sozial geprägte Bilder und Vorstellungen vom Menschen inhärent, die die wissenschaftlichen Ansätze, mit denen die ihnen zugrunde liegenden Fragestellungen bearbeitet werden, beeinflussen, organisieren und strukturieren.»[35]

Erst nach intensiven Auseinandersetzungen wurden also die formulierten Anliegen unter das Dach des im Nachhinein evident erscheinenden gemeinsamen Fragens nach dem Menschen in den Wissenschaften gestellt. Bereits angesprochen wurde auch eine Reihe von Methoden, die sich der Näherung empfehlen könnten. Im Protokoll einer späteren Sitzung findet sich dann unter «Diverses» folgende lakonische Bemerkung:

«Änderung des Projektnamens: ‹Tracking the human: The technologies of collecting, ordering and comparing, and the problem of socially relevant knowledge›. Priska Gisler wird die entsprechende deutsche Version verfassen.»[36]

Eine Übersetzung erfolgte nie. Zunächst wurde noch darüber diskutiert, ob «tracing the human» der adäquatere Ausdruck wäre. Schliesslich konnte aber keine Einigung darüber erzielt werden, wie denn dieses *tracking*, bei dem die Gruppe schliesslich blieb, zufriedenstellend ins Deutsche zu übersetzen wäre. Mit der Umbenennung handelte sich die Gruppe darüber hinaus noch eine weitere Gewichtung ein: Die Frage nach dem Sammeln, Ordnen und Vergleichen wurde mit dem Problem sozial relevanten Wissens verknüpft. Auch wenn dies der Titel nicht sehr deutlich zu formulieren vermochte, stellte sich der Gruppe offensichtlich auch die – transdisziplinär nicht zu umgehende – Frage nach der sozialen Relevanz der produzierten Erkenntnis in den Wissenschaften. Die Gespräche waren Ausdruck dafür, dass ein Ausgleich zwischen den Einzelprojekten und dem gemeinsam erarbeiteten Dachthema gefunden werden musste.

Durch ausführliche Diskussion der einzelnen Projekte und ihrer je spezifischen Fragestellungen wurde als übergreifende Thematik die Auseinandersetzung mit dem Menschen und seinen Repräsentationen in den Wissenschaften weiter herausgearbeitet. Mit der Wahl dieses Dachthemas und eines entsprechenden Projektnamens waren eine erste Zielvorstellung bestimmt und ein konzeptioneller Rahmen festgelegt. Die gemeinsame Spurensuche konnte beginnen. Wissenschaftliche Konzepte und methodologische Praktiken, die Wissen über den Menschen beitragen, wurden in der Folge anhand verschiedener Einzeluntersuchungen analysiert und einander gegenübergestellt.

Anfang März 2008 wurde am Collegium Helveticum ein öffentlicher Workshop durchgeführt, der dazu dienen sollte, die interessanten Überschneidungen und Gemeinsamkeiten zwischen den Teilprojekten weiterzuentwickeln. Zu diesem Workshop waren Experten einer grossen Bandbreite von Disziplinen, aber auch die Mitglieder des Stiftungsrats der projekttragenden Hirschmann-

---

[35] Protokoll vom 29. 10. 2007.
[36] Protokoll vom 16. 1. 2008.

Stiftung, Medienexperten und ein Vertreter der Technologietransferstelle der ETH Zürich (ETH Transfer) eingeladen. Dass sich die Projektteilnehmerinnen und -teilnehmer Gedanken zum Menschen in den Wissenschaften machen sollten, dass gemeinsame Reflexion dazu nötig sei, wie dieser wissenschaftlich konfiguriert werde, kam in einer Bemerkung von Martina Merz, Professorin für Wissenschaftsforschung an der Universität Luzern, zum Ausdruck, die als Kommentatorin eingeladen war.

> «Kommentare Martina Merz: [...] Zum von uns fokussierten Menschen: In welchem Bezug stehen diese Techniken des Sammelns, Ordnens, Vergleichens zum Menschen, dem Mensch-Sein, menschlichem Leben etc.? Wie wird der Mensch bearbeitet, zugerichtet, hergestellt (eben: konfiguriert) durch diese Techniken? (z. B. *personal pill*: setzt das ein Individuum in einer atomisierten Gesellschaft voraus?) [...].»[37]

Deutlich machte ein solches Votum, dass durch die Gruppe noch mehr Denkarbeit in Bezug auf den Menschen, von dem die Rede sein sollte, geleistet werden musste, damit dieser für die Einzelprojekte fruchtbar gemacht werden und das Gesamtprojekt wiederum von diesen profitieren konnte. Weitere Gespräche innerhalb der Gruppe handelten vom Gesellschaftsbegriff, der den jeweiligen Teilprojekten zu Grunde liegt, aber auch von den unterschiedlichen Wissenschaftskulturen und deren Charakteristiken. Immer wieder standen die Unterschiede von natur-, sozial- und geisteswissenschaftlichen Forschungsparadigmen im Zentrum. Dies hat zweifellos mit der disziplinären Herkunft und der entsprechend geprägten wissenschaftlichen Vorgehensweise der Projektteilnehmenden zu tun, die je spezifische wissenschaftliche Programme und Praktiken anwenden. Diese Charakteristiken waren aber auch ein wichtiges Element in den einzelnen Untersuchungen. Es wurde deutlich, dass diese grundlegenden Themen in der Gruppe immer wieder geklärt und eingegrenzt werden mussten. Es wurden zum Beispiel intensive Diskussionen darüber geführt, auf welche Weise der gesellschaftliche Anspruch auf ein plastisches Gehirn, auf den die Neurobiologie sich bezieht und der es ihr erleichtern könnte, ein solches in der Wissenschaft zu konzipieren, festgemacht werden könnte. Der folgende Protokollauszug macht deutlich, dass der Austausch innerhalb der Gruppe nicht nur dazu diente, das Untersuchungsgebiet eines Projekts (hier die Forschung zur adulten Neurogenese) genauer zu umreissen, sondern dieses auch in einen grösseren wissenschaftlichen und gesellschaftlichen Kontext zu stellen.

> «Beatrix Rubin berichtet vom Fortgang ihres Teilprojekts. Dieses konkretisiert sich in Richtung eines Fokus auf die Neurogenese. Von da aus lassen sich zwiebelartig umfassendere Kreise verfolgen über die Thematiken der Neuroplastizität und der Plastizität in anderen Bereichen der Biologie. Der Konnex mit dem weitesten Kreis, der (plastischen) Gesellschaft, muss sich im Laufe der Forschung noch weiter kristallisieren.»[38]

37 Protokoll vom 27. 3. 2008 zum «Tracking the Human»-Workshop vom 4. 3. 2008.
38 Protokoll vom 28. 3. 2008.

In der weiteren Arbeit an diesem Projekt konnte die Orientierung der neurobiologischen Forschung hin zur medizinischen Anwendung als ein wichtiges Moment in der Konzeptualisierung der Plastizität in den Neurowissenschaften festgemacht werden.

Phase 2: Projektübergreifende Aktivitäten und Ausarbeitung der Einzelprojekte
In einer zweiten Phase wurde deutlich, dass die Gruppe das gemeinsame Thema, den Menschen beziehungsweise wie er wissenschaftlich in Erscheinung tritt, differenzierter bearbeiten musste. Diese Erkenntnis ging einher mit Überlegungen zu einem anderen Umgang mit den Gesprächen. Diese wurden von allen Teilnehmern als sehr reichhaltig empfunden. Aus diesem Grunde wurde nach einem Weg gesucht, diese zu archivieren. Ab dieser zweiten Phase erstellten deshalb nicht mehr die Projektmitglieder, sondern eine wissenschaftliche Assistentin detaillierte Protokolle, die den Austausch dokumentierten, für alle nachvollziehbar und abrufbar machten.

Zur gleichen Zeit beschlossen die Projektmitglieder, sich vermehrt gemeinsamen Vorhaben zu widmen. Die Forschungsgruppe nahm aus diesem Grunde an der EASST Conference 2008 (Konferenz der European Association for the Studies of Science and Technology) in Rotterdam und an der Transdisciplinarity Conference 2008 (organisiert von td-net und dem Collegium Helveticum) in Zürich teil. Beide Veranstaltungen waren aufgrund ihres inter- und transdisziplinären Anspruches besonders geeignet, einerseits den inhaltlichen Austausch zwischen den Gruppenmitgliedern, andererseits dessen Bedingungen zu reflektieren.[39] Zum einen ging es dabei darum, die vier verschiedenen Teilstudien gemeinsam zu diskutieren und die Auseinandersetzung über das transdisziplinäre Arbeiten zu intensivieren, zum anderen die Reflexionen und Resultate aus der Arbeit am Einzelprojekt einem Fachpublikum vorzustellen und von dessen Kommentaren und Kritiken zu profitieren. In Bezug auf das Dachthema wurde einmal mehr klar, dass die zunächst gewählten Stichwörter des Sammelns, Ordnens und Vergleichens sich nicht für alle Teilprojekte gleichermassen fruchtbar machen liessen und in dieser Zusammenstellung nicht präzise genug waren, um den transdisziplinären Austausch in gewünschtem Umfang anzuleiten. Die Auseinandersetzung der einzelnen Projektmitglieder mit diesen Stichworten im Rahmen ihrer Präsentationen an einer gemeinsamen Sitzung während der EASST-Konferenz liess dies besonders deutlich werden.

Fragen zum Umgang mit der Erhebung von Daten und der Herstellung von Distanz zum eigenen Feld, das gleichzeitig untersucht werden sollte, prägten ebenfalls diese Phase. Gleichzeitig zeichnete sich eine stärkere Auseinandersetzung um die Frage nach den Disziplinen beziehungsweise der Interdisziplinarität ab. Einen Hinweis darauf findet man wiederum in einem der Protokolle, die die Nachbearbeitung der Diskussionen während der EASST-Conference durch die «Tracking the Human»-Gruppe wiedergeben:

39 An der EASST Conference wurden an einem selbst organisierten, gemeinsamen Workshop «Tracking the Human: Technologies of Collecting, Ordering and Comparing, or the Problem of Relevant Knowledge» das gemeinsame Projekt sowie die vier Teilprojekte vorgestellt (4S/EASST, Erasmus University, Rotterdam, 22. 8. 2008). An der Transdisciplinarity Conference präsentierte die Gruppe ein die bisherige gemeinsame Arbeit reflektierendes Paper: Martin Boyer et al., «*Tracking the Human* – Problem Framing in a Transdisciplinary Research Project» (Jahrestagung td-net Network for Transdisciplinary Research: *Inter- and Transdisciplinary Problem Framing*, ETH Zürich, 27./28. 11. 2008).

«[...] Kommentator Paul Martin war vertraut mit einem grossen Teil der verschiedenen Felder des Projekts. Seine Anregungen: Der Blick sollte auch auf die Geschichte der Disziplinen gerichtet und geklärt werden, von welcher Disziplin jeweils die Rede ist. Z. B. in Bezug auf Priska Gislers Teilprojekt: Zu Beginn steht die Zoologie im Vordergrund, dann stark die Biologie in ihrer Gesamtheit, aber auch die Medizin. Gewisse Traditionen gehen weit zurück. So könnte das Sammeln von Blut in der Mikrobiologie als Versuch verstanden werden, diese in die Tradition der Naturgeschichte einzuschreiben – Stichwort Sammeln von Monstrositäten, Wunderkabinette.»[40]

Die Empfehlung, die Projekte über einen disziplinenhistorischen Ansatz zu verfolgen, machte diese unmittelbar anschlussfähig und geeignet für den gruppeninternen Austausch. Der inhaltliche Input durch die anderen Projektmitglieder erwies sich als fruchtbar, da die wissenschaftlichen Details beispielsweise für eine Soziologin, einen Historiker nicht unmittelbar und alleine zu erschliessen waren und damit ein Potential für zusätzliche, detailliertere Erkenntnisse boten.

Eine weitere Schwierigkeit dieser zweiten Phase war, innerhalb der Gruppe den Umgang damit zu finden, dass die einzelnen Projektmitglieder über sehr unterschiedliches methodisches Know-how und Erfahrungswissen aufgrund ihrer vorgängigen wissenschaftlichen Tätigkeit verfügten. Dies hatte ein intensives Erklären, Erläutern und Aufzeigen der Spezifika der individuellen Forschungsansätze zur Folge. Aus den einzelnen Auseinandersetzungen trugen die Beteiligten immer nur, aber immer wieder bestimmte Wissensfragmente oder erste Einsichten mit sich davon, die sich auf die Dauer jedoch zu einem immer eindeutigeren Bild der anderen Projekte formten. Der folgende Protokollauszug illustrierte diesen wichtigen informellen Gedankenaustausch am Beispiel «Feldzugang» in der Untersuchung zum *rational drug design*. Hier musste geklärt werden, wie der Zugang definiert und organisiert werden sollte, zum Beispiel welche Akteurinnen und Akteure mit welchem Forschungsinteresse adressiert werden sollten, um ein repräsentatives Bild zu erhalten. Er macht deutlich, dass in diesem Fall der beteiligte Projektbetreuer dem Projektmitarbeiter zwar wichtiges Erfahrungswissen zur Verfügung stellen konnte, das sich aus seiner langjährigen Forschungstätigkeit im Feld ableitete. Dies bedeutete aber auch, dass er immer wieder Distanz zwischen sich und der Herkunftsdisziplin schaffen musste, damit diese sich vom Tätigkeits- zum Untersuchungsfeld wandeln konnte.

«Es gibt sowohl Akteure an Universitäten wie auch in der Pharmaindustrie, zudem kann hier keine klare Grenze gezogen werden. Es gibt auch Überschneidungen (Sponsoring etc.).
Als G. F. seine Professur an der ETH antrat, war es z. B. üblich, dass die Professoren einen Consulting-Vertrag mit Pharmafirmen abschlossen.
Dies ist eine Schwierigkeit in der Bestimmung/Kartierung des Feldes. Wei-

> ter kommt dazu, dass G. F. selbst Teil des Feldes ist. Die von M. B. bis anhin durchgeführten Interviews lassen einen eher opportunistischen Umgang mit *rational drug design* vermuten. Die Befragten verwenden zwar diese Methode, jedoch nicht vorbehaltslos. Alle betonen, dass sie durchaus auch Gefahren berge. Doch es ist unklar, inwieweit diese in den Interviews vertretene Haltung auch dadurch beeinflusst ist, dass M. B. von G. F. kommt. Dies hat natürlich auch einen Einfluss auf die Interviews. Daran lässt sich aber nicht viel ändern. Es ist wichtig, dass dies einfach immer mitreflektiert und transparent gemacht wird.
> Es ist wichtig, dass das Feld nicht aufgrund der Zugänglichkeit der Leute aufgespannt wird, sondern wirklich in Bezug auf die Frage, wer dieses Modell vertritt. Also: Wer sind die wichtigsten Leute in Bezug auf das *rational drug design* und das damit verbundene Menschenbild?»[41]

Zum Ausdruck kam hier eine spezifische Problematik doppelter Feldinvolvierung als Beobachtende und als (Mit-)Beobachtete und die Undeutlichkeit der Gruppe zwischen Aussensicht (Vertretende von Pharmafirmen) und Innensicht (Forschende unterschiedlicher Herkunft). In der Folge wurden im Projekt vermehrt historische Zugangsweisen berücksichtigt. Dadurch konnte die genannte Problematik umgangen werden.

Phase 3: Differenzierung der gemeinsamen Thematik und Arbeit an der Abschlusspublikation
Mit der Planung einer internen Tagung im Denklabor Garbald unter der Beteiligung von einem kleinen Kreis von internationalen Experten, die gebeten waren, ihre Arbeit vorzustellen, aber auch die einzelnen Projekte spezifisch zu diskutieren, wurde die dritte Phase eingeleitet. Während dieser ging es darum, den gemeinsamen Bezugspunkt «Mensch», der in den vier Teilstudien als Gegenstand wissenschaftlicher Aushandlungen identifiziert worden war, in den Mittelpunkt zu stellen. Der Programmtext zu dieser Veranstaltung wurde zum Anstoss, die diversen Auseinandersetzungen zu konkretisieren und relevante analytische Kategorien für den wissenschaftlichen Umgang mit dem Menschen zu finden. Angeregt diskutierten die Teilnehmenden dabei um einzelne Formulierungen und Ausdrücke, wie beispielsweise das nur scheinbare Detail, ob in den Wissenschaften «Repräsentationen» des Menschen kreiert würden oder ob es sich dabei um «den Menschen» handelte, der hervorgebracht würde; ob wir uns für Menschen*bilder* oder den Menschen selber interessierten.

In dieser Phase der heftigen Auseinandersetzungen zeigte es sich, dass bestimmte Begriffe nicht für alle dasselbe bedeuteten und auch die Herangehensweisen unterschiedlich konzipiert waren. Es wurde heftig debattiert, welche Bereiche genau die Disziplin «Biologie» definierten oder wie diese entstanden war. Den Mitgliedern der «Tracking the Human»-Gruppe wurde aber auch klar, dass sie durch den Austausch und das Feedback präziser über die sehr komplexen wissenschaftlichen Felder sprechen lernten und so bestimmte Schlüsse, die Zusammenhänge in weit entfernten Fachgebieten betrafen, ver-

[41] Protokollauszug vom 4. 11. 2008.

treten konnten. In den Protokollen finden sich zunehmend Einsichten dazu, wo inhaltliche Schnittstellen zwischen den einzelnen Projekten lagen:

> «Die zentrale Frage in Bezug auf das *rational drug design* ist, warum man überhaupt begonnen hat, etwas vorherzusagen.
> Bis Anfang der 1970er Jahre hat man irgendwelche Substanzen ‹zusammengebastelt› und dann z. B. im Tierversuch beobachtet, wie die Maus reagiert. Dann kippt es. G. F. kommt zu dieser Formulierung, weil die Manager der Pharmafirmen damals davon sprachen, dass die Pyramide der Arzneimittelentwicklung auf den Kopf gestellt wird – sie beginnt nicht beim Menschen, sondern beim Molekül. An diesem Punkt wird klar, dass P. G.s Projekt hier wunderbar passt (Anfänge des Biobanking, Shift zum Molekularen).
> Die Leitfragen sind somit: Welches Menschenbild steht hinter dem *rational drug design*? Was waren die Inputs für dieses Modell der Medikamentenentwicklung? Wo zeigen sich Umbrüche?
> [...]
> M. B. und G. F. wollen nun eine ‹Einflusskarte› gestalten, die, so P. G.s Input, die Arbeitsschwerpunkte dieser Personen, ihre disziplinäre Verortung und ihre Beziehungen aufzeigen soll. Dann soll geklärt werden, wie die von M. B. schon Befragten auf dieser ‹Karte› verortet werden können.»[42]

Seine Beobachtungen in Bezug auf Umbrüche in den biologischen Wissenschaften beschrieb ein Pharmazeut – gemäss Protokoll – metaphorisch mit einer Pyramide, die auf den Kopf gestellt wurde. Der neue Fokus der Medikamentenentwicklung versinnbildlichte sich in der Pyramide, an deren Spitze einst der ganze Mensch gestanden hatte. Neu rückte nun ein einzelnes Molekül in das Zentrum des Interesses. Die Soziologin wiederum interessierte sich in Bezug auf ihr eigenes Projekt genau für diese – beziehungsweise ähnliche – Moleküle beziehungsweise das Sammeln derselben durch bestimmte Akteurinnen und Akteure. Sie fragte, was dieses Kippmoment ausmachte, inwiefern es sich vielleicht fast unbemerkt in die Logik der biologischen Wissenschaften durch bestimmte Praktiken, Assoziationen, Objekte eingeschlichen hatte. Vielleicht inspirierte sie die feldspezifische Ausgangslage, deren Untersuchung einer typisch soziologischen Fragestellung zugrunde liegen könnte, dazu zu raten, sich die Akteurinnen und Akteure näher anzusehen – eine Art Karte zu erstellen, die über das Netzwerk der Vertreterinnen und Vertreter dieser sich verändernden Art der Medikamentenentwicklung Auskunft geben würde. Dieser Rat wurde sicher nicht detailgetreu befolgt, aber vielleicht brachte er einige Ideen dafür, wie man der sich ändernden Geschichte des *rational drug design* nachgehen konnte.

In dieser Verdichtungsphase wurden zunehmend disziplinäre Denkstrukturen, feldspezifische Gewohnheiten, habitualisierte Annahmen in Frage gestellt, gleichzeitig fand gerade durch diesen Austausch aber auch eine Schärfung und Konturierung der entwickelten Konzepte statt. Dass der Mensch

---

[42] Aus dem Protokoll vom 4. 11. 2008.

aus verschiedenen Perspektiven untersucht wurde, die der Logik historisch sich verändernder wissenschaftlicher Konzepte folgten, wurde dabei deutlich und ebenso, dass die Menschenbilder sich in diesen Konzepten ein Stück weit manifestierten. Gleichwohl blieb es schwierig, ein bestimmtes Menschenbild aus den hoch differenzierten wissenschaftlichen Repräsentationen des Menschen in der pharmazeutischen Chemie, der Biologie, den Neurowissenschaften oder den *culture and personality studies* herauszulesen. Die Gegenüberstellung der wissenschaftlichen Zugänge zum Menschen liessen deren stets partikulären beziehungsweise fragmentarischen Charakter noch deutlicher hervortreten.

Die Verdichtung dieser Gedanken und wohl auch die stärkste Annäherung im Sinne eines Denkkollektivs fanden mit der Vorbereitung und der Arbeit an einer gemeinsamen Schlusspublikation statt, die auch unter Einbezug von Mitgliedern des Collegium Helveticum erfolgte. Dazu der folgende Protokollauszug zum Thema «Diskussion über das Menschenbild»:

«[...] Und gibt es überhaupt ein einheitliches Menschenbild?
Gerd Folkers ist der Ansicht, dass dies für die Pharmazie auf jeden Fall gilt, und dort das Menschenbild durch die Körperlichkeit an sich definiert ist. Der Mensch wird als ein System mit einer Aussen/Innengrenze gefasst.[43] Dies bedingt, dass man zum Beispiel annimmt, es gäbe keine ‹out of body›-Erfahrung. In der Pharmazie interessiert, wie etwas von aussen nach innen gelangen kann und was im Inneren damit geschieht. Die Mensch/Tier-Grenze spiele daher keine Rolle, das biochemische Bild eines Hundes und eines Menschen ist dasselbe. Im Pharmaziestudium werde noch ein sehr reduktionistisches Menschenbild vermittelt. Wissenschaftliche Praxis und Curriculum würden stark divergieren und die Diskrepanzen zwischen Erlerntem und Erlebtem sei relativ gross.
Interessant ist aber, dass die Mensch/Tier-Grenze in bestimmten Situationen argumentativ aufgehoben, dann aber teilweise wieder stark gezogen wird. So wird einerseits in der biomedizinischen Forschung die Grenze zwischen Mensch und Maus/Ratte aufgeweicht und das Tier als Modellorganismus genutzt, gleichzeitig wird in den Neurowissenschaften in Bezug auf die Plastizität die Grenze wiederum stark gezogen und das menschliche Gehirn als ‹Krone der Evolution› verhandelt.
Elvan Kut vertritt die These, dass keine Disziplin ein Menschenbild aus sich selbst heraus ‹generieren› könne, sondern dieses sich immer aus verschiedenen Menschenbildern zusammensetzt und sich unterschiedlich expliziert.
Beatrix Rubin verweist darauf, dass es gerade auch um die impliziten Menschenbilder geht, um die Tiefenstruktur, wie dies Michael Hampe genannt hatte. (Siehe Protokoll vom 5. 5. 2009)
Martin Boyer verweist (in Bezug auf seine Replik) darauf, dass auch innerhalb einer Disziplin sehr unterschiedliche Denkstile oder eben auch

43 Gerd Folkers und Samuel Zinsli, «Bildeffekte in wissenschaftstheoretischer Perspektive» [Manuskript].

Menschenbilder vorherrschen können – er umschreibt dieses Phänomen in seinem Paper mit dem Begriff der ‹Schulen›.»[44]

Der Mensch: gleich wie andere Organismen, als biochemischer Komplex; der Mensch: einzigartig, als Krone der Evolution; der Mensch als emergente Figur einer impliziten «Tiefenstruktur»; der Mensch als Bild verschiedener wissenschaftlicher Schulen; der Mensch zwischen Sein und Sollen (um nicht zu sagen zwischen Wille und Vorstellung) – dies sind nur einige Aspekte, die genannt wurden in Bezug auf die Frage, wie die Wissenschaften den Menschen hervorzubringen pflegen. Die Diskussion über die Rolle und Vielfalt von Menschenbildern in der Wissenschaft kam zu keinem Ende. Und dennoch war man klüger als zuvor; dies unter anderem deshalb, weil die Projektmitglieder zu unterscheiden gelernt hatten: Die verschiedenen Modelle des Menschen waren Ausdruck bestimmter Fragestellungen. Sie vermochten niemals den Menschen in der Komplexität seines Seins abzubilden. Aber sie wussten – unterschiedlich gut – damit umzugehen, dass sie nur bestimmte Aspekte der menschlichen Existenz berücksichtigten. Die Versatilität im Umgang mit solch relativen Profilierungen des Menschlichen konnte in der Arbeit an der gemeinsamen Publikation vorangetrieben werden.[45]

Eine zunehmend gerichtete Sensibilisierung für Komplexität und Kontextualität zeigte sich, wie ein Protokollauszug zum Thema «Publikation» illustriert, auch auf der Ebene der transdiziplinären Zugangsweise als Forschende und Wissensproduzierende:

«Es wird diskutiert, dass mittlerweile aber eine weitere Dimension hinzugekommen ist: Es geht nicht nur um die Frage, wie inter- und transdisziplinäres Arbeiten angegangen werden soll (Mikrostruktur), sondern auch darum, wie Wissenschaft weiter gefördert werden müsste, damit überhaupt erst die Chance vorhanden ist, in dieser Form zu arbeiten (Makrostruktur). Damit ist Strukturkritik ebenfalls ein zentrales Moment in unserer Auseinandersetzung mit Inter- und Transdisziplinarität geworden.»[46]

So wurden auch einige Schlüsse gezogen, die über die vereinzelten, begrenzten Erkenntnisse, die ohne den transdisziplinären Austausch nicht stattgefunden hätten, hinausgingen. Denn nach uns und durch uns, ebenso wie durch andere Beispiele transdisziplinärer Arbeitsweisen werden andere Forschende bereit sein, sich auf das transdisziplinäre Experiment einzulassen. Deutlich formuliert werden kann nach drei Jahren «Tracking the Human», dass bestimmte einfache, aber entscheidende Kriterien einen wichtigen Einfluss auf ein transdisziplinäres Vorhaben haben. Diese sollen abschliessend zusammenfassend dargestellt werden.

44 Protokoll vom 24.11.2009.
45 Die Interaktion mit der Gruppe von Illustratorinnen und Illustratoren der Hochschule Luzern – Design & Kunst forcierte dabei die Transdisziplinarität der Auseinandersetzung und schärfte die projektbezogene Kommunikationskompetenz.
46 Siehe Anmerkung 44.

ZEIT- UND ALLTAGSINTENSITÄT – SCHNITTSTELLEN SCHAFFEN

Eine der wichtigsten, wenn auch banal anmutenden Erkenntnisse aus der hier nur punktuell geschilderten Entwicklung war, dass transdisziplinäre Arbeitsprozesse zeitintensiv sind. Nur ausführliche Diskussionen und wiederholte Verständigungen über differente wissenschaftliche Sichtweisen, Schwerpunktsetzungen und die unterschiedlichen disziplinären Gepflogenheiten ermöglichen einen nachhaltig produktiven Austausch über die Teilprojekte und den Aufbau gemeinsamer methodischer Strukturen. Parallel zur gemeinsamen Reflexion über die Projekte und der Arbeit an der gemeinsamen Thematik fand die Arbeit im Einzelprojekt statt. Die Tatsache, dass die Projektmitglieder in ihren jeweiligen Wissenschaftsfeldern auch disziplinäre Meriten erwerben mussten, bedingte, dass sie ihr jeweiliges Teilprojekt möglichst gebietskonform verfolgen mussten. Gleichzeitig sollten von ihnen die gemeinsam erarbeiteten Themen, Methoden und Perspektiven weiterentwickelt werden. Der Projektrahmen, der auf drei Jahre angelegt war, erwies sich in dieser Situation als relativ knapp und begrenzte die Entwicklungsmöglichkeiten der gruppenspezifischen Arbeiten.

Deutlich wurde erst im Laufe der Zeit, dass zur Ausprägung von Bereitschaft, mit wissenschaftlicher Befremdung wissenschaftlich umzugehen, gemeinsame Alltagserfahrung helfen.[47] Diese experimentellen Momente ausserhalb des Disziplinären erlaubten die Etablierung gemeinsamer Bezugspunkte, die vorderhand disziplinär entlastet waren. Auf diesen konnten sich gegenseitiger Respekt und Interesse am Anderen kristallisieren und so konnten Versuche der wissenschaftlichen Annäherung durch einen Raum der Toleranz abgestützt werden. Möglichkeiten zur Schaffung, der Pflege und dem Ausbau solcher Räume, bleiben wohl nicht nur aus Sicht der Teilnehmenden an diesem Projekt wichtigstes Desiderat in der Förderung disziplinenübergreifender Forschung.

«RÄUME» SCHAFFEN (ZWISCHEN) ...

«Im Zwischen der Menschen tritt die Welt in Erscheinung, welche die politisch Handelnden und Sprechenden voneinander trennt und miteinander verbindet. Es ist der Erscheinungsraum des Politischen.»[48]

Wie bereits erwähnt, fand das inter- und transdisziplinäre Arbeiten in einem eigentlichen «Zwischen» statt. Dieses spannt zunächst einen Raum mit unbestimmter Form und Funktion auf, einen Raum, der von Projektbeginn weg angelegt war, aber erst im Laufe der Zusammenarbeit der Projektmitglieder differenzierter gestaltet werden konnte. Während des Projekts wurde deutlich, dass ein solcher transdisziplinärer Zwischenraum sowohl für die Forschenden

---

[47] Fleck geht zwar davon aus, dass interkollektiver Denkverkehr umso weniger stattfindet, je grösser der Abstand zwischen zwei Denkstilen ist. Allerdings entwickelt sich für ihn «der sogenannte gesunde Menschenverstand, das ist die Personifikation des Alltag-Denkkollektivs, zu einem universellen Spender für viele spezielle Denkkollektive». Fleck, *Entstehung und Entwicklung einer wissenschaftlichen Tatsache*, S. 142 f. Für die Ausbildung eines transdisziplinären Denkstils bedeutet dies, dass sie nicht nur als Austauschprozess zwischen den je spezifisch hochdifferenzierten – und daher für Nichtdisziplinangehörige immer fremden – wissenschaftlichen Denkstilen entstehen muss, sondern dass sie ihren Ausgang an gemeinsam geteiltem Alltags- und Erfahrungswissen nehmen kann.

[48] Thomas Wild, *Hannah Arendt*, Frankfurt a. M. 2007.

als auch für die erforschten Gegenstände performativen Charakter hat: Texte sind nachher andere als zuvor und erscheinen möglicherweise (nicht zwingend) nicht mehr als «diszipliniert».[49]

Konkret ging es darum, den Raum zu schaffen für die Themen, die die Einzelnen in ihrem individuellen Projekt erforschten (zum Beispiel das Sammeln in verschiedenen Teildisziplinen der Biologie oder das Nachdenken über Plastizitätsvorstellungen) und für eine gemeinsame Praxis vor dem Hintergrund dessen, was sich die Gruppenmitglieder vom gemeinsamen Austausch erhofften, und dem, was aufgrund der vorhandenen disziplinären Identitäten und Kompetenzen tatsächlich eingebracht werden konnte, um einen Mehrwert zu generieren, der eben nicht disziplinär war. Die epistemologische Identität der Forschenden war immer wieder herausgefordert (muss die Soziologin sich tatsächlich mit Antikörpern und Antigenen beschäftigen, kann ihr das nicht rasch ein Biologe erklären, müsste der das nicht wissen?). Das Nichtverstehen oder das langsame Erkennen waren Effekte, die dieser Raum des Zwischen hervorbrachte und so eine allmähliche Annäherung ermöglichte.

EXPERIMENTIERFREUDE – NEUE, HYBRIDE FORMEN ZULASSEN

Indem der transdisziplinäre Arbeitsprozess als ein politischer Raum verstanden wurde – und dies war ab der zweiten Phase des Projekts zunehmend möglich –, konnte auch reflexiver mit den geplanten Forschungshandlungen und den intendierten Produkten umgegangen werden. So wurde innerhalb der Forschungsgruppe deutlich, dass man zusammenkam – sei dies in einer Art *life experiment*, einer Polis oder einer Agora –, um gemeinsam und intentional etwas zu erarbeiten, das die je spezifische Arbeit ergänzte. Auf diese Weise entstand ein experimenteller Rahmen, in Bezug auf den die forschende Selbstwahrnehmung stetig abgeglichen werden musste: Was für die einen Projektteilnehmenden einleuchtend war, erschloss sich Anderen nur in begrenztem Masse. Teilweise wurden einzelne Überlegungen sogar grundsätzlich in Frage gestellt. Im Laufe der Zeit wurde deutlich, dass solche Auseinandersetzungen nicht dazu führten, dass die andere Perspektive gänzlich verstanden und übernommen werden konnte. Oft wurden gar die eigenen Interpretationen gestärkt. Selbst dann veränderte sich jedoch die eigene Identität als Forschende beziehungsweise als Forschender.

Für diesen Prozess gab es keine einfachen Rezepte. Er benötigte nebst institutionalisierten (regelmässige Treffen, gemeinsame Vorhaben) und finanziellen Strukturen (Förderung über drei Jahre) insbesondere eine bestimmte Haltung der Beteiligten – und vor allem brauchte er Übung und Durchhaltevermögen.

---

[49] Siehe hierzu auch den Verweis auf Foucault oben, Anmerkung 32.

OFFENHEIT ERMÖGLICHT WISSENSBEREICHERUNG UND ERKENNTNISGEWINN

Die durch den Umstand des «Zusammengeworfenseins» induzierten wechselseitigen Verstehens- und Verständigungsbemühungen sind nicht ohne Einfluss auf die entstehenden Inhalte geblieben. Die gewählte Kooperations- oder Reibungsform wirkte vielmehr fundamental inhaltsprägend. Umgekehrt wirkten Inhalte, die nach Möglichkeit zu gemeinsamen gemacht werden wollten, katalysierend für die Zusammenarbeit: Ohne diese gäbe es keine Diskussionsgrundlage.

Wissensbereicherungen haben im Forschungsprojekt «Tracking the Human» auf ganz verschiedenen und zahlreichen Ebenen stattgefunden: Der Reichtum an Expertisen in einem interdisziplinären Team stellte auf jeden Fall immer dann einen Gewinn dar, wenn Fragen beantwortet werden mussten, die über das eigene Fachgebiet hinausgingen. Obwohl nicht damit gerechnet werden konnte, dass spezifische Fragen immer konkret beantwortet würden, konnte das Gespräch dazu dienen, Fragen zu präzisieren und eine mögliche Richtung und Gewichtung für die Fortsetzung der Untersuchungen aufzuzeigen.

Die Reflexion der eigenen disziplinären Prägung, mit der die Projektmitglieder wiederholt konfrontiert waren, führte zu einer konstanten Überprüfung der Stärken und Schwächen der eigenen Sichtweise und damit auch zu einer gewissen Distanz zur jeweiligen disziplinären Eichung. Gleichzeitig fand eine Sensibilisierung in Bezug auf den eigenen analytischen Zugang statt, da deskriptive, normative und technisch-umsetzungsorientierte Differenzen die Limiten des eigenen und das Vorhandensein anderer Denkstile deutlich machten. Auch zwang das Nachdenken über die Disziplinen hinaus zur Reflexion spezifischer Kontexte wissenschaftlicher Praxis (zum Beispiel die Beziehungen zu Wirtschaft und Politik oder besondere kulturgeschichtliche Prägungen).

Gleichzeitig entstand auch Neues: Ein gemeinsames Vokabular an verbindenden Stichworten, die auch einen Teil der Einleitung zu diesem Sammelband bilden, wurde entwickelt, und eine Auseinandersetzung über geeignete theoretische Konzepte (zum Beispiel *boundary work*, Paradigmenwechsel, Gestalt) musste geführt werden.

Die Erfahrungen, die mit der Durchführung des transdisziplinären Forschungsprojekts «Tracking the Human» verbunden waren, beruhten auf Kompetenzen, die vielleicht bereits früher, im Studium, hätten eingeübt werden können. Die Bereitschaft und Fähigkeit zur Transdisziplinarität förderte Kompetenzen im Sinne des Zuhörens, der Entwicklung von hybriden Wissensbeständen, des Reformulierens, Mischens und Transformierens von Wissensbeständen, des Übersetzens, des Übens einer kritischen Distanz zur ursprünglichen disziplinären Denkweise. Gleichzeitig aber garantierte das transdisziplinäre Setting einen Kreis von Ansprechpersonen, die einen bei den eigenen Themen, an denen man «anstiess», weiter «stossen» konnten.

Es entstand eine eigentliche «Gemeinschaft von Menschen, die im Gedankenaustausch oder in gedanklicher Wechselwirkung stehen» im Fleck'schen Sinne.[50]

---

[50] Ludwik Fleck, *Entstehung und Entwicklung einer wissenschaftlichen Tatsache*, S. 54.

Nicht zuletzt dank diesem Austausch wurde es möglich, dass das heterogene Kollektiv in der Publikation «Modell Mensch» ein gemeinsames Thema präsentierte, in dem sehr unterschiedliche Forschungsperspektiven und -interessen aufgehen konnten.

AUTORINNEN UND AUTOREN

Andrew Abbott
ist Professor für Soziologie an der University of Chicago. Er publizierte insbesondere zu Professionen und Disziplinen sowie Temporalität. Seit längerem arbeitet er an einem sozialtheoretischen Werk unter dem Titel «The Social Process». Jüngste Buchpublikation: «Methods of Discovery», New York 2004.

Martin Boyer
Biologe, seit 2007 als Doktorand am Collegium Helveticum tätig.

Rainer Egloff
Historiker und Volkskundler, seit 2002 als wissenschaftlicher Mitarbeiter am Collegium Helveticum und seit 2005 an dessen Ludwik Fleck Zentrum tätig.

Gerd Folkers
seit 1991 Professor für Pharmazeutische Chemie an der ETH Zürich; seit 2004 Direktor des Collegium Helveticum. Buchpublikation unter anderem: Hans-Dieter Höltje and Gerd Folkers, «Molecular Modeling: Basic Principles and Applications», Weinheim 1997.

Priska Gisler
Soziologin und Wissenschaftsforscherin, 2007–2009 Projektleiterin von «Tracking the Human» am Collegium Helveticum. Im Herbst 2009 übernahm sie die Leitung des Forschungsschwerpunkts Intermedialität an der Hochschule der

Künste Bern. Ihre Forschungsinteressen liegen im Bereich der *Science and Technology Studies*.

Roland Hausheer
ist wissenschaftlicher Illustrator, seit 2007 Dozent und Leiter der Vertiefungsrichtung Illustration Non Fiction an der Hochschule Luzern – Design & Kunst.

Eva-Maria Knüsel
studierte Illustration an der Hochschule Luzern – Design & Kunst und an der Hochschule für Angewandte Wissenschaften Hamburg (HAW). Sie arbeitet als freischaffende Zeichnerin in Luzern.

Emily Martin
ist Professorin für Kulturanthropologie an der New York University. Buchpublikationen: «*The Woman in the Body. A Cultural Analysis of Reproduction*», Boston 1987; «*Flexible Bodies. Tracking Immunity in American Culture From the Days of Polio to the Age of AIDS*», Boston 1994; «*Bipolar Expeditions. Mania and Depression in American Culture*», Princeton 2007.

Capucine Matti
wird im Sommer 2011 ihren Bachelor in Illustration Non Fiction an der Hochschule Luzern – Design & Kunst abschliessen.

Mike Michael
ist Professor für Wissenschafts- und Techniksoziologie und Direktor des Centre for the Study of Invention and Social Process (CSISP) am Sociology Department, Goldsmiths, University of London. Forschungsinteressen: öffentlicher Umgang mit Wissenschaft, Materialität und Vergesellschaftung, Biowissenschaften und Kultur, Technowissenschaften und Alltagsleben.

Vivianne Otto
ist Privatdozentin für Pharmazeutische Biochemie am Departement Chemie und Angewandte Biowissenschaften der ETH Zürich. In ihrer Forschung und Lehre befasst sie sich mit dem Einfluss der Glykosylierung auf die biologischen Eigenschaften von Glykoproteinen sowie mit den Stärken und Grenzen der modernen Paradigmen zur Erklärung von Arzneistoffwirkungen.

Beatrix Rubin
leitete das Projekt «Tracking the Human» von 2009 bis 2010. Sie ist Mitarbeiterin des Collegium Helveticum und Mitglied des Programms Wissenschaftsforschung der Universität Basel. Vor dem Hintergrund ihrer langjährigen Forschungstätigkeit in der Neurobiologie setzt sie sich mit wissenschaftssoziologischen Fragen der Biomedizin auseinander.

Pierre Thomé
Illustrator und Dozent, leitet seit 2002 die Studienrichtung Illustration an der Hochschule Luzern – Design & Kunst. Gründer des Comic-Magazins Strapazin, 1983. Buchpublikation: Geduld und Gorillas. Wie man Illustratoren macht, Teufen 2009.